全國高等院校古籍整理研究工作委員會規劃重點項目
二〇一一——二〇二〇年國家古籍整理出版規劃項目
國家古籍整理出版專項經費資助項目

俞樾全集

汪少華 王華寶 — 主編

春在堂雜著

（清）俞樾 — 著

孫幼莉 劉珈珈 黃曙輝
喬玉鈺 張龍飛 — 整理

鳳凰出版社

圖書在版編目（CIP）數據

春在堂雜著 / (清) 俞樾著 ; 孫幼莉等整理. -- 南京 : 鳳凰出版社, 2021.12 (2022.9重印)
(俞樾全集 / 汪少華, 王華寶主編)
ISBN 978-7-5506-3570-8

Ⅰ. ①春… Ⅱ. ①俞… ②孫… Ⅲ. ①雜著－中國－清代 Ⅳ. ①Z429.52

中國版本圖書館CIP數據核字(2021)第238893號

書　　名　春在堂雜著
著　　者　(清)俞　樾　著
　　　　　孫幼莉　劉珈珈　黄曙輝　喬玉鈺　張龍飛　整理
責任編輯　陳曉清
裝幀設計　姜　嵩
出版發行　鳳凰出版社(原江蘇古籍出版社)
　　　　　發行部電話025-83223462
出版社地址　江蘇省南京市中央路165號,郵編:210009
照　　排　南京凱建文化發展有限公司
印　　刷　蘇州市越洋印刷有限公司
　　　　　江蘇省蘇州市吴中區南官渡路20號,郵編:215104
開　　本　880毫米×1230毫米　1/32
印　　張　22.375
字　　數　391千字
版　　次　2021年12月第1版
印　　次　2022年9月第2次印刷
標準書號　ISBN 978-7-5506-3570-8
定　　價　168.00圓

《俞樾全集》編委會

主編

汪少華　王華寶

編委（按音序排列）

白朝暉　傅　傑　顧莉丹　胡文波　黄曙輝

劉珈珈　羅雄飛　倪永明　喬秋穎　喬玉鈺

孫　煒　滕振國　田松青　王其和　王倩倩

魏慶彬　謝超凡　顔春峰　張曉青　張燕嬰

目録

曲園三耍

新定牙牌數

《金剛經》注

小蓬萊謡

曲園墨戲

瓊英小録

驪山傳

梓潼傳

惠耆録

《春在堂全書》録要

附録一　袖中書

附録二　慧福樓幸草

附録三　東海投桃集

附録四　《春在堂全書》校勘記

前言

《春在堂全書》中卷數少的單篇著作有《〈太上感應篇〉纘義》《游藝録》《東瀛詩記》《曲園三要》《新定牙牌數》《〈金剛經〉注》《小蓬萊謡》《曲園墨戲》《瓊英小録》《驪山傳》《梓潼傳》《〈春在堂全書〉録要》等十二種，《春在堂全書》之外有《恵耆録》，今大體以成書或刻印時間爲序，彙編成册，取名《春在堂雜著》；收入《春在堂全書》的《袖中書》《慧福樓幸草》《東海投桃集》《〈春在堂全書〉校勘記》等四種，雖爲俞樾編定，却非俞樾著作，故作爲附録。

《〈太上感應篇〉纘義》二卷，成書於同治十一年（一八七二）。《太上感應篇》爲道家之書，大旨言天道福善禍淫，勸人棄惡從善。由於儒者不信此説，甚至斥之爲荒誕，故雖自宋以來流傳不絶，却被士大夫所鄙薄。俞樾以爲「雖道家之書，而實不悖乎儒家之旨」，「原文明白易曉，初不待注而明」，不滿意恵棟《〈太上感應篇〉注》「多用駢詞，有乖注體」，於是徵引儒家經義與秦漢古書予以疏證，「使人知其與儒書表裏，不敢鄙夷，自然敬信奉行，於身心有益」。因是繼惠注而作，故用宋杜道堅《文子纘義》之「纘義」（纘者繼也）命名。

《游藝録》六卷，光緒三年（一八七七）《春在堂全書》即收入。六卷分别是《筮篇》《遁甲篇》《六壬篇》《推行年篇》《紫微斗數篇》《相宅篇》。「筮」指預測吉凶，古用蓍，今用錢。一幕兩字曰單錢，是爲陽；一字兩幕曰拆錢，是爲陰；三幕曰重錢，是爲老陽；三字曰交錢，是爲老陰。皆自下而上，三擲而成内卦，又三擲而成外卦。「遁甲」以十干的乙丙丁爲三奇，以戊己庚辛壬癸爲六儀。三奇六儀分置九宫，而以甲統之，視其加臨吉凶，以爲趨避。「六壬」指用陰陽五行占卜吉凶。五行以水爲首，天干的壬、癸屬水，壬爲陽水，癸爲陰水，捨陰取陽，故名壬；六十甲子中壬有六個，故名六壬。「推行年」指推算某人當年所行的運。「紫微斗數」以人出生的年月日時確定十二宫的位置，構成命盤，結合各宫的星群組合，預測一個人的命運流程、吉凶禍福。「相宅」指觀察地形地物判定住宅吉凶。俞樾雖自謙「於方技之説皆粗知之，而不能精」，而自信此六篇「叙次明白，較勝於江湖術士之書」。

《東瀛詩記》二卷，成書於光緒九年（一八八三）。光緒八年（一八八二），日本人岸田國華搜輯國人所著詩集一百七十家，寄給俞樾請求選定。歷經五個月的選編，俞樾從有專集者選得詩四千餘篇，釐爲四十卷；從諸家選本中選得五百餘篇，爲《補遺》四卷，命名《東瀛詩選》，成爲日本近代第一部詩歌總集。選詩過程中，俞樾對一百五十三位詩人做了評價，記録簡況及其著作，釐爲二卷，題曰《東瀛詩記》，刻入《春在堂全書》。俞樾對日本漢詩及其作者的評價恰當而精彩，一直爲日本學界所推重。由於《東瀛詩記》成書於《東瀛詩選》之後，其内容有所修訂與增補，故不將《東瀛詩選》作爲校本，而僅將其《序》和《例言》附録在後。兩者異文可參考曹昇之、歸青《東瀛詩選》點校本。

《曲園三耍》一卷，由三部分組成：一爲《八卦葉子格》〔一〕，二爲《三才中和牌譜》，三爲《勝游圖》。因爲皆屬「耍具」（博戲用具），故名「三耍」。「葉子戲」是以葉子格爲用具的博戲。俞樾《春在堂詞録》卷二《萬年歡》小序：「余偶出新意，借八卦作葉子戲，頗有意致，詳見所撰《葉戲新譜》，戲題此闋。」彼《葉戲新譜》當即此《八卦葉子格》別名異稱：「借八卦作葉子戲」即《八卦葉子格》，《萬年歡》詞「按先天舊圖，編就瓊葉」即《葉戲新譜》。「牙牌」就是骨牌。俞樾參照新舊牌式，製作《三才中和牌譜》，改舊譜天牌爲地牌、地牌爲天牌，舊譜天地人之外獨有和牌，

〔一〕 光緒六年（一八八〇），俞樾《六月初三日爲内子姚夫人生日，手書〈金剛經〉一卷焚寄，附四絶句》其四：「莫爲衰翁苦繫懷，夜臺眠食自安排。我今學得消憂法，日與兒曹鬥卦牌。」自注：「余有《八卦葉子格》，見《曲園雜纂》，時與兒輩戲爲之，俗呼葉子曰牌。」「曲園雜纂」當爲「曲園三耍」。

添中牌配之，故名「三才中和牌」。附有《譜成自題八絶句》，表述三才中和牌之理據與設想。《勝游圖》是一种博戲。清代高兆對《升官圖》做了改造，製作了《攬勝圖》：每局以六人爲限，骰子一個，從一點到六點分别定名爲六種人物。圖中共有一百一十二個名勝景點，根據擲出點的數量依次行馬，以先至終點者爲勝。俞樾修改《攬勝圖》窒礙之處，將「才子」改爲「儒士」，「美人」改爲「樵父」，幺爲儒士、二爲俠客、三爲緇衣、四爲羽士、五爲漁翁、六爲樵父，命名爲《勝游圖》。俞樾又製作《西湖勝游圖》，視作「四耍」〔一〕，名勝景點取自西湖，附録《勝游圖》之後。書中附《「耍」字考》考證「耍」字來歷及其形聲，全文已見於《經課續編》卷三（《「耍」字形聲考》）。

《新定牙牌數》一卷，成書於光緒九年（一八八三）。「牙牌數（牙牌神數）」是從《周易》演化出來的占卜吉凶禍福的占筮方法。它用牙牌三十二張可得一百二十五卦。俞樾按照岳慶山樵《牙牌數》一書的方法占筮，「時有驗者」，從唐詩中采取七言絶句一百二十五首以代之，作此

〔一〕 光緒十八年（一八九二），俞樾《又得四絶句》其二「三耍近來添作四，西湖新製《勝游圖》」自注：「《曲園三耍》者，一爲《八卦葉子格》，二爲《三才中和牌譜》，三爲《勝游圖》。今又製《西湖勝游圖》，則四矣。」

《新定牙牌數》。

《〈金剛經〉注》二卷，成書於光緒九年（一八八三）。《金剛般若波羅蜜經》是《金剛經》本名。俞樾認爲「《金剛經》靈異最著」[一]，二十年如一日，晨起必至静室誦《金剛經》一過，直至光緒二十八年八十二歲患病纔停止[二]。《俞樓雜纂》有《〈金剛經〉訂義》一卷，俞樾覺得「未得其要領」。考證「《金剛經》實有後人附益之語，以莠亂苗，厥旨愈晦」，今本「以意分并，妄設名目，實非善本，未足信從」，自信「於此經竊有獨得之見」，因而爲之注釋，分爲上下二篇，上篇七節，下篇十一節。

《小蓬萊謡》一卷，成書於光緒十二年（一八八六）。厲鶚曾作《游仙詩》三百首，俞樾以爲厲詩固然「皆未經人道語」，而大抵皆「意翻空而易奇」之類，自己所作二百首却是「辭徵實而難巧」：「每首皆運化一故實於其中，大率取之唐宋人小説，信而有徵，非姑妄言之也。」「小蓬萊」既是西湖一處舊名，又是俞樓一處名勝。「因游仙之名太熟，故題曰《小蓬萊謡》」。如同俞樾

[一] 《春在堂隨筆》卷七。

[二] 《補自述詩》「自從一病清明日，荒了《金剛般若經》」自注：「余每晨起必至静室誦《金剛經》一過，垂二十年矣。今年清明日一病，精力益衰，遂罷此課。」

命書名《曲園雜纂》《俞樓雜纂》《右台仙館筆記》、命篇名《艮宧〈易〉説》《達齋〈書〉説》，「蓋欲藉著作以傳其地」。《小蓬萊謡》後附有《長謡》十六章，其中「微有寄託」。

《曲園墨戲》一卷，成書於光緒十六年（一八九〇）。俞樾認爲「古人之字即古人之畫」，倉頡見禿人伏禾中，因而製「禿」字；《説文解字》「犬」引孔子曰「視犬之字如畫狗也」，這分别是畫即字、字即畫的明證。於是創作「一團和氣」「福壽」「畜道德能文章」「如南山之壽」「驅邪降福四字鍾馗」「福壽雙脩」「大悲」「一字聯」「仿古扇銘」「魚鴈」「萬卷書」「曲園長壽」「曲園拜上」「曲園對月」「曲園寫竹」「曲園禮佛」「曲園課孫」「右台仙館」「曲園」「曲園俞俞」「右台山鬼」等文字組合圖畫二十餘幅。每葉右半爲文字標題與圖畫，左半則是説明。自許「拈弄筆墨，時出新意，頗有合乎古人『字畫合一』之旨」。如用篆書「大悲」兩字繪成菩薩大慈大悲的模樣，頗得莊嚴之妙；用草書繪成「曲園課孫」，「曲園」二字組成坐教老人，「孫」字畫作一天真兒童，活靈活現。

《瓊英小録》一卷，成書於光緒十九年（一八九三）。俞樾聞知浙江布政使劉樹堂藩署中有瓊花，作絶句乞贈；收到所贈瓊花，以爲聚八仙，口占一絶；其實瓊花與聚八仙實一物而異種，因而爲劉樹堂賦長歌；俞樾給詁經精舍諸生出考題「杭州瓊花歌」，見到丁丙送來明人楊端》《瓊花譜》，於是作《杭州瓊花歌》；且爲辨别古今瓊花差異而繪《瓊花圖》，又成二絶句，以寫未盡之意。其中《聞浙藩署有瓊花，戲作小詩，乞劉景韓方伯翦贈一枝》《越日瓊花至，實即聚八仙也，口占一絶句》《景韓方伯索作瓊花詩，爲賦長歌》《杭州瓊花歌》等四首又見於《春在堂詩編》十四《壬癸編》。

《驪山傳》《梓潼傳》是俞樾創作的兩部傳奇，作於光緒二十五年（一八九九）〔二〕。《論語·泰伯》：「武王曰：『予有亂臣十人。』孔子曰：『才難，不其然乎！唐虞之際，於斯爲盛。唐虞之際，於斯爲盛。有婦人焉，九人而已。』」名列「亂臣十人」的這位「婦人」是誰呢？前人或以爲文母、太姒或邑姜，或以爲殷人。俞樾《賓萌集·創建驪山老母祠議》認爲是「驪山老母」，是《史記·秦本紀》申侯所説的「昔我先酈山之女，爲戎胥軒妻，以親故歸周，保西垂，西垂和睦」。其《經課續編·「有婦人焉」解》亦論證是戎胥軒之妻姜氏；《曲園雜纂·小浮梅閒話》《湖樓筆談》卷六均有關於「酈山之女爲戎胥軒妻」的詳論。在致繆荃孫、李超瓊、金文潮等人書信中，

〔二〕俞樾己亥年所作《余與花農以「堪」字韵唱和，已二十餘叠矣。今年夏花農又四叠韵，徐澂園尚書見而喜之，亦四叠韵，并寄吴下，余亦叠韵如其數呈澂園，即寄花農》其四「吴下偶成新樂府」自注：「余新著傳奇二種，曰《驪山紀》，曰《梓潼傳》。」

俞樾都自誇《「有婦人焉」解》一文「極新極確」「發千古所未發」；其《八十自悼》十一「驪女姓名登十亂」自注，也得意地説「余考定驪山女爲十亂中之婦人，自謂最碻」。而《驪山傳》傳奇乃以戲曲的形式普及上述經學研究成果，讓驪山女的生平經歷與主要功績爲大衆所了解，「使婦豎皆知，雅俗共賞，有功經學」，糾正千古訛傳。五年後的光緒三十年（一九〇四），俞樾作《咏十亂》詩，仍念念不忘在「屢見吾文」之後「又爲詩以張之，冀此論既見吾文，又見吾詩，庶幾不泯於後世」。鑒於當時朝野祭祀文昌神極爲重視，却不知其身份與來歷，俞樾撰寫《梓潼傳》之前，曾在《茶香室三鈔・梓潼文君》《賓萌集・文昌改稱梓潼文君議》以及《文昌生日歌》詩中，據《高眹禮殿記》《華陽國志》等考證文昌帝君就是東漢初的梓潼文君，即廣漢郡梓潼人文參，字子奇，平帝時官益州太守，不服王莽篡位、公孫述稱帝，光武帝拜爲鎮遠將軍，封成義侯。文參在任時興修水利，發展農業，選拔人才，政簡刑清，深受百姓愛戴，梓潼文君祠滿於蜀中，四時祭祀。流俗訛傳，因文君之稱附會爲文昌之神。俞樾作《梓潼傳》，也是要使大衆知有梓潼文君，破除千古訛傳，創作目的與格調類似《驪山傳》。

《惠耆録》是清代「重赴鹿鳴宴」制度的重要資料與成果。清代鄉試放榜次日設宴，歌《詩經・小雅・鹿鳴》，作魁星舞，以巡撫主其事，内外簾官、新科舉人皆預宴，稱「鹿鳴宴」。舉人於鄉試考中後滿六十周年，重逢原科開考，經奏准，與新科舉人同赴鹿鳴宴，稱「重宴鹿鳴」或「重赴鹿鳴」。是爲清代之創制，實爲加惠於老年科第人之恩典，榮寵極矣。俞樾是道光二十四年甲辰恩科舉人，本該於光緒三十年甲辰重宴鹿鳴。由於甲辰非鄉試年份，提前於光緒二十九年（一九〇三）癸卯正科重赴鹿鳴宴。光緒二十八年，俞樾家鄉浙江湖州府德清縣籍官紳三十餘人聯名稟報德清縣；德清縣知縣轉達府、道、司，逐級上報浙江巡撫；巡撫不待府、道、司周轉，破格直接據德清縣文上疏。上諭：「俞樾著加恩開復原官，准其重赴鹿鳴筵宴，以惠耆儒。」如此恩寵榮光，俞樾「感激涕零」，於是將上諭、各級公文、因此而作的詩和奏稿、本朝重宴鹿鳴者名單、重宴鹿鳴禮節等輯爲一卷，題曰《惠耆録》，取自上諭「以惠耆儒」。次年（光緒二十九年）俞樾因年老體衰未能重赴鹿鳴宴，作《浙撫聶仲方中丞、浙藩翁小山方伯又以電音來請赴宴，亦以電復之，再賦一詩》：「惠耆小録親編纂，也算名山一卷書。」可見對此書的重視。

《春在堂全書》收録《群經平議》《諸子平議》《弟一樓叢書》《曲園雜纂》《俞樓雜纂》等書數百卷。卷帙既富，名目又繁。爲了方便檢尋，俞樾手定《〈春在堂全書〉録要》一卷，「每種各撮舉大略，以便學人尋討。海内或有未見先生全書者，得讀此編，亦庶乎嘗鼎一臠而知其旨矣」。

附録一《袖中書》二卷。俞樾所存友朋來信遭遇「庚辛之亂」，焚毁無存。光緒三年（一八七七）刻印的《春在堂全書》收入《袖中書》二卷，其寫作時間應在同治元年（一八六二）至光緒三年（一八七七）之間〔二〕，俞樾以所得先後編次，命名「袖中書」，取《古詩十九首·孟冬寒氣至》「置書懷袖中，三歲字不滅」之義。這七十二通來信「或情意殷拳，或議論剴切，即單詞片語，亦往往有言外之意，尋味無窮」，出自三十六人之手：許乃浦（號滇生）、祁寯藻（號春圃）、查冬榮（號辛香）、李鴻章（字少荃）、吴存義（字和甫）、劉汝璆（字笏堂）、孫衣言（號琴西）、譚獻（字仲修）、黄以周（字元同）、曾璧光（號樞元）、鍾文烝（字子勤）、胡澍（字荄甫）、馮崧生（號聽濤）、沈樹鏞（字韻初）、喬松年（字鶴儕）、杜文瀾（字小舫）、趙烈文（字惠甫）、李瀚章（字筱荃）、馬新貽（字穀山）、朱衍緒（字鎮甫）、彭玉麟（字雪琴）、曾國藩（字滌生）、勒方錡（字少仲）、楊希雲（號卧雲）、彭生甫（字麗崧）、魏錫曾（字稼孫）、吴雲（號平齋）、應寶時（字敏齋）、楊昌濬（字石泉）、宗源瀚（字湘文）、如山（字冠九）、李鴻裔（字眉生）、王凱泰（號補帆）、戴望（字子高）、潘承翰

〔二〕　俞樾光緒二十三年（一八九七）致冒廣生：「拙刻《全書》中有《袖中書》二卷，皆友朋書札。今若補續之，又可得三四卷，亦因循未果也。」

（字少梅）、吴大澂（字清卿）。

附録二《慧福樓幸草》，作者是俞樾次女繡孫。繡孫，字彩裳，生於道光二十九年（一八四九），十六歲嫁許祐身（字子原），體質虚弱，生育二男六女，最後一次産後半月卒，時爲光緒八年（一八八二）十二月十八日，年僅三十四歲。繡孫聰慧有才氣，知性懂事，最爲俞樾所憐愛，曾題其所居曰慧福樓，希冀她兼有福慧。由於繡孫生前就將詩詞付之一炬，俞樾匯合許祐身所記憶者與自己所存手寫之稿，僅得詩七十五首、詞十五首，命名《慧福樓幸草》（「幸草」即焚餘之草，見《論衡·幸偶篇》），爲之作序，刻入《春在堂全書》，借以傳世，並流播海外〔一〕。

附録三《東海投桃集》一卷，反映了日本門生和名家學人對俞樾的敬重與仰慕。井上陳政（一八六二—一九〇〇），字子德，光緒十年（一八八四）以大藏省專修漢學學生身份來華游學，請業於俞樾門下〔二〕。光緒十六年（一八九〇），俞樾七十歲生辰。井上陳政以俞樾門

〔一〕《次女繡孫於十二月十八日卒於杭州，哭之於詩，得十五首》其十四自注：「女詩詞附吾書以傳，當可流及海外也。」

〔二〕俞樾《日本人井上陳政，字子德，航海遠來，願留而受業門下，辭之不可，遂居之於俞樓，賦詩贈之》：《茶香室三鈔》卷十二《日本真人》：「光緒十年，有日本國大藏省專修漢學學生井上陳政來受業於門下。」

生身份在日本發佈「徵詩啓」及「俞師事略」，遍徵詩文，爲俞樾祝壽。次年（一八九一）八月，托時任駐日本公使李經方寄至蘇州。俞樾「感其誼，且念其來之遠也」，將井上寄來的壽文四篇和壽詩四十八首編爲一卷，題曰《東海投桃集》，「以識諸君愛我之情，亦見中外同文之盛」。

附録四《〈春在堂全書〉校勘記》一卷，作者是俞樾門生蔡啓盛（字耀客）。《春在堂全書》出版後，蔡啓盛發現「《全書》誤字正復不少」，於光緒十一年（一八八五）完成校勘記。校勘記頗受俞樾重視，次年（一八八六）春之前刻爲《〈春在堂全書〉校勘記》一卷，之後附刻入《春在堂全書》。因《校勘記》完成較早，此後刻入《春在堂全書》的如《茶香室三鈔》《四鈔》《春在堂雜文四編》《五編》《六編》《補遺》，蔡啓盛都未曾校勘。《校勘記》爲整理《俞樾全集》提供了便利，但也有「本非誤字」而蔡啓盛「少見而多怪者」：一是不知詞義，二是不知俞樾所據本，需要甄别采納。因其成果已爲《俞樾全集》各書整理者點校時吸收，故略去正文，僅存《蔡耀客茂才書》與俞樾《跋》。

本册中的十六種著作點校，均以鳳凰出版社影印光緒末年增訂重刊《春在堂全書》本爲底本，吸收蔡啓盛《〈春在堂全書〉校勘記》成果；《惠耆録》則以浙江圖書館藏光緒二十九年刻本爲底本。異體字、古字、俗字原則上不改；保留原有缺字符號□；因避諱而改字或缺筆的「寧」「玄」「弘」等回改，不出校。點校者分工如下：孫幼莉承擔《驪山傳》《梓潼傳》《惠耆録》，劉珈珈承擔《游藝録》《曲園三耍》《新定牙牌數》《小蓬萊謡》《曲園墨戲》《瓊英小録》，黄曙輝承擔《〈太上感應篇〉纘義》《〈金剛經〉注》，喬玉鈺承擔《東瀛詩記》《東海投桃集》，張龍飛承擔《〈春在堂全書〉録要》《袖中書》《慧福樓幸草》《〈春在堂全書〉校勘記》，汪少華、孫幼莉負責二一三校與定稿。感謝余柯君博士在京都大學查證《東瀛詩記》《東海投桃集》有關人名資料、孫煒博士提供《惠耆録》底本、責編陳曉清辛勤工作。

本次重印，孫幼莉訂正、補缺數十處。

《太上感應篇》纘義

自序

《宋・藝文志》有《太上感應篇》一卷，其大旨言天道福善禍淫，與《抱朴子》所述《玉鈐經》《易内戒》諸書相近，葢亦古籍之幸存者也。夫餘慶、餘殃之説，著於《周易》；天人相應之理，備於《春秋》。此篇雖道家之書，而實不悖乎儒家之旨。董仲舒曰：「天人相與之際，甚可畏也。」後世儒者不信此說，《洪範五行傳》且斥爲荒誕，於是篇乎何有？故自宋以來，雖流傳不絶，不過閭巷細民共相誦習，而士大夫輒鄙薄之。其注釋諸家，亦多淺陋丘里之言，無當大雅。惟國朝惠定宇先生以經師碩儒而注此書，徵引淵博，文字雅馴。然余猶惜其多用駢詞，有乖注體。且原文明白易曉，初不待注而明。惟宜附以經義，證以秦漢古書，使人知其與儒書表裏，不敢鄙夷，自然敬信奉行，於身心有益。余於惠氏無能爲役，一知半解，掇拾其所未備，所已及者則從略焉。因非注體，故援宋杜道堅《文子纘義》之例，題曰《〈太上感應篇〉纘義》，卷帙緐重，釐爲上下二卷，用自修省，以爲息黥補劓之方。樂善不倦之君子儻有取乎？同治十有一年十有二日，德清俞樾。

《太上感應篇》纘義上

太上曰：

太上，有以位言者。《漢書・高帝紀》集注曰：「太上，極尊之稱。」《淮南厲王長傳》集注引如淳曰：「太上，天子也。」有以德言者。《大戴記・曾子立事篇》盧辯注曰：「太上，德之最上者。」《老子釋文》引顧注曰：「太上，上德之人也。」有以時言者。《禮記・曲禮篇》鄭注曰：「太上，帝皇之世。」陸氏《釋文》、孔氏《正義》並曰：「太上，謂三皇五帝之世也。」是古釋「太上」有此三科。兹之所稱，其兼時、德而言乎？嘗讀《荀子書・君子篇》曰：「聖王在上，分義行乎下，則士大夫無流淫之行，百吏官人無怠慢之事，衆庶百姓無姦怪之俗，無盜賊之罪，莫敢犯太上之禁。天下曉然，皆知夫盜竊之人，不可以爲富也；皆知夫賊害之人，不可以爲壽也；皆知夫犯上之禁，不可以爲安也。由其道，則人得其所好焉；不由其道，則必遇其所惡焉。」今以《荀子》之言考之，此篇自「非義而動、背理而行」之下，皆所謂「流淫之行」「怠慢之事」「姦怪之俗」「盜賊之罪」也。而《荀子》謂之「太上之禁」，且「由其道，得其所好；不由其道，遇其所惡」，與此篇之旨若合符節。前半所陳，謂由其道而得所好也；後半所陳，謂不由其道而遇所惡也。然則兹篇其即「太上之禁」乎？雖文字不類先秦古書，要必有所受之矣。

禍福無門，惟人自召。

此《左氏春秋》所載閔子馬之言。按《後漢書·楊秉傳》引此二句，李賢注曰：「《左傳》閔子騫之辭。」《文選·檄吴將校部曲》亦引此二句，李善注曰：「《左氏傳》閔子騫之辭。」據二李之注，則《左傳》「閔子馬」，古本有作「閔子騫」者。斯言也，殆孔門之緒論與？

善惡之報，如影隨形。

《尸子》曰：「舜云：『從道必吉，反道必凶，如影如響。』」然則此語自古有之。趙岐《孟子章指》曰：「惡出于己，害及其身，如影響自然也。」《文選·應璩〈與岑文瑜書〉》曰：「善惡之應，甚于影響。」皆傳述斯言，語意相近。至東晉古文《尚書》出，遂以入之《大禹謨》曰：「惠迪吉，從逆凶，惟影響。」而至今奉爲經義矣。其實兹篇之出，或猶在古文《尚書》之前，未可尊彼爲經而薄此爲道家之説也。

是以天地有司過之神，

司過之神，即下文所云「司命」也。《禮記·祭法篇》：「王爲群姓立七祀：曰司命，曰中霤，曰國門，曰國行，曰泰厲，曰户，曰竈。」鄭注曰：「此非大神所祈報大事者也。小神居人之閒，司察小過，作譴告者爾。司命，主督察三命。」《正義》曰：「司命，宫中小神。熊氏云：『非天之司命，故祭於宫中。』」據下文云「依人所犯輕重，以奪人算」，正「督察三命」之事，故知「司過之神」即謂「司命」矣。下文又云：「司命隨其輕重，奪其紀算。」彼言「司命」者，斥其名也；此言「司過之神」者，舉其職也。篇中所云奪紀、奪算，或斥爲道家之説，不知其本乎經義也。學者束注疏於高閣，故莫得其詳矣。

依人所犯輕重，以奪人算。

《禮記正義》引《援神契》云：「命有三科：有受命以保慶，有遭命以謫暴，有隨命以督行。」解者以「隨命」謂隨其善惡而報之。然則依人所犯以奪算，古有此説矣。《洪範》「六極」「一曰凶短折」。鄭康成注曰：「未齔曰凶，未冠曰短，未婚曰折。」蓋各視其輕重以爲差矣。

《漢書・鄭崇傳》稱〔一〕：「臣聞師曰：『犯神者有疾夭之禍。』」亦《尚書》家師説也。至年以算計，蓋亦古語。《史記・武帝紀》：「每修封禪，其贊饗曰：『天增授皇帝泰元神筴。』」筴，即算也。

算減則貧耗，多逢憂患，

《洪範》「六極」「三曰憂，四曰貧」。是貧耗、憂患固六極之二也。《五行傳》曰：「言之不從，是謂不艾，厥咎僭，厥罰恒陽，厥極憂。聽之不聰，是謂不謀，厥咎急，厥罰恒寒，厥極貧。」蓋古之儒者推天人相應之理，明福極不爽之報，使自天子至於庶人，皆恐懼修省而不敢爲非，其意固甚善也。後儒不信其説，而勸戒之意微矣。此篇先舉貧耗、憂患二者以示警，蓋以貧、憂二極，人之所尤畏也。

人皆惡之，

古無四聲，善善惡惡，皆一義之引申。因其善而善之，因其惡而惡之，無異讀也。漢劉歆《遂初賦》：「何叔子之好直兮，爲群邪之所惡。賴祁奚之一言兮，幾不免乎徂落。」魏丁儀《厲志賦》：「嗟世俗之參差兮，將未審乎好惡。咸隨情而與議兮，固真僞以紛錯。」此皆「愛惡」之「惡」，

〔一〕漢，原訛「後漢」，據《漢書》改。

而仍讀如「美惡」之「惡」，可知其義之通矣。既爲惡人，而求不爲人惡，是猶表曲而求影之直，貌醜而求鏡之姸也。

刑禍隨之，

刑，古字與「型」通。《尚書》「五刑之屬三千」，《隸釋》引《石經》作「型」。型者鑄器之法也。有是罪，必有是刑，猶器之適肖其型矣。若夫刑之所不及，鬼神亦從而禍之。《説文》曰：「禍，害也，神不福也。」明則有刑，幽則有禍，亦可畏矣。《太玄》曰：「傒禍介介，凶人之郵。」

吉慶避之，

《釋名·釋言語》曰：「吉，實也，有善實也。」即無善實，又何吉慶之有？

惡星災之，

《天官書》有「五殘」「六賊」之名，《星經》有「哭星」「泣星」之號，皆是惡星，非必彗孛也。《管子》稱「星掌和」，「和爲事」，是人事實應星象。昔賢人聚而德星見焉。然則凶人之所在，惡星臨之矣。

算盡則死。

《國語·晉語》曰：「非禮不終年，非義不盡齒。」韋昭注曰：「非有禮法，不能終十年。非有義刑，不能盡其年壽。」此即「算盡則死」之謂也。

又有三台北斗神君，在人頭上，録人罪惡，奪其紀算。

《周官》：「大宗伯職以槱燎祀司中、司命。」鄭司農云：「司中，三能三階也。」疏曰：「案《武陵太守星傳》云：『三台，一名天柱。上台司命，爲大尉；中台司中，爲司徒；下台司禄，爲司空。』」「三台」之名，蓋出於此。「上台司命」與下文所云「司命隨其輕重，奪其紀算」者不同。彼「司命」即上文「司過之神」，乃七祀之一；此「司命」乃「三台」之一，是天星也，故云「在人頭上」矣。《史記・天官書》云：「斗爲帝車，運于中央，臨制四鄉。分陰陽，建四時，均五行，移節度，定諸紀，皆繫於斗。斗魁戴筐六星，曰文昌宮：一曰上將，二曰次將，三曰貴相，四曰司命，五曰司中，六曰司禄。魁下六星，兩兩相比者，曰三能。」蘇林曰：「能音台。」據此，則文昌宮與三台皆近斗魁。自來説天文者既以文昌宮之司命爲上台，司中爲中台，司禄爲下台，而又以文昌三台皆近斗魁，故舉而屬之北斗，是謂「三台北斗神君」矣。

又有三尸神，在人身中。

「三尸」之説，不見經傳。然葛洪《神仙傳三・劉根傳》載神人韓衆謂根曰：「必欲長生，先去三尸。伏尸常以月望晦朔，上天白人罪過，使人不壽。」按劉根於漢成帝綏和二年舉孝廉，除郎中。則三尸之説自西漢時已有之矣。

每到庚申日，輒上詣天曹，言人罪過。

庚申屬金，秉西方肅殺之氣，故道家忌之。《太上律科》曰〔一〕：「庚申日，北帝開諸罪門，通諸鬼神訴訟。」亦猶王者順秋令而詰姦禁暴也。鄭氏注《禮記》曰：「庚之言更也，辛之言新也。萬物皆肅然改更。」君子於庚申之日宜體此意，恐懼修省，洗濯其心，以副更新之義。此則吾儒之所以守庚申，而非止如道家之説也。

月晦之日，竈神亦然。

竈者，先王所列於五祀者也。夫人生軀命所關，莫大於飲食。而竈則爲飲食之所從出，百物之精皆聚於此，其必有神焉以主之，明矣。此先王之所以謹祀竈也。《周禮》説，顓頊氏有子曰黎，爲祝融，祀以爲竈神。此説之近古者。若乃《酉陽雜俎》諸書虚設姓名，羅陳子女，無稽之談，近於褻矣。又《荀子·正論篇》「《雍》而徹乎五祀」，即謂徹乎竈也。蓋專言之則爲竈，通言之則爲五祀。古書多有此例。此言「竈神」者，亦專言之耳。其實五祀之神皆能録人功過，上白於天，

〔一〕 律科，原訛「科律」，據《雲中七籤》卷八一乙。

不獨竈神也。《金人之銘》曰：「勿謂不聞，神將伺人。」

凡人有過，大則奪紀，小則奪算。

諸家言紀者，其數不同。《尚書·畢命篇》：「既歷三紀，世變風移。」《傳》曰：「十二年曰紀。」《正義》曰：「十二年者，天之大數。歲星、太歲皆十二年而一周天，故十二年曰紀。」是一紀十二年，固古說也。雖晚出之《書》不盡可信，然古文《尚書》亦出魏晉間，與此篇之出大略同時。然則此篇所云「奪紀」者，亦必以十二年爲一紀明矣。紀爲十二年，則算當爲一歲。歲星、太歲十二年而一周天，是爲一紀。日行三百六十五日有奇而一周天，是爲一算。

其過大小，有數百事。欲求長生者，先須避之。是道則進，非道則退。

是道非道，即《荀子》所謂「由其道」與「不由其道」也。太上之禁，具於此篇，其說見前。

不履邪徑，

《禮·祭義篇》：「道而不徑。」《正義》曰：「正道平易，於身無損傷。邪徑險阻，或於身有患。」《論語·雍也篇》：「行不由徑。」《正義》曰：「行遵大道，不由小徑，是方也。」《禮記正義》所說，見君子保身之哲；《論語正義》所說，見君子律己之嚴。

不欺暗室。

《詩》云：「尚不愧于屋漏。」毛、鄭異義，毛云：「西北隅謂之屋漏。」則謂當室之白日光漏入，乃室中之明處也。鄭云：「屋，小帳也。漏，隱也。」《正義》申之曰：「屋漏者，室内處所之名，可以施小帳而漏隱之處。」則謂室中之暗處也。此云「不欺暗室」，於鄭義爲近矣。歐陽詹《暗室箴》曰：「勿謂旁帷上蓋，天鑒無外。勿謂後掩前局，神在無形。」後之君子，尚懔斯言。

積德累功，

《周禮注》曰：「在心爲德。」《尚書正義》曰：「據其勳業謂之功。」然則德、功一也，分内外言之耳。《老子》曰：「合抱之木，生於豪末。九層之臺，起於累土。千里之行，始於足下。」《潛夫論》曰：「積上不止，必致嵩山之高。積下不已〔一〕，必極黄泉之深。」其在《周易》：「地中生木，升。君子以順德，積小以高大。」《正義》曰：「地中生木，始於豪末，終至合抱。君子象之，以順行其德，積其小善，以成大名。故《繫辭》云：『善不積不足以成名。』」

〔一〕 不，原訛「必」，據蔡啓盛《校勘記》改。

慈心於物。

《左傳正義》曰：「慈者，愛出於心，恩被於物也。」此即「慈心於物」之謂。《荀子》曰：「物也者，大共名也。」《春秋繁露》曰：「物也者，洪名也。」然則物之所包者廣，兼人、物而言之矣。

忠孝友悌，

臣忠子孝，兄友弟悌，人道之大經也。雖然，君臣、父子、兄弟、夫婦、朋友，是爲五倫。兹於五倫舉其三，何也？曰：三綱之中，君臣、父子爲重；六紀之中，兄弟爲親。人能盡忠孝友悌之實，則於三綱六紀〔一〕，無不處之得宜，而百行固已備矣。

正己化人。

正己者，自脩之學也；化人者，成物之功也。未有不正己而能化人者也。孔子曰：「苟正其身矣，於正人也何有？」又曰：「古之至人，先存諸己而後存諸人。」故正己、化人，事相因也。《荀子》曰〔二〕：「漸也，順也，靡也，久也，服也，習也，謂之化。」化人者，豈必相督責哉？子夏曰：「帥

〔一〕綱，原訛「網」，據蔡啓盛《校勘記》改。
〔二〕引文出自《管子·七法》。

人以正，孰敢不正？」〔一〕《莊子》曰：「正容以悟之，使人之意也消。」

矜孤恤寡，

鰥寡孤獨，先王發政施仁所必先。而太上之教，首及矜孤恤寡者。幼而無父，老而無夫，尤可憫也。《管子·入國篇》有「恤孤」之法：「凡國、都皆有掌孤，士人死，無父母所養，不能自生者，屬之其鄉黨、知識、故人。養一孤者一子無征，養二孤者二子無征，養三孤者盡家無征。掌孤數行問之，必知其食飲飢寒身之膌胜而哀憐之，此之謂恤孤。」其法詳善，後世可仿而行之。又有「合獨」之法，其意亦主於恤寡。然云「取鰥寡而合和之，予田宅而家室之」，則古今異宜，非可施於後世。

敬老懷幼。

古者天子巡守，先見百年者。晉悼公之霸也，年七十者，公親見之，稱曰王父。天子諸侯且然，況庶人乎？是故「十年以長則兄事之，年長以倍則父事之」，凡以明敬也。至「懷幼」之文，本於《論語》，孔注曰：「懷，歸也。」於義未密。《里仁篇》「懷德」「懷土」「懷刑」「懷惠」，孔注並訓爲「安」，此亦當同。「老者安之，少者懷之」，變文以成辭，「懷」亦「安」也。夫童牛不服，童

〔一〕《論語·顏淵》：「孔子對曰：『子帥以正，孰敢不正？』」

馬不馳，君子之於牛馬如此，而況於人？故老宜安，少亦宜安。據《周官・鄉大夫職》，國中自七尺以下、六十以上，野自六尺以下、六十有五以上，皆不給公上之事。是即老安少懷之義矣。

昆蟲草木，猶不可傷。

《商書》曰：「古者有夏，方未有禍之時，百獸貞蟲，允及飛鳥，莫不比方。」《賈子》曰：「文王之時，德及鳥獸，洽于黿鼉咸若。」蓋古帝王澤及萬物類如此。是以魯里革之告文公也曰：「山不槎蘖，澤不伐夭，魚禁鯤鮞，獸長麑䴠，鳥翼鷇卵，蟲舍蚳蝝，蕃庶物也。」抑又聞之穀梁子曰：「猶之爲言可以已也。」昆蟲草木，其細已甚，而猶不可傷，餘可知矣。《孟子》曰：「親親而仁民，仁民而愛物。」此循其序而言也。太上曰「昆蟲草木，猶不可傷」，舉輕以見重，舉小以例大也。

宜憫人之凶，樂人之善。

善與凶對，則善猶吉也。《説文》曰：「善，吉也。」是其義矣。《易傳》曰：「吉凶與民同患。」此即「憫人之凶，樂人之善」之意。言同患，不言同樂，從一而省耳。《韓非子》曰：「仁者，謂其中心欣然愛人也。其喜人之有福，而惡人之有禍也；生心之所不能已也，非求其報也。」鄭康成注《儀禮》曰：「古者有吉事則樂與賢者歡成之，有凶事則樂與賢者哀戚之。」是聖人制禮亦本此意，以爲節文而已。

濟人之急，救人之危。

此即所謂「憫人之凶」也。《論語》曰：「君子周急不繼富。」以「急」對「富」言，則急者謂不足於財也。《禮記》：「季春之月，賜貧窮，振乏絕。」皇氏云：「長無謂之貧窮，暫無謂之乏絕。」雖有長、暫，其急則同，皆所宜濟也。危則以事言之。《周官》：「大司徒之職，五族爲黨，使之相救；五黨爲州，使之相賙。」相賙者，濟人之急也；相救者，救人之危也。然古人之辭多互文見義，非黨之人必不相賙、州之人必不相救也。

見人之得，如己之得。見人之失，如己之失。

《吕氏春秋》曰：「荆人有遺弓者，而不肯索，曰：『荆人遺之，荆人得之，又何索焉？』孔子聞之曰：『去其荆而可矣。』老聃聞之曰：『去其人而可矣。』」夫至無人之見存，則人之得失與己之得失，尚何異視之有？故其始也，己欲立而立人，己欲達而達人。其繼也，樂民之樂者，民亦樂其樂；憂民之憂者，民亦憂其憂。

不彰人短，

《家語》載孔子之言曰：「吾聞與人交，推其長者，違其短者，故能久也。」然則彰人之短，豈君子歟？抑又聞胥臣之告晉文公也：「教者，因體能質而利之者也。戚施直鎛，籧篨蒙璆，侏儒扶盧，矇瞍修聲，聾聵司火。」《淮南子》稱：「伊尹之興土功也，修脛者使之跖钁，强脊者使之負土，眇者使之準，傴者使之塗。」是古之君子，非惟不彰人短，抑亦善用人短矣。

不衒己長。

周單襄公曰：「君子不自稱也，非以讓也，惡其蓋人也。夫人，性陵上者也，不可蓋也。求蓋人，其抑下滋甚，故聖人貴讓。」斯言有旨哉！越大夫石賈曰：「衒女不貞，衒士不信。」《説文》曰：「衒，行且賣也。」安有君子之守身而爲負販者之行乎？《禮》曰：「君子不自大其事，不自尚其功。」《老子》曰：「自伐者無功，自矜者不長。」

遏惡揚善，

隱惡揚善，舜之所以爲大知也。《説苑》曰：「言人之善，澤於膏澤。言人之惡，痛於矛戟。」是以孔子之告子貢也曰：「言人之善，若己有之；言人之惡，若己受之。」其在《周易》，「遏惡揚善」著於《大有》之《象》。《正義》曰：「大有，包容之義，故君子象之，亦當包含。」夫遏絶人之惡念，發揚人之善心，是即所謂「君子成人之美，不成人之惡」者，非但包含而已。

推多取少。

晏子曰：「富如布帛之有幅焉。吾不敢貪多，所謂幅也。」旨哉言乎！能守此戒，人不厭其取矣。齊人與子雅邑，辭多受少，當時稱其忠。管仲與鮑叔賈，分財利，多自與，鮑叔不以爲貪，知其貧也。然此乃豪傑跅弛之風，非士君子之行矣。叔向賦獵，功多者受多，功少者受少。以此處人則可，以此處己猶未也。《曲禮》曰：「分毋求多。」此則君子所以自處矣。昔郱婁叔術致國於夏父，夏父受而中分之，叔術曰：「不可。」三分之，曰：「不可。」四分之，曰：「不可。」五分之，然後受之。是以見貴於《春秋》。雖然，推多取少者人之道也，捊多益寡者天之道也。故《老子》曰：「既以爲人己愈有，既以與人己愈多。」

受辱不怨，

太上不辱先，其次不辱身，其次不辱理色，其次不辱辭令。辱固君子所不受乎？雖然，韓非有言：「越王之霸也，不病宦；武王之王也，不病詈。」彼伯王且然，況士庶乎？《説苑》曰：「能忍恥者安，能忍辱者存。」君子自有良貴。外物之辱非辱也，何怨之有？「齊莊公之時，有士曰賓卑聚。夢有壯子從而叱之，唾其面。惕然而寤，終夜坐，不自快。明日，召其友而告之曰：『吾少好勇，年六十而無所挫辱。今夜辱，吾將索其形，期得之則可，不得將死之。』每朝與其友立乎衢，三月不得，卻而自殺。」斯人也，謂之志士則可矣，非君子之道也。呂氏載之《春秋》，斯爲戰國之書。

受寵若驚。

老子有「寵辱若驚」之文。孔穎達於《周易正義》申其説曰：「既得其吉，又患其失。」斯言殆失之淺乎？誠如是也，患失之鄙夫能之矣。河上公曰：「處高位，如臨深危。貴不敢驕，富不敢奢。」吾有味乎其言。

施恩不求報，

《莊子》曰：「施於人而不忘，非天布也。」古者施於人而不得其報曰沈，得報曰浮。故《管子》曰：「沈浮，示輕財也。」施恩求報，何其視財之重歟？施而不德，宋樂氏之風，君子所宜取法矣。

與人不追悔。

《説苑》曰：「君子擇人而取，不擇人而與。」既以與人，何悔之有？孔子曰：「有而不施，窮無與也。」誠念及此，自無悔矣。

所謂善人，

此言「善人」即下文所謂「吉人」。吉與善同義。《説文》曰：「善，吉也。」「吉，善也。」

人皆敬之，

《禮記・少儀》注曰：「恭在貌也，敬又在心。」然敬亦未始不以貌言。皇侃曰：「肅肅悚悚，是爲敬心。拜伏擎跪，是爲敬迹。」古之君子，正其衣冠，尊其瞻視，儼然人望而畏之。故曾子曰：「交而不見敬者，吾必不長也。」子夏曰：「敬人以禮，孰敢不禮？」

天道佑之，

鄭康成注《論語》曰：「天道，七政變動之占也。」古書言天道，皆主吉凶禍福而言。故《國語》曰：「我非瞽史，焉知天道？」佑之，言助也。《老子》曰：「天道無親，常與善人。」《國語》曰：「天道賞善而罰淫。」既爲善人，則天道自佑之矣。

福禄隨之，

《詩・樛木篇》「福履綏之」「福履將之」「福履成之」。《毛傳》曰：「履，禄也。」然則福履即福禄，古今語耳。此言「福禄隨之」，義本於《詩》。福者，富也，大順之顯名。禄者，録也，上所以敬録接下，下所以謹録事上。人君以保王位爲福禄，下民遇善時亦曰福禄。《詩正義》言之詳矣。

衆邪遠之，

《賈子》曰：「方直不曲謂之正，反正爲邪。」是正與邪相反也。古之君子，席不正不坐，割不正不食。所見者正事，所聞者正言，所行者正道。然則邪惡得而干之。晉文公見大蛇當道，退而修政，而蛇死。漢武帝使越巫詛董仲舒，而越巫斃。是以《淮南子》曰：「身有醜夢，不勝正行。國有妖祥，不勝善政。」邪不勝正，自昔而然。酈道元謂「曾參所居，梟不入郭」，非虚語矣。

神靈衛之，

《曾子・天圓篇》曰：「陽之精氣曰神，陰之精氣曰靈。」是神、靈分屬陰、陽，然義亦相通。故《靈臺篇》毛傳曰：「神之精明者稱靈。」古之君子，制行合於神明，自有受福於神之事。《文子》曰：「積道德者，天與之，地助之，鬼神輔之。」

所作必成，

語曰：「善作者不必善成。」非作之難，成之難也。《老子》曰：「夫惟道，善貸且成。」《韓非子》曰：「夫緣道理以從事者，無不能成。」

神仙可冀。

神仙之説，不見於經傳。然秦漢間相傳有宋毋忌、正伯僑、充尚、羨門高之流，則知古有此説矣。神仙非有異術，惟以仁義爲本。是以《莊子》曰：「古之至人，假道於仁，託宿於義，以游逍遥之虚。」

欲求天仙者，當立一千三百善；欲求地仙者，當立三百善。

「一千三百」當作「一千二百」，惠氏已訂正矣。《抱朴子》曰：「按《仙經》云：上士舉形昇虚，謂之天仙。中士游於名山，謂之地仙。下士先死後蜕，謂之尸解仙。」然則仙之一名，有此三等。古「仙」字作「僊」，從䙴。䙴，升高也。其天仙之謂乎？今「僊」字作「仙」，從人從山，其地仙之謂乎？夫自來言神仙者，不過坎離吐納之功、金石服餌之術。而此篇獨以積善爲基，可爲知本矣。

苟或非義而動，背理而行。

《淮南子·齊俗篇》曰：「義者，循理而行宜也。」《管子·心術篇》曰：「理也者，明分以諭義之意也。」是義之與理，一而已矣。故《禮記》曰：「理者，義也。」非義而動，其動也必不中乎理矣；背理而行，其行也必不合乎義矣。

以惡爲能，

《説文》曰：「能，熊屬。足似鹿。能獸堅中，故稱賢能，而强壯稱能傑也。」《漢書》注亦云：「能本獸名，形似熊，足似鹿，爲物堅中而强力，故人之有賢材者，皆謂之能。」然則「能」之得名本從獸而移之人。夫人之異於禽獸，以其存心也。猶是勇敢强有力，用之禮義則爲善，用之争鬬則爲惡。以惡爲能，則仍是獸之能，而非人之能矣。

忍作殘害，

古君子之於禽獸也，見其生，不忍見其死；聞其聲，不忍食其肉，是以遠庖廚也。夫於禽獸且然，況於人乎？乃以殘害之事而忍作之，充其量必至如《孟子》所謂「嗜殺人」而後已。桀縱虎入市，以觀其驚。紂生燔人，以聞其臭。晉靈公從臺上彈人，以觀其避丸。北齊後主置蠍浴斛，使人裸卧，觀其宛轉號叫爲樂。千古忍人，如一轍也。

陰賊良善，

賊仁者，謂之賊；賊義者，謂之殘。良善之人而賊害之，非賊仁賊義之尤者歟？《荀子·修身篇》曰：「害良曰賊。」蓋謂此矣。況賊而出之以陰，爲鬼爲蜮，則不可得，《巷伯》之詩所深痛也。

暗侮君親，

古之人，不侮鰥寡。況有君之尊，有父之親，而敢於狎侮乎？《説苑·權謀篇》曰：「侮上者，逆之道也。」若乃暗行其侮，如鼷鼠之食牛，至死而牛不知。則犯大逆之實，而或反得小忠小信之名，是又侮之甚者矣。

慢其先生，

《論語》馬注曰：「先生，謂父、兄也。」是先生本父、兄之稱。推而言之，則長者、有德者皆稱先生。鄭康成注《禮記·曲禮篇》曰：「先生，老人教學者。」又注《儀禮·鄉飲酒禮篇》曰：

「先生，鄉中致仕者。」是先生之稱，通乎三達尊矣。《文選·三都賦序》李善注曰：「先生，學人之通稱。」是後世稱先生稍濫，然亦必學人乃稱之。是以從於先生，不越路而與人言；遭先生於道，趨而進，正立拱手。葢事先生如此，其忠且敬也。豈可陽致尊崇之名，而陰存侮慢之意乎？

叛其所事，

民生於三，事之如一。夙沙釐以其孥從鼓子，晉人歎焉。鄭公不名項籍，漢史美之。楚伐陳，陳西門燔，使其降民修之。孔子過之不軾。安陵君言：先君手受大府之憲，憲之上篇曰：「國雖大赦，降城亡子不得與焉。」自此義不明，而朝秦暮楚之流接踵於後世矣。

誑諸無識，

司刺之掌三宥也，「一宥曰不識」。鄭司農云：「不識，謂愚民無所識則宥之。」是無識之人，聖人所尤矜憐也，而欺誑之，可乎？《關尹子》曰：「困天下之智者，不在智而在愚。窮天下之辨者，不在辨而在訥。」彼以其無識而誑之者，吾懼其卒矣。君子則不然，不惟不誑之，而且善用之。是以《鬼谷子》曰：「知者不用其所短，而用愚人之所長。不用其所拙，而用愚人之所工。」

謗諸同學。

《呂氏春秋》曰：「人之情，愛同於己者，譽同於己者，助同於己者。學業之章明也，道術之大行也，從此生矣。」乃於同學之人，加之詘謗。此王厚齋所謂「蘇秦、張儀同學縱横，孫臏、龐涓同學兵法，李斯、韓非同學刑名，始也朋而終也仇」，異乎君子之徒矣。

虚誣詐僞，

昔孔子思有恒者，曰：「亡而爲有，虚而爲盈，約而爲泰，難乎有恒矣。」其在《大玄・禮》次三曰：「畫象成形，孚無成。測曰：畫象成形，非其真也。」虚誣詐僞，真何有哉？善乎《韓非子》之言曰：「和氏之璧，不飾以五采。隋侯之珠，不飾以銀黄。其質至美，物不足以飾之。夫物之待飾而後行者〔一〕，其質不美也。」劉晝亦云：「紅黛飾容，欲以爲艷，而動目者稀；揮絃繁弄，欲以爲悲，而驚耳者寡。由於質不美也。故强懽者雖笑不樂，强哭者雖哀不悲。」則亦何益之有矣。

攻許宗親。

《左傳》注：「同祖曰宗。」《楚辭》注：「同姓曰宗。」《周官》注：「親，謂五屬之内及外親有服者。」凡在宗親，理宜敦睦。乃或肆其攻擊，巧爲訐發。宋左師曰：「女喪而宗室，於人何有？人亦於女何有？」鄭孔叔曰：「失親，患必至。」斯言可爲炯戒矣。

〔一〕物，原訛「質」，據《韓非子・解老》改。

剛强不仁，

「曾是强禦」，詩人刺焉。「强梁者不得其死」，老子戒焉。《太玄》曰：「君子彊梁以德，小人彊梁以力。」故在《謚法》「剛强理直曰武」，若剛强而理不直，何武之有？仁者，人也，相人偶也，以人意相存問也。人非人不濟，猶馬非馬不走，水非水不流。乃託爲剛正强直之名，而不復有相人偶之意，視天下藐然若無足爲者，刀鋸斧鉞，何施而不可乎？

很戾自用。

《莊子》曰：「見過不更，聞諫愈甚，謂之很。」《周書・謚法》曰：「不悔前過曰戾。」很戾之人，豈足與言？《書》所謂「自用則小」者也。

是非不當，

《釋名・釋言語》曰：「是，嗜也，人嗜樂之也。」「非，排也，人所惡排去也。」若嗜所不當嗜，排所不當排，則《孟子》所謂「無是非之心，非人也」。《荀子》曰：「是是、非非謂之知，非是、是非謂之愚。」《淮南子》曰：「是而行之，故謂之斷。非而行之，必謂之亂。」

向背乖宜。

古王者之建國也，面朝而後市，示先義而後利也。天子之立也，鄉仁而偝藏，貴長養萬物也。向背之間，如何不慎？一失其宜，季梁所謂「北面而持其駕而欲之楚」也。

虐下取功，

《管子》曰：「功者，安主上、利萬民者也。」《大戴記》曰：「功以養民。」是古之言功者，皆以利民養民爲主，未聞虐下而可以爲功也。帝舜有言曰：「功成而不利於民，我弗能勸也。」以虐下取功，何功之有？

諂上希旨。

《莊子·漁父篇》曰：「希意道言謂之諂。」希旨，猶希意也。凡工於行諂者，皆善希人意旨者也。故在上者往往喜之，不知諂之言陷也。上徒喜其諂己，而不知其陷己也。故《荀子》曰：「從命而不利君，謂之諂。」

受恩不感，念怨不休。

善乎唐睢之謂信陵君也，曰：「人之有德於我，不可忘也。吾之有德於人，不可不忘也。」反是道而行之，則小人之尤者矣。故崔瑗《坐右銘》曰：「施人慎勿念，受施慎勿忘。」

輕蔑天民，

天民之稱，古矣。伊尹自稱「我天民之先覺者也」。《孟子》曰：「有天民者，達可行於天下而後行之者也。」《列子·揚朱篇》稱孔子爲「天民之遑遽者」，桀爲「天民之逸蕩者」，紂爲「天民之放縱者」。蓋古有斯稱，而稱之者各以其意爲之。惟《莊子·庚桑楚篇》云：「人之所舍，謂之天民〔一〕。天之所助，謂之天子。」斯爲得天民之實。天民，即帝臣也。達而在上，則爲帝臣；窮而在下，則爲天民。古惟伊尹、太公之流足以當之。而後世若諸葛武侯之在隆中，亦庶幾焉。天民之貴，不知尊禮而輕蔑之，正猶斥鷃而笑鳳皇矣。

擾亂國政。

百人輿瓢而必裂，以用力者衆也。三年作舍而不成，以爲謀者多也。《韓非子》曰：「事大衆而數摇之，則少成功。藏大器而數徙之，則多敗傷。烹小鮮而數撓之，則賊其澤。治大國而數變法，則民苦之。」《鄧析子》曰：「令煩則民詐，政擾則民不定。不治其本而務其末，譬如拯溺而錘之以石，救火而投之以薪。」

賞及非義，刑及無辜。

荀悦《申鑒》曰：「人主不妄賞，非徒愛其財也。賞妄行，則善不勸矣。不妄罰，非徒慎其

〔一〕 謂，原訛「爲」，據蔡啓盛《校勘記》改。

刑也。罰妄行，則惡不懲矣。賞不勸，謂之止善。罰不懲，謂之縱惡。」劉晝《新論》曰：「明賞有德，所以勸善人也。顯罰有過，所以禁下奸也。賞而不要，雖賞不勸。罰而不明，雖刑不禁。不勸不禁，則善惡失理。」古人之致謹於賞罰如此。《荀子》曰：「賞僭則利及小人，刑濫則害及君子。若不幸而過，寧僭無濫。與其害善，不若利淫。」《吕氏春秋》曰：「賞過則懼及淫人，刑慢則懼及君子〔一〕。不幸而過，寧過而賞淫人，毋過而刑君子。」觀斯二子之言，則刑及無辜，視賞及非義，厥咎更甚矣。

殺人取財，

《康誥》曰：「凡民自得罪，寇攘姦宄，殺越人于貨，暋不畏死，罔弗譈。」《孟子》引而釋之，以爲「是不待教而誅者」。殷受夏，周受殷，所不辭也」。然則殺人取財，固三代聖王之所明禁矣。

傾人取位。

《漢書・田蚡傳》「欲以傾諸將相」，師古曰：「傾，謂踰越而勝之也。」夫士讓爲大夫，大夫讓爲卿，周之所以興也。不相讓而相傾，終亦必亡而已矣。

〔一〕慢，原訛「漫」，據《吕氏春秋・開春》改。

誅降戮服，

《牧誓》曰：「弗迓克奔，以役西土。」《傳》曰：「商衆能奔來降者，不迎擊之。」《正義》曰：「兵法不誅降也。」《荀子》論「王者之軍制」曰：「服者不禽，犇命者不獲，順刃者生，蘇刃者死。」《吕氏春秋》曰：「有能以家聽者，禄之以家；以里聽者，禄之以里；以鄉聽者，禄之以鄉；以邑聽者，禄之以邑；以國聽者，禄之以國。」然則誅降戮服，非古人用兵之道明矣。

貶正排賢。

《鄭書》曰：「惡直醜正，實蕃有徒。」古文《尚書》易之曰：「簡賢附勢，實緐有徒。」然則貶正排賢，事相因乎？夫方正不容，楚所以亡；不求賢以自輔，晉所以替。賈誼曰：「正人什倍，邪僻無由來。」劉向曰：「衆賢和於朝，則萬物和於野。」《周禮》有廉正之文，有議賢之典。正而貶之，賢而排之，其謂之何？文王明夷，則主可知矣。仲尼旅人，則國可知矣。

陵孤逼寡，

《釋名·釋親屬》曰：「無父曰孤。孤，顧也，顧望無所瞻見也。無夫曰寡。寡，踝也，踝踝，單獨之言也。」繹其名，思其義，天下之可憫者，孰如孤寡乎？弔死問疾，以養孤孀，湯所以興也。不敢侮鰥寡，文王所以造西土也。以孤寡而陵逼之，古人所謂「虐無告」也，不仁甚矣。

棄法受賂。

《記》曰：「大臣法，小臣廉。」此互文見義耳，未有不廉而能守法者也。國家之敗，由官邪也。官之失德，寵賂章也。甚至不問是非，不辨曲直，富者生而貧者死。《書》云：「獄貨非寶，惟府辜功，報以庶尤。」可不戒與？

以直爲曲，以曲爲直。

曲、直，古語謂之枉、直。孔子之告哀公也曰：「舉直錯諸枉，則民服。舉枉錯諸直，則民不服。」其告季康子也曰：「舉直錯諸枉，則枉者直。」老子亦云：「舉枉與直，如何不得？舉直與枉，勿與遂往。」然則曲之與直，其可倒乎？漢桓帝之世，童謠有之：「直如弦，死道邊；曲如鉤，反封侯。」其後梁冀、李固之事應之，遂成亂階，竟亡漢室，是可鑒矣。

入輕爲重，

衛公孫鞅曰：「行刑重其輕者。輕者不生，重者不來。」此法家之言，非聖王之制。《韓非子》言：「殷之法，刑棄灰於街者。子貢以爲重，問之仲尼。仲尼曰：『知治之道。』」乃法家託仲尼之言以爲重，孔子必無是言也。《吕刑》曰：「上刑適輕，下服。」《傳》曰：「重刑有可虧減則之輕，服下罪。」又曰：「下刑適重，上服。」《傳》曰：「一人有二罪，則之重而輕并數。」是知聖王之制，有減重爲輕者，亦有以重兼輕者，必無入輕爲重者也。與其入輕爲重，無寧出重爲輕。《夏書》曰：「與其殺不辜，寧失不經。」

見殺加怒。

太公《六韜》曰：「伏羲、神農教而不誅，黄帝、堯、舜誅而不怒。」上失其道，民散久矣。如得其情，則哀矜而弗喜，又何怒乎？《鄧析子》曰：「怒而便誅，不必值罪。」子羔爲政，刖人之足。後有難，刖者脱之，曰：「斷足，固我罪也。臨當論刑，君愀然不樂，見於顔色。此臣之所以脱君也。」以是推之，見殺而加怒，死者有知，其有深恨乎？

知過不改，知善不爲。

子路，人告之以有過則喜。禹，聞善言則拜。《淮南子》曰：「聖人之於善也，無小而不舉；其於過也，無微而不改。」故《太玄》曰：「拂惡從淑，救凶也。」雖然，苟不知之，君子無譏焉。知過不改，是謂暴無傷也；知善不爲，是謂善無益也。《鬻子》曰：「知善不信謂之狂，知惡不改謂之惑。」

自罪引他，

禹、湯罪己，興也勃焉。桀、紂罪人，亡也忽焉。己實有罪而引他人以自解，豈君子之道乎？齊江斅有門客通贓利，躬自引咎。魏崔光雖見誣謗，終不自申曲直。君子之用心，固如是也。自罪而引他者，可以愧矣。

壅塞方術。

方，猶道也。方之訓道，見於經傳者不可勝數。然則「方術」猶道術也。考《漢書·藝文志》：「凡數術百九十家，皆明堂羲和史卜之職也。」是故《大幽五行》題曰神農，《長柳占夢》本之黄帝。至於《風后孤虚》《羨門式法》，孰非古仙聖之遺書？不能疏通，又從而壅塞之，其亦甚矣。

訕謗聖賢，

千人曰英，倍英曰賢；萬人曰傑，倍傑曰聖。然則聖人、賢人所謂「出類拔萃」者也。訕之謗之，獲罪於名教大矣。昔孫卿子歷詆天下賢人，以自是其愚，其流弊爲李斯。《吕氏春秋》：「備説非六王五伯，以爲堯有不慈之名，舜有不孝之行，禹有淫湎之意，湯武有放殺之事，五伯有暴亂之謀。」辨若此，不如無辨。放言高論，君子慎諸。

侵陵道德。

域中有四大：道大，天大，地大，王大。天下有達尊三：爵一，齒一，德一。夫道之大也，德之尊也，如之何其侵陵之？凡好陵罵辱人者，《列子》所謂「淩誶」也，非君子之道也。陳成子曰：「多陵人者皆不在。」況敢侵陵道德之士？

射飛逐走，發蟄驚棲。填穴覆巢，傷胎破卵。

古者獺祭魚，然後虞人入澤梁。豺祭獸，然後田獵。鳩化爲鷹，然後設罻羅。草木零落，然後入山林。昆蟲未蟄，不以火田。不麛，不卵，不殺胎，不殀夭，不覆巢。是以山不槎蘖，澤不伐夭，魚禁鯤鮞，獸長麑麌，鳥翼鷇卵，蟲舍蚳蝝，蕃庶物也。刳胎殺夭，則麒麟不至郊；竭澤涸漁，則蛟龍不合陰陽；覆巢毀卵，則鳳皇不翔。

願人有失，

三代鼎鍾，皆出於聖人之制。其款識，不曰「永用享」，則曰「子子孫孫永寶用」。是故喜得而惡失者，人之情也。一物且然，而況其大者乎？且人之失，於己何益？明人之薄而已不得厚，揚人之辱而已不得榮，衹爲識者之所笑耳。

毁人成功。

《釋名》曰：「功，攻也。攻治之乃成也。」夫功而克厎於成，其亦非一手一足之烈矣。成之難，毁之易，君子憫焉。《易·象傳》曰：「汔至亦未繘井，未有成也。羸其瓶，是以凶也。」《正義》曰：「水未及用，則井功未成。」世之毁人成功者，其能無羸瓶之凶哉？

危人自安，減人自益。

《公羊傳》曰：「殺人以自生，亡人以自存，君子不爲也。」《燕策》引古諺曰：「厚者不毁人以自益，仁者不危人以要名。」夫人危矣，己未必安；人減矣，己未必益。黄雀螳螂，所宜深鑒者也。

以惡易好，

「同盟之人，咸歸於好」，齊桓公所以命諸侯也。「式相好兮，無相尤兮」，詩人忠厚之意蓋如此。本相好而易之以相尤，其謂之何？楊子曰：「脩其善，則爲善人。脩其惡，則爲惡人。」君子慎所脩焉。

以私廢公。

《申鑒》之論「政體」也曰：「有公賦，無私求。有公用，無私費。有公役，無私使。有公賜，無私惠。有公怒，無私怨。私求則下煩而無度，是謂傷清〔一〕；私費則官秏而無限，是謂傷制；私使則民撓擾而無節，是謂傷義；私惠則下虚望而無準，是謂傷正；私怨則下疑懼而不安，是

〔一〕清，原訛「情」，據《申鑒》改。

謂傷德。」世之以私廢公者，宜思此言。

竊人之能，

竊人之財，猶謂之盜，況竊人之能乎？孔子曰：「取人善以自爲己，是謂盜也。君子之盜，豈必當財幣乎？」《顔氏家訓》曰：「凡有一言一行取於人者，皆顯稱之。不可竊人之美以爲己力。雖輕賤者，必歸功焉。竊人之財，刑辟之所處；竊人之美，鬼神之所責。」

蔽人之善。

孔子曰：「匿人之善者，是謂蔽賢也。」《孟子》曰：「言無實不祥。不祥之實，蔽賢者當之。」夫人有善而蔽之，所謂「人之有技，冒疾以惡之」也。漢詔曰：「蔽賢受顯戮。」

形人之醜，訐人之私。

「鄙夫鄙婦，會於廧陰，明日或揚其言矣」，此醜之不可掩也。「小人閒居爲不善，人之視己，如見其肺肝然」，此私之不可匿也。雖然，老子有言：「凡當世之士，聰明深察而死者，好議人者也。博辨宏大而危者，好發人之惡者也。」夫醜亦人之醜，私亦人之私，於己何與乎？自儒者以精義自命，以求勝爲心，於是形人之醜，託於禹鼎之象物；訐人之私，託於《春秋》之誅意也。適足傷於高而薄於行矣，於鄉曲之儇子何譏？

秏人貨財，

鼂錯有言：「人情莫不欲富，三王厚之而不困。」是以「武有七德」，「豐財」其一。非豐己之財，乃豐人之財也。不務豐之而務秏之，或倚勢力而漁奪百姓，侵牟萬民；或恃心計而兼并農人，要射時利，使彼終歲勤動而積之，不崇朝而散之，有不干鬼神之怒者乎？

離人骨肉。

骨肉之恩，粲而不殊，離則不祥莫大焉。《淮南子》曰：「水火相憎，鼒在其閒，五味以和。骨肉相愛，讒賊間之，而父子相危。」昔李義山之《賦怪物》有「讒魌」焉，曰：「讒魌之狀，能使親爲疏、同爲殊，使父瞻其子、妻羹其夫。」烏呼，可畏哉！

侵人所愛，

君子不盡人之歡，不竭人之忠，以全交也。孔子將行，雨而無蓋。門人曰：「商也有之。」孔子曰：「商之爲人也，甚悋於財。吾聞與人交，推其長者，違其短者，故能久也。」夫以一蓋之微，而聖賢相與之深也，然且不敢輕假焉，庸有侵人之愛者乎？李文饒之賦通犀帶也，其辭曰：「美服珍玩，近於禍機。虞公滅而垂棘返，壯武殘而龍劍飛。先哲所以聞義則服，防患以微。昭侯委佩而去，宣子辭環而歸。」其可爲侵人所愛者戒矣。

助人爲非。

立是廢非，古之道也。君子之與人也，將以講去其非而趨於是也。非而助之，無是非之心矣。語曰：「無助天爲虐。」夫助天爲虐且不可，況助人爲非乎？

逞志作威，

君子知天下之不可上也，故下之；知衆人之不可先也，故後之。温恭慎德，使人慕之；執雌待下，人莫踰之。如之何逞志而作威乎？逞志究欲，倚勢作威，譬之其猶國狗之瘈矣。

辱人求勝。

楚薳啓疆有言：「恥匹夫不可以無備。」葢好榮而惡辱者，人之情也。我務辱人，人亦務辱我矣。智襄子戲韓康子而侮段規，是以有晉陽之難。《禮》曰：「惡言不出於口，忿言不反於身。」里諺曰：「讓禮一寸，得禮一尺。」君子求勝己，不求勝人。故求不辱於人，不求辱人。

敗人苗稼，

昔紂以六月發民逐禽，民諫曰：「君踐一日之苗，而民百日不食。」旨哉言乎！是以漢章帝詔曰：「方春，所過無得有所伐殺。車可引避，引避之。騑馬可輟解，輟解之。」夫帝王之行猶戒慎如此，況士庶人乎〔一〕？季子臯葬其妻，犯人之禾，先儒以「恃寵虐民」非之。高柴之賢，以此一節蒙譏千古。可不謹歟？

破人婚姻。

匹配之際，生民之始，萬福之原。婚姻之禮正，然後品物遂而天命全。是以周公制禮有媒氏之官，管子治齊有掌媒之職，誠重之也。夫婚媒之結，義無逼迫。彼則簡擇而求，此則可意乃許，而以一言破之，斯言之痛，甚於矛戟矣。夫夫有再娶之義，婦無二適之文。故《女憲》曰：「得意一人，是謂永畢。失意一人，是謂永訖。」乃或巧爲讒搆，致相仳離。生抱失合之憂，死違同穴之誓。人之無良，一至此乎？凡朋友受妻子之託，有司聽男女之訟，尚其慎旃！

〔一〕人，原訛「入」，據蔡啓盛《校勘記》改。

《太上感應篇》纘義下

苟富而驕，

《曾子》曰：「富以苟，不如貧以譽。」是富固不可苟也。苟而得富，又以驕人，其可乎？《説苑·敬慎篇》曰：「官不與勢期，而勢自至。勢不與富期，而富自至。富不與貴期，而貴自至。貴不與驕期，而驕自至。驕不與罪期，而罪自至。」烏乎！可謂深切著明矣。

苟免無恥。

《尸子》曰：「衆以虧形爲辱，君子以虧義爲辱。」《曾子》曰：「生以辱，不如死以榮。」由是則生而有不用也，由是則可以辟患而有不爲也。昔者衛國亂，高子皋出走，郭門閉，守門者曰：「於彼有缺。」子皋曰：「君子不踰。」曰：「於彼有竇。」子皋曰：「君子不隧。」若苟免而無恥，則何所而不可？

認恩推過，

郭象之注《莊子》曰：「聖人之在天下，煖然若陽春之自和，故蒙澤者不謝；淒然若秋霜之自降，故彫落者不怨。」大哉言乎！人能以此存心，則何認恩推過之有乎？《淮南子》曰：「樹黍者不穫稷，樹怨者無報德。」有小丈夫者，欲使恩必歸己，過必歸人。子夏有言：「與人以實，雖疏必密。與人以虛，雖戚必疏。」吾見其徒勞而已矣。

嫁禍賣惡。

楚昭王之時，有雲夾日而飛。大史州犁曰：「將虐於王身，以令尹、司馬説焉，則可。」令尹、司馬聞之，宿戒沐浴，將自以身禱之焉，昭王不可。孔子曰：「知道。」乃世之小人，惟知利己，移禍於人，若嫁女然；歸惡於人，若賣物然。烏乎！己則嫁之，誰其買之？己則賣之，誰其買之？《莊子》曰：「魯酒薄而邯鄲圍。」《淮南子》曰：「楚王亡其猨而林木爲之殘，宋君亡其珠而池中魚爲之殫。」事固可以若是，悲夫！

沽買虛譽，

《越絶書》曰：「名過實者滅。」《韓詩外傳》曰：「名過其實者損。」是故虛譽乃君子所畏也。《顏氏家訓》曰：「上士忘名，中士立名，下士竊名。」吾人誠不能忘名，亦當以立名爲事，豈可竊哉？其在《周易·中孚》：「上九，翰音登於天，貞凶。象曰『翰音登於天』〔一〕，何可長也？」注曰：「飛音者，音飛而實不從之謂也。忠篤内喪，華美外揚。」虚聲無實，何可久長？此可爲沽譽者戒矣。

包貯險心。

劉子《新論》曰：「天地陰陽之難明，猶可以術數揆。至於人也，心居於内，情伏於衷，非可以筭數測也。凡人之心，險於山川，難知於天。喜不必愛，怒不必憎，笑不必樂，泣不必哀，其藏情隱行，未易測也。」烏乎！知言哉！人藏其心，不可測度。發戈矛於談笑之中，布陷阱於揖讓之地。太行、孟門，豈云嶄絶？涉世之士，可弗慎諸。

挫人所長，護己所短。

「無道人之短，無説己之長」，崔子玉所銘之坐右者也。人有長而挫之，己有短而護之，非君子之用心矣。《金樓子》之戒子也曰：「有善鮮不自伐，有能寡不自矜。伐則掩人，矜則陵人。掩人者，人亦掩之。陵人者，人亦陵之。」然則挫人而護己，何益之有哉？《荀子》曰：「無

〔一〕象，原訛「傳」，據《周易正義》改。

用吾之所短，遇人之所長。」斯善於自全者矣。

乘威迫脅，

漢賈山曰：「雷霆之所擊，無不摧折者；萬鈞之所壓，無不糜滅者。震之以威，壓之以重，則雖有堯舜之智、孟賁之勇，豈有不摧折者哉？」是故乘威迫脅者，不仁之甚者也。爲其所迫脅者，側目而視，側耳而聽，重足而立，擠於溝壑而不能自存。顔子曰：「鳥窮則啄，獸窮則攫，人窮則詐。」自古及今，未有窮其下而能無危者也，吾見其立敗矣。

縱暴殺傷。

古者國君春田不圍澤，大夫不掩群。雖於禽獸，猶不敢多所殺傷，況人乎？乃後之居民上者如狼牧羊，考一連十，考十連百。義縱一日殺四百餘人；尹賞捕輕薄少年數百人，盡内虎穴中。縱暴殺傷，一至於此。虎哉虎哉！角而翼也。

無故翦裁，

《太公金匱》載武王《衣之銘》曰：「桑蠶苦，女工難，得新捐故後必寒。」古天子之尊，猶惜一衣。今乃士庶之家，衣阿錫而曳齊紈矣。《抱朴子・譏惑之篇》有曰：「冠履衣服，袖袂裁制，日月改易，無復一定。乍長乍短，一廣一狹，忽高忽卑，或粗或細，所飾無常，以同爲快。好事者朝夕倣效，所謂『京輦貴大眉，遠方皆半額』也。余實凡夫，拙於隨俗，無所損者，未嘗易也。誠以爲不急耳。」世之無故翦裁者，宜思此言。

非禮烹宰。

無故不殺，禮有明文。至於烹宰，亦自有法式。《周官》：「内饔掌割烹煎和之事，辨體名肉物。」注曰：「體名，脊、脅、肩、臂、臑之屬。肉物，胾燔之屬。」是古人於烹宰非苟而已也。後世務窮口腹，烹宰之事多不依禮。寒芳苓之巢龜，膾西海之飛鱗，臛江東之潛鼉，臇漢南之鳴鶉。一匕箸之閒，紅肌綺散，素膚雪落。嘗聞《南史》鍾岏之言曰：「䱇之就脯，驟於屈申。蟹之將糖，躁擾彌甚。」苟有人心，可以已矣。

散棄五穀，

《管子》曰：「五穀食米，民之司命也。」又曰：「凡五穀者，萬物之主也。」魯哀公賜孔子桃與黍，孔子先飯黍而後啗桃，重五穀之長也。諺曰：「黍稷無成，不能爲榮。」是以古之明君賤珠玉而貴五穀。今有一鉤之金，人必寶而藏之，乃粒米狼戾而不知惜。史稱西漢之末，天下旱蝗，至以黄金一觔易粟一斛，宜何寶歟！

勞擾衆生。

《荀子》有言：「馬駭輿，則君子不安輿。庶人駭政，則君子不安位。」是以古之爲政者，務安静之，不務勞擾之也。《老子》曰：「我無爲而民自化，我好静而民自正，我無事而民自富，我無欲而民自樸。」《文子》曰：「上多事，則下多態。以事生事，又以事止事，譬揚火而使無焚。以智生患，又以智備之，譬撓水而欲其清。」

破人之家，取其財寶。

宋之鄙人得璞玉而獻之子罕，子罕不受，曰：「爾以玉爲寶，我以不受子玉爲寶。」宋國之長者曰：「子罕非無寶也，所寶者異也。」今以百金與摶黍以示兒子，兒子必取摶黍矣。以和氏之璧與百金以示鄙人，鄙人必取百金矣。以和氏之璧與道德之至言以示賢者，賢者必取至言矣。其智彌精，其取彌精；其智彌觕，其取彌觕。然則人有財寶，至破其家以求之，非惟不仁之甚，抑亦無識之尤。

決水放火，以害民居。

「奠厥攸居」，《殷盤》之言也。「尚宅爾宅」，《周誥》之辭也。尺蚓穿堤，能漂一邑；寸煙泄突，致灰千室，古人之所慎者。決之放之，坐使空桑之里變成洪川，阿房之宫化爲焦土，烏乎慘矣！

紊亂規模，以敗人功。

古之君子，先定其規模，而後從事。乃規模甫定，我從而紊亂之，人將何以圖功哉？是以《荀子》曰：「使賢者爲之，則與不肖者規之；使智者慮之，則與愚者論之。雖欲立，得乎哉？」《太玄》曰：「不度規之，鬼即訾之。」彼好紊人之規模者，其猶鬼矣！

損人器物，以窮人用。

工欲善其事，必先利其器。《管子》曰：「一女必有一鍼一刀，耕者必有一耒一耜一銚，行服連軺輂者必有一斤一鋸一錐一鑿。」《荀子》曰：「魯人以糖，衛人用柯，齊人用一革。土地形制不同者，械用備飾不可不異也。」是以聖人備物致用，立成器以爲天下利，如之何其損之？夫借邑人之車而鍥其軸，陽虎所以爲盜也。損人器物者，君子以爲有盜心矣。

見他榮貴，願他流貶。見他富有，願他破散。

孔子曰：「富而能富人者，欲貧而不可得也。貴而能貴人者，欲賤而不可得也。達而能達人者，欲窮而不可得也。」反是而言之，吾知見人榮貴而願其流貶者，其人必不貴矣；見人富有而願其破散者，其人必不富矣。

見他色美，起心私之。

美男破老，美女破舌，古人所戒也。見人色美而遽起私之之心，此心一萌，易內竊妻，不知其所終極矣。《老子》曰：「不見可欲，使心不亂。」《南史·沈憲傳》則曰：「目見可欲，心能不亂。」聖人以禮防民，宜用《老子》之言，是故深宫固門，閽寺守之，男不入，女不出；君子以禮制心，宜用《南史》之言，故曰「美者自美，吾不見其美」。

負他貨財，願他身死。

生相憐，死相捐，非君子之道也。古人一言之許，生死不相背負，況負其貨財乎？己實負之，乃願其速死而不吾責，非惟不義，抑亦不仁。考《周官》朝士有聽屬責之法，凡本主死亡，歸受之數相抵冒者，以其地之人相比近，能爲證者來，乃爲治之。是古人之立法周矣。

干求不遂，便生呪恨。

《荀子》曰：「君子能爲可貴，不能使人必貴己。能爲可信，不能使人必信己。能爲可用，不能使人必用己。」《吕氏春秋》曰：「敬人而不必見敬，愛人而不必見愛，君子必在己者，不必在人者也。」學者苟達此意，則凡干求之不遂者，皆無恨矣。孔子曰：「君子求諸己。」《孟子》曰：「萬物皆備於我矣。」由是言之，豈惟其終可以不恨，抑亦其始可以不求。

見他失便，便説他過。

嘗聞劉子《新論》之論通塞曰：「命有否泰，遇有屈伸。邀泰遇伸，不盡叡智；遭否會屈，不專膚蔽。何者？否泰由命，屈伸在遇也。命至於屈，才通理壅；遇及於伸，才壅跡通。通之來也，非其力所招；壅之至也，非其智所迴。」又聞《顏氏家訓》之言曰：「世見躁競得官，便謂弗索何獲，不知時運之來，不求亦至也；見静退未遇者，便謂弗爲胡成，不知風雲不與，徒求無益也。」審此兩家之言，則知得失無常，不皆自取；成敗論人，君子勿爲。

見他體相不具而笑之，

申徒嘉，兀者也，與子産同師伯昏無人。子産謂之曰：「我先出，則子止。子先出，則我止。」申徒嘉曰：「人以其全足，笑吾不全足者衆矣。吾與夫子游十九年矣，而未嘗知吾兀者也。今子與我游於形骸之内，而子索我於形骸之外，不亦過乎？」子産蹵然改容。然則笑人形體之不具者，適自明其所見之小而已矣。昔衛靈公有臣曰公孫吕，身長七尺，面長三尺，而名動天下。楚孫叔敖，突秃長左，而以楚霸。禹跳湯偏，無損於聖。伊尹、孔子，面無須眉。願世人勿以形體相天下士也。

見他才能可稱而抑之。

劉孔才之論材能也曰：「人材不同，能各有異。自任之能，清節之材也。立法之能，治家之材也。計策之能，術家之材也。人事之能，智意之材也。行事之能，譴讓之材也。權奇之能，伎倆之材也。司察之能，臧否之材也。威猛之能，豪傑之材也。」是知人有一材，即有一能。孔子曰：「才難，不其然乎？」天之生材，以爲國家之用。人皆稱之，我獨抑之，如國家何？

埋蠱厭人，

周天子之官有庶氏官，掌除毒蠱，以攻説禬之，嘉草攻之；而翦氏之職，又掌凡庶蠱之事。蓋聖人深惡此事，故置此兩官以治之也。考之載籍，蠱蓋有二。《漢書·江充傳》：「上以充爲使者，治巫蠱。充將胡巫掘地求偶人，因言宫中有蠱氣，遂掘蠱於太子宫，得桐木人。」此行蠱之一法。《漢律》「蠱人者棄市」，殆謂此也。顧野王《輿地志》曰：「江南數郡有畜蠱者，主人行之以殺人。行飲食中，人不覺也。其家絶滅，則飛游妄走，中之則斃。」此行蠱之又一法。今苗人行蠱者，聚諸毒蟲於一器中，互相噉食，所餘一蟲即蠱，正合古人制字「皿蟲爲蠱」之意，是此風亦古矣。葛洪《方》曰：「人得蠱，欲知姓名，取蘘荷葉著病人卧席下，立呼蠱主名。」豈即古者「以嘉草攻之」之遺法歟？牧民君子宜修庶氏之職，嚴左道之誅，庶可以除毒蠱而致嘉祥也。

用藥殺樹。

《柞氏》：「掌攻草木。夏日至，令刊陽木而火之；冬日至，令剥陰木而水之。」亦以有妨種植故耳。苟其不然，則召伯之甘棠，勿宜翦伐；武子之嘉樹，足供游譽，何爲而殺之乎？夫斷一樹不以其時，孔子惜之。乃至以烏喙、狼牙之毒代斧斤之用，不仁甚矣！

恚怒師傅〔一〕，

《記》曰：「善學者，師逸而功倍，又從而庸之。不善學者，師勤而功半，又從而怒之。」夫怨之不已，至於恚怒，斯不善學之尤者矣。《吕氏春秋》曰：「君子之學也，説義必稱師以論道，聽從必盡力以光明。聽從不盡力，命之曰背；説義不稱師，命之曰叛。背叛之人，賢主弗内之於朝，君子不與交友。」

抵觸父兄。

嘗讀《將仲子》之詩，一則曰「畏我父母」，再則曰「畏我諸兄」，雖在變風，而猶知名分之嚴，

〔一〕 傅，原訛「傳」，據蔡啓盛《校勘記》改。

倫紀之重，君子有取焉。至於後世，父兄之教不先，子弟之率不謹。於是有公行抵觸者，不曰「昔之人無聞知」，即曰「夫子未出於正」也。甚者父子異部，更相毀譽。兄儒弟墨，遂至相殺。噫，甚矣！

强取强求，好侵好奪。

《漢律》有受賕枉法之科，《周書》有敓攘矯虔之戒。《申鑒》曰：「太上不空市，其次不偷竊，其次不掠奪。上以功德綏民，下以財力奉上，是以上下相與。空市則民不與，民不與則爲巧詐而取之，謂之偷竊。偷竊則民備之，備之而不得，則暴迫而取之，謂之掠奪。」夫强取强求，則掠奪也；好侵好奪，則偷竊也。《易林》曰：「季蛇叔虎，黷貨無厭。」其此之謂乎？管夷吾有言：「釜鼓滿則人概之，人滿則天概之。」吾殊懼其卒矣。

虜掠致富，

貨悖而入，亦悖而出，未有虜掠而可以致富也。《列子》書言：「齊之國氏大富，宋之向氏大貧。自宋之齊，請其術。國氏曰：『吾善爲盜。』向氏大喜，遂踰垣鑿室，手目所及，亡不探也。以贓獲罪，没其先居之財。國氏曰：『嘻！若失爲盜之道至此乎？吾盜天地之時利，雲雨之滂潤，山澤之産育，以生吾禾，殖吾稼，築吾垣，建吾舍。陸盜禽獸，水盜魚鼈，亡非盜也。夫天之所生，豈吾之所有？然吾盜天而亡殃。人之所聚，豈天之所與？若盜之而獲罪，孰怨哉？』」世之以虜掠致富者，是爲宋向氏矣。

巧詐求遷。

《抱朴子》曰：「佞者鼓珍賂爲勁羽，無高而不到矣；乘朋黨爲舟楫，無遠而不濟矣。持之以夙興側立，加之以先意承旨。其利口諛辭也，似辨；其道聽塗説也，似學；其心險貌柔也，似仁；其行污言潔也，似廉；其好説人短也，似忠；其不知忌諱也，似直。」兹言可謂盡巧詐之情狀矣。古詩云：「何不策高足，先據要路津？」斯疾世之辭，非篤論也。急趨者無善迹，戒之戒之！

賞罰不平，

《韓非子》曰：「功當其事，事當其言，則賞。功不當其事，事不當其言，則罰。」徐幹《中論》曰：「聖人不敢以親戚之恩而廢刑罰，不敢以怨讎之忿而廢慶賞。」若是者何也？惟其平也。雖然，豈獨治國者有賞罰哉？居官之士大夫，居家之君子，何莫無之？賞罰失其平，内不可以治一家，外不可以治一官一邑。

逸樂過節。

武王《席之銘》曰：「安樂必敬。」《觴之銘》曰：「樂極則悲。」《太玄·樂》上九曰：「極樂之幾，不移日而悲。」是故逸樂不可過也。孔子曰：「樂驕樂，樂佚游，樂宴樂，損矣。」非惟損德，抑亦傷生。《呂氏春秋》曰：「出則以車，入則以輦，務以自佚，命之曰招蹷之機。肥酒厚肉，務以自强，命之曰爛腸之食。靡曼皓齒，鄭衛之音，務以自樂，命之曰伐性之斧。」

苛虐其下，

《呂氏春秋》曰：「令苛則不聽，禁多則不行。」《淮南子》曰：「水濁者魚噞，令苛者民亂。」是以《太玄・法》次七曰：「密網離於淵，不利於鱗。」測曰：密網離淵，苛法張也。」苛則未有不虐者。《周書》曰：「民善之，則畜也；不善之，則讎也。」賈誼之書曰：「與民爲仇者，有遲有速，而民必報之。」昔鄭子陽好嚴，有過而折弓者，恐必死，遂應猘狗而弑子陽。此亦苛虐者之炯戒矣。

恐嚇于他。

恐嚇者，古人所謂「恐猲」也。《趙策》曰：「以秦權恐猲諸侯。」《漢書・王莽傳》曰：「各爲權勢，恐猲良民。」並是馮藉威靈，侵淩善類，與古聖王「無畏寧爾」之言，不大謬歟？昔漢世葛魁侯戚，坐縛家吏恐猲；平城侯禮，坐恐猲取鷄。皆以得罪失侯，垂戒史策。毋以炎炎大言爲得計也。

怨天尤人，

太公曰：「知天者不怨天，知己者不怨人。」夫不怨不尤，孔子言之，孟子又言之。讀孔孟之書，而懷怨尤之意，何歟？其故皆由於生生之厚，所食不過果腹，而食前方丈未饜也；所居不過容膝，而大夏耽耽未足也。於是所賦於天者常苦其不給而怨之矣，所求於人者常患其不得而尤之矣。是以《老子》有言曰：「事天治人莫若嗇。」

訶風罵雨。

《君雅》曰：「夏日暑雨，小民惟曰怨。資冬祈寒，小民亦惟曰怨。」此言民情之難得耳。君子遇疾風、迅雷、甚雨，雖夜必興，衣服冠而坐，蓋古人敬天如此。《管子》曰：「風，漂物者也。風之所漂，不避貴賤美惡。雨，濡物者也。雨之所墮，不避大小强弱。風雨至公而無私，所行無常鄉，人雖遇漂、濡而莫之怨也。故曰『風雨無鄉，而怨怒不及也』。」然則訶罵而及於風雨，其爲忮心，亦太甚矣！

鬭合争訟，

《周易》有《訟》卦，其初六曰：「不永所事，小有言，終吉。」象曰：「不永所事，訟不可長也。」《太玄》有《争》，首其初一曰：「争不争，隱冥。」測曰：「争不争，道之素也。」是争訟爲古人所慎，故皆於其始謹之，欲其不争不訟也。不解散之而反鬭合之，豈非成人之惡之小人乎？鬭，讀如「鉤心鬭角」之「鬭」，或以「持兵曰鬭」釋之，失其義矣。考之《説文》，「鬭」本訓遇，故有搆合之義，異乎「争鬥」之「鬥」也。

妄逐朋黨。

歐陽子曰：「始爲朋黨之説者誰歟？」以愚考之，葢起於戰國，吴起相楚，禁朋黨以厲百姓。其後從人横人假此名以互相傾軋。蘇秦説趙肅侯曰：「屏流言之跡，塞朋黨之門。」張儀説齊湣王曰：「夫從人朋黨比周，莫不以從爲可。」朋黨之説，由此遂滋。自漢唐以下，迨於有明，紛紛者無非戰國之餘禍也。士生大道爲公之世，乃挾門户之私見，襲標榜之餘論，立朝者分牛、李，講學者異朱、陸，其不容於聖世明矣。

用妻妾語，違父母訓。

《管子》曰：「教護家事，父母之則也。」又曰：「愛親善養，思敬奉教，子婦之常也。」《荀子》有言：「孝子所以不從命惟三：從命則親危，不從命則親安，孝子不從命乃衷；從命則親辱，不從命則親榮，孝子不從命乃義；從命則禽獸，不從命則脩飾，孝子不從命乃敬。」苟非此三者，而用妻妾之語，違父母之訓，則視私妻子而不顧父母之養者，罪又甚焉。《禮》曰：「子有二妾，父母愛一人焉，子愛一人焉，由衣服飲食，由執事，毋敢視父母所愛，雖父母没不衰。」又曰：「子甚宜其妻，父母不悦，出。子不宜其妻，父母曰：『是善事我。』子行夫婦之禮焉，没身不衰。」古之君子不以妻妾之故得罪於父母，葢如此。若乃溺牀笫之私情，而違義方之明訓，非特其子不子，抑亦其婦不婦。子夏曰：「古之嫁者，不及舅姑，謂之不幸。夫婦，學於舅姑者也。」

得新忘故，

孔子曰：「親者無失其爲親，故者無失其爲故。」又曰：「卒遇故人，曾無舊言，吾鄙之。」聖人之篤於故舊如此。「不思舊姻，求爾新特」，詩人之所太息也。遲任有言曰：「人惟求舊，器非求舊，惟新。」晏子曰：「衣莫若新，人莫若故。」晉文公至河，令曰：「籩豆捐之，席蓐捐之，手足胼胝、面目犂黑者後之。」咎犯聞之而哭。楚昭王與吴戰而敗，亡其踦屨，已行三十步，復還取之，曰：「吾悲與之偕出而不與之偕反。」於是楚俗無相棄者。吾願後之君子長存楚王求屨之心，毋蹈晉公捐蓐之習也。

口是心非。

《老子》曰：「輕諾必寡信。」《莊子》曰：「好面譽人者，亦好背而毁之也。」葢呰讆之人，習舌調吻，口諾之而心已之，口譽之而心毁之，往往然矣。《周書》曰：「榮華之言後有茅。」《國語》曰：「言之大甘，其中必苦。」知言哉！《易林》所謂「言與心詭，西行東望」，《潛夫論》所謂「言方行圓，口正心邪，行與言謬，心與口違」者也。

貪冒於財，欺罔其上。

《管子》曰：「日益之而患少者，惟忠。日損之而患多者，惟欲。多忠少欲，人臣之廣道也。」夫多忠少欲，事本相因。欲少則忠多矣，欲多則忠少矣。未有貪冒於財而不欺罔其上者也。《南史·恩倖傳》論曰：「左臂揮金，右手判字〔一〕。紙由銅落，筆由利染。」烏乎！貪冒之徒，古今一轍也。

造作惡語，讒毁平人。

不觀劉子《新論》之論「四畏」乎，曰：「鳥之曲喙跂距者，羽類畏之；獸之方喙鉤爪者，毛群畏之；魚之哆唇鋸齒者，鱗族畏之；人之利口讒諂者，人共畏之。讒疾之人，必好聞人惡，惡聞人善。妬才智之在己前，朞富貴之在己上。猶喉中有噎，吞之思入；目上有翳，決之願去。吞決之情深，則萋斐之辭作。故揚娥眉者爲醜女之所妒，行貞潔者爲讒邪之所嫉。」烏

〔一〕判，《南史》作「刊」。

乎！讒人罔極，古今同慨。點素成緇，引寸至尺，造作之辭，何其工歟？平人蒙此，亦云冤矣。

毁人稱直，

孔子曰：「吾之於人也，誰毁誰譽？」許以爲直，子貢之所惡也。是曰是，非曰非，斯謂之直。毁人之名，以成己之名，吾黨之直者異於是。昔國武子好盡言，以招人過，是以見殺於齊。晉范文子喜直言，武子擊之以杖，曰：「非徒危身，又將危父。」《離騷》云：「鮌悻直以亡身。」吾懼其爲羽淵之續矣。

駡神稱正。

應劭作《風俗通》稱：琅琊、青州六郡及渤海，都邑鄉亭聚落皆有城陽景王祠。歷載彌久，莫之匡糾。唯樂安太傅陳蕃、濟南相曹操一切禁絶，肅然政清。又會稽俗多淫祀，太守司空第五倫到官，先禁絶之。民初恐怖，頗摇動不安。倫敕之愈急，後遂斷，無復禍祟。世之駡神稱正者，豈非藉口於此等事哉？然而孔子之言止曰「敬鬼神而遠之」，遠之則可，駡之則不可也。《禮》曰「淫祀無福」，而又曰「有其舉之莫敢廢也」，則知古人於此亦云慎矣。昔羿之死也，祀爲宗布，此人鬼血食之權輿。嗣是堯之五吏，祀爲五厲。高陽次子，號曰百蟲。丹朱降神，房後是儀。杜伯寃死，是爲杜主。齊有天主、地主、兵主之祭，秦有諸布、諸嚴、諸逑之祠。王充有言：「凡天地之間有鬼，非人死精神爲之也，皆人思念存想所致。」夫自古至今之久，四海之人之衆，而人人皆有是思念存想。志之所至，氣亦至焉，安得不洋洋乎如在其上，如在其左右也？是故祭非其鬼，事誠可恥；罵神稱正，實亦非宜。惟聖人知鬼神之情狀，是以男巫女巫及凡以神士者，列於春官。苟神而可罵，則聖人不以神道設教矣。

棄順效逆，

孔子稱《易》，逆數也。然《頤》傳曰：「居貞之吉，順以從上也。」《咸》傳曰：「雖凶居吉，順不害也。」《明夷》傳曰：「六二之吉，順以則也。」《家人》傳曰：「六二之吉，順以巽也。」又曰：「富家大吉，順在位也。」《渙》傳曰：「初六之吉，順也。」是凡爻之吉者，皆以順而得之，未有逆而得吉者也。《蒙》傳曰：「勿用取女，行不順也。」《漸》傳曰：「利用禦寇，順相保也。」夫利用者以其順，而勿用者以其不順，則順吉而逆凶，居可知矣。其於《比》曰：「舍逆取順，失前禽也。」於《小過》曰：「不宜上，宜下，大吉。上逆而下順也。」順逆之理，深切著明。故曰：「天之所助者，順也。」人奈何棄順而效逆乎？

背親向疏。

《葛藟》之詩曰：「謂他人父，亦莫我顧。謂他人母，亦莫我有。謂他人昆，亦莫我聞。」《杕杜》之詩曰：「豈無他人？不如我同父。豈無他人？不如我同姓。」此親疏之辨也。《曲禮》曰：「夫禮者，所以定親疏也。」自高祖至玄孫，謂之九族。而《異義》用夏侯、歐陽等説，以爲九族者，父族四，母族三，妻族二。鄭君駁之，明九族皆同姓也。讀《爾雅·釋親》一篇，别之曰母黨，曰妻黨，曰昏姻。則孰親孰疏可以瞭然，向背之閒不待辨矣。是以曾子曰：「親戚不悦，不敢外交。近者不親，不敢求遠。」《太玄》曰：「親非其膚，其志齟齬。」

指天地以證鄙懷，引神明而鑑猥事。

衛定姜曰：「無神何告？若有，不可誣也。」天地鬼神，昭布森列。米鹽之事，瀆告於靈場；中冓之言，肆陳於秘祝。天厭之，神明殛之。

施與後悔，

可以與，可以無與，君子審焉。既已與之，而復悔之，斯小人矣。《中説》曰：「輕施者必好奪。」其謂是乎？楚與鄭金，既而悔之，與之盟曰：「無以鑄兵。」君子是以知其不遂霸也。

假借不還。

假借古有二法：有生子者，有不生子者。生子謂之稱責，不生子謂之取予。《小宰之職》「以八成經邦治」，「四曰聽稱責以傅别」，疏謂「舉責生子」；「六曰聽取予以書契」，疏謂「直貸不出子」。是古之假借，有此二科。而「傅別」「書契」則皆券書也。《泉府職》云：「凡民之貸者，以國服爲之息。」此是貸而生子者。又云：「凡賒者，祭祀無過旬日，喪紀不過三月。」此是貸而不生子者，故爲期甚嚴。然或貸或賒，要無不還之理。不然，則傅別、書契謂何也？王符言：「王侯貴戚不肯償責，小民守門，號哭啼呼，曾無怵惕慙怍哀矜之意。苟崇聚酒徒無行之人，傳空引滿，啁啾罵詈，或毆擊責主人，與群盜攻剽劫人無異。」其言可謂切矣。《顔氏家訓》曰：「借人典籍，皆須愛護，先有缺壞，就爲補治。此亦士大夫百行之一也。」況錢幣乎？

分外營求，

孟子有「求在我」「求在外」之説。求在我者，分内者也；求在外者，分外者也。《物理論》曰：「懸千金於市，市人不敢取者，分定也。委一錢於路，童兒争之者，分未定也。」夫分之所在，童兒知之，而士大夫或不知，蓋有所蔽矣。《顔氏家訓》曰：「二十口家，奴婢盛多，不可出二十人，良田十頃，堂室纔蔽風雨，車馬僅代杖策，畜財數萬以擬吉凶急速。不啻此者，以義散之；不至此者，勿非道求之。」

力上施設。

《抱朴子》曰：「量才而授者，不求功於器外；揆能而受者，不負責於力盡。」凡於力上施設者，皆於器外求功也。非惟不足以集事，抑亦非所以養生。《管子》曰：「毋代馬走，使盡其力；毋代鳥飛，使弊其羽。」《鄧析子》曰：「責疲者以舉千鈞，責兀者以及走獸。斯逆理而求之，猶倒裳而索領。」

淫欲過度，

淫爲大罰，固也。夫婦居室，人之大倫，而亦必受之以節。苟過其度，非保身之道、養德之方也。《春秋繁露》曰：「君子甚愛氣，而謹游於房。是故新牡者十日而一游於房，中年者倍新牡，始衰者倍中年，中衰者倍始衰，大衰者以月當新牡之日〔一〕，而上與天地同節矣。」

心毒貌慈。

唐李義甫狀貌温恭，與人語必嬉怡微笑。而褊忌陰賊，微忤意旨輒加傾陷。時人以其柔而害物，謂之李貓。宋蔡元慶對人喜笑，溢於顔面，雖見所甚恨者，亦親厚無閒。人莫能測，謂

〔一〕「牡」三處原訛「壯」，「以」原訛「之」，據《春秋繁露・循天之道》改。

之笑面夜叉。以是知心毒貌慈，非人類也。

穢食餧人，

夫飲食者，鬼神饗其氣，君子食其味。無亦擇其柔嘉，選其馨香，潔其酒醴，静其巾羃，如之何以穢食餧人也？《子華子》曰：「所貴乎嗜梁肉者，非腐鼠之謂也。所貴乎飲醪醴者，非敗酒之謂也。」色惡不食，臭惡不食。魚餒肉敗而以餧人，是獸畜之矣。

左道惑衆。

《周書》云：「以左道事君者，誅。」《王制》云：「執左道以亂政，殺。」注謂：「若今巫蠱及俗禁。」實則左道所包者廣。《漢·杜欽傳》曰：「是背經術、惑左道也。」若然，則凡不合於經術者，皆左道矣。董子曰：「今師異道，人異論，百家殊方，指意不同。愚以爲諸不在六藝之科、孔子之術，皆絶其道，勿使並進。邪僻之説滅息，然後統紀可一，法度可明，民知所從矣。」夫民知所從，則何惑之有？是故經正民興，乃治左道之大端也。

短尺狹度，輕秤小升。

《管子》曰：「有權衡之稱，不可欺以輕重。有尋丈之數，不可差以長短。」《尹文子》曰：「平準之法，律度權量是也。」古天子巡守，必同律度量衡。而每歲仲春之月，有同度量、鈞衡石、角斗甬、正權概之政。豈可故爲短狹、輕小之物以相欺乎？隋趙煚因冀州俗薄，市井多姦詐，爲銅斗、鐵尺，置之於肆，百姓便之。此居官者所宜知也。元費寀刻銘於斛之四面，曰：「出以是，入以是，子孫永如是。」此居家者所宜法也。

以僞雜真，采取姦利。

《司市之職》：「以賈民禁僞而除詐。」注謂：「賈民者，胥師、賈師之屬。必以賈民爲之者，知物之情僞與實詐也。」又曰：「凡市僞飾之禁，在民者十有二，在商者十有二，在賈者十有二，在工者十有二。」蓋禁僞除詐，具有條目。此古之時所以商通物而不豫，工致牢而不僞也。若夫雜糅真僞，以罔市利，縣牛首於門，買馬肉於内，白骨疑象，武夫類玉，古稱姦富爲下，此又甚焉，必不容於商慤民敦之世。

壓良爲賤，

《周官・司厲之職》曰：「其奴，男子入于罪隸，女子入于舂槀。」鄭司農曰：「謂坐爲盜賊而爲奴者。今之爲奴婢，古之罪人也。」以是言之，古者非爲盜賊，不爲奴婢。平人而以盜賊待之，庸可乎？故又曰：「凡有爵者，不爲奴。」注云：「有爵，謂命士以上也。」然則壓良爲賤，古有明禁矣。

謾驀愚人。

古者「三赦」之法，「三曰惷愚」。注謂：「生而癡騃童昏者。」是惷愚之人，聖人尤哀憐之，乃從而謾驀之乎？謾者，欺其所不知；驀者，窮其所不能。庸知夫婦之愚，亦有可以與知、可以與能者，聖人亦有所不知不能者。沾沾焉予智自雄，亦大可笑矣。

貪婪無厭，

「鷦鷯巢於深林，不過一枝。偃鼠飲河，不過滿腹」，斯達者之言也。貪而無厭，君子病之。《莊子》曰：「平爲福，有餘爲害者，物莫不然，而財其甚者也。」故《記》曰：「志不可滿，欲不可極。」《太玄·争》次八曰：「狼盈口，矢在其後。」

呪詛求直。

《周官·司盟之職》：「有獄訟者，則使之盟詛。」注謂：「不信則不敢聽此盟詛，所以省獄訟。」蓋古者民情猶質，不敢矯誣也。至於後世，情僞益滋，無情之辭，不特欺人，且以欺神。自知不直而呪詛以求直，是則罔中于信，以覆詛盟，三苗之遺風矣。昔秦惠文王作《詛楚文》，以詛楚懷王。然六國之亡，楚最無罪。南公曰：「楚雖三户，亡秦必楚。」秦詛楚邪？楚詛秦邪？

嗜酒悖亂，

旨酒之戒，具於《詩》《書》矣。嘗讀《魏書·高允傳》，有《酒訓》焉，其辭曰：「酒之爲狀，變惑情性。雖曰哲人，孰能自競？在官者殆於政也，爲下者慢於令也，聰達之士荒於聽也，柔順之倫興於諍也。久而不悛，致於病也。豈止於病，乃損其命。諺亦有云：『其益如毫，其損如刀。』言所益者止於一味之益，不亦寡乎？言所損者夭年亂志，夭亂之損，不亦夥乎？」烏呼！此若言深切著明矣。《太玄》曰：「酒作失德，鬼瞰其室。」可畏哉！《書大傳》曰：「古者聖帝之治天下也，五十以下，非烝社不敢游飲。」《漢律》：「三人以上，無故群飲酒，罰金四兩。」是以王肅《家誡》曰〔一〕：「凡爲主人飲客，使有酒色而已，無使至醉。若爲人所强，必退席長跽，稱父誡以辭之。」士誡若是，吾知免於悖亂之禍也。

骨肉忿争。

孔子曰：「忿數者，獄之所由生也。」古之君子，在醜夷不争，況骨肉之閒乎？《顔氏家訓》曰：「兄弟不睦，則子姪不愛。子姪不愛，則群從疏薄。群從疏薄，則僮僕爲讎敵。如此則行

〔一〕 誡，原訛「訓」，據《藝文類聚》卷二三改。

路皆踖其面而蹈其心，誰救之哉？」凡骨肉忿争者，宜思此言也。

男不忠良，女不柔順。不和其室，不敬其夫。每好矜誇，常行妬忌。無行於妻子，失禮於舅姑。

男以忠良爲主，女以柔順爲先。男不忠良，男之罪也；女不柔順，女之愆也。其下所陳，皆分承男女言之。雖然，《大戴禮》曰：「女者，如也。女子者，言如男子之教者也。」是故男不和其室，則女不敬其夫矣。男每好矜誇，則女常行妬忌矣。男無行於妻子，則女失禮於舅姑矣。曹大家曰：「夫不賢，則無以御婦；婦不賢，則無以事夫。夫不御婦，則威儀廢缺；婦不事夫，則義理墮闕。方斯二者，其用一也。」斯蓋《女誡》之書，故其言若此。《易》言「婦道無成」，《詩》言「刑于寡妻」，脩身齊家之君子，亦知影直之由於形正乎？

輕慢先靈，

《禮》曰：「事死者如事生，思死者似不欲生。忌日必哀，稱諱如見親。」蓋古人之不忘其先如此。後之人，忽追遠之心，肆矯誣之語，乃至如宋孝武見高祖所遺葛燈籠、麻繩拂而笑曰：「田舍翁得此以爲過矣。」輕慢之意，伊于何底！神靈其無恫乎？

違逆上命。

子夕嗜芰，子木有羊饋而無芰薦。君子曰：「違而道。」穀暘豎愛子反之勞也，而獻飲，以弊於鄢。君子曰：「從而逆。」是上命亦不必盡從乎！雖然，有亂命，有治命。苟治命而不從，無貴有臣子矣。《内則》曰：「子婦孝者敬者，父母、舅姑之命勿逆勿怠。若飲食之，雖不耆，必嘗而待；加之衣服，雖不欲，必服而待。」《女誡》曰：「姑云不爾而是，固宜從令；姑云爾而非，猶宜順命。勿得違戾是非，争分曲直。」夫家庭之閒猶且如此，況於君上之命乎？

作爲無益，

斯義也，王符《浮侈》之篇言之備矣。曰：「或取好土作丸，賣之以彈。外不可以禦寇，内不可以禁鼠。或坐作竹簧，削鋭其頭，有傷害之象。傅以蠟蜜，有甘舌之類。或作泥車、瓦狗、馬騎、倡俳，諸戲弄小兒之具。此等之儔，無益於世，而坐食嘉穀，消費白日，毁敗成功，以完爲破，以牢爲朽，以大爲小，以易爲難，皆宜禁者也。」烏呼！瓊艘瑶楫，無涉川之用；金弧玉弦，無激矢之能。《太玄·務》次五曰：「蜘蛛之務，不如蠶之綸。」測曰：「蜘蛛之務，無益人也。」作爲無益，其蜘蛛之務乎？

懷挾外心。

《説苑》曰：「一心可以事百君，百心不可以事一君。」《子思子》曰：「百心不可得一人，一心可得百人。」是知用心以專一爲主。故君子内其國而外諸夏，婦人内夫家而外父母家。若有外心，是二之也。昔公叔相韓而又善齊，翟璜爲魏王之臣而善于韓，斯蓋戰國之風，不可以語君子之道。

自呪呪他，

「時日害喪，予及女偕亡」，此悲痛之辭，非可以恆情論也。若非有深仇宿怨，而襲巫覡之故智，爲呪詛之妄言，如《論衡·問孔篇》所稱「雷擊殺我，水火燒溺我，牆屋壓填我」，猶有鬼神，吾知其必自受之。

偏憎偏愛。

鳲鳩之養七子也，旦從上而下，莫從下而上，平均如一。詩人歌之曰：「鳲鳩在桑，其子七兮。淑人君子，其儀一兮。」蓋以興人君之德，養其國人，亦當平均如一也。然則憎愛其可偏乎？太公曰〔一〕：「愛人者，兼其屋上之烏。不愛人者，及其胥餘。」此亦極言之耳。其實愛而知其惡，惡而知其美，方爲得愛憎之平。不然，未有不流於偏者。

〔一〕　公，原訛「玄」，據《尚書大傳》改。

越井越竈，

民非水火不生活，故井竈重焉。《周書》曰：「黄帝作井，始鐕竈亨穀爲粥，蒸穀爲飯，燔肉爲炙。」《管子》曰：「五和時節，飲於黄后之井，以倮獸之火爨。八舉時節，飲於青后之井，以羽獸之火爨。七舉時節，飲於赤后之井，以毛獸之火爨。九和時節，飲於白后之井，以介蟲之火爨。六行時節，飲於黑后之井，以鱗獸之火爨。」古人之重井竈如此。是以國無疥癘，民無夭札。今委之厮養，不知敬慎，踰而越之，其褻甚矣。《太玄》曰：「外其井竈，三歲見背。」可不慎乎？若謂竈神名隗，井鬼名瓊，斯則巫覡之談、市井之見，君子致謹，初不以此。

跳食跳人。

古者席地而坐，食時俎豆皆置之地，寢處亦然。《士昏禮》有布席之文，無設牀之事也。故以跳食跳人爲戒，殆亦古之遺言歟？《曲禮》曰「毋踖席」，況跳食乎？君子行不履影，況跳人乎？故曰「足容重」。

損子墮胎，

《吕氏春秋》數商紂之罪曰：「剖孕婦以觀其化。」秦惠王詛楚懷王之惡曰：「刑戮孕婦。」古人之於禽獸也，不麛、不卵、不殺胎、不殀夭，而況於人乎？昔越之東有輆沐之國者，其長子生，則解而食之，謂之宜弟。斯禽獸之俗，豈可施之華夏？後漢張奂拜武威太守，其俗，凡二月、五月産子及與父母同月生者，悉殺之。奂示以義方，嚴加賞罰，風俗遂改。魏鄭渾遷邵陵令，民生子無以相活，率皆不舉。渾重去子之法，民初畏罪，後稍豐給，無不舉贍。後之爲民父母者，宜以此爲法矣。

多行隱僻。

《曲禮》曰：「孝子不服闇。」疏謂：「不行事於闇中也。」《太玄》曰：「晝人之禍少，夜人之禍多。」蓋晝爲陽，夜爲陰。陰凶故禍多，陽吉故禍少。世之多行隱僻者，是夜人也，吾懼其多禍也。《管子》曰：「道之在天者，日也。其在人者，心也。」人心即天日，何隱僻之有？若夫陰行其善，則有之矣。

晦臘歌舞，朔旦號怒。

一月之終爲晦，一歲之終爲臘。一月之始爲朔，一日之始爲旦。君子於晦、臘不歌不舞，於朔、旦不號不怒，蓋亦樂以迎來、哀以送往之義。《禮》曰：「樂以迎來，哀以送往。故禘有樂而嘗無樂。」説者謂春夏陽，故有樂；秋冬陰，故無樂。推是言之，晦、臘亦陰也，其可以歌舞乎？朔、旦亦陽也，其可以號怒乎？干陰陽之和，而失哀樂之正，君子慎之。

對北涕唾及溺，

古以東向爲尊，而朝廷之禮則以南面爲上。故曰君必南鄉，答陽之義也。臣之北面，答君也。古之君子不敢對北涕唾及溺，避君位也。齊景公使師開鼓琴，曰：「室夕，東方之聲薄，西方之聲揚。」大匠曰：「立室以宫矩。」司空曰：「立宫以城矩。」公問晏子曰：「先君太公立城，曷爲夕？」對曰：「周之建國，國之西方，以尊周也。」夫天子之國在西，而諸侯不敢背之建國。然則人君之位在北，士大夫敢對之涕唾及溺乎？若謂不敢觸忤玉晨，斯道家之説矣。

對竈吟咏及笑。

古有五祀之神，今士庶之家所奉者獨竈耳。《禮器記》曰：「竈者，老婦之祭。」應劭曰：「五祀之神，王者所祭。古之神聖有功德於民，非老婦也。」夫一家生命皆繫於竈，取精多、用物宏矣，其有神靈，亦固其所。對之吟笑，夫豈其宜？

又以竈火燒香，

《雲麓漫鈔》謂古者無燒香之事。《尚書》「柴望」、《禮記》「燔柴」，皆是焚柴升烟以降神。後世燒香，蓋起於佛道。《西溪叢話》謂「行香起於後魏，及江左齊、梁間，燃香燻手，或以香末散行，謂之行香」。然考之《三國志》，孫策謂「張津著絳帕頭燒香讀道書」，則燒香之由來久矣。

梁天監初，何佟之議曰：「鬱鬯蕭光，所以達神，與用香一義。請南郊明堂用沈香，北郊用上和香。」則已緣飾經義，垂爲祀典。夫禮，有其舉之，莫之敢廢。雖聖人復生，不廢燒香矣。戒用竈火，避不潔也。

穢柴作食。

昔師曠食飯，謂是勞薪所爨。晉平公使視之，果然車輞。晉荀勗常在帝坐進飯，曰：「此是勞薪所爨。」帝遣問膳夫，曰：「實用故車腳。」夫薪之勞逸至於異味，則薪之穢潔豈遂無殊？世無知味者，故不覺耳。以享鬼神，神必吐之。

夜起裸露，

嘗讀《南唐書·隱者傳》：「許堅每沐浴，不脱衣就溪澗，出而�之。或問其故，則言：『天象昭布，雖白晝亦常參列，人自昧之耳，豈可裸裎乎？』」其事雖過，然意則善矣。吾人雖不必如此，然夜起而輒裸露，則非慎獨之道。《唐子》曰：「君子不以昏行易操，不以夜寤易容。」相在爾室，其可忽諸？

八節行刑。

鄭衆《周禮説》：「古者以二至二分觀雲氣，青爲蟲，白爲喪，赤爲兵荒，黑爲水，黃爲豐。」

衆之此言，蓋出占候之書。雖言分至，不言啓閉。然《左氏》稱「分至啓閉，必書雲物」，則八節一也。夫上天方以是日垂象，示人禍福。善承天者，宜乎恐懼脩省，敬迓祥和。而顧恣行刑戮，可乎？

唾流星，指虹蜺。

流星者，奔星也。《爾雅》云：「彗星爲欃槍，奔星爲彴約。」而應劭云：「欃槍，奔星也。」則誤合爲一，非《雅》義矣。虹蜺者，雄爲虹，雌爲蜺。蓋以明闇之殊爲雌雄之別也。《詩》云：「蝃蝀在東，莫之敢指。」則流星之不可唾，亦必古語矣。

輒指三光，久視日月。

《鶡冠子》曰：「天者，誠日其德也。日誠出誠入，南北有極，故莫弗以爲法則。天者，信月其刑也。月信死信生，終則有始，故莫弗以爲政。天者，明星其稽也。列星不亂，各以序行，故小大莫弗以爲章。」以是言之，日、月、三光，可不敬乎？三光古有二說，許叔重注《淮南》云：「三光，日、月、星也。」鄭康成注《鄉飲酒義》曰：「三光，三大辰也。」説者以《爾雅》「大辰，房、心、尾」及「大火謂之大辰」「北極謂之北辰」，當三大辰之數。此文既言「三光」，又言「日月」，若從許義，於文爲複，宜用鄭義矣。

春日燎獵，

《春秋・桓七年》：「春二月己亥，焚咸丘。」杜注曰：「焚，火田也。譏盡物，故書。」考《爾雅》「火田爲狩」，似法得火田。然說《爾雅》者李巡、孫炎皆云「放火燒草，守其下風」，則直焚其一叢一聚，非謂焚其一澤也。《王制》曰：「昆蟲未蟄，不以火田。」方春和時，百物生長，而縱火焚燎，是宜爲《春秋》所譏。而《周禮》仲春乃有火弊之法，其書晚出，或不盡周公之制乎？

對北惡罵，

對北之義，詳見於前矣。《說文》曰：「持刀罵詈則應罰。〔一〕」此疑漢制如此。罵必有罰，而況對北乎？

無故殺龜打蛇，

天子無故不殺牛，諸侯無故不殺羊，大夫無故不殺犬豕。是無故而殺，固不可矣。此獨云「龜」「蛇」者，於小物之中舉其尤不可者也。《考工記》曰：「龜蛇四斿，以象營室也。」是此二物上應列星，垂於天象。王莽鑄當五十大泉，北周武帝鑄五行大布，其背並有北斗、龜、蛇之象。

〔一〕 應，原訛「有」，據《說文解字》改。

龜、蛇二物與北斗同尊。無故殺之，取咎必矣。

如是等罪，司命隨其輕重，奪其紀算，算盡則死。死有餘責，乃殃及子孫。

司命，即司過之神，説見前矣。餘慶、餘殃，聖人著之《周易》。《大戴禮》曰：「逆天地者，罪及五世。誣文武者，罪及四世。逆人倫者，罪及三世。誣鬼神者，罪及二世。」此即「殃及子孫」之謂也。《太玄・積》上九曰：「小人積非，至於苗裔。」則又非可以世計矣。是故晉欒盈之亡，黶之咎也。秦王離之敗，翦之孽也。漢陳平曰：「吾世即廢，終不能復起，以吾多陰禍也。」其後曾孫何坐法，國除，竟不得續封。烏呼！世之士大夫，慎無有陰禍哉！

又諸横取人財者，乃計其妻子家口以當之，漸至死喪。若不死喪，則有水火、盜賊、遺亡器物、疾病、口舌諸事，以當妄取之直。

此謂貨悖而入者，亦悖而出。王符有言：「以仁義費於彼者，天必賞之於此。以邪取於前者，天必衰之於後。〔一〕」非虛語也。

〔一〕 衰，原訛「哀」，據《潛夫論・遏利》改。

又枉殺人者，是易刀兵而相殺也。

劉孔才曰：「交氣疾争者，爲易口而自毁；並辭競説者，爲貸手以自毆。」况枉殺人乎？譬之易刀兵而相殺，不爲過矣。夫天道神明，人不可以獨殺。是以韓非仰藥而李斯卒具五刑，鼂錯誅夷而袁盎竟中刺客，亦可以鑒矣。

取非義之財者，譬如漏脯救飢，鴆酒止渴，非不暫飽，死亦及之。

《燕策》云：「人之饑，所以不食烏喙者，以爲雖偷充腹而與餓死同患也。」《後漢書·霍諝傳》曰：「療飢於附子，止渴於酖毒，未入腸胃，已絶咽喉。」竝與漏脯、鴆酒取喻相近。《吕氏春秋》曰：「今有聲於此，耳聽之必慊，已聽之則使人聾，必弗聽。有色於此，目視之必慊，已視之則使人盲，必弗視。有味於此，口食之必慊，已食之則使人瘖，必弗食。」夫聾、盲、瘖，未至死也，然且弗爲；乃蹈必死之路，而取非義之財，至如《鹽鐵論》所稱「食莿充腸」者，可謂踳矣。

夫心起于善，善雖未爲，而吉神已隨之。或心起于惡，惡雖未爲，而凶神已隨之。

《黄帝素問》曰：「心者，君主之官也，神明出焉。」《荀子》亦曰：「心者，形之君也，神明之主也。」是故天地之神明，實吾心之神明而已矣。以吾心之善，召天地之和氣，而吉神隨之；以吾心之不善，召天地之戾氣，而凶神隨之。《周書》曰：「維彼幽心是生包，維彼大心是生雄，維彼忌心是生勝。」其氣之相感，若虎魄之拾芥，磁石之引鍼，曷其奈何不慎？

其有曾行惡事，後自改悔，諸惡莫作，衆善奉行，久久必獲吉慶。所謂轉禍爲福也。

此太上之勉人改過也。《易》曰：「無咎者，善補過也。」《春秋傳》曰：「人誰無過，過而能改，善莫大焉。」自「非義而動、背理而行」以下〔二〕，皆是惡事。至是復以改悔勉之，蓋《書》終《秦誓》之意也。帝顓頊曰：「功莫大於去惡而爲善，罪莫大於去善而爲惡。」人果能諸惡莫作，衆善奉行，安有不獲吉慶者哉？《太玄・釋》上九曰：「今獄後穀，終説桎梏。」此之謂也。然禍可轉爲福，則福亦可轉爲禍。善乎劉晝之言曰：「人有禍必懼，懼必有敬，敬則有福，福則有喜，喜則有驕，驕則有禍。」以是而言，禍之與福，蓋若循環。君子慎所以轉之者。

故吉人語善、視善、行善。一日有三善，三年天必降之福。凶人語惡、視惡、行惡。一日有三惡，天必降之禍。胡不勉而行之？

孔子之戒顔淵曰：「非禮勿視，非禮勿聽，非禮勿言，非禮勿動。」此曰「語善、視善、行善」，

〔二〕 理，原訛「義」，據上文改。

行，即動也。視、聽同類，舉「視」足以該「聽」也。然則一日三善，即孔門爲仁之目矣。《鹽鐵論》曰：「好行善者，天助以福，符瑞是也。《易》曰：『自天祐之，吉無不利。』好行惡者，天報以禍，妖菑是也。《春秋》曰：『應是而有天菑。』」然則善惡禍福，自本經訓，不得謂是道家之説矣。降福以三年爲期，亦有三年而不得福者，德遠而後興也。降禍不言三年，蓋不待三年，然亦有三年而不得禍者，惡遠而後棄也。《傳》曰：「吉凶由人。」《太玄》曰：「吉人吉其凶，凶人凶其吉。」〔一〕篇末言此以勉人，其意切矣。

〔一〕《法言》卷六：「吉人凶其吉，凶人吉其凶。」

游藝録

筮篇　游藝録一

凡筮，古用蓍，今用錢。一幕兩字曰單錢，是爲陽，以丶識之；一字兩幕曰拆錢，是爲陰，以八識之；三幕曰重錢，是爲老陽，老陽變陰，以○識之；三字曰交錢，是爲老陰，老陰變陽，以✕識之。皆自下而上，三擲而成内卦，又三擲而成外卦。

六十四卦

純卦	一世	二世	三世	四世	五世	游魂	歸魂
乾金	姤	遯	否	觀	剥	晉	大有
坤土	復	臨	泰	大壯	夬	需	比
震木	豫	解	恒	升	井	大過	隨
巽木	小畜	家人	益	无妄	噬嗑	頤	蠱
坎水	節	屯	既濟	革	豐	明夷	師

離火　旅　鼎　未濟　蒙　涣　訟　同人

艮土　賁　大畜　損　睽　履　中孚　漸

兑金　困　萃　咸　蹇　謙　小過　歸妹

卦象既得，乃定世爻、應爻。卦爻雖變，世、應不易。

八純卦　上爻　世　三爻　應

一世卦　初爻　世　四爻　應

二世卦　二爻　世　五爻　應

三世卦　三爻　世　上爻　應

四世卦　四爻　世　初爻　應

五世卦　五爻　世　二爻　應

游魂卦　四爻　世　初爻　應

歸魂卦　三爻　世　上爻　應

乃用納甲之法，定六爻之幹枝。

乾　上九壬戌　九五壬申　九四壬午　九三甲辰　九二甲寅　初九甲子

坤　上六癸酉　六五癸亥　六四癸丑　六三乙卯　六二乙巳　初六乙未

震　上六庚戌　六五庚申　九四庚午　六三庚辰　六二庚寅　初九庚子

巽　上九辛卯　九五辛巳　六四辛未　九三辛酉　九二辛亥　初六辛丑

坎　上六戊子　九五戊戌　六四戊申　六三戊午　九二戊辰　初六戊寅

離　上九己巳　六五己未　九四己酉　九三己亥　六二己丑　初九己卯

艮　上九丙寅　六五丙子　六四丙戌　九三丙申　六二丙午　初六丙辰

兑　上六丁未　九五丁酉　九四丁亥　六三丁丑　九二丁卯　初九丁巳

其一世、二世，至游魂、歸魂，視八純卦。

内卦乾　甲辰　甲寅　甲子

外卦乾　壬戌　壬申　壬午

内卦坤　乙卯　乙巳　乙未

外卦坤　癸酉　癸亥　癸丑

内卦震　庚辰　庚寅　庚子

外卦震　庚戌　庚申　庚午

內卦巽　辛酉　辛亥　辛丑
外卦巽　辛卯　辛巳　辛未
內卦坎　戊午　戊辰　戊寅
外卦坎　戊子　戊戌　戊申
內卦離　己亥　己丑　己卯
外卦離　己巳　己未　己酉
內卦艮　丙申　丙午　丙辰
外卦艮　丙寅　丙子　丙戌
內卦兑　丁丑　丁卯　丁巳
外卦兑　丁未　丁酉　丁亥

乃以八卦、五行生克，定六親之位：生我者父母，我生者子孫，克我者官鬼，我克者妻財，比和者兄弟。

	父母	子孫	官鬼	妻財	兄弟
乾宫卦　金	辰戌丑未	亥子	巳午	寅卯	申酉

坤宫卦	土	巳午	申酉	寅卯	亥子	辰戌丑未
震宫卦	木	亥子	巳午	申酉	辰戌丑未	寅卯
巽宫卦	木	亥子	巳午	申酉	辰戌丑未	寅卯
坎宫卦	水	申酉	寅卯	辰戌丑未	巳午	亥子
離宫卦	火	寅卯	辰戌丑未	亥子	申酉	巳午
艮宫卦	土	巳午	申酉	寅卯	亥子	辰戌丑未
兑宫卦	金	辰戌丑未	亥子	巳午	寅卯	申酉

乃以世爻之陰陽，定卦身之所在。陰從午始，陽從子始。

陽世	上巳	五辰	四卯	三寅	二丑	初子
陰世	上亥	五戌	四酉	三申	二未	初午

如初九爲世爻，則卦身在子；初六爲世爻，則卦身在午。餘視此。

如有不得，求之於伏，

如天風姤爲乾宫卦，屬金。初爻丑土爲父母，二爻亥水爲子孫，三爻酉金爲兄弟，四爻午火爲官鬼，五爻申金爲兄弟，上爻戌土爲父母。獨闕妻財，則以乾卦二爻之寅木伏本卦亥水之下爲妻財。如地雷復爲坤宫卦，屬土。初爻子水爲妻財，二爻寅木爲官鬼，三爻辰土爲兄弟，四爻丑土亦爲兄弟，五爻亥水爲妻財，上爻酉金爲子孫。獨缺父母，則以坤卦二爻之巳火伏本卦二爻寅木之下爲父母。餘視此卦身同。

有伏則有飛，

如乾二爻寅木伏姤卦二爻亥水之下，寅木爲伏神，亥水爲飛神；坤二爻巳火伏復卦二爻寅木之下，巳火爲伏神，寅木爲飛神。

乃定用神，以斷吉凶。

所占之事，必有所主，或主父母，或主子孫，或主官鬼，或主妻財，或主兄弟，是謂用神。用神不見，求之於伏。用神多見，用其持世者，用其變動者，用其旬空月破者。

凡所占之事不一，今以天、地、人、物分類，列之如左，其有不盡，以類推之：

天之屬

雨視父母，晴視妻財，日月星視子孫，雷電視官鬼，順風視子孫，逆風視官鬼。

地之屬

城牆宅舍視父母，倉庫視妻財。

人之屬

祖父母、父母、父母之兄弟姊妹、師長家主及諸尊屬，皆視父母；子女、孫女之壻、兄弟之子及諸卑幼，及僧道，及問避難解憂，或問忠臣良將，並視子孫；夫及夫之兄弟、夫之朋友，及問科名官事，或問盜賊、邪祟、疾病、憂疑，皆視官鬼；兄弟之妻妾、己之妻妾、朋友之妻妾及婢僕，皆視妻財；兄弟姊妹、姊妹之夫、妻之兄弟及朋友，皆視兄弟。

物之屬

舟車、衣服、雨具、氈布及章奏、文字，視父母；錢財、糧食、金銀、珠寶、什物、物價，視妻財；藥餌、六畜、禽獸，視兄弟。

生用神者謂之原神，克用神者謂之忌神，克制原神、生扶忌神者謂之仇神。

如用神值旬空、月破，衰弱或伏藏不見，而有原神一爻動而來生之，或月建日辰爲原神以生之，則吉。如用神旺相，而原神動而變墓、變絶或爲月辰日建所克，則用神無根矣，如是者凶。

忌神克用神，而卦爻變動又出一爻爲原神，則忌神反生原神。如木以金爲忌神，以水爲原神，而金即生水是也，是謂貪生忘克，如是者吉。或忌辰克用神，而用神值旬空或伏藏，則可以避其克，如是者亦吉。然或忌神力重，則出空、出伏必受其克，如是者仍凶。

又於變爻之中求進退之神，神進則增威，神退則減勢。

進神

亥變子　丑變辰　寅變卯　辰變未

巳變午　未變戌　申變酉　戌變丑

退神

子變亥　戌變未　酉變申　未變辰

午變巳　辰變丑　卯變寅　丑變戌

如遇進神，吉者愈吉，凶者愈凶。如值退神，吉凶皆平。

以日辰主之，

日辰爲六爻之主宰，衰弱者能助之，强旺者能抑之；發動者能制伏之，伏藏者能振起之。如忌神妄動，用神休囚，得日辰克制忌神、生扶用神，則萬事轉凶爲吉矣。

以月建輔之，

月建亦能成事、壞事，與日辰同。如忌神克用神，遇月建克制忌神、生扶用神，則轉凶爲吉矣。然月建之禍福不過司權於月内，不如日辰之不論遠近始終有權也。

以太歲君之，

本年太歲之爻曰歲君，是天子之象。若太歲一爻臨忌神發動，來衝克世身用爻，主災厄不利，一歲之中必多殃咎。若能生合世身用爻，主有際遇，一歲之中，必多喜慶。

其要以五行爲本。

乾爲金　乾宫之卦皆屬金
坤爲土　坤宫之卦皆屬土
震爲木　震宫之卦皆屬木
巽爲木　巽宫之卦皆屬木
坎爲水　坎宫之卦皆屬水
離爲火　離宫之卦皆屬火
艮爲土　艮宫之卦皆屬土
兑爲金　兑宫之卦皆屬金

右八卦五行。

甲乙東方木　丙丁南方火　戊己中央土

庚辛西方金　壬癸北方水

亥子水　寅卯木　巳午火　申酉金

辰戌丑未土

右干支五行。

甲子、乙丑金　丙寅、丁卯火　戊辰、己巳木

庚午、辛未土　壬申、癸酉金　甲戌、乙亥火

丙子、丁丑水　戊寅、己卯土　庚辰、辛巳金

壬午、癸未木　甲申、乙酉水　丙戌、丁亥土

戊子、己丑火　庚寅、辛卯木　壬辰、癸巳水

甲午、乙未金　丙申、丁酉火　戊戌、巳亥木

庚子、辛丑土　壬寅、癸卯金　甲辰、乙巳火

丙午、丁未水　戊申、己酉土　庚戌、辛亥金

壬子、癸丑木　甲寅、乙卯水　丙辰、丁巳土

戊午、己未火　庚申、辛酉木　壬戌、癸亥水
右納音五行。
有相生，
金生水　水生木　木生火　火生土　土生金
有相克：，
金克木　木克土　土克水　水克火　火克金
有相合，
甲與己合　乙與庚合　丙與辛合　丁與壬合
戊與癸合
子與丑合　寅與亥合　卯與戌合　辰與酉合
巳與申合　午與未合
申、子、辰合成水局　巳、酉、丑合成金局　寅、午、戌合成火局　亥、卯、未合成木局
有相衝：，
子午衝　丑未衝　寅申衝　卯酉衝　辰戌衝　巳亥衝

有相刑，

寅刑巳　巳刑申　申刑寅　丑刑戌　戌刑未

未刑丑　子刑卯　卯刑子　辰午丙亥自刑

有相害；

子與未害　丑與午害　寅與巳害　申與亥害　酉與戌害

有相扶，

亥扶子　丑扶辰　寅扶卯　辰扶未　巳扶午　未扶戌　申扶酉

有相拱。

子拱亥　卯拱寅　辰拱丑　午拱巳　未拱辰　酉拱申　戌拱未

有王、相、休、囚，

春　木王　火相　土休　金囚

夏　火王　土相　金休　水囚

秋　金王　水相　木休　火囚

冬　水王　木相　火休　土囚

有長生、墓、絶，

如水長生於申，則沐浴於酉，冠帶於戌，臨官於亥，帝旺於子，衰於丑，病於寅，死於卯，墓於辰，絶於巳，胎於午，養於未。今詳列於左。止言長生、墓、絶者，舉重而言：凡卦必用者長生，凡爻必究者墓、絶。

	水	木	火	土	金
長生	申	亥	寅	申	巳
沐浴	酉	子	卯	酉	午
冠帶	戌	丑	辰	戌	未
臨官	亥	寅	巳	亥	申
帝旺	子	卯	午	子	酉
衰	丑	辰	未	丑	戌
病	寅	巳	申	寅	亥
死	卯	午	酉	卯	子
墓	辰	未	戌	辰	丑

絶	巳	申	亥	巳	寅	
胎	午	酉	子	午	卯	
養	未	戌	丑	未	辰	

有禄馬、羊刃，

甲日禄馬在寅，羊刃在卯。乙日禄馬在卯，羊刃在辰。丙戊日禄馬在巳，羊刃在午。丁己日禄馬在午，羊刃在未。庚日禄馬在申，羊刃在酉。辛日禄馬在酉，羊刃在戌。壬日禄馬在亥，羊刃在子。癸日禄馬在子，羊刃在丑。若人問年命、家宅，則以其人生年取之。

有六獸，

甲乙之日始青龍，丙丁之日始朱雀，庚辛之日始白虎，壬癸之日始玄武，戊日始句陳，己日始螣蛇。

	上爻	五爻	四爻	三爻	二爻	初爻
甲乙	玄武	白虎	螣蛇	句陳	朱雀	青龍
丙丁	青龍	玄武	白虎	螣蛇	句陳	朱雀
戊	朱雀	青龍	玄武	白虎	螣蛇	句陳

已　　句陳　朱雀　青龍　玄武　白虎　螣蛇

庚辛　螣蛇　句陳　朱雀　青龍　玄武　白虎

壬癸　白虎　螣蛇　句陳　朱雀　青龍　玄武

有十二神。

十二神者，貴人、螣蛇、朱雀、六合、句陳、青龍、天空、白虎、太常、玄武、太陰、天后也。甲戊之日從丑起，夜從未起。乙己之日從子起，夜從申起。丙丁之日從亥起，夜從酉起。壬癸之日從卯起，夜從巳起。庚辛之日從寅起，夜從午起。凡從亥、子、丑、寅、卯起貴人，則順行十二辰，是爲陽貴；從巳、午、未、申、酉起貴人，則逆行十二辰，是爲陰貴。

旬有空，

甲子旬　戌亥空

甲寅旬　子丑空

甲辰旬　寅卯空

甲午旬　辰巳空

甲申旬　午未空

甲戌旬　申酉空

月有破。

正月建寅破申　二月建卯破酉
三月建辰破戌　四月建巳破亥
五月建午破子　六月建未破丑
七月建申破寅　八月建酉破卯
九月建戌破辰　十月建亥破巳
十一月建子破午　十二月建丑破未

遁甲篇　游藝録二

遁甲之式，先列八卦之方位，

坎水正北　坤土西南　震木正東　巽木東南

乾金西北　兑金正西　艮土東北　離火正南

乃安九宫，

一白坎宫　二黑坤宫　三碧震宫　四緑巽宫　五黄寄坤宫

六白乾宫　七赤兑宫　八白艮宫　九黄離宫

乃分八門，

坎休門　坤死門　震傷門　巽杜門　乾開門　兑驚門　艮生門　離景門

乃列九星，

坎天蓬　坤天芮　震天衝　巽天輔　中央天禽

乾天心　兑天柱　艮天任　離天英

乃以六儀、三奇視冬夏、陰陽而順逆布之，爲地盤。

六儀

戊　甲子遁於六戊

己　甲戌遁於六己

庚　甲申遁於六庚

辛　甲午遁於六辛

壬　甲辰遁於六壬

癸　甲寅遁於六癸

三奇

乙　日奇

丙　月奇

丁　星奇

其布之法：冬至起坎一宫，坎、艮、震、巽四卦，統十有二氣，順行爲陽遁，順布六儀，逆飛三奇；夏至起離九宫，離、坤、兑、乾四卦，統十有二氣，逆行爲陰遁，逆布六儀，順飛三奇。

八卦統二十四氣

坎	冬至	小寒	大寒
艮	立春	雨水	驚蟄
震	春分	清明	穀雨
巽	立夏	小滿	芒種
離	夏至	小暑	大暑
坤	立秋	處暑	白露
兑	秋分	寒露	霜降
乾	立冬	小雪	大雪

陽遁一局：戊至癸順，乙至丁逆。

坎一宫　戊甲子

坤二宫　己甲戌

陰遁九局：戊至癸逆，乙至丁順。

離九宫　戊甲子

艮八宫　己甲戌

震三宮　庚甲申
巽四宮　辛甲午
中五宮　壬甲辰
乾六宮　癸甲寅
兌七宮　丁
艮八宮　丙
離九宮　乙

陽遁二局：

坤二宮　戊甲子
震三宮　己甲戌
巽四宮　庚甲申
中五宮　辛甲午
乾六宮　壬甲辰
兌七宮　癸甲寅

兌七宮　庚甲申
乾六宮　辛甲午
中五宮　壬甲辰
巽四宮　癸甲寅
震三宮　丁
坤二宮　丙
坎一宮　乙

陰遁八局：

艮八宮　戊甲子
兌七宮　己甲戌
乾六宮　庚甲申
中五宮　辛甲午
巽四宮　壬甲辰
震三宮　癸甲寅

艮八宮　丁
離九宮　丙
坎一宮　乙

陽遁三局：

震三宮　戊甲子
巽四宮　己甲戌
中五宮　庚甲申
乾六宮　辛甲午
兑七宮　壬甲辰
艮八宮　癸甲寅
離九宮　丁
坎一宮　丙
坤二宮　乙

陽遁四局：

坤二宮　丁
坎一宮　丙
離九宮　乙

陰遁七局：

兑七宮　戊甲子
乾六宮　己甲戌
中五宮　庚甲申
巽四宮　辛甲午
震三宮　壬甲辰
坤二宮　癸甲寅
坎一宮　丁
離九宮　丙
艮八宮　乙

陰遁六局：

巽四宮　戊甲子
中五宮　己甲戌
乾六宮　庚甲申
兌七宮　辛甲午
艮八宮　壬甲辰
離九宮　癸甲寅
坎一宮　丁
坤二宮　丙
震三宮　乙

陽遁五局：
中五宮　戊甲子
乾六宮　己甲戌
兌七宮　庚甲申
艮八宮　辛甲午

乾六宮　戊甲子
中五宮　己甲戌
巽四宮　庚甲申
震三宮　辛甲午
坤二宮　壬甲辰
坎一宮　癸甲寅
離九宮　丁
艮八宮　丙
兌七宮　乙

陰遁五局：
中五宮　戊甲子
巽四宮　己甲戌
震三宮　庚甲申
坤二宮　辛甲午

離九宮　壬甲辰

坎一宮　癸甲寅

坤二宮　丁

震三宮　丙

巽四宮　乙

陽遁六局：

乾六宮　戊甲子

兌七宮　己甲戌

艮八宮　庚甲申

離九宮　辛甲午

坎一宮　壬甲辰

坤二宮　癸甲寅

震三宮　丁

巽四宮　丙

坎一宮　壬甲辰

離九宮　癸甲寅

艮八宮　丁

兌七宮　丙

乾六宮　乙

陰遁四局：

巽四宮　戊甲子

震三宮　己甲戌

坤二宮　庚甲申

坎一宮　辛甲午

離九宮　壬甲辰

艮八宮　癸甲寅

兌七宮　丁

乾六宮　丙

中五宮　乙

陽遁七局：

兌七宮　戊甲子

艮八宮　己甲戌

離九宮　庚甲申

坎一宮　辛甲午

坤二宮　壬甲辰

震三宮　癸甲寅

巽四宮　丁

中五宮　丙

乾六宮　乙

陽遁八局：

艮八宮　戊甲子

離九宮　己甲戌

中五宮　乙

陰遁三局：

震三宮　戊甲子

坤二宮　己甲戌

坎一宮　庚甲申

離九宮　辛甲午

艮八宮　壬甲辰

兌七宮　癸甲寅

乾六宮　丁

中五宮　丙

巽四宮　乙

陰遁二局：

坤二宮　戊甲子

坎一宮　己甲戌

坎一宮　庚甲申
坤二宮　辛甲午
震三宮　壬甲辰
巽四宮　癸甲寅
中五宮　丁
乾六宮　丙
兌七宮　乙

陽遁九局：

離九宮　戊甲子
坎一宮　己甲戌
坤二宮　庚甲申
震三宮　辛甲午
巽四宮　壬甲辰
中五宮　癸甲寅

離九宮　庚甲申
艮八宮　辛甲午
兌七宮　壬甲辰
乾六宮　癸甲寅
中五宮　丁
巽四宮　丙
震三宮　乙

陰遁一局：

坎一宮　戊甲子
離九宮　己甲戌
艮八宮　庚甲申
兌七宮　辛甲午
乾六宮　壬甲辰
中五宮　癸甲寅

乾六宫　丁　巽四宫　丁
兌七宫　丙　震三宫　丙
艮八宫　乙　坤二宫　乙

乃以甲、己二榦爲符頭，值子、午、卯、酉爲上元，值寅、申、巳、亥爲中元，值辰、戌、丑、未爲下元。

甲子日起上元，越五日己巳起中元，又越五日甲戌起下元，又越五日己卯復起上元。如上元起坎一宫，歷坤二、震三、巽四、中五、乾六而甲子一周，則於兌七宫起中元，歷艮八、離九、坎一、坤二、震三而甲子一周，則於巽四宫起下元。

陽遁	上元	中元	下元
冬至	坎一	兌七	巽四
小寒	坤二	艮八	中五
大寒	震三	離九	乾六
立春	艮八	中五	坤二
雨水	離九	乾六	震三
驚蟄	坎一	兌七	巽四

春分	震三	離九	乾六
清明	巽四	坎一	兑七
穀雨	中五	坤二	艮八
立夏	巽四	坎一	兑七
小滿	中五	坤二	艮八
芒種	乾六	震三	離九

陰遁	上元	中元	下元
夏至	離九	震三	乾六
小暑	艮八	坤二	中五
大暑	兑七	坎一	巽四
立秋	坤二	中五	艮八
處暑	坎一	巽四	兑七
白露	離九	震三	乾六

秋分	兑七	坎一	巽四
寒露	乾六	離九	震三
霜降	中五	艮八	坤二
立冬	乾六	離九	震三
小雪	中五	艮八	坤二
大雪	巽四	兑七	坎一

有超神，有接氣，有置閏。

超神者，謂節氣未到，而甲子、己卯、甲午、己酉四上元之符頭先到。如正月初一日立春，而上年十二月二十五日已是甲子，即以此二十五日甲子作立春上元，正月初一日爲中元，初六日爲下元。

接氣者，謂甲子、己卯、甲午、己酉四上元之符頭未到而節氣先到。如三月初一日立春，而初五日方是甲子，則初一至初四仍行大寒下元，至初五日方行立春上元。

置閏之法，惟施之芒種、大雪二節之後，冬至、夏至二至之前，遇超神至九日、十日、十一日，則置閏局。如壬申日夏至，溯甲子上元已超九日矣，乃於芒種節置閏。蓋二十三日前，已酉即爲芒種上元，甲寅中元，己未下元，至癸亥則芒種三局已足矣。自甲子至壬申爲期太遠，故甲子日不作夏至上元而爲芒種閏局上元，己巳爲芒種閏局中元，甲戌爲芒種閏局下元，至己卯始爲夏至上元。

乃就所用之時求其榦，以其旬首之六甲觀其所在之宫，以其星爲直符，以其門爲直使。

時者，古用所值之正時，今或任舉一時用之。欲求其榦，當用日上起時法。

甲己日　始甲子
乙庚日　始丙子
丙辛日　始戊子
丁壬日　始庚子
戊癸日　始壬子

自甲至戊，自己至癸，各五日，爲時各六十，而六甲一周。六甲者，十時之首，是爲旬首：

乙丑至癸酉　旬首　甲子
乙亥至癸未　旬首　甲戌
乙酉至癸巳　旬首　甲申

乙未至癸卯	旬首	甲午
乙巳至癸丑	旬首	甲辰
乙卯至癸亥	旬首	甲寅

其所在之宫星即直符，門即直使：

旬首在坎	天蓬直符	休門直使
旬首在坤	天芮直符	死門直使
旬首在震	天衝直符	傷門直使
旬首在巽	天輔直符	杜門直使
旬首在中	天禽直符	死門直使
旬首在乾	天心直符	開門直使
旬首在兑	天柱直符	驚門直使
旬首在艮	天任直符	生門直使
旬首在離	天英直符	景門直使

乃加直符於時榦，加直使於時支，而爲天盤。

直符

如陽遁一局甲子時，天蓬直符不動，所爲伏吟也。若用乙丑時，乙在離宫，即以天蓬加離宫；若用丙寅時，丙在艮宫，即以天蓬加艮宫。餘視此。陰遁同。

直使

如陽遁一局甲子時，休門直使不動，所謂伏吟也。若用乙丑時，則以休門加二宫；若用丙寅時，則以休門加三宫。餘視此。陰遁則逆布。如陰遁九局，甲子在九宫，丑則八宫，寅則七宫。

凡陽遁五百四十局，始坎一，訖中五。陰遁五百四十局，始離九，訖中五。

陽遁五百四十局：

甲乙丙丁戊己庚辛壬癸

子丑寅卯辰巳午未申酉

休　一二三四五六七八九一

蓬　一九八七一二三四五六

戌亥子丑寅卯辰巳午未
死　二三四五六七八九一二
芮　二九八七一二三四五六
申酉戌亥子丑寅卯辰巳
傷　三四五六七八九一二三
衢　三九八七一二三四五六
午未申酉戌亥子丑寅卯
杜　四五六七八九一二三四
輔　四九八七一二三四五六
辰巳午未申酉戌亥子丑
死　五六七八九一二三四五
禽　五九八七一二三四五六
寅卯辰巳午未申酉戌亥
開　六七八九一二三四五六
心　六九八七一二三四五六

右第一局。

子丑寅卯辰巳午未申酉
死　二三四五六七八九一二
芮　二一九八二三四五六七
戌亥子丑寅卯辰巳午未
傷　三四五六七八九一二三
衝　三一九八二三四五六七
申酉戌亥子丑寅卯辰巳
杜　四五六七八九一二三四
輔　四一九八二三四五六七
午未申酉戌亥子丑寅卯
死　五六七八九一二三四五
禽　五一九八二三四五六七
辰巳午未申酉戌亥子丑

開　六七八九一二三四五六

心　六一九八二三四五六七

寅卯辰巳午未申酉戌亥

驚　七八九一二三四五六七

柱　七一九八二三四五六七

右第二局。

子丑寅卯辰巳午未申酉

傷　三四五六七八九一二三

衝　三二一九三四五六七八

戌亥子丑寅卯辰巳午未

杜　四五六七八九一二三四

輔　四二一九三四五六七八

申酉戌亥子丑寅卯辰巳

死　五六七八九一二三四五

禽　五二一九三四五六七八

午未中酉戌亥子丑寅卯

開　六七八九一二三四五六

心　六二一九三四五六七八

辰巳午未申酉戌亥子丑

驚　七八九一二三四五六七

柱　七二一九三四五六七八

寅卯辰巳午未申酉戌亥

生　八九一二三四五六七八

任　八二一九三四五六七八

右第三局。

子丑寅卯辰巳午未申酉

杜　四五六七八九一二三四

輔　四三二一四五六七八九

戌亥子丑寅卯辰巳午未

死　五六七八九一二三四五
禽　五三二一四五六七八九
申酉戌亥子丑寅卯辰巳
開　六七八九一二三四五六
心　六三二一四五六七八九
午未申酉戌亥子丑寅卯
驚　七八九一二三四五六七
柱　七三二一四五六七八九
辰巳午未申酉戌亥子丑
生　八九一二三四五六七八
任　八三二一四五六七八九
寅卯辰巳午未申酉戌亥
景　九一二三四五六七八九
英　九三二一四五六七八九

右第四局。

子丑寅卯辰巳午未申酉
死　五六七八九一二三四五
禽　五四三二五六七八九一
戌亥子丑寅卯辰巳午未
開　六七八九一二三四五六
心　六四三二五六七八九一
申酉戌亥子丑寅卯辰巳
驚　七八九一二三四五六七
柱　七四三二五六七八九一
午未申酉戌亥子丑寅卯
生　八九一二三四五六七八
任　八四三二五六七八九一
辰巳午未申酉戌亥子丑
景　九一二三四五六七八九
英　九四三二五六七八九一

寅卯辰巳午未申酉戌亥

休　一二三四五六七八九一

蓬　一四三二五六七八九一

右第五局。

子丑寅卯辰巳午未申酉

開　六七八九一二三四五六

心　六五四三六七八九一二

戌亥子丑寅卯辰巳午未

驚　七八九一二三四五六七

柱　七五四三六七八九一二

申酉戌亥子丑寅卯辰巳

生　八九一二三四五六七八

任　八五四三六七八九一二

午未申酉戌亥子丑寅卯

景　九一二三四五六七八九
英　九五四三六七八九一二
辰巳午未申酉戌亥子丑
休　一二三四五六七八九一
蓬　一五四三六七八九一二
寅卯辰巳午未申酉戌亥
死　二三四五六七八九一二
芮　二五四三六七八九一二

右第六局。

子丑寅卯辰巳午未申酉
驚　七八九一二三四五六七
柱　七六五四七八九一二三
戌亥子丑寅卯辰巳午未
生　八九一二三四五六七八
任　八六五四七八九一二三

申酉戌亥子丑寅卯辰巳

景　九一二三四五六七八九

英　九六五四七八九一二三

午未申酉戌亥子丑寅卯

休　一二三四五六七八九一

蓬　一六五四七八九一二三

辰巳午未申酉戌亥子丑

死　二三四五六七八九一二

芮　二六五四七八九一二三

寅卯辰巳午未申酉戌亥

傷　三四五六七八九一二三

衝　三六五四七八九一二三

右第七局。

子丑寅卯辰巳午未申酉

生　八九一二三四五六七八
任　八七六五八九一二三四
戌亥子丑寅卯辰巳午未
景　九一二三四五六七八九
英　九七六五八九一二三四
申酉戌亥子丑寅卯辰巳
休　一二三四五六七八九一
蓬　一七六五八九一二三四
午未申酉戌亥子丑寅卯
死　二三四五六七八九一二
芮　二七六五八九一二三四
辰巳午未申酉戌亥子丑
傷　三四五六七八九一二三
衝　三七六五八九一二三四
寅卯辰巳午未申酉戌亥

杜　四五六七八九一二三四

輔　四七六五八九一二三四

右第八局。

子丑寅卯辰巳午未申酉

景　九一二三四五六七八九

英　九八七六九一二三四五

戌亥子丑寅卯辰巳午未

休　一二三四五六七八九一

蓬　一八七六九一二三四五

申酉戌亥子丑寅卯辰巳

死　二三四五六七八九一二

芮　二八七六九一二三四五

午未申酉戌亥子丑寅卯

傷　三四五六七八九一二三

衝　三八七六九一二三四五

辰巳午未申酉戌亥子丑

杜　四五六七八九一二三四

輔　四八七六九一二三四五

寅卯辰巳午未申酉戌亥

死　五六七八九一二三四五

禽　五八七六九一二三四五

右第九局。

陰遁五百四十局

甲乙丙丁戊己庚辛壬癸

子丑寅卯辰巳午未申酉

景　九八七六五四三二一九

英　九一二三九八七六五四

戌亥子丑寅卯辰巳午未

生　八七六五四三二一九八

任　九一二三九八七六五四

申酉戌亥子丑寅卯辰巳

驚　七六五四三二一九八七

柱　七一二三九八七六五四

午未申酉戌亥子丑寅卯

開　六五四三二一九八七六

心　六一二三九八七六五四

辰巳午未申酉戌亥子丑

死　五四三二一九八七六五

禽　五一二三九八七六五四

寅卯辰巳午未申酉戌亥

杜　四三二一九八七六五四

輔　四一二三九八七六五四

右第九局。

子丑寅卯辰巳午未申酉

生　八七六五四三二一九八
任　八九一二八七六五四三
戌亥子丑寅卯辰巳午未
驚　七六五四三二一九八七
柱　七九一二八七六五四三
申酉戌亥子丑寅卯辰巳
開　六五四三二一九八七六
心　六九一二八七六五四三
午未申酉戌亥子丑寅卯
死　五四三二一九八七六五
禽　五九一二八七六五四三
辰巳午未申酉戌亥子丑
杜　四三二一九八七六五四
輔　四九一二八七六五四三
寅卯辰巳午未申酉戌亥

傷　三二一九八七六五四三
衝　三九一二八七六五四三

右第八局。

子丑寅卯辰巳午未申酉
驚　七六五四三二一九八七
柱　七八九一七六五四三二
戌亥子丑寅卯辰巳午未
開　六五四三二一九八七六
心　六八九一七六五四三二
申酉戌亥子丑寅卯辰巳
死　五四三二一九八七六五
禽　五八九一七六五四三二
午未申酉戌亥子丑寅卯
杜　四三二一九八七六五四
輔　四八九一七六五四三二

辰巳午未申酉戌亥子丑
傷　三二一九八七六五四三
衝　三八九一七六五四三二
寅卯辰巳午未申酉戌亥
死　二一九八七六五四三二
芮　二八九一七六五四三二

右第七局。

子丑寅卯辰巳午未申酉
開　六五四三二一九八七六
心　六七八九六五四三二一
戌亥子丑寅卯辰巳午未
死　五四三二一九八七六五
禽　五七八九六五四三二一
申酉戌亥子丑寅卯辰巳

杜　四三二一九八七六五四

輔　四七八九六五四三二一

午未申酉戌亥子丑寅卯

傷　三二一九八七六五四三

衝　三七八九六五四三二一

辰巳午未申酉戌亥子丑

死　二一九八七六五四三二

芮　二七八九六五四三二一

寅卯辰巳午未申酉戌亥

休　一九八七六五四三二一

蓬　一七八九六五四三二一

右第六局。

子丑寅卯辰巳午未申酉

死　五四三二一九八七六五

禽　五六七八五四三二一九

戌亥子丑寅卯辰巳午未
杜　四三二一九八七六五四
輔　四六七八五四三二一九
申酉戌亥子丑寅卯辰巳
傷　三二一九八七六五四三
衝　三六七八五四三二一九
午未申酉戌亥子丑寅卯
死　二一九八七六五四三二
芮　二六七八五四三二一九
辰巳午未申酉戌亥子丑
休　一九八七六五四三二一
蓬　一六七八五四三二一九
寅卯辰巳午未申酉戌亥
景　九八七六五四三二一九
英　九六七八五四三二一九

右第五局。

子丑寅卯辰巳午未申酉

杜　四三二一九八七六五四

輔　四五六七四三二一九八

戌亥子丑寅卯辰巳午未

傷　三二一九八七六五四三

衝　三五六七四三二一九八

申酉戌亥子丑寅卯辰巳

死　二一九八七六五四三二

芮　二五六七四三二一九八

午未申酉戌亥子丑寅卯

休　一九八七六五四三二一

蓬　一五六七四三二一九八

辰巳午未申酉戌亥子丑

景　九八七六五四三二一九

英　九五六七四三二一九八

　　寅卯辰巳午未申酉戌亥

生　八七六五四三二一九八

任　八五六七四三二一九八

右第四局。

　　子丑寅卯辰巳午未申酉

傷　三二一九八七六五四三

衝　三四五六三二一九八七

　　戌亥子丑寅卯辰巳午未

死　二一九八七六五四三二

芮　二四五六三二一九八七

　　申酉戌亥子丑寅卯辰巳

休　一九八七六五四三二一

蓬　一四五六三二一九八七

午未申酉戌亥子丑寅卯

景　九八七六五四三二一九

英　九四五六三二一九八七

辰巳午未申酉戌亥子丑

生　八七六五四三二一九八

任　八四五六三二一九八七

寅卯辰巳午未申酉戌亥

驚　七六五四三二一九八七

柱　七四五六三二一九八七

右第三局。

子丑寅卯辰巳午未申酉

死　二一九八七六五四三二

芮　二三四五二一九八七六

戌亥子丑寅卯辰巳午未

休　一九八七六五四三二一
蓬　一三四五二一九八七六
申酉戌亥子丑寅卯辰巳
景　九八七六五四三二一九
英　九三四五二一九八七六
午未申酉戌亥子丑寅卯
生　八七六五四三二一九八
任　八三四五二一九八七六
辰巳午未申酉戌亥子丑
驚　七六五四三二一九八七
柱　七三四五二一九八七六
寅卯辰巳午未申酉戌亥
開　六五四三二一九八七六
心　六三四五二一九八七六

右第二局。

子丑寅卯辰巳午未申酉

休　一九八七六五四三二一

蓬　一二三四一九八七六五

戌亥子丑寅卯辰巳午未

景　九八七六五四三二一九

英　九二三四一九八七六五

申酉戌亥子丑寅卯辰巳

生　八七六五四三二一九八

任　八二三四一九八七六五

午未申酉戌亥子丑寅卯

驚　七六五四三二一九八七

柱　七二三四一九八七六五

辰巳午未申酉戌亥子丑

開　六五四三二一九八七六

心　六二三四一九八七六五

	寅	卯	辰	巳	午	未	申	酉	戌	亥
死	五	四	三	二	一	九	八	七	六	五
禽	五	二	三	四	一	九	八	七	六	五

右第一局。

陰陽二遁，各於首行直列甲、乙、丙、丁、戊、己、庚、辛、壬、癸十字，其後止書地支，不書天幹，從省也。上方横列休、蓬、死、芮等字，其下止書一、二、三、四等數，亦從省也。觀者各依其格求之，則知陽遁一局甲子時休門、天蓬星皆在坎一，乙丑時休門在坤二、天蓬星在離九；陰遁九局甲子時景門、天英星皆在離九，乙丑時景門在艮八、天英星在坎一。以類而推，至陽遁九局、陰遁一局癸亥時，死門、天禽星皆在中五，而五百四十局犁然在目矣。

乃從直符所臨之宫而加八神，陽順陰逆。

一青龍　二螣蛇　三太陰　四六合　五句陳　六朱雀　七九地　八九天

右陽遁八神，順行。

一青龍　二九天　三九地　四朱雀　五句陳　六六合　七太陰　八螣蛇

右陰遁八神，逆行。

乃審厥時，

甲、乙、丙、丁、戊爲陽時，利爲客，宜先舉；己、庚、辛、壬、癸爲陰時，利爲主，宜後應。

乃觀厥門，

冬至休門旺，立春生門旺，春分傷門旺，立夏杜門旺，夏至景門旺，立秋死門旺，秋分驚門旺，立冬開門旺。周而復始。

開門宜征討、入官見貴、應舉、嫁娶、移徙、商賈營建；休門宜入官見貴、嫁娶、移徙、商賈營建；生門宜征討、入官見貴、嫁娶、移徙；傷門宜漁獵、索逋負、歛貨財；杜門宜捕盜賊、填溝壑；景門宜上書獻策、招賢謁貴、拜職遣使；死門宜決獄、弔喪、埋葬；驚門宜捕盜賊。

乃視厥星，

天蓬、天衝、天輔、天任爲陽星，天芮、天禽、天心、天柱、天英爲陰星。

天衝、天輔、天任、天禽、天心五星吉，天蓬、天芮、天柱、天英四星凶。

天蓬星宜安撫邊境，修築城池；天任星宜立國邑，治人民，入官見貴，求請應舉，商賈嫁娶；天衝星宜征伐戰鬬，報怨酬恩；天輔星宜修道設教，誅凶伐暴，入官見貴，嫁娶移徙，商賈營建，應舉謀望；天禽星宜祭祀祈福，入官見貴，錫爵賞功，應舉謀望，嫁娶移徙，商賈營建；天英星宜上官見貴，應舉報書；天芮星宜崇尚道德，尊師親友，入官見貴，嫁娶移徙，商賈營建；天柱星宜修築營壘，訓練士卒；天心星宜興師誅暴，入官應舉，嫁娶移徙，商賈營建。

乃徵厥神，

青龍亦曰直符，稟中央土，爲貴人之位；螣蛇稟南方火，爲虚耗之神；太陰稟西方金，爲陰祐之神；六合稟東方木，爲護衛之神；句陳稟西方金，爲剛猛之神；朱雀稟北方水，爲刑戮好讒之神；九土坤土之象，萬物之母，爲陰晦之神；九天乾金之象，萬物之父，爲顯揚之神。

乃演爲卦，以斷吉凶。

直符、直使演卦之法

以地盤直符所在之宫爲内卦，天盤直使所在之宫爲外卦。如陽遁一局甲戌旬辛巳時，地盤直符在坤二宫，天盤直使在離九宫，即演成火地晉卦。餘視此。

門方演卦之法

以八卦方位震東、兑西、離南、坎北、巽東南、艮東北、乾西南、坤西北爲外卦，以休一、死

二、傷三、杜四、開六、驚七、生八、景九八門所臨爲内卦。如陽遁一局丁卯時，此時休門直使到巽四宮，則東南即爲水風井卦；死門到乾六宮，則西北即爲地天泰卦；傷門到兑七宮，則正西即爲雷澤歸妹卦；杜門到艮八宮，則東北即爲風山漸卦；開門到離九宮，則正南即爲天火同人卦；驚門到坎一宮，則正北即爲澤水困卦；生門到坤二宮，則西南即爲山地剥卦；景門到震三宮，則正東即爲火雷噬嗑卦。

六壬篇　游藝録三

凡占六壬，先定月將，

正月建寅，辰在娵訾，亥位，以亥爲將，曰登明；

二月建卯，辰在降婁，戌位，以戌爲將，曰河魁；

三月建辰，辰在大梁，酉位，以酉爲將，曰從魁；

四月建巳，辰在實沈，申位，以申爲將，曰傳送；

五月建午，辰在鶉首，未位，以未爲將，曰小吉；

六月建未，辰在鶉火，午位，以午爲將，曰勝光；

七月建申，辰在鶉尾，巳位，以巳爲將，曰太乙；

八月建酉，辰在壽星，辰位，以辰爲將，曰天罡；

九月建戌，辰在大火，卯位，以卯爲將，曰太衝；

十月建亥，辰在析木，寅位，以寅爲將，曰功曹；

十一月建子，辰在星紀，丑位，以丑爲將，曰大吉；

十二月建丑，辰在玄枵，子位，以子爲將，曰神后。

次定地盤，

申　酉　戌　亥

未　　　　子

午　　　　丑

巳　辰　卯　寅

乃以所占之時從地盤本位起本月月將，順行之而定天盤。

如所占之時爲卯，本月月將爲子，則於地盤卯上起子時，卯上子，辰上丑，巳上寅，午上卯，未上辰，申上巳，酉上午，戌上未，亥上申，子上酉，丑上戌，寅上亥。餘視此。

巳　午　未　申

辰　　　　酉

卯　　　　戌

寅　丑　子　亥

乃以本日榦枝用十榦寄宮法而取四課，

十榦寄宮法

甲寄寅宮　乙寄辰宮　丙寄巳宮　丁寄未宮　戊寄巳宮　己寄未宮　庚寄申宮　辛寄戌宮　壬寄亥宮　癸寄丑宮

假如本日爲甲子，以「甲」字書於天盤之上，按寄宮法甲寄寅宮，依前卯時子將，地盤寅上是亥，即以「亥」字書於「甲」字之上，得「亥甲」二字，是爲一課；乃以「亥」字書於「甲」字之左，地盤亥上是申，即以「申」字書於「亥」字之上，得「申亥」二字，是爲二課；乃以「子」字書於「亥」字之左，地盤子上是酉，即以「酉」字書於「子」字之上，得「酉子」二字，是爲三課；乃以「酉」字書於「子」字之左，地盤酉上是午，即以「午」字書於「酉」字之上，得「午酉」二字，是謂四課。

亥甲　巳　午　未　申

申亥　辰　　　　　酉

酉子　卯　　　　　戌

午酉　寅　丑　子　亥

四課既成，乃取三傳，其式有九：曰賊克，曰比用，曰涉害，曰遥克，曰昴星，曰伏吟，曰返吟，曰别責，曰八專。

賊克者，取四課中下克上者爲用，無則以上克下者爲用，皆用上不用下。如前課，亥甲、申亥、酉子俱無克，惟午酉火克金，是上克下，宜以午爲用，書「午」字於四課之上，即初傳也；地盤午上卯，書「卯」字於「午」字之下，爲中傳；卯上子，書「子」字於「卯」字之下，爲末傳。其下克上者視此。上克下名元首，下克上名重審。

比用者，以四課中上下相克非一，則就相克之中取與日干相比者爲用。如甲陽日用子、寅等陽支，乙陰日用丑、卯等陰支，皆名比用，亦名知一。

涉害者，以四課中上下相克非一，而與日干或俱比或俱不比，則各就所克之處歷歸本位。上克者以克我多者爲用，下克者以我所克者多爲用。如以酉金論，逢巳火、午火及巳下寄宫之丙火、未下寄宫之丁火，皆克我者也；逢寅木、卯木及寅下寄宫之甲木、辰下寄宫之乙木，皆我所克者也。擇其克多者而用之，是名涉害。

如涉害淺深相等，則以地盤上當寅、巳、申、亥四孟者爲用，是名見機。

如無當四孟者，則以當子、午、卯、酉四仲者爲用，是名察微。如又無當四仲者，或孟仲相等，則陽日取干上之神爲用，如前課甲上之亥是也；陰日取支上之神爲用，如前課子上之酉是也，是名綴瑕。

遥克者，四課俱無上下克，則取四課上神來克日干者爲用，是名蒿矢；無，則以日干所克之神爲用，是名彈射。若兩神克日或日克兩神，仍依比用之例。

昴星者，四課俱備而無上下克，又無遥克，則取昴星爲用。如陽日用地盤酉上之支，是名虎視；陰日用天盤酉下之支，是名冬蛇掩目。

伏吟者，天地盤皆同也，所取三傳止是一字，故取之於刑衝。刑者，寅刑巳，巳刑申，申刑寅，丑刑戌，戌刑未，未刑丑，子刑卯，卯刑子，辰、午、酉、亥自刑也；衝者，子衝午，丑衝未，寅衝申，卯衝酉，辰衝戌，巳衝亥也。遇此課者，仍依上克、下克、遥克之例取初傳，中取初刑，末取中刑。如初自刑，則取支上神爲中，中刑爲末。如中又自刑，則取中衝爲末，是曰不虞。

如其無克，陽日取干上神爲初傳，初刑爲中，中刑爲末，是名自任；陰日取支上神爲初傳，初刑爲中，中刑爲末，是名自信。如初自刑，陽日則取支上神爲中傳，陰日則取干上神爲中傳。

如中又自刑，則皆取中衝爲末傳，是名杜傳。

返吟者，以天盤、地盤子居午位、午居子位，三傳皆衝，故名返吟。遇此課者，得改用中刑爲末傳；中自刑，仍用衝。

若辛未、丁未、己未、辛丑、丁丑、己丑六日遇此課而無克者，得取驛馬爲用。凡驛馬，申子辰居寅，寅午戌居申，己酉丑居亥，卯亥未居巳。如辛未日，驛馬在巳則以巳爲初傳，中取支上神，末取干上神，是名無親。

別責者，四課不全，止得二課，無上下克，無遥克，則別責合神爲用。陽日取干上之合神，凡甲與己合，乙與庚合，丙與辛合，丁與壬合，戊與癸合，如己日用甲，甲寄寅宫，依前卯時子將，則寅上是亥，即以亥爲初傳，申未俱用干上之神。陰日則取支前三合爲用，如子日越丑、寅、卯，取辰爲初傳；辰日越巳、午、未，取申爲初傳，申、子、辰三合也；亥日越子、丑、寅，取卯爲初傳；卯日越辰、巳、午，取未爲初傳，亥、卯、未三合也。中、末俱用干上之神。

八專者，止有二課而干支同位，支上之神即干上之神，於是有克取克，無克不取遥克。剛日則以弟一課上神，在天盤順數三神爲初傳，子則寅，寅則辰也；柔日則以弟四課上神，在天盤逆數三神爲初傳，子則戌，戌則申也。其中、末俱用干上之神。若順數、逆數而俱同干上之神，則三傳皆歸一神，是爲獨足，凡事不利。

四課既成，三傳既得，欲得其幹，則以旬幹、日幹求之。

旬幹

丙寅日占事，則用甲子旬内之干，子則甲子，丑則乙丑；丙子日占事，則用甲戌旬内之干，戌則甲戌，亥則乙亥。餘視此。

日幹

甲己之日從甲子起，乙庚之日從丙子起，丙辛之日從戊子起，丁壬之日從庚子起，戊癸之日從壬子起。

乃以日辰起貴神，以晝夜别陽貴、陰貴，陽貴順行，陰貴逆行。

十二貴神

貴人土　騰蛇火　朱雀火　六合木　句陳土　青龍木

天空土　白虎金　太常土　玄武水　太陰金　天后水

甲戊之日

丑寅卯辰巳午未申酉戌亥子

貴螣朱六句青空白常玄陰后

乙己之日

子丑寅卯辰巳午未申酉戌亥

貴螣朱六句青空白常玄陰后

丙丁之日

亥子丑寅卯辰巳午未申酉戌

貴螣朱六句青空白常玄陰后

庚辛之日

寅卯辰巳午未申酉戌亥子丑

貴螣朱六句青空白常玄陰后

壬癸之日

卯辰巳午未申酉戌亥子丑寅

貴螣朱六句青空白常玄陰后

右陽貴順行。

甲戊之夜

未午巳辰卯寅丑子亥戌酉申

貴螣朱六句青空白常玄陰后

乙巳之夜

申未午巳辰卯寅丑子亥戌酉

貴螣朱六句青空白常玄陰后

丙丁之夜

酉申未午巳辰卯寅丑子亥戌

貴螣朱六句青空白常玄陰后

庚辛之夜

午巳辰卯寅丑子亥戌酉申未

貴螣朱六句青空白常玄陰后

壬癸之夜

巳辰卯寅丑子亥戌酉申未午

貴螣朱六句青空白常玄陰后

右陰貴逆行。

貴神既定，乃求陰神。

十二貴神中惟天乙貴人晝夜互爲陰陽。如甲日貴人乘丑，則未爲陰神；甲夜貴人乘未，則丑爲陰神。其餘各以本家所乘爲陰神。如螣蛇乘申而臨子，則申上之辰爲螣蛇之陰神；朱雀乘酉而臨丑，則酉上之辰爲朱雀之陰神。

凡占小兒之病及物怪，視螣蛇之陰神；占婚姻及子孫，視六合之陰神；占考選及文移書問，視朱雀之陰神；占詞訟，視句陳之陰神；占財利，視青龍之陰神；占奴僕，視天空之陰神；占疾病，視白虎之陰神；占宴會，視太常之陰神；占捕獲賊盜，視玄武之陰神；占婢妾，視太陰之陰神；占婦人之病及求妻，視天后之陰神。

占斷之法：先視所占之時，

所占之時，或爲日之德合，或爲辰之刑衝，傳課未成，吉凶先見。

次視月將，

凡占，以月將加所占之時，分四課之陰陽，別三傳之生克。

次視日干、日支，

凡占，以日干爲人，日支爲事。

次視三傳，

初傳爲事之始。傳吉事吉，傳凶事凶。禍福之端，皆從此發。

中傳爲事之中。初吉中凶，則事由吉而凶；初凶中吉，則事由凶而吉。

末傳爲終。初、中雖凶，末傳吉，事終有成；初、中雖吉，末傳凶，事終有悔。

次視年命。

命者，人受生之年所值之支也。子年生，子爲本命；丑年生，丑爲本命。年者，行年所到之宫也。其法：男從所生年之六甲旬首順行三位而起一歲，女從所生年之六甲旬首逆行五位而起一歲。甲子旬男起丙寅，女起壬申；甲戌旬男起丙子，女起壬午；甲申旬男起丙戌，女起壬辰；甲午旬男起丙申，女起壬寅；甲辰旬男起丙午，女起壬子；甲寅旬男起丙辰，女起壬戌。皆數至本年如干歲而止，男則順數，女則逆數。傳有一定之吉凶，人有各殊之年命。傳財本吉，年命見官鬼而成凶；傳鬼本凶，年命見子孫而成吉。

乃以十二神之善惡，

龍合爲最吉之神，太常次之；虎蛇爲至凶之神，玄句次之。天乙雖貴，黎庶難當；后陰平和，惟嫌幽暗。朱雀文字之祥，所防者口舌；天空吉凶無成，獨宜於奏對。大抵吉將雖吉，而受制則不爲吉；凶將雖凶，而被克則不能凶。是故吉將以生合日干而吉者愈吉，凶將以刑克日干而凶者加凶。

五行之生克，

水生木　木生火　火生土　土生金　金生水

水克火　火克金　金克木　木克土　土克木

甲乙之日見庚辛申酉，爲金克木；丙丁之日見壬癸亥子，爲水克火；戊己之日見甲乙寅卯，爲木克土；庚辛之日見丙丁巳午，爲火克金；壬癸之日見戊己辰戌丑未，爲土克水：是爲官鬼。鬼者，賊害之神，傳中多鬼，事事不美。惟有官人占官禄、士人占科名、婦人占夫則用之，餘非宜也。若日干王相及傳中干支或年命見子孫救之，則鬼不爲害；若貴德臨身制鬼，則返凶爲吉。

凡支上神發用爲日干之鬼，主家人暗害；若鬼臨日干得支上神救之，主災禍自外來，家人救解。

四時之王相，

春	木王	火相	土死	金休	水囚
夏	火王	土相	金死	水囚	木休
秋	金王	水相	木死	火囚	土休
冬	水王	木相	火死	土囚	金休
四季	土王	金相	水死	木囚	火休

若小事則以日干爲主。如甲乙之日木王，丙丁之日火王，戊己之日土王，庚辛之日金王，壬癸之日水王，相、死、休、囚各從其日。

及德合、刑衝、破害、長生、墓禄、大德、大煞、生氣、死氣、驛馬、天馬之屬斷其吉凶。

德

天德：

正月丁未　二月坤申　三月壬亥　四月辛戌

五月乾亥　六月甲寅　七月癸丑　八月艮寅

九月丙巳　十月乙辰　十一月巽巳　十二月庚申

月德：

正月　五月　九月　丙巳

二月　六月　十月　甲寅

三月　七月　十一月　壬亥

四月　八月　十二月　庚申

日德：

甲巳寅　乙庚申　丙辛戌　戊癸巳　丁壬亥

支德：

子日起巳，順行十二支

四德入傳，皆能轉禍爲福，日德尤甚。

合

干合：

甲己爲中正合　乙庚爲仁義合

丙辛爲威制合　丁壬爲滛泆合

戊癸爲無情合

支合：

子丑合　寅亥合　卯戌合　辰酉合　午未合　巳申合

三合：

寅午戌火合　申子辰水合　巳酉丑金合　亥卯未木合

三者之合，以干合爲主，支合次之，三合又次之。必與德、禄、喜神並臨乃吉，若乘凶神，與凶合，則反凶矣。寅亥爲破合，巳申爲刑合，主謀事合而不合，成而不成。若得貴人青龍德禄之神助之，仍主成就。若三合入傳而缺一神，是名折腰，必待缺神值日乃成。若缺一神而日辰偶合之，是名湊合，主有意外和合之事。

刑

干刑：

甲刑申　乙刑酉　丙刑亥　丁刑子　戊刑寅　己刑卯　庚刑巳　辛刑午　壬刑戌

癸刑亥

支刑：

子刑卯　卯刑子　寅刑巳　巳刑申　申刑寅　丑刑戌　戌刑未　未刑丑　辰午酉亥

自刑

刑者，傷殘也。入傳臨日必主傷殘，干刑應在外、速，支刑應在内、遲，其自刑者主自敗。

衝

子午衝　丑未衝　寅申衝　卯酉衝　辰戌衝　巳亥衝

凡衝，皆主移動。歲月日干支皆不宜衝，衝歲歲中不定，衝日月中不定。

凡吉神不宜衝，衝則不吉；凶神宜衝，衝則不凶。

破

午卯破　辰丑破　酉子破　戌未破　亥寅破　申巳破

凡破入傳臨日，惟宜散凶事，不宜成吉事。若年命見破，主有損傷。又四孟見酉、四仲見巳、四季見丑，名破碎煞。

害

酉戌害　申亥害　未子害　午丑害　巳寅害　辰卯害

凡害入傳臨日，事有隔礙，守舊則吉。

長生

甲日亥　乙日午　丙、戊日寅　丁、己日酉　庚日巳　辛日子　壬日申　癸日卯

凡遇長生，諸事大吉。

又有五行長生：火生於寅，金生於巳，木生於亥，水、土生於申。然六壬以日干爲重，宜以十干長生爲主。

墓

未爲甲、癸之墓　戌爲丙、戊、乙之墓

丑爲庚、丁、巳之墓　辰爲壬、辛之墓

凡墓入傳臨日，主凡事壅蔽不通，逢衝則吉，逢合則凶。若年命上神能制之則可解救。

天盤日之墓神加地盤日之長生，主舊事再發；長生乘墓，主新事廢。

又有五行之墓：水墓於辰，木墓於午，火墓於戌，土墓於辰，金墓於寅。然六壬以日干爲重，宜以十干之墓爲主。

禄

甲禄在寅　乙禄在卯　丙、戊禄在巳　丁、己禄在午　庚禄在申　辛禄在酉　壬禄在亥　癸禄在子

主食禄之事，有官人占宜禄神、生旺，不宜空亡。

大德

春午　夏辰　秋子　冬寅

諸占俱吉。

大煞

正月　五月　九月　午

二月　六月　十月　卯

三月　七月　十一月　子

四月　八月　十二月　酉

吉凶俱速。

生氣

正月起子，順行十二辰。

死氣

正月起午，逆行十二辰。

驛馬

申、子、辰在寅　寅、午、戌在申　巳、酉、丑在亥　卯、亥、未在巳

馬主行動，但利男子，不利婦人，最宜生旺。如逢空落空，勞而無功。

天馬

正月　七月午　二月　八月申

三月　九月戌　四月　十月子

五月　十一月寅　六月　十二月辰

天馬主動象，主有朝命加，大煞尤速。若克日，主有失脱。

乃以歲月節候徵克應之期。

初傳起大歲者，吉凶應在本年之内；起月建者，應在本月之内；起月將者，應在月將值事日之内；起四立者，應在一時之内；起二十四氣者，應在本氣之内；起旬首者，應在本旬之内；起七十二候者，應在本候之内；起本日干支者，應在本日；起所占之時者，應在當時。如

歲月節候均不見發用，即以本日支辰推之。如丑日寅爲初傳，應在第二日；卯爲初傳，應在第四日；出四位則不取矣。又或以今日所生爲吉期，所忌爲凶期，或以初傳所合爲成期，末傳所衝爲散期，又或以初傳之墓、絶爲應期。

推行年篇　游藝録四

凡推行年，視人生所直年、月、日、時之榦枝而立四柱。

古説，年爲根，月爲苗，日爲華，時爲實。又説，年爲先祖，月爲父母，日爲己身，時爲子孫。

以年遁月，

甲己年始丙寅

乙庚年始戊寅

丙辛年始庚寅

丁壬年始壬寅

戊癸年始甲寅

以日遁時，

甲己日始甲子

乙庚日始丙子

丙辛日始戊子

丁壬日始庚子

戊癸日始壬子

是故月以年爲本，時以日爲主。

如本木而得卯月乘之，主金而得酉時乘之，謂之本主乘王氣。如本水而得甲申、丙子、壬戌、癸亥月，納音皆屬水；主火而得丙寅、戊午、甲辰、乙巳時，納音皆屬火，謂之本主還家。如本主木而得癸未月時，本主火而得甲戌月時，本主土而得丙辰月時，本主金而得乙丑月時，本主水而得壬辰月時，謂之本主持印。四位如此而又吉神往來，凶煞回避，謂之本主得位。凡本勝於主者，多得先人之蔭；主勝於本者，當由自立；本主兩强，富貴兩全。

乃以榦枝定三元：榦爲天元，枝爲地元，枝中所藏爲人元。

十二支中所藏

正月建寅己土七日　丙火五日　甲木十八日

二月建卯乙木十八日　甲木九日　癸水三日

三月建辰戊土十八日　乙木九日　癸水三日

四月建巳丙火十八日　戊土七日　庚金五日

五月建午丁火十八日　丙火九日　乙木三日

六月建未己土十八日　乙木五日　丁火七日

七月建申庚金十七日　己上七日　戊土三日　壬水三日

八月建酉辛金二十日　庚金七日　丁火三日

九月建戌戊土十八日　辛金七日　丁火五日

十月建亥壬水十八日　甲木五日　戊土七日

十一月建子癸水十八日　壬水五日　辛金七日

十二月建丑己土十八日　癸水七日　辛金五日

論人元者，諸書各異。此從《三命通會》所列，葢玉井説也。

乃以日榦與年榦、月榦、時榦及枝中所藏之榦，觀其爲生、爲克、爲比。陽見陰，陰見陽，則爲正；陽見陽，陰見陰，則爲偏。生我者爲正印、偏印，克我者爲正官、偏官，我克者爲正財、偏財，我生者爲傷官、食神，與我比者爲比肩、爲劫財、敗財。偏官亦曰「七殺」，偏印亦曰「倒食」，又曰「梟神」。

五陽幹

	甲	丙	戊	庚	壬
比肩	甲	丙	戊	庚	壬
敗財	乙	丁	己	辛	癸
食神	丙	戊	庚	壬	甲
傷官	丁	己	辛	癸	乙
偏財	戊	庚	壬	甲	丙
正財	己	辛	癸	乙	丁
偏官	庚	壬	甲	丙	戊
正官	辛	癸	乙	丁	己
偏印	壬	甲	丙	戊	庚
正印	癸	乙	丁	巳	辛

五陰幹

	乙	丁	己	辛	癸

比肩	乙	丁	己	辛	癸
傷官	丙	戊	庚	壬	甲
食神	丁	己	辛	癸	乙
正財	戊	庚	壬	甲	丙
偏財	己	辛	癸	乙	丁
正官	庚	壬	甲	丙	戊
偏官	辛	癸	乙	丁	己
正印	壬	甲	丙	戊	庚
偏印	癸	乙	丁	己	辛
劫財	甲	丙	戊	庚	壬

乃以男女陰陽就所生月日而起大運。陽男、陰女則從生日順數至後，陰男、陽女則從生日逆數至前，皆遇節而止。三日爲一歲，以知大運之所起，十年而一易。

陽男、陰女

陽男者，陽年所生之男；陰女者，陰年所生之女。假如甲子年丙寅月初一日立春後一日生男，順數至二月節驚蟄，得三十日，是爲十歲起運，從丙寅順行，始丁卯。又如乙丑年戊寅月初一日立春十八日生女，順數至二月節驚蟄，得十二日，是爲四歲起運，從戊寅順行，始己卯。

陰男、陽女

陰男者，陰年所生之男；陽女者，陽年所生之女。假如乙丑年戊寅月初一日立春後十五日生男，逆數至立春節，得十五日，是爲五歲起運，從戊寅逆行，始丁丑。又如甲子年丙寅月初一日立春後十日生女，逆數至立春節，得九日，是爲三歲起運，從丙寅逆行，始乙丑。

凡起運有零有借。假如陽命正月初一日丑時正一刻生，至初四日丑時正一刻立春節，乃足一歲。若春在寅時，則多一時，乃零一旬；若春在子時，則少一時，乃借一旬。

又三日爲一歲亦大較言之。假如甲子陽男十二月二十四日巳時生，是月也二十九日申時立春，自二十四日巳時至二十五日巳時方是一日，至二十九日申時止得五日三時，乃一歲奇九月之大運，必自十二月生日後，實歷二十有一月，運方移宮。是越三歲九月之内，方是甲子十二月生，行一歲奇九月之大運。若不得其實歷之數，率以爲二歲起運，則失之矣。

乃求命宫，以定吉凶。

凡欲求命宫，先從子上起正月，逆行十二辰：

申五月	酉四月	戌三月	亥二月
未六月			子正月
午七月			丑十二月
巳八月	辰九月	卯十月	寅十一月

乃將所生之時加於所生之月，順行十二位，逢卯即命宫。假令甲子年三月酉時生，如前圖則卯在辰上，仍隨甲子年起甲年正月丙寅，則辰上之幹戊也，即以戊辰爲命宫。

四柱之外，佐以胎元：

胎元者，受胎之月也。生月幹前一位、枝前三位即是。如己巳月生，則胎元在庚申；壬午月生，則胎元在癸酉。

大運之外，參以小運。

男一歲起丙寅，順行十一歲丙子，二十一歲丙戌；女一歲起壬申，逆行十一歲壬戌，二十一歲壬子，俱周而復始。

紫微斗數篇　游藝録五

凡以紫微斗數推人年命，先安命官，次安身宫，

假如二月辰時生人，二月建卯，即於卯宫起子時，逆數至辰時，在亥宫爲命宫； 順數至辰時，在未宫爲身宫。

有身命同一宫者。 如子時生人，從月建起子時，身命同宫； 又如午時生人，從月建順逆數至午時皆在一宫，亦身命同宫。

乃逆行而布十二宫，

十二宫者： 一命宫，二兄弟宫，三夫妻宫，四子息宫，五財帛宫，六疾厄宫，七遷移宫，八奴僕宫，九官禄宫，十田宅宫，十一福德宫，十二父母宫。 視命宫所在而逆布之。 如命立子宫，則亥爲兄弟宫，戌爲夫妻宫； 命立丑宫，則子爲兄弟宫，亥爲夫妻宫。 餘視此。

有對衝之宫，有合照之宫。

十二宫對衝

子午　丑未　寅申　卯酉　辰戌　巳亥

十二宫三合

寅午戌　巳酉丑　申子辰　亥卯未

如命立子宫，則午爲對，申、辰爲合；如命立午宫，則子爲對，寅、戌爲合。餘視此。

乃以遁甲、納音而定五局，

遁甲

甲己年始丙寅　乙庚年始戊寅

丙辛年始庚寅　丁壬年始壬寅

戊癸年始甲寅

納音

甲子、乙丑金　丙寅、丁卯火　戊辰、己巳木

庚午、辛未土　壬申、癸酉金　甲戌、乙亥火

丙子、丁丑水　戊寅、己卯土　庚辰、辛巳金

壬午、癸未木　甲申、乙酉水　丙戌、丁亥土

戊子、己丑火　庚寅、辛卯木　壬辰、癸巳水

甲午、乙未金　丙申、丁酉火　戊戌、己亥木

庚子、辛丑土　壬寅、癸卯金　甲辰、乙巳火

丙午、丁未水　戊申、己酉土　庚戌、辛亥金

壬子、癸丑木　甲寅、乙卯水　丙辰、丁巳土

戊午、己未火　庚申、辛酉木　壬戌、癸亥水

五局

金四局　木三局　水二局　火六局　土五局

其法皆從寅宫起。如甲、己生人，命立辰宫，則自寅宫起丙寅，順數至辰宫爲戊辰，納音屬木，是爲木三局； 如乙、庚生人，命立丑宫，則自寅宫起戊寅，順數至丑宫爲己丑，納音屬火，是爲火六局。

乃列南斗、北斗及吉凶諸星之名物，

北斗正星

紫微　貪狼　巨門　禄存　文曲　廉貞　武曲　破軍

助星

左輔　右弼　擎羊　陀羅

南斗正星

天府　天機　天相　天梁　天同　七殺　文昌

助星

天魁　天鉞　火星　鈴星

諸吉星

太陽　太陰　天馬　化禄　化權　化科　天喜　天才　天壽　台輔　封誥　恩光

天貴　天官　天福　三台　八座　龍池　鳳閣

諸凶星

天殤　天使　地空　地劫　天刑　天姚　化忌　天虚　天哭　孤辰　寡宿　劫殺

華蓋　空亡

而於五局中求所生之日，日在何宫即於是宫安紫微星，於其斜對之宫安天府星。

今先以一月三十日依金、木、水、火、土五局立表如左：

	金	木	水	火	土
初一	亥	辰	丑	酉	午
初二	辰	丑	寅	午	亥
初三	丑	寅	寅	亥	辰
初四	寅	巳	卯	辰	丑
初五	子	寅	卯	丑	寅
初六	巳	卯	辰	寅	未
初七	寅	午	辰	戌	子
初八	卯	卯	巳	未	巳
初九	丑	辰	巳	子	寅
初十	午	未	午	巳	卯

十一	卯	辰	午	寅	申
十二	辰	巳	未	卯	丑
十三	寅	申	未	亥	午
十四	未	巳	申	申	卯
十五	辰	午	申	丑	辰
十六	巳	酉	酉	午	酉
十七	卯	午	酉	卯	寅
十八	申	未	戌	辰	未
十九	巳	戌	戌	子	辰
二十	亥	未	亥	酉	巳
廿一	辰	申	亥	寅	戌
廿二	酉	亥	子	未	卯
廿三	午	申	子	辰	申
廿四	未	酉	丑	巳	巳

廿五	巳	子	丑	丑	午
廿六	戌	酉	寅	戌	亥
廿七	未	戌	寅	卯	辰
廿八	申	丑	卯	申	酉
廿九	午	戌	卯	巳	午
三十	午	亥	辰	午	未

假如正月初三日生人，命屬金局，初三日金局在丑宫，即於丑宫安紫微星，其斜對卯宫安天府星；又如初六日生人，命屬木局，初六日木局在卯宫，即於卯宫安紫微星，其斜對丑宫安天府星。推之，子與辰對，亥與巳對，戌與午對，酉與未對，亦如之。惟生日在寅、申二宫，則紫微、天府同宫。

乃依紫微、天府而布南斗、北斗之星，

如紫微在寅宫，則逆行丑宫安天機，隔子宫一位亥宫安太陽，戌宫安武曲，酉宫安天同，又隔申、未二位至午宫安廉貞。

如天府在寅宫，則順行卯宫安太陰，辰宫安貪狼，巳宫安巨門，午宫安天相，未宫安天梁，申宫安七殺，隔酉、戌、亥三位至子宫安破軍。

其次弟而布者爲左輔、右弼，

於辰宫起正月，順數至本人生月安左輔星；於戌宫起正月，順數至本人生月安右弼星。

爲文昌、文曲，

於辰宫起子時，順數至本人生時安文曲星；於戌宫起子時，順數至本人生時安文昌星。

爲地劫、地空，

於亥宫起子時，順數至本人生時安地劫星，逆數至本人生時安地空星。

爲化禄、化權、化科、化忌，

甲年生人

廉貞下禄　破軍下權　武曲下科　太陽下忌

乙年生人

天機下禄　天梁下權　紫微下科　太陰下忌

丙年生人

天同下禄　天機下權　文昌下科　廉貞下忌

丁年生人

太陰下禄　天同下權　天機下科　巨門下忌

戊年生人

貪狼下禄　太陰下權　右弼下科　天機下忌

己年生人

武曲下禄　貪狼下權　天梁下科　文曲下忌

庚年生人

太陽下禄　武曲下權　太陰下科　文曲下忌

辛年生人

巨門下禄　太陽下權　文曲下科　文昌下忌

壬年生人

天梁下禄　紫微下權　左輔下科　武曲下忌

癸年生人

破軍下禄　巨門下權　太陰下科　貪狼下忌

爲天殤、天使，

以命宮爲主。假如命立寅宫，後六位酉宫安天殤星，前六位未宫安天使星。餘視此。

爲天魁、天鉞，

此即六壬所謂貴人也，以生年十榦爲主。甲戊生人丑魁、未鉞，乙巳生人子魁、申鉞，丙丁生人亥魁、酉鉞，壬癸生人卯魁、巳鉞，庚辛生人午魁、寅鉞。

爲禄存、羊陀，

禄存者禄神也，爲養命之原，恐物奪之，故前後必有殺星護之。羊即擎羊，亦曰羊刃；陀即陀羅。其法以生年爲主，甲禄在寅，乙禄在卯，丙戊禄在巳，丁己禄在午，庚禄在申，辛禄在酉，壬禄在亥，癸禄在子。禄前一位爲羊刃，禄後一位爲陀羅。如禄在寅，則以卯爲羊刃，丑爲陀羅。餘視此。

爲火星、鈴星，

以生年十二支爲主。申子辰年寅宫起子時，寅午戌年丑宫起子時，亥卯未年酉宫起子時，巳酉丑年戌宫起子時，皆順數至本人生時而安火星。申子辰年戌宫起子時，寅午戌年卯宫起子時，亥卯未年戌宫起子時，巳酉丑年卯宫起子時，皆順數至本人生時而安鈴星。假如甲申年丑時生人，則卯宫火、亥宫鈴。餘視此。

爲天馬，

以生年十二支爲主。申子辰年馬在寅宫，寅午戌年馬在申宫，亥卯未年馬在巳宫，巳酉丑年馬在亥宫。

爲紅鸞、天喜，

從卯宫起子，逆數至生年之支安紅鸞星，其對宫安天喜星。如乙丑年生人，寅宫紅鸞、申宫天喜。餘視此。

爲天姚、天刑，

於丑宫起正月，順數至本人生月安天姚星；於酉宫起正月，順數至本人生月安天刑星。如二月生人，自丑數至寅即姚，自酉數至戌即刑。餘視此。

爲三台、八座，

以左輔、右弼爲主。於左輔所在之宫起初一，順數至本人生日爲三台星；於右弼所在之宫起初一，順數至本人生日爲八座星。

爲龍池、鳳閣，

以辰、戌二宫爲主。從辰宫起子，順數至生年之支即爲龍池；從戌宫起子，逆數至生年之支即爲鳳閣。如乙丑生人，巳龍池、酉鳳閣。餘視此。

爲天才、天壽，

從命宫起子，順數至生年之支即安天才；從身宫起子，順數至生年之支即安天壽。

爲台輔、封誥，

以文曲爲主。視文曲星所在之宫前三位安台輔，後三位安封誥。如文曲在子，則寅台輔、戌封誥。餘視此。

爲恩光、天貴，

於文昌所在之宫起初一，順數至本人生日又退後一位安恩光；於文曲所在之宫起初一，順數至本人生日又退後一位安天貴。

爲天官、天福，

皆貴人星也，以生年之榦爲主。甲年生人未官、酉福，乙年生人辰官、申福，丙年生人巳官、子福，丁年生人寅官、亥福，戊年生人卯官、卯福，巳年生人辛官、寅福，庚年生人亥官、午福，辛年生人酉官、巳福，壬年生人戌官、午福，癸年生人午官、巳福。

爲天哭、天虚，

從午宫起子，逆行至生年之支安天哭，順行至生年之支安天虚。

爲空亡，

即所謂旬空也。甲子旬中戌亥空，甲戌旬中申酉空，甲申旬中午未空，甲午旬中辰巳空，甲辰旬中寅卯空，甲寅旬中子丑空。在陽宫爲空星，在陰宫爲亡星。假如人生於甲子，至癸酉十年，内則戌、亥二宫空；生於甲戌，至癸未十年，内則申、酉二宫空。餘視此。

又有「截路空亡」之説。甲、己之歲申、酉空，乙、庚之歲午、未空，丙、辛之歲辰、巳空，丁、壬之歲寅、卯空，戊、癸之歲子、丑空。亦以生年爲主。其説又有正空、旁空，如甲生人申正空、酉旁空，己生人酉正空、申旁空。

爲孤辰、寡宿，

以生年之支爲主。寅、卯、辰年生巳孤、丑寡，巳、午、未年生申孤、辰寡，申、酉、戌年生亥孤、未寡，亥、子、丑年生寅孤、戌寡。

爲劫殺，

此星惟在寅、申、巳、亥四宫。申、子、辰年生在巳，亥、卯、未年生在申，寅、午、戌年生在亥，巳、酉、丑年生在寅。

爲華蓋。

此星惟在辰、戌、丑、未四宫。申、子、辰年生在辰，巳、酉、丑年生在丑，亥、卯、未年生在未，寅、午、戌年生在戌。

又有桃花之殺，

桃花之殺惟在子、午、卯、酉四宫。寅、午、戌年生在卯，申、子、辰年生在酉，亥、卯、未年生在子，巳、酉、丑年生在午。

大耗之殺，

子年未，未年子；丑年午，午年丑；寅年酉，酉年寅；卯年申，申年卯；辰年亥，亥年辰；巳年戌，戌年巳。

破碎之殺：，

子、午、卯、酉年生在巳，寅、申、巳、亥年生在酉，辰、戌、丑、未年生在丑。

又有太歲十二神，

一太歲，二太陽，三喪門，四太陰，五官符，六死符，七歲破，八龍德，九白虎，十福德，十一弔客，十二病符。

以生年之支爲主，不問男女。如生於子年，即於子宮安太歲；生於丑年，即於丑宮安太歲。順行十二辰。

博士十二神。

一博士，二力士，三青龍，四小耗，五將軍，六奏書，七飛廉，八喜神，九病符，十大耗，十一伏兵，十二官符。

以禄存宮爲主而分男女。如陽男、陰女，則就禄存所在之宮起博士，順行；如陰男、陽女，則逆行。凡甲、丙、戊、庚、壬年生人爲陽男、陽女，乙、丁、己、辛、癸年生人爲陰男、陰女。

乃定命主，

子貪狼　丑巨門　寅禄存　卯文曲　辰廉貞　巳武曲

午破軍　未武曲　申廉貞　酉文曲　戌禄存　亥巨門

以生年之支爲主。如子年生，則貪狼爲命主；丑年生，則巨門爲命主。

乃定身主，

子午火鈴　丑未天相　寅申天梁　卯酉天同　巳亥天機　辰戌文昌

亦以生年之支爲主。如子午年生，火鈴爲身主；丑未年生人，天相爲身主。

乃定大限，

以命宮爲主而分男女。如命立子宮，屬金四局，即在子宮起四歲，陽男、陰女順行至丑宮爲十四歲，寅宮爲廿四歲；陰男、陽女逆行至亥宮爲十四歲，戌宮爲廿四歲。皆十年過一宮，視其所遇吉凶之星而斷休咎。

乃定小限。

以生年爲主。寅、午、戌年生，從辰宮起一歲；申、子、辰年生，從戌宮起一歲；亥、卯、未年生，從丑宮起一歲；巳、酉、丑年生，從未宮起一歲。男順行，女逆行。主一年休咎。

乃以五局之生死，

凡金、木、水、火、土五局，各有長生、沐浴至胎養十二事，今以表列之如左：

水　木　火　土　金

長生	申	亥	寅	申	巳
沐浴	酉	子	卯	酉	午
冠帶	戌	丑	辰	戌	未
臨官	亥	寅	巳	亥	申
帝旺	子	卯	午	子	酉
衰	丑	辰	未	丑	戌
病	寅	巳	申	寅	亥
死	卯	午	酉	卯	子
墓	辰	未	戌	辰	丑
絶	巳	申	亥	巳	寅
胎	午	酉	子	午	卯
養	未	戌	丑	未	辰

與諸星之善惡，

紫微屬土，乃衆星之樞紐，人命之主宰，居身命、官禄宮，吉。有相爲有用，無相爲孤君。

貪狼屬木，陽明之星。

巨門屬土，陰精之星。

禄存屬土，掌禄之星。

文曲屬水，科甲之星。

廉貞屬火，丹元之星。

武曲屬金，司財之星。

破軍屬水，天關之星。

左輔屬土，右弼屬水，並帝極宰輔之星。

擎羊、陀羅並屬金，爲斗前司引之星。

天府屬土，爲南斗延壽解厄之星。有相爲有用，無相爲孤立。

天機屬木，益壽之星。

天相屬水，司禄之星。

天梁屬土，司壽之星。

天同屬水，益算之星。

七殺屬金，上將之星。

文昌屬金，科名之星。

天魁、天鉞並屬火，爲斗中司科之星。

火星、鈴星並屬火，爲斗中大殺之星。

太陽爲火之精。

太陰爲水之精。

天馬屬火，上界驛馬之星。

化禄屬水，上界掌福德之星。

化權屬水，上界掌生殺之星。

化科屬水，上界掌文之星。

天喜，上界吉慶之星。

天才，上界才能之星。

天壽，即壽星。

合輔，即臺閣之星。

封誥，即封章之星。

恩光，主恩遇。

天貴，主貴。

天官，主貴。

天福，主爵禄。

三台，主貴。

八座，主貴。

龍池，主科甲。

鳳閣，主科甲。

天殤屬火，天上虚耗之神。

天使屬火，天上驛使之神。

地空屬火，天上空亡之神。

地劫屬火，天上劫殺之神。

天刑屬火，孤克之神。

天姚屬水，淫泆之神。
化忌屬水，爲多事之神。
天虚，亦名空亡之神。
天哭屬金，刑克之神。
孤辰、寡宿，並主孤。
劫殺，暴敗之神。
華蓋，破耗之神。
空亡，有旬中空亡，有截路空亡。

而觀身命所坐之星，參之以大限、小限，

命宫宜福壽之星，身宫宜清貴之宿。命宫最要，身宫次之。如身命坐長生、帝旺之鄉，又得吉星大小二限，又遇相生之吉地、吉星，則爲富貴之命。否則反是。

又觀本局之主星，

如命屬金局，則看武曲屬金在何宫，若在生旺之鄉或在貴人之位，與官禄同宫，則以吉論；若與七殺、刑忌同宫，則不吉矣。

與正照、合照、拱照、夾照之星而斷吉凶。

正照之星，對宮是也，如子與午，丑與未之類。合照之星，三合是也，如寅午、戌巳、酉丑之類。拱照之星，四正是也，如子午、卯酉、辰戌、丑未之類。夾照之星，前後是也，如亥丑夾子、子寅夾丑之類。正不如拱，合不如夾。

相宅篇　游藝録六

凡相宅，先定八卦之方位，

坎水正北　坤土西南　震木正東　巽木東南

乾金西北　兑金正西　艮土東北　離火正南

乃以太一行九宮之法定其數。

一坎宫　二坤宫　三震宫　四巽宫

五寄坤艮宫

六乾宫　七兑宫　八艮宫　九離宫

東宫四、西宫四。

坎、離、震、巽爲東四宫，乾、坤、艮、兑爲西四宫。

乃以人生年所值榦支視上元、中元、下元，而定男女之命宮。男始一，女始五。男五寄坤，女五寄艮。

甲子　癸酉　壬午　辛卯　庚子　己酉　戊午

男　上元一　中元四　下元七

女　上元五　中元二　下元八

乙丑　甲戌　癸未　壬辰　辛丑　庚戌　巳未

男　上元九　中元三　下元六

女　上元六　中元三　下元九

丙寅　乙亥　甲申　癸巳　壬寅　辛亥　庚申

男　上元八　中元二　下元五

女　上元七　中元四　下元一

丁卯　丙子　乙酉　甲午　癸卯　壬子　辛酉

男　上元七　中元一　下元四

女　上元八　中元五　下元二

戊辰　丁丑　丙戌　乙未　甲辰　癸丑　壬戌
男　上元六　中元九　下元三
女　上元九　中元六　下元三
己巳　戊寅　丁亥　丙申　乙巳　甲寅　癸亥
男　上元五　中元八　下元二
女　上元一　中元七　下元四
庚午　己卯　戊子　丁酉　丙午　乙卯
男　上元四　中元七　下元一
女　上元二　中元八　下元五
辛未　庚辰　己丑　戊戌　丁未　丙辰
男　上元三　中元六　下元九
女　上元三　中元九　下元六
壬申　辛巳　庚寅　己亥　戊申　丁巳
男　上元二　中元五　下元八

女　上元四　中元一　下元七

如上元甲子歲，男屬坎一宫，女屬中五宫，寄艮八宫。中元則男巽四、女坤二，下元則男兑七、女艮八。餘視此。國朝康熙二十三年上元甲子，乾隆九年中元甲子，嘉慶九年下元甲子，今同治三年又爲上元甲子。

年命與居宅各有所宜。東命宜東宅，西命宜西宅。

如命宫屬坎一、震三、巽四、離九者，宜居東四宫之宅；命宫屬坤二、乾六、兑七、艮八者，宜居西四宫之宅。

凡吉凶之别有八：曰生氣，曰福德，皆大吉；曰天醫，曰歸魂，皆次吉；曰絶命，曰五鬼，皆大凶；曰絶體，曰遊魂，皆次凶。

生氣

一四　四一

三九　九三

六七　七六

八二　二八

福德亦曰延年

一九　九一

四三　三四

六二　二六

七八　八七

天醫

六八　八六

三一　一三

七二　二七

四九　九四

歸魂亦曰復位

一一　六六

二二　七七

三三　八八

四四　九九

絶命

一二　二一

三七　七三

四八　八四

六九　九六

五鬼

一八　八一

二四　四二

三六　六三

七九　九七

絶體亦曰禍害

一七　七一

三二　二三

九八　八九

六四　四六

遊魂

一六　六一

三八　八三

七四　四七

九二　二九

如命屬坎一宫而居巽四宫之宅，爲生氣；命屬巽四宫而居坎一宫之宅，亦然。餘視此。

若命宅同宫，如一一、六六之類，則爲歸魂。

故人與宅不相得，則宜改其門，

凡大門宜在本命之四吉方，不可在四凶方。後門亦然。

門不可改，則宜改其房，

東命宜居東房，西命宜居西房。或正房不合本命，則就傍屋居之。雖兄也，命西不可東；雖弟也，命東不可西。

房不可改，則宜移其牀。

安牀之法，宜在本命之吉方，雖丈尺之間，吉凶繫焉。故有稚子夜啼者，當審其爲東命、西命：東命之兒宜安牀於父母寢息之東，西命之兒宜安牀於父母寢息之西，自獲安吉。

凡置竈、立神位、置碓磨下及溷廁，毋失其方。

竈宜本命之四凶方以鎮其凶，而火門又宜向本命四吉方。凡百口之家，宜設東西二火門之竈，使東命、西命各食所宜。

神位者，或祀先奉神，皆宜在吉方。

碓磨宜在凶方，溷廁亦然，在本命之凶方，可以鎮壓凶神。

有夫婦然後有家室，男女之命必相得也。東男毋娶西女，東女毋嫁西男。

男命在東四宫者勿娶西四宫之女，在西四宫者勿娶東四宫之女。與相宅同。雖朋友、僕妾及子孫賢愚，皆可依此求之。

東瀛詩記

東瀛詩記序

壬午之秋，余養痾吴下。有日本國人岸田國華，以其國人所著詩集百數十家，請余選定。初意欲以衰疾辭，既而思之：海内外習俗雖異，文字則同。余謬以虚名流播海外，遂得假鉛槧之事，與東瀛諸君子結文字因緣，未始非暮年之一樂也。因受而不辭。自秋徂春，凡五閲月，選得詩五千餘首，釐爲四十卷，又《補遺》四卷，是爲《東瀛詩選》。余每讀一集，略記其出處大概、學問源流，附於姓名之下。而凡佳句之未入選者，亦或摘録焉。《東瀛詩選》由彼國自行刊佈，此則寫爲二卷，刻入余所著《春在堂全書》中，題曰《東瀛詩記》。其中雖不無溢美之辭，然善善從長，《春秋》之義也。全書凡五百餘人，見於此記者止一百五十人，葢無所記者固略之矣。光緒九年夏六月，曲園居士俞樾記。

東瀛詩記卷一

林忠一名信勝，字子信，號羅山，私謚文敏，平安人。著有《羅山先生詩集》七十五卷。

羅山生當中國明萬曆時，其時東國學術中衰。羅山受業於惺窩之門，讀朱子《論》《孟》集注、《學》《庸》章句，遂聚徒講程朱之學。至今彼國講宋學者，猶祖羅山焉。國人原善著《先哲叢談》，首惺窩，次羅山。羅山之在東國，亦可稱「蓽路藍縷，以啓山林」者矣。《叢談》稱「羅山洽博，於天下之書無不讀。其所著百有餘部，集百五十卷。雖詞不工，其言足徵者甚多」。余謂不工何病？大輅始於椎輪，豈當較其工拙哉？余於羅山詩所選不多，不欲多留瑕疵以爲詬病。然其古詩善押險韻，氣力雄厚，已足使舉鼎臏絶者望而卻步矣。

林春信 一名懋，字孟著，號勉亭。著有《梅洞詩集》三十卷。

勉亭爲羅山之孫、春齋之子，承其家學，耳濡目染，固已殊矣。性又早慧，十一歲能賦詩，一時名譽遠播高麗。乃年止二十四歲而卒。臨終語其弟，謂無他恨，惟公則國史草稿未成，私則家塾五科之舉未定耳。使天假之年，必能繩羅山之武，爲其國一代名人也。其弟與諸友私謚之曰「穎定先生」，而刻其遺詩。詩甚多，而皆纖小之題、遊戲之作。然其敏慧絶人，則可見矣。如斯人者，殆亦昌黎所謂「翠竹碧梧」者乎？

集中有《苟得》《即筆》數十條，蓋其未成篇之句也，亦頗有可誦者。如云「案上有黄老，閨中無素蠻」「密竹半窗黑，幽苔一徑青」「山童來斸蕨，野蝶下尋花」「草色媚春雨，山顔醉夕陽」「幽徑苔青微雨後，寒郊橘緑淡煙中」「蓬山雲遠紫虬闕，荻渚風閑白鷺家」，皆佳句也。前有小序云：「學者行之餘也，詩者學之餘也，興者詩之餘也。林子曰『三餘可惜』。」語亦有致。

伊藤維楨

字原佐，號仁齋，私謚古學，平安人。著有《古學先生詩文集》八卷。

仁齋著《論孟古義》《中庸發揮》等書，專治漢魏傳注，時人謂之「古學」。蓋東國人之治漢學，仁齋始之，而物茂卿成之也。溯仁齋生於寬永四年，爲明熹宗天啓六年。其著《論孟古義》等書，在寬文之初，在我朝則康熙初也。顧亭林、毛西河諸先生之書未出，中華講古學者猶鮮，而東國已開此風，亦非偶然矣。其文集有《讀舊稿》一篇云：「予自十六七歲深好宋儒之學，後三十七八歲始覺釁隙百出。讀《論》《孟》二書，明白端的，如逢舊識。顧視舊學，殆將誤一生。深恐後來或以舊作諸篇爲定論，故書此以著梗概。」然則仁齋一生以宋學始，詩亦多康節《擊壤》之遺音。今録十餘首，以備一家，蓋其人原不必以詩傳也。

石川凹 字文山，號大拙，又號東溪叟，三州人〔一〕。著有《覆醬集》四卷、《續集》二十卷。

東溪本將門子，生四歲能往來行六里路。元和難波之役，身在行間，有先登獲敵之功。以違軍令，故賞不及。後以母老家貧，游宦西州。及母卒，遂辭官歸洛，以肥遯終。不娶，無子，惟以詩文自娱，著述甚富。昔周羅睺執筆賦詩，一如上馬入陣。如斯人者，殆其流亞矣。武將能文，亦足多也。其詩多與林羅山唱和之作，又及見藤惺窩，葢亦彼國一老輩矣。詩多樸茂之氣，如「□○社日鼓，凹凸晚春花」，雖涉纖巧，然「□○」之文本諸《戴記》，非徒以奇字見長也。

東溪享大年，至九十歲而終。晚年詩尤多，然多警句而少佳章。殆由老筆頹唐，不事推敲也。五言句佳者如「老樹葉零早，深枝實落遲」「蝸篆傳羲畫，鶯簧繼舜韶」「暴雨水皆立，低雲山若浮」「枯苔得雨緑，老葉先秋黄」「心深山轉淺，身瘦道仍腴」「齒落食無味，身癯坐有胝」「急風翻倦鳥，仄徑避來人」「寒花無夙隕，冷蝶不高飛」「宿鳥辭枝弱，游魚聚水深」。又如「丁年三尺劍，老境一枝笻」，十字足盡此老一生。至云「有客瓢飲空，無妻緼袍敝」，則其老懷落寞，亦

〔一〕「文山」「三州」吉川弘文館《國史大辭典》作「丈山」「三河」。

可想見矣。

木貞幹字直夫，號順庵，平安人。著有《錦里先生文集》十五卷。

順庵在東國頗負重望，其門下如室直清之典故，源君美之經術，祇園瑜、西山順泰、南部景衡之文章[一]，皆稱一代通儒。其子寅亮稱其「以道德性命爲根柢，以博聞多識爲枝葉，詩賦則殘膏賸馥而已」。然則順庵固不以詩名者也，略存數首，以備一家。

鳥山輔寬字碩夫，號芝軒，攝津人[二]。著有《芝軒吟稿》六卷。

芝軒詩止有五七言近體，無古體詩，亦時有新意。如《詠秦始皇》云「盛稱水德真堪笑，不救咸陽火一星」，亦未經人道也。

[一] 衡，友野霞舟《錦天山房詩話》卷三三作「衡」。

[二] 攝津，原作□□，據友野霞舟《錦天山房詩話》卷五三補。

物雙松字茂卿，號徂徠，有所避，以字行，三河荻生人。著有《徂徠先生集》三十卷。

徂徠深於經學。蓋東國人之講宋學，始於藤原惺窩，而林羅山成之；東國人之講漢學，始於伊藤仁齋，而物徂徠成之。是固彼中儒林一巨擘也。余嘗見其所著《論語徵》一書，議論通達，多可喜者。如謂「上《論》成於琴牢，下《論》成於原思，故二子獨書名」，雖出臆見，亦徵會意之巧。余已采取數十則入《春在堂隨筆》矣。全集中論學問、論經義，好與宋儒牴牾，然其所見往往卓然可存。蓋其所學有餘於詩之外者，宜其詩之超越等倫也。

東國之詩，至徂徠而一變。蓋徂徠提倡古學，而服南郭又從而張之。於是家有滄溟之集，人抱弇洲之書，愈唱愈高，洋洋乎盈耳矣。

徂徠所著，有《辨道》一卷、《辨名》一卷、《論語徵》十卷、《大學解》一卷、《中庸解》一卷、《度量考》二卷、《絶句解》三卷、《答問書》三卷、《孫子國字解》十三卷，並已刊行。此外尚有未刊者《譯文筌蹄》《蘐園隨筆》等，類百餘卷，詳見其弟子服元喬《南郭先生集》。因附載於此，以見徂徠之不止詩人也。

源君美字在中，號白石，又號錦屏山人。著有《白石詩草》一卷。

白石出木下順庵之門，洽聞多識，通曉倭漢古今典故。其所著書凡一百六十餘種，時人稱其有用，而余皆未之見，所見者止其詩一卷耳。江村北海稱其「咳唾皆珠，囈語皆韻」，今讀其詩，亦略見一斑也。

原公道《先哲叢談》載：白石嘗過某許，主人書「容奇」二字索詩，輒援筆立就，云：「曾下瓊鋒初試雪，紛紛五節舞容閑。一痕明月茅亭里，幾片落花滋賀山。提劍膳臣尋虎跡，捲簾清氏對龍顔。盆梅翦盡能留客，濟得隆冬無限艱。」「容奇」者，彼國語謂雪也，故所用皆彼國故事。今此卷中無此詩，附録於此。

瀧長愷字彌八，號鶴臺，長門人。著有《鶴臺先生遺稿》十卷。

鶴臺游服南郭之門，南郭見其文，驚異之，不居之弟子之列。其後名聞諸侯，皆待以賓師禮，亦東國一時之望也。詩筆典重，足與南郭抗衡。學人之詩，固與陽五輩異耳。

服元喬字子遷，平安人。著有《南郭先生文集》四十卷。

子遷爲物君茂卿高第，然其全集中論學之作殊尟，似於經學微不逮焉。然其詩則頗有出藍之歎。五七言古詩氣韻高古，且有詞藻；而七律尤所擅長，沈雄博厚，儼然有少陵遺韻，在東國詩人中，固卓然成家者也。文集中有《寐隱解》一篇，以寐爲隱，余甚喜誦之。蓋以世事勞形苦心，而託寐以忘焉。詞旨灑然，意其爲人殆有得於蒙莊之學者乎？

安藤煥圖字東壁，號東野，那須人。著有《東野遺稿》三卷。

東野亦游於徂徠之門，其爲詩具有典則。惜年三十七而卒，故遺詩不多，然亦足以傳矣。

富逸〔一〕字日休，號春叟，陸奥人〔二〕。著有《樵漁餘適》十五卷。佚其名。

春叟此集，乃其門人木定堅所輯。長門縣孝孺序云：「桐江子一舉遊窈冥之表，人無識其姓名者，意其人固肥遯之士邪？」書牘中有《奉徂來先生》及《寄服子遷》者，是其人固與子遷同遊物君茂卿之門，然其詩則未足與子遷伯仲也。

伊藤長允字原藏，號東厓，私謚紹述。著有《紹述先生文集》三十卷。

東厓爲仁齋之長子，仁齋始倡古學，而東厓紹述之。所著有《易乾坤古義》《讀易私説》《讀易圖例》《周易卦變考》《周易經翼通解》《春秋胡傳辨疑》《語孟字義標注》《中庸發揮標釋》《經史博論》等書，蓋亦其時一鉅儒也。其論學宗其家學，深以宋儒性即理之説爲非。讀集中《感述》一首，可見其大旨。詩乃其子善韶所編纂，自謂不忍遺隻字，故瑕瑜雜見。然學人之詩有

〔一〕「逸」下原有□，據日本池田市歷史民俗資料館藏《桐江先生墓碑》删。

〔二〕陸奥，原作□□，據友野霞舟《錦天山房詩話》卷五十補。

未可概以詩律繩之者，慎擇如干首，其佳處亦略盡矣。

石正猗字仲緑，築波人。著有《芰荷園集》五卷。

仲緑嘗及服南郭之門，南郭爲製序，稱其才學兼備，則其所造可知也。惜其中年殂謝，故未能成家。卒後門人舟正昇爲刻其詩文，皆其病中所手輯也。文士名心，亦可哀矣。

高野惟馨字子式，號東野，又號蘭亭，東都人。著有《蘭亭詩集》十卷。

東野受業於物徂徠，生十七歲而失明，遂廢百事，惟詩是務。自物氏倡爲古文辭，門下極一時之盛，而推翹楚者，則惟服南郭、高東野二子云。東野論詩大旨，謂宋元之世詩道衰息，明興，王、李二公揭旗鼓於中原，詩道復盛。然王博而雜，李精而密，欲法唐人者非修于鱗氏之業，復於何得之乎？其宗尚如此。今讀其七律，信爲有明七子一派，雖不免虎賁中郎之誚，然詞藻高翔，風骨嚴重，固亦一時之傑作也。

七律中未選佳句，如「陽春自唱三峰雪，明月深探大海流」「歲晚蘼蕪青草路，天寒滄海白雲鄉」「玉魚長夜沈銀海，石馬千秋護翠微」「龍宮水冷芙蓉沼，佛塔秋晴翡翠煙」「三輔樓臺春窈窕，五侯冠蓋日縱横」「玉節浮雲西極動，錦帆秋色大荒過」「孤客思歸彈短鋏，美人垂淚泣前魚」「鳳穴煙霞懸日月，仙潭冰雪出芙蓉」「病來高枕西山雪，老去銜杯大海雲」「碣石春雲連萬雉，扶桑旭日照三臺」「山迴雲棧蒼苔滑，水瀉仙巖碧澗寒」「人煙寒動砧聲急，海嶠雲晴雁路長」「滄海雲迎詞翰白，赤城霞借酒杯丹」「薄遊玩世浮雲外，短髮論交落日前」「湖海久拚雙白髮，風塵誰問舊綈袍」，如此等句，置之《滄溟集》中，不能辨楮葉。

龍公美字君玉，一字子明，號草廬，伏水人。著有《草廬集》三十五卷。

草廬慷慨有大志，嘗曰：「窮達命也，不足計。出則爲諸葛武侯，處則爲陶靖節，如是足矣。」其爲人清羸善病，不足副其志。然其學業頗有師承，蓋亦從物徂徠、太宰春臺門徑中來。故詩文均不失前輩典型，於前明七子中推謝茂秦爲魁，而李于鱗次之，嘗著《謝李優劣論》一篇，亦必實有所得者也。

孔文雄字世傑，河内人。著有《生駒山人詩集》七卷。

世傑家世務農，而獨有志於學，爲詩文皆斐然成章，然世固未之知也。與伏水龍公美子明爲管鮑交，臨終以詩文託之。子明亦貧士，藏之篋中，至十年之久，仕於彦藩，得有微禄，遂刻其詩以行。世傑固可謂有志之士，如子明者，亦古之人哉！

室直清字師禮，又字汝玉，號鳩巢，又號滄浪，備中人。著有《鳩巢先生集》十三卷。

鳩巢受業於木下順庵，爲木門高足弟子。生平篤守朱學，嘗云：「近世邪説競起，淩駕漢唐，詆毁程朱，欲以一己之私見，誣天下之耳目。有王者起，必取叢雜無用之書而火之，詔天下學者專務體察踐行，不事空言，則天下靡然復歸於正矣。」可以知其所宗尚也。然其詩則頗有唐音，不涉宋派。

梁田邦美字景鸞，號蜺巖，武藏人。著有《蜺巖集》四卷。

蜺巖以詩豪一時，意見屢改，格調數變，而要其歸，則有明王、李一派也。余所見者止後編四卷，未見前編。是時蜺巖年逾八十矣，其前編之詩工力或當更勝於此。然嘗鼎一臠，已足知其旨也。

集中句如「冶心灰裏藏餘燼，世味甘中帶小酸」「候鳥聽來竹輸肉，名花買到口言錢」「寒厨肉菜聊謀夕，小苑鶯花不負人」「白髮幾人同甲子，青鐙此夕守庚申」，皆有風趣，非徒摹七子風調者。詩未入選，附録於此。

江村綬字君錫，平安人。著有《北海先生詩鈔》二卷，又《二編》五卷。

君錫本姓伊藤氏，出爲江村氏後，故從其姓焉。伊藤、江村兩家皆世擅文望。君錫始爲宫津侯文學，後又管邸事者數年，旋乞假歸，以翰墨自娱。其少作有《漫浪子稿》十卷，及任邸職，悉焚棄之。此所傳者，皆其解組後所作云。

服元雄字仲英，小字多門，攝津人。著有《蹈海集》八卷。

仲英本姓中西氏，因游於服南郭之門，南郭丈夫子皆亡，有季女，仲英贅焉，遂姓服氏。爲南郭之義子，實則女婿也。其父中西某爲人所搆陷，竄死。臨死謂仲英曰：「吾寃不能自雪，兒必爲我雪之，使鬼得歸父母國。」仲英痛之，至江户，鳴於官，事果得白。是其人亦有心人也。生平爲詩文欲自出機杼，成一家。嘗曰：「苟有得於我，雖家風不必守。」然今讀其詩，亦仍是南郭一派耳。

大江資衡字穉圭，號玄圃，播磨人。著有《玄圃集》五卷。

玄圃博涉群藝，兼通經學，《尚書》《毛詩》《論語》皆有解釋。自士大夫及緇流、羽客之徒，咸來問業焉。四方之人呼其塾曰「時習堂」，頗負一時之望。詩亦具有根柢，非苟作者。余所見乃其初編也。

谷友信字文卿，號藍水，東都人。著有《藍水詩草》六卷。

藍水年甫六歲即失明，而篤志於學，以指畫掌上識字。使人讀書，聽而記之，不數年，學大進，名滿搢紳間。真可謂盲於目不盲於心者矣。爲詩初學李滄溟，後悔之，乃徧覽唐宋諸大家集，以變其格律。又以當代詩人所爲五言古詩皆近體之結搆稍異者，未足言古，而自問亦未能過之，故輟不作，集中竟闕此體焉。余讀其詩，以七律爲最，故所選爲多。其未入選者，如「萬里秋風吹大壑，千峰鬱翠落平湖」「洞壑含煙通鳥道，杉松蔽日暗仙樓」「六街花月青樓酒，三徑蓬蒿白屋霜」「多病故人猶曩日，一時詞客此扁舟」，皆雄厚絶倫也。

餘承裕字子綽，號熊耳，陸奥人。著有《熊耳先生集》十六卷。

熊耳慕徂徠之學，於古文辭悉致力焉。嘗得李滄溟集，大喜，手自謄寫，日日誦之。服南郭稱之曰：「熊耳刻意滄溟，方今擬李者莫能及焉。」今讀其詩，信然。蓋亦其時風會使然也。

東龜年字藍田，江户人〔一〕。著有《藍田先生文集》。

藍田著作甚富，嘗重刻物徂徠《學則》，蓋亦私淑於徂徠之門者。故其爲詩，亦學人之詩也。集中有《心賦》一篇，汪洋恣肆，未易測其意之所在。然其序云：「余生於東海中，自幼慕上國聖人之道。」則其所宗尚可知矣。

守屋元泰字伯亨，號東陽，大垣人。著有《東陽集》五卷。

東陽自編其五十以前詩，曰《東陽集初編》。余所見五卷是也，其《次編》未之見。此五卷中，亦多可采者。蓋東陽生於享保中與服南郭〔二〕、高東野同時，物氏之榘矱未遠也。有《題慈童書》五言絶句一首〔三〕，序言：「慈童事周穆王，有寵，後以小罪放酈縣山中。王憫焉，臨别授以法語，使朝朝誦之。慈童恐遺忘，題諸菊葉。既而有露滴於谿流，慈童飲之，極甘，遂得仙。

〔一〕江户，原作□□，據友野霞舟《錦天山房詩話》卷五五補。

〔二〕享，原訛「亨」，據日本年號改。下同。

〔三〕書，《東瀛詩選》《茶香室叢鈔》作「畫」。

下流之人三百餘家飲之，悉至上壽。後八百年，慈童猶如童子云。」此事不知出何書，中華人但知有酈縣甘谷事，不知有慈童也。此詩本不足存，欲存異聞，故録之。

源之熙字君績，平安人。著有《栲亭初稿》六卷。

君績著名儒苑，給事講筵。後以病乞骸，復修舊業。負笈者接踵於門，亦擅一時文望者也。所著有《大學集義》，其序曰：「學有大小，宫之制也。若以禮、樂、射、御、書、數爲小學，窮理爲大學，則固不然。樂者天地之和，禮者天地之序，可以爲小學乎？窮理之説本於《易》，《易》者天道也。聖人之教，敦以五典，齊以禮樂，而理在其中，非以窮理爲教也。」彼據此書以飾己説，任意割裂，補以窮理之説，吾未之能信矣。然則君績之學亦出於徂徠，非止詩人而已。文集有《酒德論》一篇，義理平易而詞藻譎詭，葢工於文者。詩似不及其文，然其佳處亦自不可掩。解組後潛跡華陽，講經餘暇以詩文自娯。古體詩奇恣自喜，或軼於繩墨之外，要非模擬者所可望也〔一〕。

君績頗致力於《管子》之書，有《重訂管子序》，持論甚高，但抑孟子以伸管子，則未免太過矣。

〔一〕模，原訛「摸」，據蔡啓盛《校勘記》改。

源義質字子敬，號滄洲，仙臺人。著有《滄洲先生詩集》六卷。

滄洲受業於服子遷，固物徂徠再傳弟子也。其詩渾厚典雅，雖無老成，尚有典刑，望而知爲物氏門徑中人。

岳融字子陽，三河人。著有《東海先生上下篇》共十五卷。

子陽之文，喜爲艱深之詞。「天地軋，萬物茁」，殆東國之劉幾乎？雖爲歐公所笑，然遇宋子京，則必取之矣。詩不及其文，蓋非其得意之作也。其子鸞與瑗亦皆工文，頗有父風。

清田勳字公績，號龍川，播磨人。著有《龍川詩鈔》五卷。

龍川爲北海之子、儋叟之嗣子。其家始爲伊藤氏，伊藤坦庵，其曾祖也，與仁齋同時，負斗山之望。無子，以其門人播磨人清田宜齋爲子。宜齋生三子：錦里爲伊藤氏；北海出，後他姓爲江邨氏；儋叟復爲清田氏。龍川嗣儋叟，故亦爲清田矣。其世系糾繚猝不易考，然自坦庵以來，實累世以儒學顯者也。龍川承其家學，具有淵源。惜全集毁於火，所存者十之一耳。

大田元貞字公幹，號錦城，加賀人。著有《錦城百律》一卷。

錦城以經術文章知名於時，詩非所長。此卷乃其門人所刊，止七律一百首，無他體焉。然詩頗有截金雕玉之功，非無意求工者。其未入選之佳句，如「松間邀月布棋局，竹外引流安釣磯」「蝶舞邀來花一笑，鶯啼驚起柳三眠」「酒有微勳排悶去，詩無他事引窮來」「隔柳難尋前問渡，指花遥認昔游園」「魚障斜照荷爲蓋，蟻渡細流花是舟」「織蒲爲席宜容膝，種枳代牆纔及肩」「野曠林如數畦薺，江空橋誤一條霓」「籠竹煙描没骨畫，入松風奏獨絃琴」「蝶因風妬辭花去，鶯倩煙媒共柳眠」「風掃殘楓疑夜雨，松飄晴雪誤春花」，皆可以投入錦囊也。

東國自物徂徠提唱古學，一時言詩悉以滄溟爲宗，高華典重，乍讀之，亦殊可喜。然其弊也連篇累牘，無非天地、江湖、浮雲、白日，又未始不取厭於人。錦城有兄伯恒，力排王、李之體。錦城遂與其友山中恕之鎔化唐宋，别爲一家，流暢纖麗，覺與塵羹土飯迥别。惜伯恒與恕之之詩均不得見，錦城又研精經學，不屑以詩傳，詩之存者葢寡焉。然其詩實有轉移風氣之功，自是之後東國之詩又一變矣。

岸鳳質字文卿，武州人。著有《嶰谷詩集》七卷。

文卿以居士而好佛家之説，集中非贈僧之作，即題僧寺者也。殆見居士身而説法者歟？詩不甚工，姑存數首，以存其人。

松本慎字幼憲，號愚山，京都人〔一〕。著有《愚山詩稿》二卷。

愚山詩有前後集，余所見乃後集二卷也。詩亦清雅可誦。有一聯云「衰老鑪爲政，窮愁酒主盟」，亦小品中之佳者。惜其通體有不合律之句，未能録入。

小栗光允字萬年，號十洲，若狹人。著有《觀海樓小稾》一卷。

十洲能書畫，工詩，少年時游京師已知名，與大窪行等有「七友」之目。而苦吟終身，窮死無後。死二十餘年，其故舊諸人始爲刻此集，然所存亦寥寥矣。

〔一〕京都，原作□□，據《獨樂園賀詞帖》補。

龜田興字穉龍，號鵬齋。著有《鵬齋詩鈔》。

鵬齋嗜酒，喜游覽。西攀富嶽，東泝銚江，北航佐渡，南軼鳴門。傲然睥睨一世，故其詩豪宕有奇氣。律詩不甚協律，然落落自喜，亦庶幾青蓮學士之一鱗半甲矣。

藤必賀字之祥，號獅巖，播州人。著有《獅巖存稿》二卷。

獅巖八歲能詩，十一歲能文，稍長喜兵家言。於學無所不好，自天文、醫卜至弓馬、刀槍，皆粗通其法。乃年止二十五歲而卒，時人惜之。詩不多，且亦不甚工。姑録三首，以存其人。

牧野履字履卿，豐前人。著有《鉅野先生詩集》六卷。

履卿富於詞藻，余所見者其初編也。集中五七言排律有多至一百韻、二百韻者，以間有疵句，故未選入。然亦不能不服其才思之横逸矣。

赤松勳字大業，號蘭室，播磨人。著有《蘭室先生詩文集》十卷。

蘭室幼慧，年十六即有聞於國，命侍講讀。年十八襲父職，任文學，後進從政，仍兼文學，葢亦彼國一時之望也。卒年止五十有五，故未能擴充其所學。臨終前一日，賦絶句云：「邀我天風仙樂高，飄然欲去弄雲璈。一條弱水蓬萊路，踏破金鰲背上濤。」殆亦來去分明者歟？

菅晉帥字禮卿，號茶山，備後人。著有《黄葉夕陽村舍詩》八卷。

禮卿詩各體皆工，而憂時感事之忱往往流露行間，亦彼中有心人也。其《開元琴》一首，借題抒憤，可想見其懷抱。七律中如《耕牛》《龍盤》等題，皆摘首句二字爲題，實非題也。命意所在，亦有不可揣測者，然語意悲壯，氣骨開張，不失爲名作。

菅晉寶字信卿。著有《恥庵詩草》一卷。

信卿即禮卿之弟，其詩不多，附刻《黄葉夕陽村舍詩》後，亦多可誦者。其《贈浦子承》一首云：「老來行色若爲豪，氣壓鳴門萬丈濤。四海風塵猶意氣，百年天地此綈袍。雲横大澤龍蛇伏，雨洗蒼空星斗高。看取肺肝凜相照，酒閒把似赫連刀。」意態雄傑，乃其壓卷之作也。

紀德民

字世馨〔一〕，號平洲。著有《嚶鳴館遺稿》。

平洲講業東都三十年，屢卻諸侯禄聘。後受其本藩辟命，受侍讀之職，恩禮甚隆。此集乃米澤侯所刻。賢藩下士，有魏文、魯繆之風，而平洲之素望亦可知矣。

牧畏犧

〔二〕字景周，號棲碧山人，讚岐人。著有《詩牛鳴草》一卷。

棲碧詩多自寫其閒適之況。讀其《自序》謂：「余蠢蠢焉如牛，時牟牟然鳴於碧草之間，其聲即詩也。世有介葛盧，必莞然一笑矣。」其言頗詼諧有致。

〔一〕世馨，原作□□，據《嚶鳴館遺稿》補。
〔二〕犧，原訛「犠」，據蔡啓盛《校勘記》改。

赤田元義字伯宜，飛驒人。著有《卧牛山人集》十卷。

飛驒之爲地，在彼國爲最僻，至比之蠶叢、魚鳧，聲教隔絶，文學之士蓋罕有焉。伯宜生其地，獨能以文名一時，亦可謂豪傑之士矣。

賴惟柔字千祺，號杏坪，安藝人。著有《春草堂詩鈔》八卷。

杏坪曾爲郡邑官，其在官時，每留意於水旱之災。觀其初出督郡事，即集父老年七十以上者百二十人，飲之以酒，賦詩紀之。循吏風裁，於斯可見。晚年致仕，築三休亭，尤可想見其高致。其《得請後》詩云：「獨有寸丹銷不盡，時時西向淚沾衣。」忠愛之忱流露言外，蓋非徒詩人已也。而詩亦極工，全集凡六百餘首，可傳之作居其大半。尤長於古體，其用險韻、造奇句，竟有神似昌黎者，爲東國詩人所僅見。其近體似黄山谷，有生硬之致。而晚年所作又似陸放翁。有句云「冷吟未肯入新軟」，又有句云「禽蟲皆有天然語，草木本無人造枝」，宜其似黄復似陸也。詩中工於屬對，如「烏鬼」「黄人」、「篠驂」「秧馬」、「迷迭」「穆陀」、「黎祈」「護倒」之類[一]，可見其淹博。「護倒」謂野釀，見陳慥詩注[二]，亦人所罕知也。

賴惟完字千秋，藝州人。著有《春水遺稿》十一卷。

千秋起於農家，潛心洛閩之學。藝藩闢爲儒員，創定學制，頗見敬禮，呼以字而不名。爲詩文喜爲腹稿，不加點竄。管禮卿言：「千秋之詩，不思而得者也。」然間亦流於率易，宜節取之。

賴元鼎字新甫。著有《新甫遺詩》一卷。

新甫詩不多，即附刻其父賴千秋《春水遺詩》之後。千秋以弟之子爲嗣，即新甫也。爲府學訓導，年甫二十六而卒。性聰敏，自幼工詞章。有《集〈後赤壁賦〉字詩》十首，以涉纖巧不録，然亦見其性之慧矣。

[一] 黎祈，程千帆等《日本漢詩選評》引原詩作「黎祁」。
[二] 「護倒」「陳慥」，《江湖長翁集》作「濩倒」「陳造」。

佐藤坦字大道，號一齋，江都人。著有《愛日樓文》三卷，詩一卷。

一齋早登膴仕，後以事失官，乃有志於學，徧訪名師。坐一室中，四壁蕭然，家無長物，惟案上書數册耳。孜孜不倦，久之而所學益進，自王公大臣争延致以師事之。其所著文多於詩，而詩亦叙實之詞，不爲浮華虚語，蓋亦學人之詩也。

市河世寧字子静，號寬齋，上州甘樂郡人。著有《寬齋遺稿》五卷。

寬齋官富山教授二十餘年，以老致仕，年踰古稀，優遊林下。其爲詩頗有自得之趣，當時比之香山、劍南，雖似稍過，亦略近之矣。

藤田安正字子静，號帛川，宇都人。著有《帛川詩稿》三卷。

帛川爲宇都世臣，壯年即以病去官，事母至孝。能詩及書畫，詩多流連光景，無甚過人處。然唐公愷序稱其「轉武弁之才，用之文墨」，則亦有足多矣。

繩惟直字温卿，東都人。著有《桂林遺稿》五卷。

温卿乃東國之處士，身後門人刻其遺詩。詩雖無新警之句，而皆粹然完美，知其洗伐之功深矣。臨終一絶云：「春到人間陽未回，淹留難值百花開。揭來行向崑崙路，無限煙霞滿帝臺。」其爲人也，殆亦生有自來者歟？

江源高朗字季融，圓龜城主。著有《琴峰集》八卷。

琴峰詩集甚富，雖止八卷，而詩至萬餘首，其詩皆近體。然以藩服之君崇尚風雅，且所作皆登臨山水、流連光景之詞，而犬馬聲色之好一無有焉，可不謂賢乎？集中有《寄松前侯》詩云：「防禦戎夷須藉武，經綸政教莫如仁。恩宣閭里省耕日，威耀郊原遊獵辰。」則其所以爲政者，亦略見一斑矣。

山梨治憲字玄度，駿河人。著有《稻川詩草》七卷。

玄度才藻富麗，氣韻高邁，在東國詩人中當可首屈一指。五七言古詩尤其所長。七律亦雄壯，而往往有不合律處，不能盡録。然其佳句實不盡於兹，選中五言如「古驛煙將白，秋城樹漸蒼」「園小栽花密，簷高得月多」、七言如「霜風不改三冬色，老鶴長存萬里心」「丙夜殘燈影相弔，丁年彩筆好誰憐」，皆可誦也。

山邨良由字君裕，號蘇門，尾張人。著有《清音樓集》五卷。

蘇門家世掌福島關管鑰，至蘇門，爲尾相十餘年，聲望頗著。晚年自定其詩文爲《清音樓集》，亦清雅可誦。有句云「造次於花顛沛花」，化陳爲新，余甚喜誦之。雖未入選，附識於此。

尾池桀字寬齋，圓龜人。著有《桐陽詩鈔》一卷。

東國詞人於古體微欠遒勁，寬齋獨擅場焉。有賴山陽者評其詩云：「本邦人七古易墮綿弱，此獨不覺流易。」余頗歎爲知言。如《南溟三魚行》《詠梅》七古及《擬古》四首，皆其卓然可傳者也。集中有《但州道中》一首云：「樹影霜邊瘦，溪聲雨後忙。」此二語甚佳，通體未稱，賴君評云「後半粗率可恨」。附記於此，以見彼國友道之真。

寬齋二子大鄰、世璜並能詩，世璜刻其父子兄弟三人詩爲一集，名曰《穀似集》，蓋取「式穀似之」之義。寬齋詩一卷，卷末又附刻其佳句數十聯。今録其數聯云：「曉潭猿並漱，春洞鶴同眠」「孤斟無客共，幽詠有僧從」「晴莎踏徧斜斜徑，露槿編成短短籬」「吟鬢漸帶莖莖雪，老氣猶含字字香」「花栽後圃初安堵，燕繞低檐小卜居」「半圃香霞鶯寄夢，一欄麗日蝶來賓」，可想見其風致也。

梁緯字公圖，美濃人。著有《星巖集》，自甲至戊二十有五卷，又《閏集》一卷。

星巖乃東國詩人之卓卓者，林皝序稱其「以煙霞風月爲室宇，江湖山林爲苑囿，鳥獸禽魚、花木竹石爲臣僕、姬妾」。余讀其詩，多流連風月、登臨憑弔之作，信林君之言不謬也。七言律尤工，此編采輯雖多，然佳句固不盡於此。如云「燈影最宜秋冷澹，酒香剛稱夜氤氳」「鶴閒益見昂藏氣，琴古方成疏泛聲」「夜静溪聲微入户，天寒月色淡籠花」「寒風有力吹沙走，枯葉無聲借雨嗚」「左計應同棋敗局，養心聊學筆藏鋒」「漉花網已先春結，載酒船應待月劃」「千樹葉紅寒水見，一絲髮白夕陽知」「詩境或從貧後進，酒杯未肯病來拋」「青意漸回人字柳，東風微峭虎文波」，「石階淺溜蜂醫渴，花楦微風蝶曝衣」，清辭麗句，皆可誦也。其室人張氏亦能詩，有《紅蘭小集》。

森田居敬字簡夫，號梅磵，土佐人。著有《梅磵初集》一卷。

梅磵爲梁星巖玉池吟社中人，星巖題其詩集有云：「冰甌雪盌詩千首，月地花天酒一瓢。」可以想見其詩格矣。

琴希聲字廷調，湖西人。著有《春樵隱士家稿》二十卷。

廷調之始祖善鼓琴，有靈琴一張，人稱之曰「琴御館」。至今琴御館祠猶在比叡嶽廟之側，尊之爲山末明神。其得姓蓋亦以此也。廷調以世職奉祠於叡嶽之廟，嶽僧悍戾爲東國最，而廷調不爲之屈，能舉其職。年甫三十，挂冠而歸。自後遂以隱士稱，登上壽。一時名士皆從之游，朝之貴人亦多折節下交者。所作詩文分爲十集，次第刊行。第九集成，至塵乙夜之覽，亦文士之極榮矣。

中島大賚字子玉，號米華，豐後人。著有《米華遺稿》二卷。

子玉官儒官，主學政，年僅三十有四而卒。臨終口占一絶句曰：「高情自與世人違，我是南豐一布衣。三十六鱗猶欠二，今朝天上化龍飛。」亦奇士也。詩未刊刻，止有寫本，字跡多不可辨者。故所録無多，其佳句固不盡於此。

廣瀨建字子基，號淡窗，豐後日田人。著有《遠思樓詩鈔初編》二卷、《二編》二卷。

子基蓋隱居教授者，筱崎弼序云：「近世善教育後進者，於山陽則稱茶山菅翁，於九州則稱澹窗廣瀨君。」可知其人矣。晚年以處士蒙旌命之舉，有《述懷》詩六首，蓋亦異數也。詩皆其門人所刻，平淡之中自有精彩。讀集中《論詩》五古一首，知其於此道三折肱矣。

松平定通字□□，松山藩侯。著有《聿脩館遺稿》四卷。

松山侯沖齡襲封，恂恂儒雅，尤好爲詩，年未四十而殂。其嗣侯刻其遺詩，跋其後曰：「先君於國政率之以儉素，救宿弊，修舊典。」則其爲一時賢侯可知矣。

澤徽字子慎，號熊山，□□人。著有《獨喻集》二卷。

《獨喻集》文多於詩，亦勝於詩。以詩論，則古體勝於今體。讀其集中《由吉堂記》云：「余自爲兒童，專讀三代兩漢之書，詩則效《風》《騷》、漢魏，文則效三代、兩漢。」可知其所宗尚矣。因詩止一卷，故入選者無多。文則頗有可存者，其《論古縫掖之衣》用彼國之制爲説，謂縫合掖下到襴，雖未足據，其《論太公》謂與伯夷、叔齊同以失國諸侯歸周爲寓公，則可稱創見矣。

菊池保定字士固，紀伊人。著有《琴溪山房詩》六卷。

士固生於偏僻之壤，而能以詩鳴。其五古頗得沖澹之致，七古則雄奇飄逸，有謫仙餘韻。近體詩亦多可誦者，如「竹外棋聲春雨寺，花前詩思夕陽欄」，旖旎可喜。又如「十年世事只頭白，四海幾人能眼青」，兀傲自負。雖未入選，實佳句也。又有「梅鄰古寺愈清瘦，人與青山同少年」之句，亦佳。

中島規字景寬，平安人。著有《棕隱軒集》六卷、《金帚集》六卷、《水流雲在集》二卷。

景寬詩極多，年六十時得詩已二千餘首，時人以中華趙甌北比之。詩似稍不及趙，而頗亦博雅，所用故事有極僻者，知其流覽者廣也。《金帚集》中有《印篆篇》，洋洋數千言，漁獵甚富，亦奇作也。因太長，故未入選，不無遺珠之歎矣。

又景寬晚年似有所得，觀其卷首《自序》言：「天地間莫非自然氣運，内之止王霸之辨，外之混華夷之區。」詞旨恢譎，殆有得於漆園者歟？首列《放言》十首，今存其六，亦見一斑。

大窪行字天民，常陸人。著有《詩聖堂集初編》十卷、《二編》十三卷、《三編》十卷。

天民以「詩佛」自號，而以「詩聖」名堂，蓋欲以一瓣香奉少陵也。然其詩初不甚學杜，詩境頗超逸，有行雲流水之致。東國自享保以後，作詩者多承明七子之餘習，以摹擬剽竊爲工。雖大田元貞輩力排積習，而信從者猶少。天民起而痛掃之，風會爲之一變。宜其在當時之奉爲詩佛矣。

古賀燾字溥卿，號穀堂，肥前人〔一〕。著有《琴鶴堂詩鈔》三卷。

穀堂詩多雍容大篇，其《憶昔游》一篇幾及二百韻，以太長不及録，然其才藻之富可見矣。《秋懷》八首寄託遥深，集中名作也。惟「轉漕」之「漕」作平聲用，或者疑之。余按《廣韻》六《豪》「昨勞切」有「漕」字，注：「衛邑名，又水運曰漕。」三十七《號》有「漕」字，在到切，注：「水運穀。」是衛邑之「漕」無仄聲，而「轉漕」則平仄皆可讀也。《集韻》十九《侯》又有「漕」字，徂侯切，「水運也」，則亦平聲。附識於此。

西島長孫字玄齡，江户人。著有《坤齋詩存》三卷。

玄齡學問該博，長户讓跋中稱其「經傳史乘昕夕講論，稗官小説莫不該串」，讀其詩信然。如云「阿茶嬌有堪鍾愛，老罷愚無所取材」，「阿茶」「老罷」之對亦非儉腹所有也。

〔一〕肥前，原作□□，據馬大品等主編《中國佛道詩歌總彙》補。

橫山孝字誼夫，號致堂，加賀人。著有《致堂詩稾》八卷。

致堂爲加之世臣，封邑萬石，世參國政，而性嗜學，尤好爲詩。其詩近體多而古體少，且其題亦多述懷、書事、偶成、偶作之類。然味其詞意，有美秀而文之致，殆所謂「身處朱門、情游江海」者乎？亦可云「不有獻子之家」者矣。其元配名蘭蝶，繼室名蘭畹，並能詩，故集中閨閣唱和之詩甚多。有二女，長曰瓊翹，次曰瓊蘂。瓊翹自幼即嫻詩畫，年十二歲能爲父寫「夢雲軒」榜，其慧可想。一門風雅，令人神往矣。

集中佳句之未入選者，如「雙砧深巷秋敲夢，一笛高樓夜喚愁」「對月喜如逢舊友，讀書快若得新交」「與竹猶堪比强健，向梅恰好鬭清癯」「庭花開落即爲歷，山鳥去來皆是朋」，新詞麗句，楚楚可誦，全集皆此副筆墨也。

久家朗字暢齋，讚岐人。著有《昇平樂事集》一卷。

暢齋天性所嗜惟酒與詩，頗有醉吟先生之風。其爲詩平易近人，不務雕琢，以鑿其真，故以「昇平樂事」名其集，詩中之邵康節也。暢齋尚有《敝帚集》，則余未之見。

東瀛詩記卷二

筱崎弼

字承弼，浪華人。著有《小竹齋詩鈔》五卷。

承弼詩喜疊韵，古今體詩有疊至六七者。其才氣横溢，善押險韵，頗有東坡先生之風。集中《次韵世張》一首，有二句云：「鉥心嘲孟郊，豪氣慕韓退。」其友野田笛浦疑「韓退之」不宜去「之」字。然「紛紜齊萬」「桓桓梁征」，古人亦多有此例矣。

賴襄字子成，安藝人〔一〕。著有《山陽詩鈔》八卷。

子成天才警拔，而於詩學尤深，杜、韓、蘇詩皆手自鈔録，可知其所得力矣。卷首《癸丑歲偶作》詩云：「十有三春秋，逝者已如水。天地無始終，人生有終始。安得類古人，千載列青史？」味此詩意，乃十三歲所作，而已有頡頏古人、垂名青史之意，宜其不凡也。

佐久間永世字定夫，號象山，南總人。著有《象山先生詩鈔》二卷。

象山精於泰西之學，觀集中《讀宋氏宇宙記》一詩，蓋以獨乙人宋墨爾氏爲泰西之郯子矣。今存《望月》一篇，以見其學之精。當嘉永時，象山坐吉田義卿事下獄，讀獄中諸作，忠義之氣溢於言外，其《泄泄》八章尤令人長太息也。

〔一〕安藝，原作□□，據李寅生、宇野直人《中日歷代名詩選·東瀛篇》補。

安積信字思順〔一〕，號艮齋，東奥人。著有《艮齋詩略》一卷。

艮齋官儒官，以經學爲教。觀其《甲午元日》詩，頗以文中子自命，故云：「丈夫立勳業，不在爵位尊。教誘誠盡力，雲龍必騰騫。豈無房與魏，翊贊濟元元。」亦可見其志矣。《文略》三卷，而詩止一卷，然頗多可傳者，蓋亦學人之詩也。

小野長愿字侗翁。原名卷，字舒公，一字懷之，淡海人。著有《湖山樓十種》共十六卷。

侗翁人品高邁，自少壯時以教學自給。晚年名聞朝廷，特起之於家，爲文學侍從之臣，旋即辭歸。詩有云「名在朝班僅十旬」，舉其實也。生平有經世之志，不欲以詩人名，而詩甚工，《湖山樓詩稿》中幾於美不勝收，兹所采撮者固未盡其美也。有《鄭繪餘意》一卷，乃觀山本琴谷所作《流民圖》，圖十二幅，各係以五古一章，其言切至，因太長，故不録。

〔一〕思順，原作□□，據《日本國語大辭典》補。

侗翁亦姓横山氏，植村子順所選《六名家詩鈔》中有横山卷，即侗翁也。六名家者，藤森宏庵、大槻士廣、大沼子壽、鷲津毅堂、釋梅癡，并侗翁而六。侗翁之詩或芊緜流麗，或沈鬱蒼涼，在六家中當首屈一指。

尾池大鄰字臣哉，圓龜人。詩見《穀似集》。

臣哉乃尾池寬齋之子，《穀似集》爲其弟玉民所刻，詳見下。

尾池世璜字玉民，圓龜人。詩見《穀似集》。

玉民即尾池寬齋之子、臣哉之弟。《穀似集》乃其所刻，合父子兄弟三人詩各一卷并爲一集也。有《和小竹先生》詩，用「三」字韵至十七疊，亦可奪蘇家行市矣。余前年因門下士馮聽濤檢討、戴青來編修、徐花農庶常都下詩來，賦詩寄之，亦用「三」字韵，疊至十四。有云：「添得湖隄風景一，郵來詩句翰林三」「學問百分奚有一，光陰十載又餘三」「厭聞瀛海九州九，喜誦菩提三藐三」「蒐羅異事盈千百，唱和新詩至再三」「諸公仕宦如雙陸，老我科名過十三」「盛筵此後應難再，賢主今朝又得三」「寥寥同調千中一，忽忽流年六十三」「天上傳來風廿四，人間恰好月初三」「那知浮世屐幾兩，又定叢鈔卷廿三」，頗極一時酬唱之樂。附識於此，以見中東雖異，而書生結習未始不同也。時花農散館，考列一等二十四名，故有「天上傳來風廿四」之句。

廣瀨謙

字吉甫，號旭窗〔一〕，又號梅墩。著有《梅墩詩鈔》十二卷。

吉甫詩才氣橫溢，變幻百出，長篇大作，極五花八陣之奇，而片語單詞又雋永可味。鐵硯學人齋藤謙稱其「搆思若泉湧、若潮瀉，及其發口吻、上筆端，若馬之注坡〔二〕、若雲翻空而風捲葉，雖多不濫、雖長不冗」，洵知吉甫之詩者矣。吉甫擺脱塵務，不入仕途，所親則墨客騷人，所好則江山風月，宜其爲東國詩人之冠也。其詩入選者甚多，分爲上、下卷云。

集中如《夷鯛》詩、《阿波黑崎馬入室》詩，意境似涉觳觫。有評者曰：「人之取舍各别，滄溟、歸愚之徒必割席拒之，東坡、甌北之輩則相視莫逆矣。」頗爲知言。今於二詩去一存一，爲

〔一〕窗，程千帆等《日本漢詩選評》作「莊」。
〔二〕坡，原訛「波」，據蔡啓盛《校勘記》改。

二家持其平焉。然吉甫於詩律甚細，有《春夜聞雨》詩云：「溼及琴書際，暖回衾枕中。」初稾「及」字是「入」字，後易之。或問故，曰：「嫌其似梅雨詩耳。」此亦可見其非浪使才情也。

青山延光字伯卿，水府人。詩見《壎篪小集》。

伯卿著有《佩弦齋雜著》八卷、《國史紀事本末》七十四卷、《野史纂略》五卷，而詩無專集，其詩見《壎篪小集》中。蓋伯卿父拙齋曾督學校，而伯卿與其弟三人亦皆以文學仕，一時榮之。拙齋嘗語諸子曰：「他日輯汝等文，名以『壎篪』」。其季子遵其遺意，遂有《壎篪小集》之刻。一家父子兄弟並擅詞藻，亦云盛矣。詩以伯卿及季卿爲最，其仲卿、叔卿之詩似稍遜焉，然亦未敢竟以蜂腰置之也。仲卿名延昌，叔卿名延之，季卿名延壽，并記於此。

草場韡字棣芳，號珮川，肥前人。著有《珮川詩鈔》四卷。

珮川詩名藉甚，自六十歲以前賦詩至一萬五千餘篇，訂爲二百五十卷，可謂富矣。賴襄跋云：「公詩患多非一，患才藻多，患書卷多，患篇什多。」似有不滿之意。此所刻止六百篇，蓋删汰者多矣。然讀篠崎承弼序，盛推其學與德，則知珮川固有存於詩之外者也。

藤森大雅字淳風，江户人。著有《春雨樓詩鈔》九卷。

此集爲其門人横山卷所輯，稱先生好論經濟，對人輒娓娓不倦。余讀其《書悶》一首及《癸丑除夕》所作，信乎其爲東國有志之士也。詩亦有逸氣，非徒以字句求工者。第九卷乃江門節物詩，如《道中雙六》《寶船圖》之類，亦可見彼中風俗。以太纖小，故不録也。

村上剛字大有，號佛山，豐前人。著有《佛山堂詩鈔》三卷。

佛山詩氣韵沈厚，而詩句疏爽，頗擅勝場。且多涉彼國掌故，如《盆卉行》及《觀不知火》等題，驟閲之，幾不知爲何等語也。詩止三卷，而入選者已不少。此外尚有佳句，如「花飛委僧帚，松老入樵斤」「暝色無邊雨，狂香何處花」「暑氣自逃如敗將，清風忽到是良朋」「石瀨秋高聲在水，松雲影盡月懸枝」「月中孤影鶴歸山，煙外疏聲鐘渡水」「聲如有雨泉常滴，涼不因風竹自含」，皆可誦也。

長户讓字士讓，號得齋，加納人。著有《得齋詩文鈔》三卷。

得齋少登仕籍，復辭官遊學，受業林快烈之門，亦可謂有志之士矣。爲詩文，憂樂愉戚流溢楮墨間，頗有洋洋灑灑之致。頗爲古體，雖不免有平易之病，然叙述詳盡，其原出於香山，如《安土懷古》一篇不可云非詩史矣。

菊池桐孫字無絃，號五山，讚岐人。著有《五山堂詩稿》。

五山名在攝東七家中，所謂「攝東七家」者，五山其一，次則安積艮齋、野田笛浦、大槻磐溪、齊藤拙堂、梁川星巖、中島椶隱也。艮齋、磐溪、星巖、椶隱，余皆得其全集而讀之，餘三家則姑就此采輯而已。因并識七家姓字，以見攝東壇坫之盛。

野田逸字子明，號笛浦，丹後人。著有《海紅園詩稿》。

笛浦曾有《春游》詩云：「落花深一寸，不怪馬蹄遲。」其語殊佳，而稿中未之見。蓋余所見

《海紅園稿》乃坊間刻入攝東七家詩者，非其全集也。姑就此采輯，當不免有遺珠矣。

齋藤謙字有終，號拙堂，伊勢人。著有《鐵硯齋存稿》。

拙堂詩才橫逸，詠古之作頗權奇自喜。然讀其《郡署抵懷》詩曰：「民病難醫多債負，歲豐亦苦有亡逃。」又曰：「弊餘郡務多盤錯，訛後民風難廓清。」可知其治郡時必有政績，非徒以詩人傳矣。

後藤機字世張，號春草，又號松陰，美濃人。著有《松陰餘事》。

春草名在攝西六家中，所謂「攝西六家」者，筱崎畏堂也、廣瀨淡窗也、草場珮川也、廣瀨旭莊也，坂井虎山也，并春草而爲六家。春草及虎山之詩未見全集，姑就此采輯，餘四家則否。然攝西壇坫之盛，不下攝東，亦不可不識也，因備載其姓字於此云。

坂井華字公實，號虎山，安藝人。著有《虎山詩稿》。

虎山爲攝西六家之一，六家中余最喜旭莊，而虎山亦足與之並驅。蓋其時滄溟俎豆，久已從祧，故其詩皆有性靈，有議論，非徒以優孟衣冠求似也。虎山詩惜未見全集，然已略見一班矣。

藤井啓字士開，號竹外。攝津人。著有《竹外二十八字詩》二卷。

竹外嗜酒、工詩，而爲詩專攻七絶一體。此集二卷，七絶外無他體也。是亦於詩家中獨樹一幟者矣。

福田思恭字儉夫，肥前人。著有《渭水詩鈔》十卷。

儉夫幼承其母斷機之教，始克以文學顯。此集之刻，乃其母之遺意也。詩古今體皆工，古體詩錯綜變化，在東國詩人中可獨樹一幟。

奥野純字温夫，浪華人。著有《小山堂詩鈔》二卷。

温夫詩入選者不多，而佳句尚有可摘録者，如「疏竹漉殘日，歸雲吞半峰」「今古一飛鳥，羲娥雙轉輪」「沉鐙如豆牀頭緑，殘火爲星鑪底紅」「驟暖襲人知欲雨，微陰裏日更無風」，皆可誦也。其《詠柳》詩以柳下惠比之，謂柔中有剛，亦頗有意。《文鈔》中有《書函柳説》一篇，即發揮此意也。

遠山澹字雲如，號裕齋〔一〕，江户人。著有《雲如山人集》二卷。

雲如曾入梁星巖玉池吟社，其集止七言律、絶二體，殆非其全者乎？抑所長專在近體乎？以此二體論，濯濯如張緒少年時，固望而知爲風流醖藉人也。

鱸彦之曾刻「三雲」絶句各一百首，雲如即其一也。卷首小傳摘録其佳句云：「白雨忽來山郭外，殘陽猶在版橋西」「病骨逢秋稍覺健，吟牀聽雨恰宜眠」「名士白頭真罕事，桑田碧海轉

〔一〕裕，嚴明《近世東亞漢詩流變》作「裕」。

非奇」「市上碎琴空意氣，田間種菜亦英雄」「隔溪小崦丹楓樹，繞屋低籬白槿花」，此數聯在彼國皆膾炙人口者也。

唐公愷字鴻佐，江户人，著有《它山存稿》文二卷、詩五卷。

它山著述等身，其所著有《論語折衷》《孝經改觀》等書，是亦深於經學者也。文集中頗有論政、論學、論古之作，而詩多纖巧之題，殊不可解。略登數首，以存其詩。

劉翥字君鳳，豐後人。著有《緑芋村莊詩鈔》二卷。

君鳳其先實中華人，炎漢之支裔也。在彼爲合谷氏，家世以農商爲業。君鳳起自寒門，一旦從遠鄉攜二子入都，名譽大起，人比之蘇老泉云。集中佳句，如「寒天無日色，秋樹有風聲」「水平魚夢穩，煙淡柳情親」「潮落漁舟來暮市，月高旅客宿春城」「潭心星自魚脣動，原上月從牛背生」「雲浮去鳥低連地，水帶征帆高入天」，雖未入選，余皆喜誦之。又《讀晉史》云：「竊位羌胡苓作帝，就囚懷愍厲憐王」，亦名句也。

高野進字德卿，號真齋，越前人。著有《真齋遺草》一卷。

真齋爲江户邸教官，天性淡泊，衣巾簡樸，詩文之外兼曉音樂。其所居名「静觀舍」，舍前有八勝。其子勉刻《遺草》，并繪八勝之圖列於簡端云。

萩原承字公寵，號緑野，上毛人。著有《石桂堂集》二卷。

緑野爲文麓之子、嵩嶽之弟，頗能紹其家學。以經術聞，而詩筆則似駕父兄而上之，其佳處直偪中晚唐矣。以三世儒門而高據詞壇，學人、才人，洵無二致也。

長允字南梁，豐後人。著有《梅外詩》。

南梁詩抒寫性情，不事摹擬，而字句鍛錬，又不流於率易。五言小詩亦有味外味，觀其《客中論詩》五古一章，可知其詩學最深也。佳句之未入選者，五言如「梟鷺浮柳外，婦女語花間」「映日人煙紫，涵山海氣蒼」「移屏展燈影，閉户劃溪聲」「九州愁外月，四國夢中山」，七言如「三山春浪神仙遠，四塞秋風戰伐多」「硯馥朝磨幽菊露，瓶紅夜煮落楓泉」「斷岸人來枯葉徑，高原鳥立夕陽村」「鶯花院落春如海，蜃氣樓臺雨欲煙」「隔浦遠村千樹小，銜山落日一帆孤」「遠鶴寒沙人獨立，落楓斜日雨紛飛」，皆不媿晚唐名句。至如「老樹不花春自到，孤舟無楫浪還生」，則寓情於景，其意尤微婉也。

蒲池鎮俊

字君逸，豐後人。著有《才田詩鈔》一卷。

君逸先世故侯也，讀其卷首《吾祖》兩絶句，可見梗概。詩雖不多，然如「每逢歲晚詩情減，爲是人間俗累多」「十歲已過如短夢，兩人相話有餘情」等句，皆有真率之致。至如《秋日小集》詩云：「藥靈矣不妨丸小，棋苦哉惟覺響疏。」有廣青丘者評曰「句法新辟」。余謂七言詩句而以上三下四成文〔一〕，昌黎古體詩中間有之，如云「落以斧引以纆徽」「雖欲悔舌不可捫」是也，施之近體則非所宜。同時西島長孫詩有云「斷續煙無朝無暮，寒暝風自北自南」，亦同此句法，余所不取。

〔一〕 上三下四，原訛「上四下三」，據蔡啓盛《校勘記》改。

金本相觀字善卿，出雲人。著有《樂山堂詩鈔》四卷、《拾遺》一卷。

善卿年十七入都門，賦《辭鄉詩》，有「心鄙附驥蠅，目送化鷹鳩」之句，其意氣可想。年二十九掌教於伊丹，其友人泉全齋慫慂以詩稿行世，不可。全齋固强之，乃刻此五卷，皆其三十歲前所作也。詞氣甚盛，才藻亦富。有《酬清江道士》一篇，用十五咸全韻，奇恣可喜。詩之所貴，固不在此，然其才固不可及也。晚年所造，未知何如，然即此亦足傳矣。

松木衡字士權，號奎堂，三河人。著有《奎堂遺稿》二卷。

奎堂以大和義舉戰没，當時以逆黨目之，故其稿散逸幾盡。論定後，其門人輩蒐輯，得此二卷，刻以行世。小詩多流麗之作，而古詩頗有奇氣。薄井飛虹稱其「慷慨大節，震耀海内」，詩固如其人乎？

廣瀬滿忠字遠圖，伊豫人。著有《鍊石餘響》一卷。

遠圖自幼從事開礦之役。蓋東國產銅之山大者有三：豫之別子也、奥之南部也、羽之秋田也。而別子山實爲之甲，有住友氏者業於此二百餘年矣〔一〕。遠圖爲住友氏所委任〔二〕，善於其職，積二十八年，擢爲總宰。此卷皆山中所作，故曰《鍊石餘響》。簿領之餘，不廢吟詠，亦佳士也。

藤仲導字環夫，號蘭齋，上州人。著有《蘭齋先生遺稿》五卷。

蘭齋詩才甚敏，少時曾一日作詩百首，刻以行世。此集中有詩十五首，乃一時内所作，雖無甚深意，而皆諧美可誦，古人七步、五步不得專美矣。

集中有《孀婦再嫁詞》四首，詞意儇薄，且非雅音。不知當日何以存之，此乃門下諸子編輯

〔一〕住，原訛「任」，據下文改。
〔二〕任，原訛「住」，據蔡啓盛《校勘記》改。

者之過也。

山田信字義卿，一字脩敬，攝津人。著有《丹生樵歌》八卷。

義卿世居丹生山田，故即以山田爲氏。丹生之山有三勝境，曰餓鬼隘，曰蝙蝠溪，曰吞吐澗。義卿生長於斯，胸中具有丘壑，而性又好游，東國凡六十六州，足跡所未至者五六州而已。其發之於詩，多模山範水之作，因以「樵歌」名集。雖篇幅稍隘，然句煆字鍊，頗足與山水争奇，時人以陸放翁詩比之。陸之博大，非義卿所及，然佳章儁句，絡繹而來，亦略近之矣。五言如「竹支將倒壁，褐窒半穿窗」「書童攤故紙，病客試生衣」「魚子蘭堪擷，貓頭筍可烹」「輕風蕩簷鐸，細雨溼琴徽」「藤纏松未倒，石怒岸將崩」，七言如「黄花高結絲瓜架，翠蔓疏編刀豆籬」「消閒惟益讀書課，遣悶姑添飲酒籌」「客至酒過平日量，事來詩遜往年功」「邨中已有有梅寺，窗外總無無雪山」「水聲繞屋常疑雨，蕉影上窗時訝人」「耕歸村店叟賒酒，學散溪橋童釣魚」「垂釣苔磯人獨立，采香菜圃蝶雙飛」「古屋夜深燈影瘦，紙窗人定雪聲高」「水漲溪邊橋脚短，雲開空際塔尖高」，皆有劒南風味。詩未入選，故摘録於此。

天浦□字吉川，常陸人。著有《無所苟齋詩鈔》二卷。

吉川幼而好學，未弱冠即工詩。然其志趣闊遠，不欲以詩鳴。講求國典，稽考經史，將大發之於文章經濟。而天不假年，甫及强仕而卒。有遺言告其弟曰：「我惡夫詩之無用于世而災棗梨也，我死勿刻遺稿。」此二卷之刻，蓋其兩弟確與勁爲之，非其雅意也。然其詩實俊逸有新意，在近時詩人中卓然成家矣。

集中有《漫筆所成》絕句八十二首，以太多不録。然天機盎然，詩中有畫，余甚喜誦之。如云「一牛不待驅，亦自就涼處」「人住白雲裏，不知有白雲」「出門待月升，月在前溪水」「兩岸墜紅多，舟中花可掬」「漁郎何處去，舟在桃花岸」「一叟提筐去，隔林知有村」如此等類，皆使人翛然意遠也。

芳野長毅字伯任，號復堂，下總人。著有《復堂遺稿》一卷。

復堂幼慧，年九歲，五經及《文選》皆卒業。年十二，作《送村山平叔序》《論四端得之天四德成於人》，具有條理，見者以大器期之。乃年甫十六而卒，苗而不秀，亦可哀矣。

大沼原〔一〕字子壽，號枕山，江户人。著有《枕山詩鈔》三卷。

枕山於詩學頗近香山一派，其《論詩》有云：「詩無定法意所屬，不要疏宕要精熟。不古不今成一家，枯淡爲骨菁華肉。」可得其大概矣。東國人詩集每集必有數序，此集止於卷首自書「千古寸心」四字，不乞人一序，頗有名貴之氣。

鷲津宣光字重光，號毅堂，尾張人。著有《遷喬書屋集》。

毅堂詩從植村子順《六名家詩鈔》中録出，未見全集。其詩才力沈雄，長於古體，即近體亦無柔曼之音，非苟作者。觀其《論詩》絶句，以一洗李、王爲功，而又以絺章繪句爲枉尋直尺，可以知其詩品矣。

〔一〕原，李寅生、宇野直人《中日歷代名詩選・東瀛篇》作「厚」。

宇都靖字好直，號龍山，伊予人〔一〕。著有《竹雪山房詩鈔》二卷。

龍山有至性，篤於事母，常負母而游。故其詩有云「飲食吾自進，起臥吾自扶」「載疾周家園，以背代潘輿」，又云「老親在背宜徐步，好就花陰聽鶴鳴」，可謂思慈愛忘勞者矣。雲如山人題其集，有「孝子能詩丁鶴年」之句，洵得其實。詩亦清迥，多可誦者。

大槻清崇字士廣，仙臺人。著有《磐溪詩鈔》四卷、《二編》二卷。

士廣詩清麗可誦，且能爲五七言古詩，乃東國所難也。讀其文集，知其兼長於經學，著有《孟子約解》一書，未知視徂徠之《論語徵》何如。然觀其集中有一條論「不得罪於巨室」云：「此與《梁惠王篇》『爲巨室』當從趙注訓『大宫』，即指人君所居，謂不得罪於一家之人也。上章云『天下之本在國，國之本在家，家之本在身』，此章承之曰『不得罪於巨室』，即脩身以齊家之

〔一〕名字、本貫原缺，據《省軒文稿》卷三補。

謂也。」其説亦甚有見，則所著《孟子約解》必有可取者矣。

小原寬字栗卿，大垣人。著有《鐵心遺稿》八卷、《别録》一卷。

栗卿爲美濃國大垣藩之世臣，爲藩主所信任。及封建廢，入仕於朝，於舊藩頗有調護之功。既而諸藩奉還版籍，以舊藩主爲本藩知事，栗卿仍任大垣藩大參事。其詩雖流連風景，往往微寓時事，有少陵「每飯不忘」之意。葢亦不止以詩傳者也。

佐藤信古字子老，號蕉廬，江户人。著有《蕉廬詩鈔》四卷。

子老爲鑄金局長吏，以言局事，與當局者忤，遂辭職而去。此集中皆隱居之所作，淡而能腴，頗耐尋味。

中内惇字五惇，號樸堂，伊勢人。著有《樸堂詩鈔》六卷。

樸堂性耿介，不樂仕進，教授於伊二十年，多所造就。其爲學淹貫經史，讀其《述志》一章云：「自宋儒以來，聖道落荆棘。性理盜莊禪，傳注恣胸臆。吾生愚且暗，自顧無一得。甘拾毛鄭唾，誓爲董韓僕。」可知其有志於樸學也。集首鈐一印曰「進覽稱旨，留在御前」，蓋在彼國曾塵乙夜之覽也。

岡本迪字吉甫，淡海人。著有《黄石齋詩集》上下共四卷。

吉甫爲彦根世臣。是時藩國多故，吉甫能力除弊政，廣舉賢才，以輔幼主，頗負一時之望。及諸侯納土，有薦之於朝者，掉頭不顧。卜居華頂山下，角巾野服，環堵蕭然，亦可想見其志節矣。少時曾游梁星巖之門，星巖稱其詩「忠厚惻怛，愛君憂國，得三百篇遺意」。知詩哉！知人哉！

橋本寧字静甫，京都人〔二〕。著有《蓉塘詩鈔》二卷。

静甫詩清麗芊緜，令人百讀不厭。集中未選佳句，五言如「水枯橋脚瘦，樹老店身寒」「清

〔二〕京都，原作□□，據李寅生、宇野直人《中日歷代名詩選·東瀛篇》補。

風長在竹，明月不離松」，七言如「春埒踏花紅叱撥，秋樓倚月玉參差」「霞光煙彩畫前易，牧笛樵歌刪後詩」，皆晚唐名句也。其《次伊藤士謙韵》詩至六疊韵，止爲一妓者而作。初意殊有士衡才多之誚，然反復讀之，綺思豔句，齒頰皆香，仍不忍割愛也。

長芡字世章〔一〕，號三洲，大分人〔二〕。著有《三洲詩鈔》一卷。

三洲詩未刻，余從小雨上人處得其鈔本一册。近體清妙，古體奇横，蓋亦近時詩人之傑出者也。因録其詩十餘首，其佳句之未録入者如「秋月過鄰牆，離樹高一尺」「歸時天在水，一棹亂秋星」「送我故山青，漸被遠雲隔」，皆有意。至七言則如「市聲在水晚檣亂，鷗夢倚天春浪閒」「嫩日行空梅欲活，殘雲壓谷雪猶肥」，皆佳句也。又有五古一篇云：「山月如老人，淒涼不堪瘦。水月如仙姬，色腴而神秀。」品評甚妙，惜通篇鈔寫有脱落處，不能録也。

〔一〕　世章，原作□□，據王元明、增田朋洲《中日友好千字詩》補。
〔二〕　大分，原作□□，據吉川弘文館《國史大辭典》補。

川路利良 字乘〔一〕，號龍泉，鹿兒島人。著《龍泉遺稿》一卷。

龍泉以功業顯，稿中有《督軍抵鹿兒島》詩，是其生平固以長槍大戟立功，非倚毛錐子作生活者。然性嗜吟詠，詩亦温雅可誦。其詩多五七言絶句，想由軍中馬上興到偶吟，無暇爲長篇巨製也。

岡千仞 字振衣，號鹿門，仙臺人。著有《東旋詩紀》一卷。

鹿門於明治戊辰之亂移家至東京，及己卯，航海東旋，乃取途中詩訂爲一集。自序云：「余生長道塗，中遭兵亂，百年城郭蕩爲丘墟，親戚情話恍如夢寐。俯仰今昔，不覺慨然。乃作詩若干首以紀游。」詩雖不多，然奥羽之亂，一一出於目覩，而詞氣激昂，令人讀之有唾壺擊碎之意，亦奇士也。詩題每書月日，固紀游體耳。

〔一〕 乘，原作□□，據《龍泉遺稿》補。

鱸元邦字彦之，號松塘，房州人。著有《超海集》一卷。

松塘全集余未之見。此集乃因其國開拓北海，松塘亦往游焉，往來所得詩彙爲一編，取孟子「超北海」語以名其集。末附諸家題詞，有薄井飛虹一絶句云：「北門我是舊監事，空踏山河路八千。輸與松塘老詩伯，一囊收拾廿沽煙。」得此集大概矣。

宇野義以字士方，大垣人。著有《南泉遺稿》二卷。

士方亦曾游星巖之門，在玉池吟社之列。遺詩不多，亦頗可誦。《詠史》十首，蓋詠彼國時事，語意不盡可曉，然實傑作也。

橋本紀字伯綱，號藜園，越前人。著有《藜園遺草》二卷。

藜園年壯氣盛，慨然欲有所爲，竟以草茅危論罹朋黨之禍。其《獄中作》詩有云：「昨夜城中霜始隕，誰知松栢後凋心。」又云：「文山大節嘗心折，土室猶吟正氣歌。」聞者哀而壯之。是獄死者數十人，而伯綱與焉。明治之初，是非牿定，向所擯斥者率蒙采録，而死者亦嘉憫賜祭。於是其弟綱維、綱常刻其《遺草》以行於世。詩多近於率直，然非婞嫛媚世者所敢望也。

森魯直

字希黄，尾張人〔一〕。著有《春濤詩鈔》四卷。

希黄美鬚髯，一時有「森髯」之稱。其詩甚多，余所見者甲籤四卷耳，乙丙以下未見，不知已刻否也。詩雖止四卷，而集名則有八，大率以其首一篇中語名其集。如第一集首篇有「三十六灣春水來」句，即名《三十六灣集》；第八集首篇有「半庭絲雨溼殘梅」句，即名《絲雨殘梅集》，頗涉纖小。其詩亦多小題，然清新俊逸，自不可掩。

佳句未入選者，五言如「松高秋氣王，寺古磬聲沈」「鴨聲春水岸，人語夕陽舟」「南浦依然暮，東君何處歸」，七言如「雨痕初散日浮水，山色欲來雲撲門」「僧影隨雲歸遠岫，覓聲分雨到寒泉」，皆佳。又有云「論友無如幼時友，看花最好故園花」，亦殊有當於予心也。

〔一〕尾張，原作□□，據《春濤詩鈔》補。

竹添光鴻字漸卿，號井井，肥後人。著有《棧雲峽雨詩草》一卷。

井井在東國即慕余名，及來中華，訪余於西湖第一樓。不值，遂至吳中春在堂，修相見禮，出所著《棧雲峽雨記》索序。蓋其自我京師首塗，由直隸、河南、陝西而至四川，又由蜀東下，道楚以達於吳，記其所經歷也。於山水脈絡、風俗得失、物産盈虚，言之歷歷。余甚奇之，爲製序於其簡端。嗣後遂頻通音問，又承以所刻《棧雲峽雨詩草》見贈，則蘇杭游覽之詩亦附焉。蜀中山水本奇，其詩足以副之。余兹選東瀛詩，因列爲一家。井井全集固未之見，然即此一集中，已美不勝收矣。

集中有贈余詩，并附刻余和作云：「東瀛仙客駐幨帷，游覽都忘歸計遲。萬里雲山俱入畫，一門風雅自相師。青衫舊恨關時局，黄絹新詞鬭色絲。自愧迂疏章句士，感君欣賞奈無奇。」附録於此，以存海外文字之緣。井井之内子同行，亦能詩，故有「一門風雅」之句。

釋日政 字元政，號妙子。姓菅原氏。著有《草山集》三十四卷。以下方外。

妙子詩文極富，然多彼教語。集以《千字文》編次，自「天地」至「律吕」凡三十卷。或諷之曰：「擬佛經邪？」則謝曰：「不肖固釋氏子也。」其於彼法所得甚深，觀其《十樂詩序》謂：「同爲佛弟子，而吾得大乘。同爲大乘，而吾得佛乘。同爲佛乘，而有聞即心作佛之旨，未知自身是佛之妙，吾幸知之。」言之歷歷，殆非口頭禪矣。其事父母至孝，父年八十七而終，母年將九十，猶侍膝下，有「白髮殘僧伴母眠」之句。嘗采擇彼教中之篤於親者，爲《釋氏二十四孝》，序而行之，亦見其至性之過人矣。集中有句云「中歲解微官，事佛被毳褐」，殆亦逃儒入墨者邪？

釋元皓 字大潮，號松浦。著有《松浦詩集》三卷。

松浦雖釋子，然其詩惟一聯云「不因人有死，安識我無生」，略見西來大意，其餘則皆詩人之詩也。蓋松浦曾與物徂徠、服南郭諸君游，其詩學有自來矣。

釋原資字萬庵。著有《江陵詩集》四卷。

萬庵之詩，在釋子中卓然成家〔一〕。物徂徠極推重之，謂「不特東方，亦中華緇流所無」，并謂「支公、休上人悉瞠乎其後」。雖推許稍過，然其詩實掉有衆長，不名一格，非蚓竅蠅聲所能望，且亦非如擊壤一派徒以理語爲詩也。觀其自漢魏六朝下至唐宋元明諸家之作，無所不擬，擬之無有不似。雖不免虎賁中郎之誚，然亦可見其致力之深矣。生平爲詩甚多，得百千首，輒焚燒者也。然其臨終自書《贈烏石山人》曰：「屬君千古意，今日絶絃時。天地蒼茫裏，江陵一部詩。」則亦未始無意於身後名也。

竺顯常字大典，淡海人。著有《小雲棲稿》十二卷。

大典始隸籍官刹，其後幡然引退，雲游東西，著《息心賦》，蓋亦緇流中之佼佼者。有《善惡

〔一〕然，原訛「家」，據蔡啓盛《校勘記》改。

論》一篇，言太極生兩儀，陰陽皆在太極之中，則善惡皆在大道之中。蓋其所執即善惡混之説，而歸在勸善止惡，亦不爲無見。

釋慈舟字六如。著有《六如庵詩鈔》六卷，又《二編》六卷。

六如爲東國詩僧，據源長卿序，知姓苗村氏，住天台善光院，後監正覺院，授院家。院家者，以賓客備顧問者也。觀集中所紀，恩遇甚隆，蓋亦詩僧中之傑出者矣。詩則古艷，無蔬筍氣。源序稱：「觀其所爲，禮佛誦經無懈志。視其詩，風流逸調，廣平梅花不與其人相類。」此六如之詩所以可傳也。其晚年之詩稍涉骫骳，故於《二編》所選較嚴云。

六如頗工七言律，所未選者佳句猶多。如云「拾翠佳人金齒屐，踏莎公子紫茸裘」「笭箵江上聱牙叟，瓶鉢人間邋遢仙」「紅藕入秋如病妓，青莎不夜有啼螿」「青葦風生驚驟雨，白沙潮走誤晴雷」「户減怕逢觥録事，衾寒罷聘竹夫人」「清秋簾外芙蓉雪，夜雨鐙前寬永鐘」「秋雪無端催鬢髮，晨星容易減交親」「枕衾藴煖支吾老，花木培根準備春」「鐙殘慳放紅蜻眼，香斷苛留緑繭絲」「彈壓旅情憑酒力，支持衰抱策詩勳」，皆警句也。

釋古梁字紹岷，號南山，仙臺僧。著有《南山外集》八卷。

南山於彼教所得甚深，其詩文稱「外集」者，葢其生平著述多彼教語，内彼則外此矣。然讀其《雀雉行》云「有客有客元倜儻，一具傲骨何骯髒」，知其少壯時固非無意人間世者，宜其詩亦非寒、拾一派也。

集中未選佳句，如「閒中秋色老，病裏雨聲深」「午徑穿花暖，春泉洗藥香」「寒泉咽幽澗，暗霰度深篁」「澗聲冰處斷，巘路雪邊窮」「風摇窗竹影明暗，月上庭梅香淺深」「負郭人家老蠶雨，連山雲樹子規天」「樵帆近傍柴門卸，獵火夜穿松徑行」「奇石纔移添竹勢，蒼苔漸厚益山文」。又有句云「彩筆漫勞空裏畫，寶臺未見鉢中雲」，自注云：「《十地經》以文字喻空中畫。唐法照國師一日於鉢中見五色雲，有梵刹池臺樓觀。後詣五臺山，如鉢中所見。」可徵其博涉内典也。

釋泰冏號梅癡，又號小蓮主人，阿波人。著有《拈華山房集》。

梅癡雖隱於方外，而急人之急，有俠士風。其詩清新麗縟，諸體皆妙，而七律尤工。植村子順撰《六名家詩鈔》，梅癡其一也。以釋子而與宏庵、磐溪諸人旗鼓相當，足以知其詩名之盛矣。

釋德含字圓禪，號松靄。著有《松靄遺稿》四卷。

《松靄遺稿》有二本，其一爲淺田栗園所刻，則皆七言絶句；其一爲鱸松塘所刻，則兼收五七言律詩，而皆無古體，殆非所長也。詩筆秀逸，無塵羹土飯氣，亦無蔬筍氣，意其人固王摩詰所謂「天機清妙」者歟？尚有佳句未入選者，五言如「花落鳥歸樹，月高僧掩門」「霜寒楓乍脱，水冷雁初飛」，七言如「洗硯臨池魚避墨，移花近砌蝶尋香」「芳草斜陽樓上笛，板橋流水寺前花」「山寺樓臺遮樹黑，村祠燈火隔陂紅」「怯寒老衲先歸寺，戀酒同人尚在船」，皆可誦也。

僧蒙字心泉，號小雨，加川金澤人。

心泉於壬午歲訪余於西湖，承以手書楹聯見贈。余贈以詩，所謂「一聯壯我楹間色，萬里高君海外蹤」者也。兹選東瀛詩，因采其詩入選。其游西湖而歸也，翦指爪埋之孤山林處士墓畔，賦詩有云：「我骨願埋林墓畔，先將指爪葬孤山。」可想見其人矣。

自元政至全亭，方外一百有六人

日本自保平以降，士大夫投筆從事軍旅，而文藝遂委之緇流。雖其國講濂洛之學者亦以僧元惠爲宗，國有大制作皆諸僧主之。然則方外之盛可知矣。余選東瀛詩，其僧之有專集者已得九家。此外又博蒐之江邨氏之《日本詩選》、釋徹定之《緣山詩叢》以及梁星巖《玉池吟社集》、竹内子行《嚶鳴集》、伊藤海嶠《南紀風雅集》、山田常良《宜園百家詩》、大沼子壽《下谷吟社詩》，共得百餘人，合爲一卷。

江馬裛字細香，號湘夢，美濃人。著有《湘夢遺稿》二卷。以下閨秀。

湘夢孝事父母，終身不嫁，殆彼國之北宮嬰兒子乎？當時詩名甚著，往來京師，與諸名公交，遠近乞書畫者踵其門。名達藩侯，賜以章服，亦奇女子也。閨中蓄春蘭二盆：一盆歲歲著花並蒂，湘夢賦詩云「春風寂寞閒窗底，何意年年並蒂開」，自是此花頓萎；而其一則馥郁如故，殆亦其幽貞所感歟？

張景婉字道華，美濃人，歸梁公圖緯。著有《紅蘭小集》二卷。

公圖爲東國詩人領袖，學者所稱星巖先生也。道華爲其嘉耦，閨房倡和，當時豔之。此集卷首有公圖所題四字曰「女工餘事」。《集曹全碑》文亦秀逸有致。

自井上通至大崎榮，閨秀三十四人

余常見日本人竹添井井自言其室人能詩，然不解中國文字。蓋其所謂「詩」者乃彼國「和歌」之類耳，東瀛閨秀其嫺吟詠者固稀矣。余所見東瀛閨秀有專集者，止《紅蘭》《湘夢》兩種。乃博求之彼國人江邨綬所輯《日本詩選》、重野安繹所輯《明治詩文》以及竹内素之《嚶鳴集》、梁緯之《玉池吟社集》，所得女史詩仍屬寥寥。幸有水上珍亮所輯《閨媛吟藻》，蒐羅頗富。乃録其佳者，合成一卷，以存彼國彤管之美。時余新有愛女之喪，女名繡孫，字綵裳，余擬刻其詩詞遺稿，附吾全書以行世。尚未編纂，適選是集，不知涕之無從也。因附一絶句云：「紅蘭湘夢兩芬芳，彤管由來别有光。我選東瀛閨秀集，惜無愛女共商量。」

諸閨秀既無專集，則遂無所表見，但存姓名而已。然或間有可述，則亦不忍没之，略識數語，庶人與詩並傳也。自多田順以下凡八人。

多田順字季婉。

季婉未詳何許人，其詩有云「天壤王郎空有恨，謝家門巷落暉時」，又云「憔悴花前自恨春，花開花落白頭新」，其殆遇人之不淑者乎？

津田桂字依之，號蘭蝶，加賀人，横山致堂之室。

蘭蝶爲横山原配，横山繼配蘭畹亦能詩。其長女瓊翹自幼即嫻詩畫，一門風雅，望之如神仙中人。惜蘭畹及瓊翹詩求之不得也。

三田文字昌卿，號蘭友，淡路人。

自蘭友以下至鵜飼華峰，《閨媛吟藻》原注云「並鱸松塘弟子」，然則松塘門下女弟子甚多，有隨園之風矣。

鱸澤字芳卿，號采蘭，安房人。

采蘭之父即鱸松塘也，名父之女，是宜能詩矣。

鱸禮字蕙畹。

《閨媛吟藻》原注云「采蘭之女」，然采蘭鱸姓，其女安得姓鱸？疑當爲采蘭之妹，蓋亦松塘之女也。且既字蕙畹，其名似當作「沅澧」之「澧」，與采蘭名「澤」同是水旁字，可知其爲姊妹行矣。

跡見花蹊未詳何許人。

花蹊門下女弟子甚多，殆亦彼中不櫛之進士乎？

後藤梢未詳何許人。

跡見花蹊弟子，賦《初夏即事》詩，年止十二。

白川幸字友之，號琴水，飛馱人。

琴水頗工古體，在閨媛中爲難得者。有《紅絃餘唱》四首，似歌似謡，音節絶異。序云「聊學國風遺韵」，殆類於彼國所謂「和歌」者乎？然情致纏綿，頗得風人之意。題下有小注數字，末一字不可識，蓋彼國所謂「普同字」也。今既不識，姑削之。

自大友皇子至那珂通高，補遺二百七十七人

余既選定東國之詩，得四十卷，然東國之詩固不盡於此。彼中先哲如祇園南海、大宰春臺，至今猶望若斗山，而茲選闕焉，得毋未慊人意乎？乃又求之諸家總集中，如江邨君錫之《日本詩選》、伊藤海嶠之《南紀風雅集》、源南海之《鍾秀集》、江尻興之《鹿鳴吟社集》、梁星巖之《玉池吟社集》、竹内子行之《嚶鳴集》及今世名家詩選𡸴山博教之《峰山詩集》、山田常良之《宜園百家詩》、關仲毅之《近世名家詩鈔》、大沼子壽之《下谷吟社集》、森春濤之《舊雨詩鈔》、城井國綱之《明治詩選》，所得者幾及二百人，合其詩爲《補遺》四卷。至其選本之最古者，莫如林春齋之《一人一首》。然可以備掌故，而不可以言詩。略登數首，以示權輿。

諸家既無專集，則亦無所表見。間有可徵，仍略記之。自那波守之以下凡一十一人。

那波守之字元成，號木庵。

木庵嘗著《中庸異見》一篇，頗疑《章句》之説。今讀其《偶題》一首，足見微意矣。木庵父

名方，字道圓，受業惺窩，專主宋學。而木庵已有異同之論，後來仁齋之學，權輿於此矣。

道圓有《銀閣寺》詩，木庵有《金閣寺》詩，二閣並足利氏遺址。那波氏父子二詩，在彼中頗爲人傳誦，故並録之，非獨存其詩，兼存彼中古蹟也。

萩原萬世字休卿，號大麓，上毛人。

大麓深於經術，所著有《五經解閉》《孟子考》等書。不欲以詩名家，惟與子弟輩唱和相樂而已。其門下士江尻興采録其父子兄弟及諸弟子詩，爲《鹿鳴吟社集》二卷。余就其中録取數首，以存萩氏一家之學。至所著《鶴堂集》，則未之見也。

萩原善韶字文華，號嵩嶽，上毛人。

嵩嶽爲大麓之子，亦深於經學，所著有《論語小説》《孟子私説》《大學私説》《左氏解閉補》等。一門之中父子自相師友，使在中華亦不讓元和之惠氏、高郵之王氏矣。詩亦饒有神韵，而所著《芳宜園集》余亦未之見。録取數首，仍從《鹿鳴吟社》采入也。

田原善之字善之。

善之即字善之，未詳其義，姑如原本書之。然古人固有字同其名者，公冶長字子長，漆雕開字子開，由來久矣。

正木幽谷南總隱士。

幽谷不知爲名爲字，亦未見其集，兹就《鹿鳴吟社集》采取數詩，署曰「南總隱士」，亦其原題如此也。

伊東世美字君濟，長崎人。

君濟仕幕府，數奇，不得志，致仕而去。放浪詩酒，自號「天游」。未幾得篤疾，委頓牀褥者十年，不中壽而死。死後遺稿散失，存者寥寥矣。

神谷貞一字文饒，號東條，尾州人。

東條負才不遇，年三十七而死。所著有《地理志》《喪服略》《東條筆記》諸書，皆散佚無存。非《鹿鳴吟社》曾録其詩，并無一字之傳矣。詩雖不工，不可不取之以存其人也。

保岡孚字元吉，江户人。

元吉詩從《嚶鳴集》録出。《嚶鳴集》爲竹内素子行所輯，蓋皆其朋輩之詩也。子行自題一詩云：「栖遲青山下，深林護茅廬。朝昏親書帙，地闢過客疏。固陋雖所甘，常歎無起予。時檢昔游橐，獲詩百篇餘。新知與舊識，懇懇交情攄。鏤版圖不朽，此集是其初。黄鳥猶求友，可以人不如？」集凡九編，詩無慮千餘首。余所選者，僅十之一二云。

聞子行所輯尚有所謂《今英靈集》者，其詩多憂時憤世之作，蓋猶在此編之前也。見第六集棚谷元卿跋語中，余未之得見云。

山崎知風 字子温，號桃溪，江户人。

子温年十七而卒，其父執黑田子友哀其苗而不秀，知竹内子行有《嚶鳴集》之刻，乃録其詩如干首，俾附三集之末。余録其詩，亦稍從寬焉，冀存其人也。

巖井任重 字致遠，號白灣，上毛安中新井人。

致遠有三子，長曰孚，字信卿；次曰慎重，字子厚；三曰重正，字貞卿，並能詩。《嚶鳴集》中父子昆弟皆預焉，足見其一門風雅矣。

新野陵 字子巖，號菊潭，彦藩世臣。

子巖詩從《玉池吟社》録出。是時梁星巖執詩壇牛耳，四方之士以詩來會者千餘人，遂有《玉池吟社》之刻，即附《星巖集》以行。余採輯其詩，得如干家，想見當時壇坫之盛。

附録

《東瀛詩選》序

日本之與我中土同文字也，由來久矣。在唐宋之世，彼都人士已有遊歷中邦，挂名史策，如粟田、仲滿、滕木吉其人者，況至今日而輶軒之使交乎中外，更非唐宋時之隔絶不通者可比乎？余曩者曾見其國人物茂卿之《論語徵》、安井仲平之《管子纂詁》，讀而善之。嗣後東國諸君子不我遐棄，每至江浙者必訪我於吴中春在堂或湖上俞樓，遂有以其國人所撰詩百數十家請余選定者。余衰且病，未足以任此。然假此與海外諸君結文字之緣，未始非衰年之一樂也。其國文運肇於天貞，盛於元保。而天貞間之詩不可得而見，所見者自元和、寬永始，在中國，則前明萬曆、天啓時也。自是至於今垂三百年，人材輩出，詩學日盛。其始猶沿襲宋季之派，其後物徂徠出，提唱古學，慨然以復古爲教。遂使家有滄溟之集，人抱弇洲之書，詞藻高翔，風骨嚴重，幾與有明七子並轡齊驅。傳之既久，而梁星巖、大窪天民諸君出，則又變而抒寫性靈，流連景物，不屑以摹擬爲工；而清新俊逸，各擅所長，殊使人讀之有愈唱愈高之歎。余就其有專集者選得四千餘篇，釐爲四十卷；又就諸家選本中選得五百餘篇，爲《補遺》四卷。東國之詩亦略備於此矣。余每讀唐人詩集，如徐凝有《送日本使》詩，方干有《送人之日本》詩，錢起、劉禹錫、韋莊輩皆有送日本僧詩。葢習俗雖異，情性自通，風雅之事固全極乎竟外之交，乃余謬以虚名傳播海外，遂得越國而謀，僭操選政。雖所選者未必悉當，然此集也在彼國實爲總集之大者，必且家置一編，以備誦習。而余得列名於其簡端，安知五百年後墨水之濱不倣西湖故事，爲我更築俞樓乎？興到狂言，想諸君子必爲發一大噱也。大清光緒九年，歲在癸未夏六月，曲園居士俞樾撰，門下士徐琪書。

《東瀛詩選》例言

一、詩之爲道甚大，學者各得其性之所近。余於東國之詩所見止此百數十家，而此百數十家之詩止就余性之所近，録而存之。謂此爲東國之詩一巨編則可，謂此編所選足以盡東國之詩固不可也。閲者諒之。

一、擇言尤雅，史家且然，況詩家乎？余此編所選務取雅音，諸集中有通篇用一字韻音、有以一半兒詞爲詩者，皆非大方家數，概從割愛。

一、擬古之詩大家所有，東國詩人多喜爲之。蓋學詩之初先摹倣各家，然後乃能自成一家也；刻集之時往往置之卷首，以壯觀瞻。余則謂此言人之言，而非自言其言也。詩主性情，似不在此，故擬古之詩入選者十之二三而已。

一、東國之詩於音律多有未諧，執「一三五不論」之説，遂有七言律詩而句末三字皆用平聲者；執通韻之説，遂有混「歌」於「支」、借「文」爲「先」者。施之律詩，殊欠諧美，如此之類不得不從芟薙。閒或以佳句可愛未忍棄遺，輒私易其一二字，以期協律。代斲傷手，所弗辭矣。

一、古詩以氣體爲主，各集中五七言古詩固美不勝收，然或以曼衍敗其律，有枚乘骫骳之譏；或以模擬損其真，有優孟衣冠之誚。雖評論之家擊節歎賞，而鄙選弗登，職是故也。恐閱者致疑，敬爲彼都人士告之。

一、各集中多有圈點、評語，此古書所無也。中土自前明以來時文盛行，乃有圈點、評語，刻古書者從而效之，爲識者所笑。此選概從削除，余亦不著一語。惟每人之下注明字號、里居，而余因各就其人附識數行，或論其學術源流，或著其出處大節，爲誦詩者知人論世之助；又或詩未入選而佳句可傳者，亦附録之。總期有美必揚，窺一斑而見全豹之文，嘗一臠而識全鼎之旨。區區之心，自謂無負矣。

一、東國之書每行之旁多有譯音，惟徂徠之書無之。朝鮮人成龍淵謂「即此一端，可知茂卿爲豪傑之士」，事見其國人原公道所著《先哲叢談》。此選刻於中土，更無從旁注譯音，取法徂徠，非敢强變其國俗也。

一、我中華例應敬避之字，在東國原無庸避忌。然既選自鄙人，刻於中土，則應避之字必應改易。即在東國詩人亦可免具敖不知之恥，而合於古者入門問諱之義。

一、諸家之集體例各殊，有分體者，有編年者。兹就各集中採取佳章，不能改歸一律，悉依其舊，勿誚參差。

一、諸詩人年代先後未得其詳，但以序文所書年號約略編次，前後舛錯在所不免。江村君錫《日本詩選》凡例云：「序次作者初在以年爲前後，而竟不能盡。然父子、兄弟或連書焉，或不連書焉，混淆紛錯，無復綸緒。」在本國人且然，況余異邦人乎？姑以君錫之言自解曰：「詩之巧拙無關録次前後。」

一、東國人刻詩，往往止題某某先生集，或某軒、某齋稿。傳之既久，雖彼都人士有不能舉其名字者，余甚憾焉。雖然，唐人詩不有以無名氏傳者乎？姑從蓋闕之例，以待後補。

一、東國字體有涉詭異者，如「島」必作「嶋」、「鳩」必作「鳩」，猶於形聲無誤也；至如「榊」字、「梶」字、「辻」字、「畠」字，求之字書，皆無可考；而見於諸集中詩題者率皆人名、地名，不可更易。悉如其舊，亦名從主人之義也。又詩題中文義，如次人之韻曰「礎」、應人之求曰「需」，蓋其積久相沿如此，亦不必盡以中法繩之。

曲園三耍

附「耍」字考

《清異録》載：「劉鋹在國，令宫人鬬花，負者獻耍金、耍銀買燕。」此「耍」字見記載之始。宋洪邁《容齋四筆》云：「近世風俗相尚，公私宴集皆爲耍曲、耍舞，如勃海樂之類。」則「耍」字在宋時已爲常語。國朝褚人穫《堅瓠集》載元人《罷耍詞》云：「罷罷，耍耍，到頭來都是假。」則今人讀此字正與之合，蓋亦五代以來相承之舊讀也。此字不見字書，愚謂即「叔孫婼」之「婼」。昭七年《左傳》「叔孫婼」，《公羊傳》作「叔孫舍」，「婼」音轉爲「舍」，故得轉爲「耍」矣。婼從女，若聲。「若」與「而」本一聲之轉，古字相通。《周官・旅師職》鄭注曰「而讀爲若」，是其證也。「婼」從若聲，故或從而聲。《玉篇・女部》：「㚧，日之切。㚧媚也。」即「婼」之或體也。「㚧」從而，故有日之切之音。《漢・西域傳》「婼羌」，孟康曰「婼音兒」，則「婼」亦得從而聲讀矣。以此互證，「婼」「㚧」實爲一字，其本字爲「婼」，其或體爲「㚧」，其變體則爲「耍」。「耍」之與「㚧」，形聲移易，非有異也。《説文》「婼」訓「不順」，其字從若，疑當訓「順」，段氏玉裁已疑之矣。《玉篇》「㚧媚」之訓，與「順」義近。五代以來所用「耍」字，則又「㚧媚」之引申義也。

八卦葉子格　曲園三要之一

都凡八卦葉子百：爲單者十有五，爲拆者十有五，爲單拆兩用者一，爲單單者九，爲拆拆者九，爲單單、拆拆兩用者一，爲拆單者九，爲單拆者九，爲折單、單拆兩用者一，爲乾者三，爲坤者三，爲乾坤兩用者一，爲震者三，爲巽者三，爲震巽兩用者一，爲坎者三，爲離者三，爲坎離兩用者一，爲艮者三，爲兑者三，爲艮兑兩用者一，爲陽總者一，爲陰總者一，爲陰陽總兩用者一。

單

拆

單拆兩用

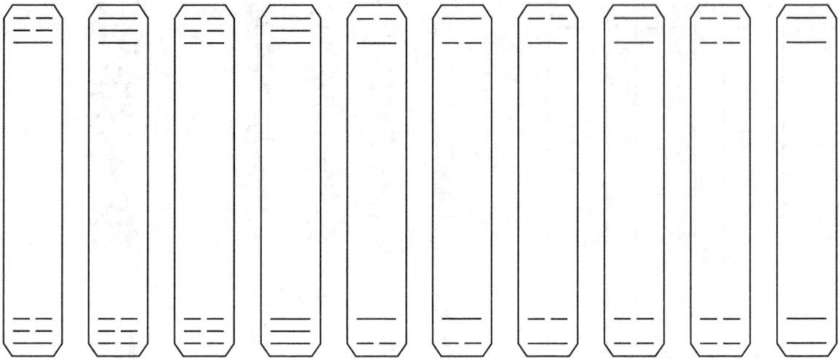

單單

拆拆

單單、拆拆兩用

拆單

單拆

拆單、單拆兩用

乾

坤

乾坤兩用

震

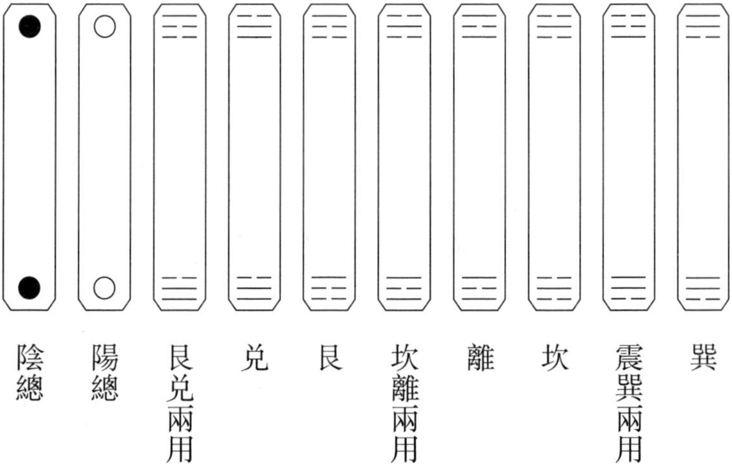
巽
震巽兩用
坎
離
坎離兩用
艮
兑
艮兑兩用
陽總
陰總

陽總陰總兩用

一葉而上下各異者，隨所宜用之。其陰陽兩總葉，○則諸陽皆可用，可⚊可⚌可☰；●則諸陰皆可用，可⚋可⚏可☷。若上○而下●，則陰陽惟所用。

乃以三人爲此戲。甲取二十四葉，乙、丙取二十三葉。甲行一葉與乙，乙得之，配成一卦，亦行一葉與丙。若乙不能配成一卦，則舍之而自取一葉，若所取之葉仍不能成卦，則以與丙，聽其去留。丙之於甲亦如之。

凡三葉而成一卦，二十有四葉而成八卦。卦各一算，乾坤倍之爲二算。是故八卦十算，不足十算者不成。

凡卦不必備，八卦備，倍其算。

凡卦，或二畫之葉三，或一畫、二畫、三畫之葉各一，不必純用一格。純者倍其算，有再倍，有十倍。

乾 ☰

坤 ☷

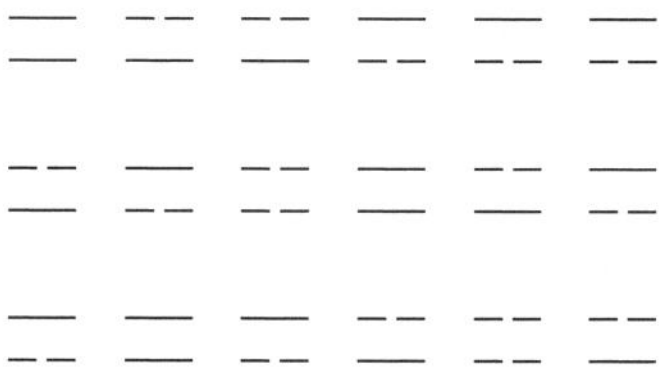

震

艮

離

坎

兌

巽

右諸卦皆以兩畫一葉者配合，至不易得，得之加十倍，若八卦全則加二十倍。

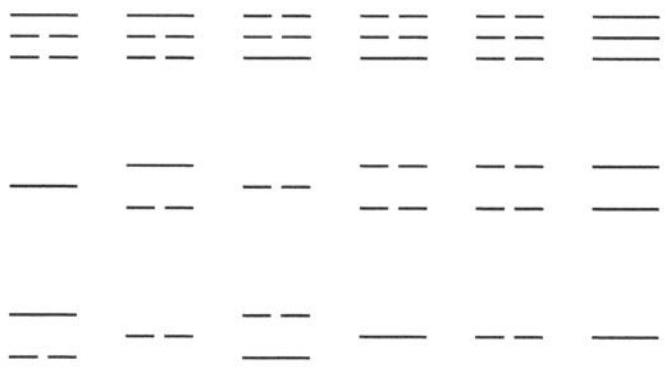

乾

坤

震

同上

艮

同上

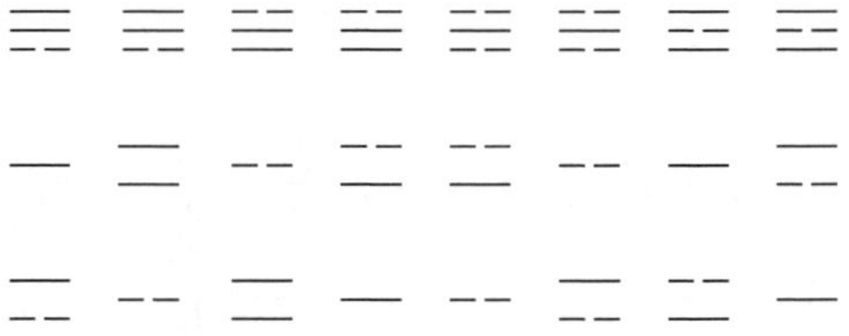

離　同上　坎　同上　兑　同上　巽　同上

右諸卦皆以三畫一葉，兩畫、一畫各一葉者配合，亦不易得。得之加一倍，若八卦全則加五倍。

若二十四葉取齊後即能配成六畫之卦各一，謂之天成，雖不滿十算可也。如是者，每卦加五倍，不滿十算則加一倍，若遇前所列諸式本應加者，倍其應加之數。

此就甲言也。若乙若丙，止取二十三葉，則俟甲與丙所行之葉，取以配合亦爲天成，加如例。

坎離得乾坤中爻，是爲陰陽之用，故於坎離各一葉加二小卦。坎葉離，離葉坎，得此葉者二算，與乾坤同。

凡滿十二算者加一倍，滿十三算者加兩倍，滿十四算者加四倍，滿十五算者加五倍，滿十六算者加六倍。

三才中和牌譜　曲園三耍之二

牙牌之戲，相傳起於北宋宣和時，由來久矣，然實無深義。如十二點爲天牌，或取天數十二；兩點爲地牌，八點爲人牌，則何取乎？天、地、人三才，自古無與伉者。乃以幺三爲和牌，配天、地、人而爲四，不知何義。豈宣和間方與遼絶，故諷以宜和歟？若幺二對二四爲至尊，五點、七點、八點、九點有錯對無正對，此似有意，然實亦自亂其例也。國初歙人鄭旭旦著《混同天牌譜》，雖雜牌亦各二扇，而又益以空牌二扇，自一點至六點各二扇，則牌益多矣。余參新舊牌式製此自娱。從宣和舊式，而雜牌有對則采，混同新意；又添中牌以配和牌：爲天牌者一，爲地牌者一，爲人牌者四，爲中牌者六，爲和牌者九。

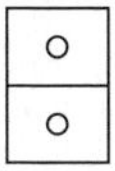

若製牌，則凡○皆純紅。

一者，天之生數也。天之生數始以一，因而重之又得一焉。是謂天牌，其采五。

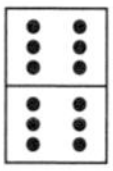

若製牌，則凡●皆純黑。

六者，地之成數也。地之成數始以六，因而重之又得六焉。是謂地牌，其采四。

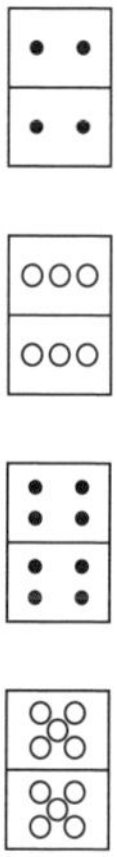

一六之間有此四數，因而重之，秉陰秉陽，而無偏倚，其惟人乎，物固不得而與焉。是謂人牌，其采三。

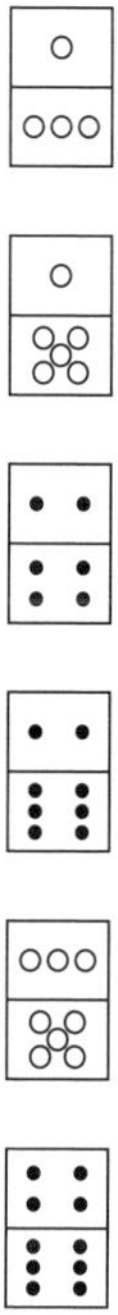

陰從陰居，陽從陽處，陰陽之静者也，喜怒哀樂之未發者也，斯其先天乎。是謂中牌，其采二。

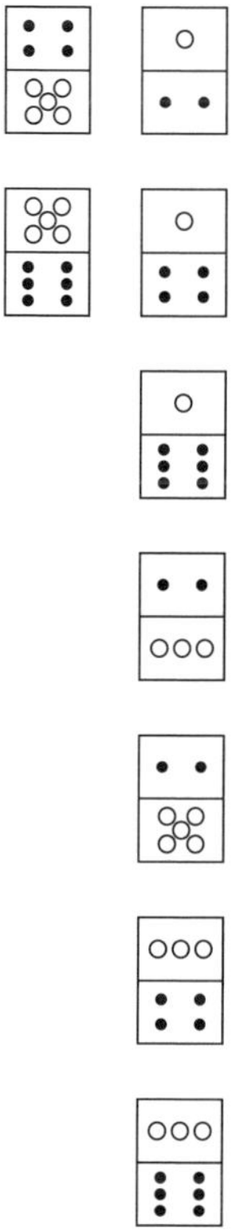

陰交乎陽，陽交乎陰，陰陽和而後萬物生焉，斯其後天乎。是謂和牌，其采一。

每牌各二扇，共四十二扇。

牙牌舊譜，以三扇爲一副，今亦循之，仍用舊譜五子、合巧、不同、分相之式，而益以新式，其五、十各爲之名，并舊者而易之以新耳。目分上、中、下三品，上品十五采，中品十采，下品五采。按品定采之外，又按天、地、人、中、和采數而定加采。如三扇中有天牌一則加五采，有地牌一則加四采，有人牌一則加三采，有中牌一則加二采，有和牌一則加一采。

人數或三或六均可。以全副四十二扇覆而亂之，分爲七列，每列六扇。如三人同局，則每人取二列，餘一列不取，各以所取二列發而視之，共成幾副，共得幾采，以角勝負，采多者爲勝家；其未取之一列亦歸勝家，發而視之，又得幾采，於是各計采之多寡而納焉。如甲少於乙若干采，則納若干於乙；又少於丙若干采，則納若干於丙。乙丙兩家亦如之。若六人同局，則每人各取一列，其法如前，未取之一列亦歸勝家。若七人同局，則各取一列，以角勝負，無餘列矣。若人數在七人以上，則各人以全副四十二扇分爲七列，以角勝負。然人太多則諠雜可厭，非雅戲矣。

凡一采應納若干，初無定例。然此戲不過家人婦子偶爾消閒，初非牟利，大約每采納錢一文，亦足稍佐茶果之費。且三人六人同局，每人止一列二列，俄頃之閒輸贏便見，則或豫先訂定幾局，合而計之，挂杖有餘矣。彼豪門盧雉一擲百萬，雖曰豪舉，非吾輩所宜也。

三品名目附采例

諸品中如小三昧即六幺曲之類，準兼算。又如紅鞔鞨、黑牡丹，遇全紅、全黑者，皆準兼算。

聚星即五子也。上品。諸色皆略舉見例，不備載。

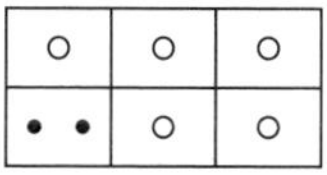

五 五 一

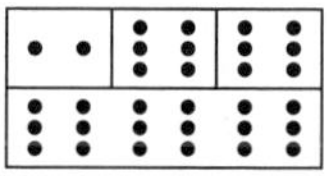

四 四 二

合璧即合巧也。上品。

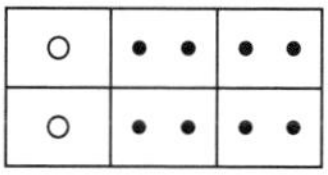

三 三 五

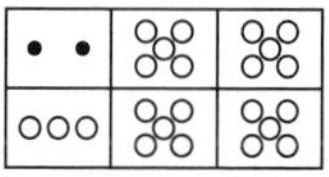

三 三 一

珠珞索即不同也。上品。

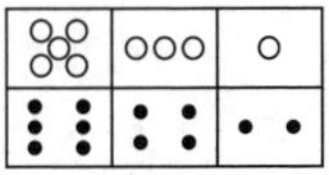

一 一 一

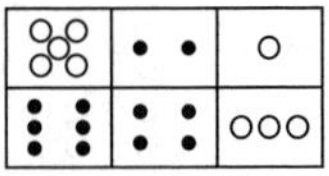

二 二 一

錦屏風即分相也。上品。

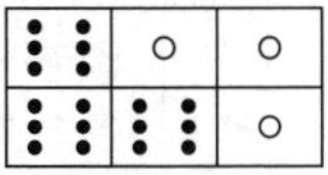

五 一 四

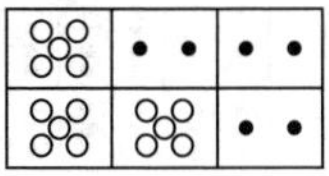

三 一 三

周官三少幺二三也。俗名順水魚。中品。

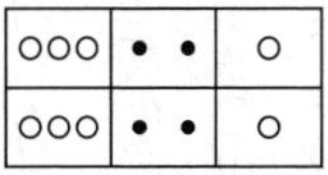

五 三 三

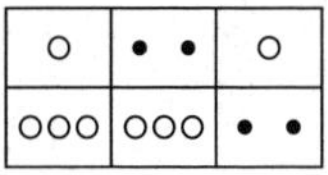

一 一 二

漢廷三老四五六也。俗名馬軍。中品。

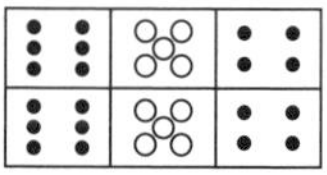

三　三　四

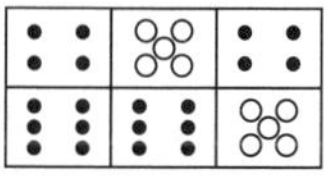

一　一　二

赤帝三雄幺三五也。其數皆奇，故爲三雄。中品。

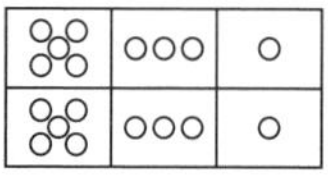

五　三　三

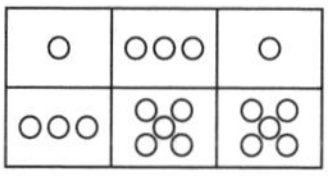

二　二　二

青溪三妹二四六也。其數皆偶，故爲三妹。中品。

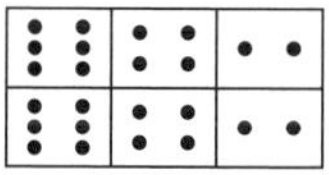

三　三　四

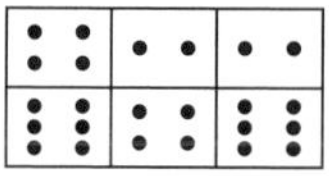

二　二　二

牛腰俗名腰裏粗。中品。

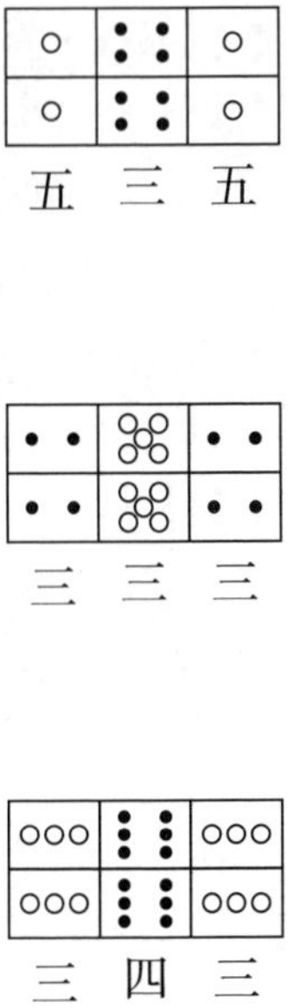

蜂腰俗名腰裏細。中品。

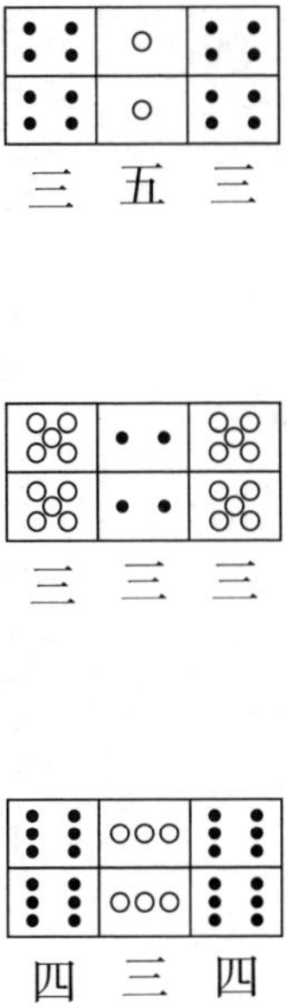

聚頭扇并兩幺頭爲二頭，并兩三頭爲六頭，如此者曰聚頭扇。中品。

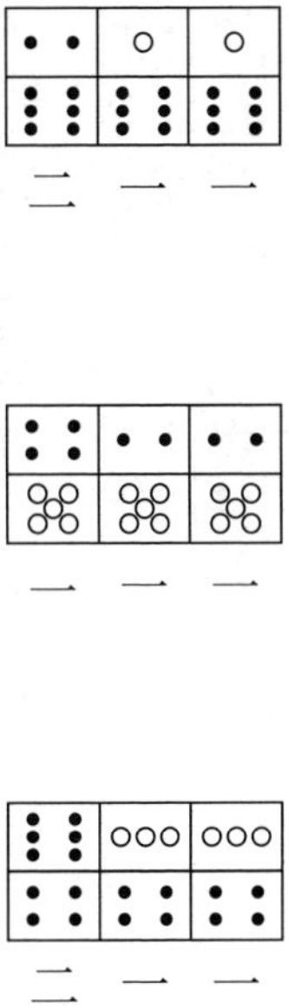

折足鐺兩幺六而一幺五，兩幺五而一幺四，如此者曰折足鐺。中品。

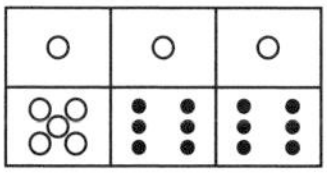
一　一　二

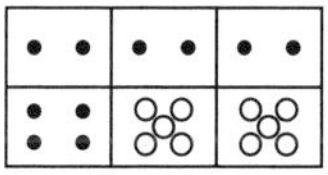
一　一　二

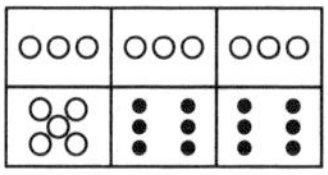
一　一　二

駢四四色皆同，餘二色不同，而合之則如其數者一，是爲駢四。中品。

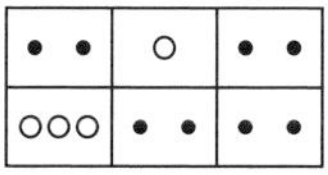
三　一　一

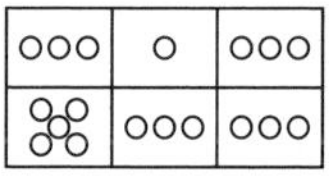
三　二　二

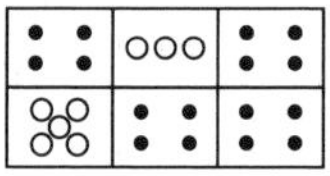
二　一　一

揲四四色皆同，餘二色不同，而適如四色之數，是以四揲之也，故爲揲四。中品。

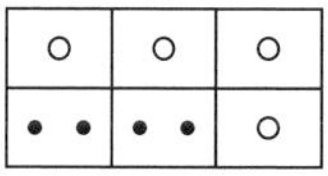
五　一　一

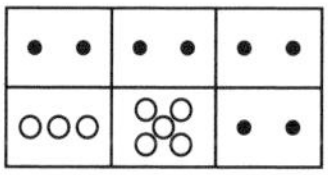
三　一　一

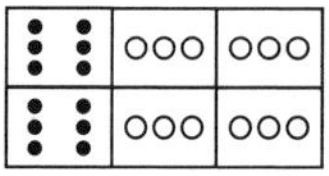
三　三　四

小三昧三同，而餘色得幺二三，是謂小三昧。中品。

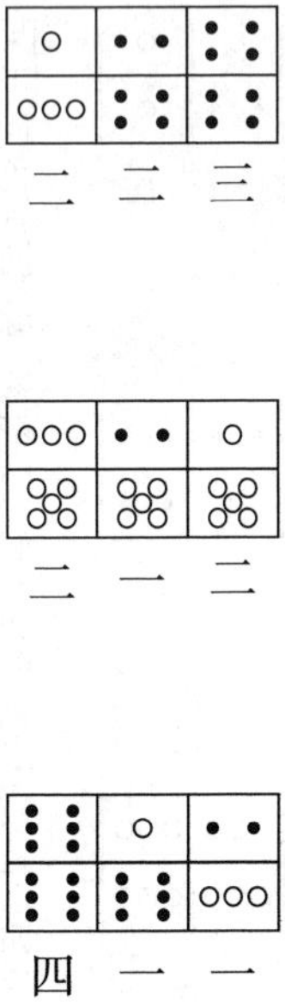

大三昧三同，而餘色得四五六，是爲大三昧。中品。

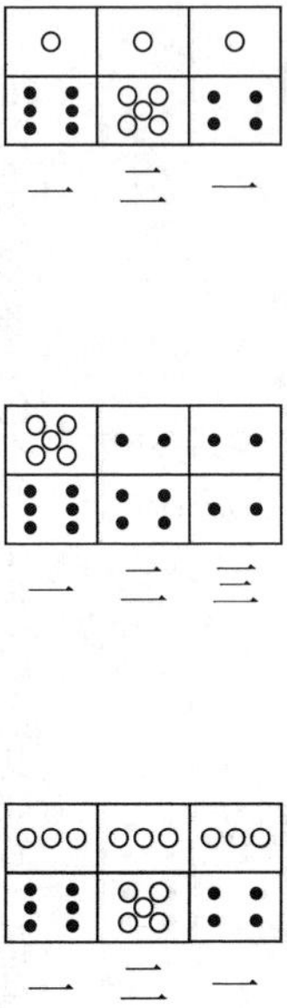

乾三索三同，而餘數皆奇，是爲乾三索。中品。

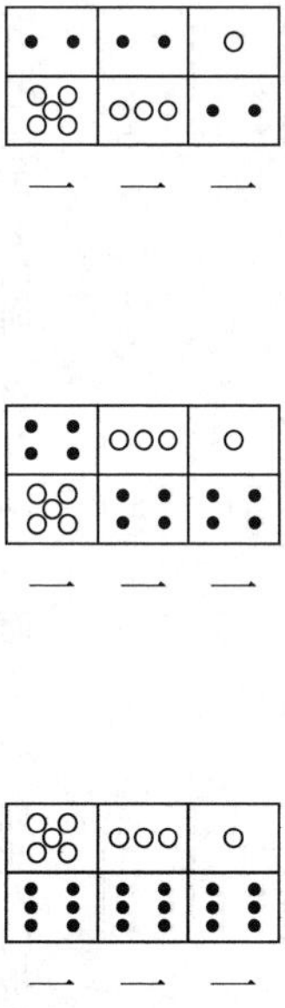

坤三索三同，而餘數皆偶，是名坤三索。中品。

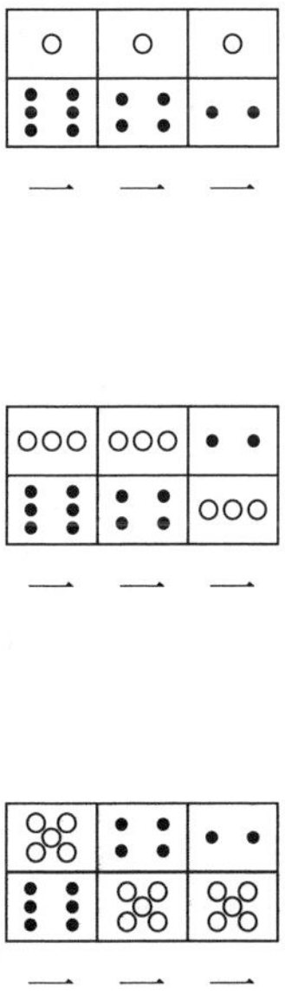

三分明月三同，而餘色巧合，是爲三分明月。中品。

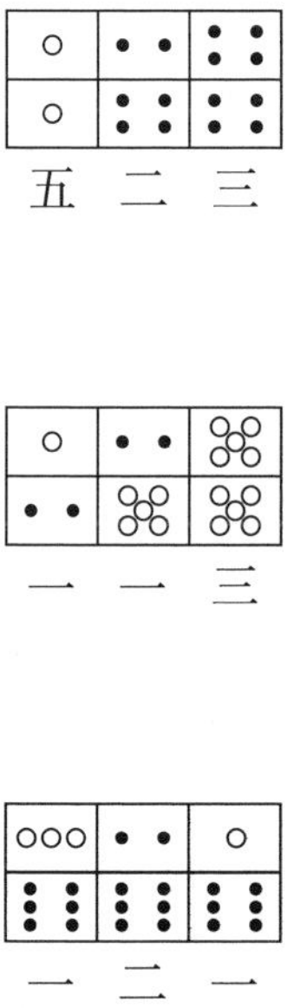

三江合流三同，而餘色適如三同色之數，是三分而三合也，故爲三江合流。中品。

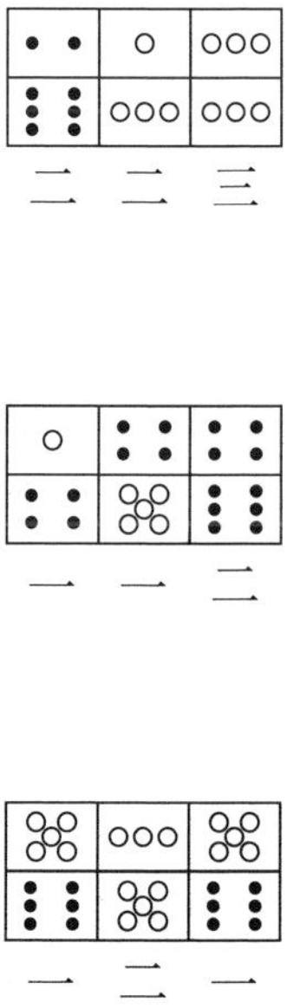

三山二水三同，而餘色合之如其數者二。三數分峙故爲山，二數合流故爲水。中品。

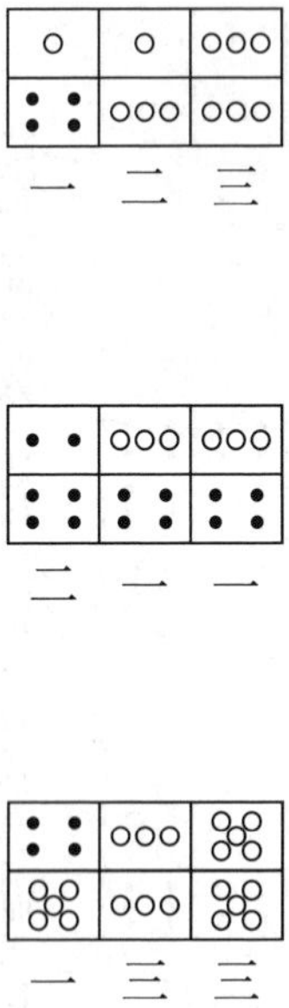

芝草無根三扇中，二三四五六咸備，獨無幺，是謂芝草無根。中品。

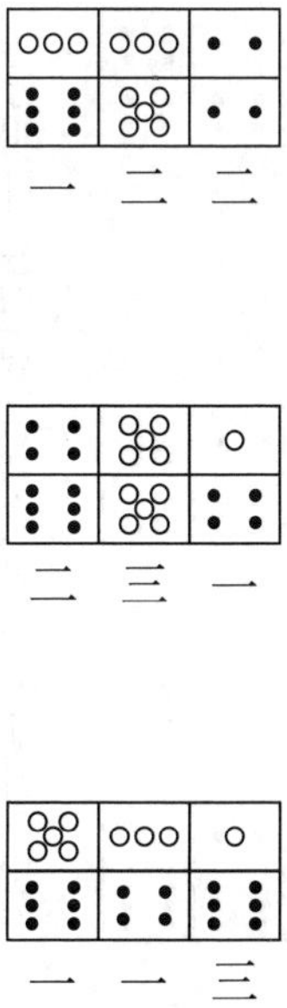

神龍不見尾三扇中，幺二三四五咸備，獨無六，是謂神龍不見尾。中品。

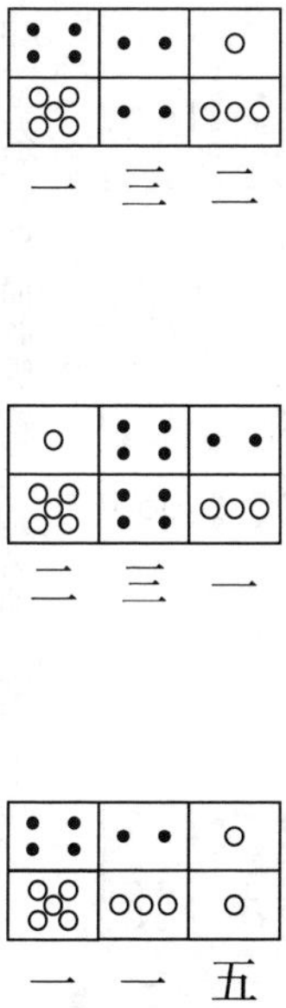

五雜組三同，而餘色五。俗謂之奪錢五，其名不雅，故易之。中品。

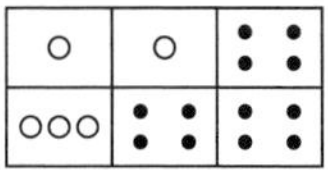

三　一　二

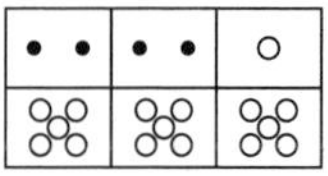

二　一　一

六幺曲三同，而餘色六。俗謂之六火管，未詳其義，故易之。中品。

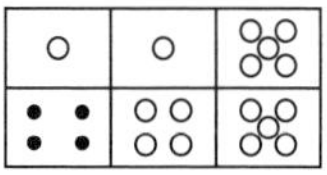

三　一　一

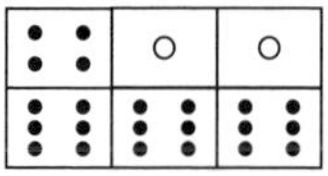

一　一　二

七寶聚三同，而餘色七。俗謂之七淒涼，更非美名，故易之。中品。

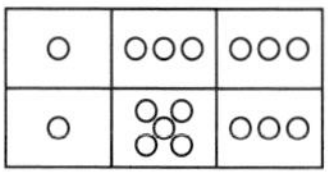

三　二　五

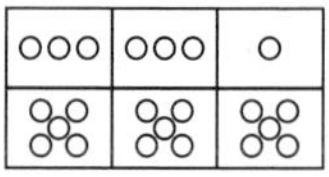

二　二　二

蛤蚌争旁兩色或同或不同，而數則同，是蛤蚌相持；中一色兼有兩旁之數，是漁翁得利。中品。

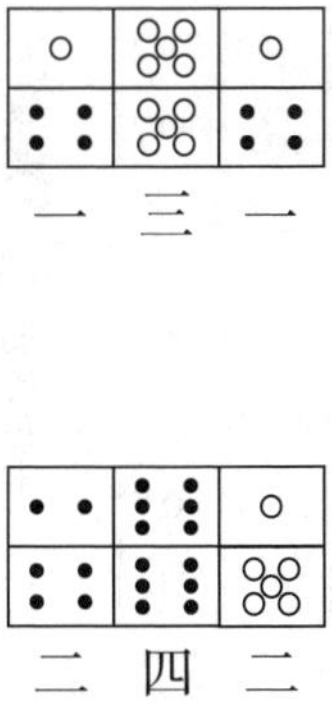

燕雀平三色不同，而數則同，是爲燕雀平。中品。

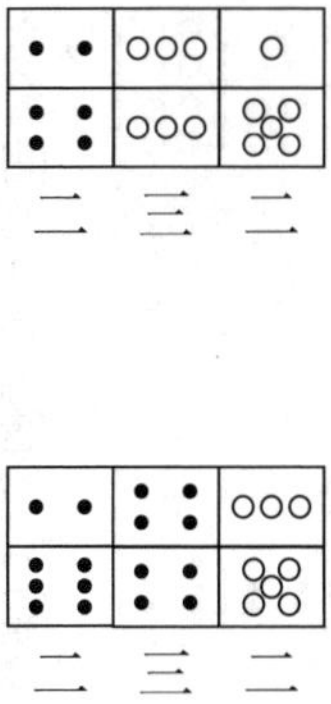

比目魚兩色相同，餘一色爲重幺，是名比目魚。中品。

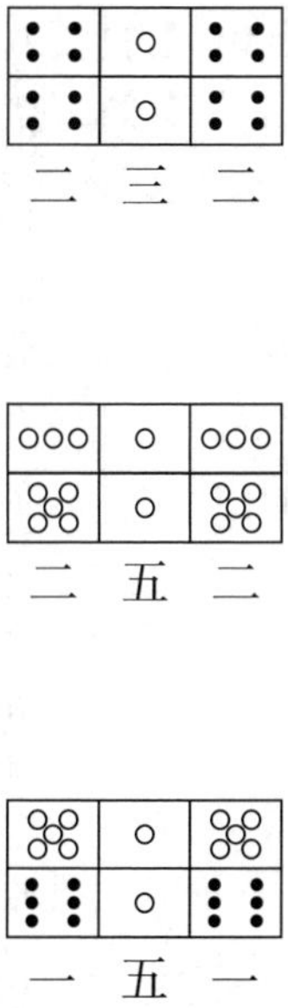

比翼鳥兩色相同，餘一色爲重三，是名比翼鳥。中品。

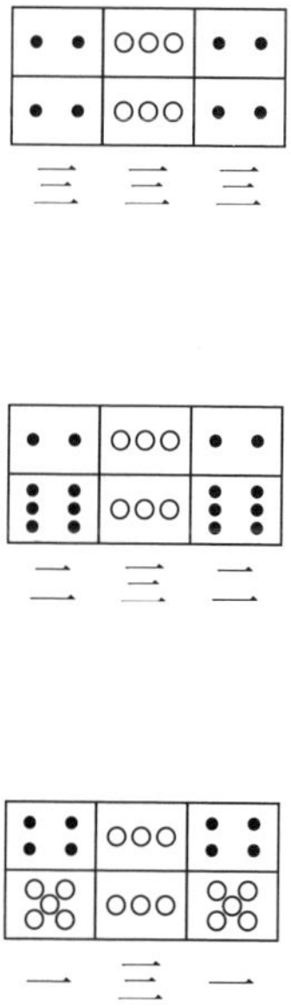

同命鳥兩色相同，餘一色不同，而數則同，是名同命鳥。中品。

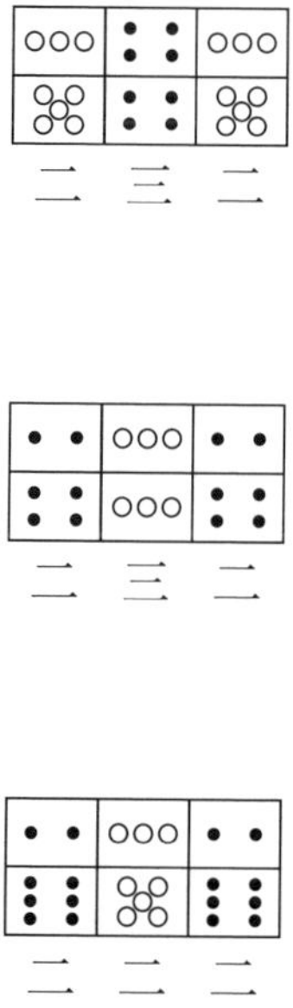

負版蟲一色如干數，餘二色倍之，是謂負版蟲。中品。

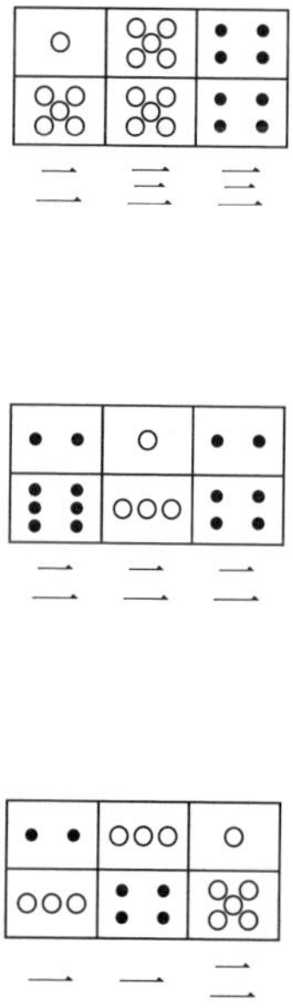

蜕殼蟬一色如干數，餘二色半之，是謂蜕殼蟬。中品。

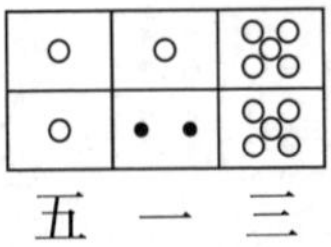

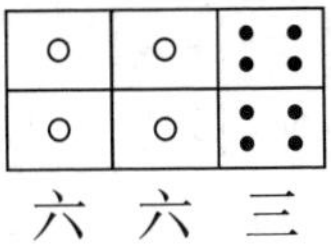

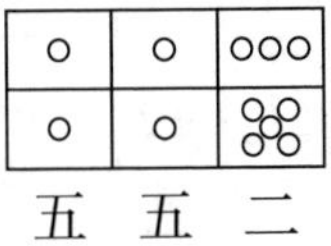

紅靺鞨全紅無黑。下品。

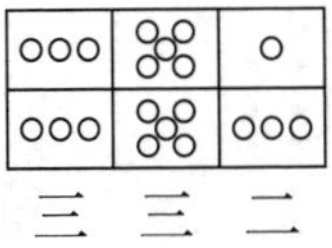

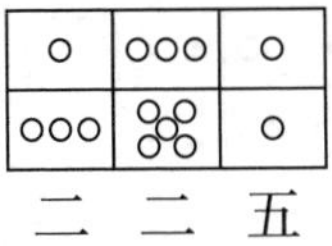

黑牡丹全黑無紅。下品。

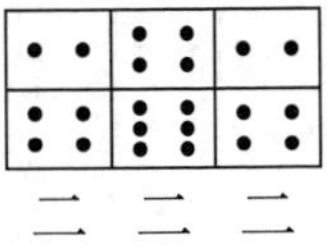

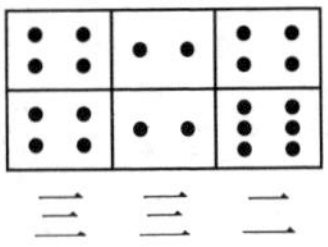

半江紅半紅半黑。下品。

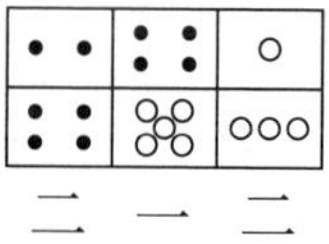

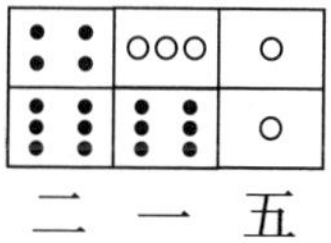

花花相對即三正對也。下品。

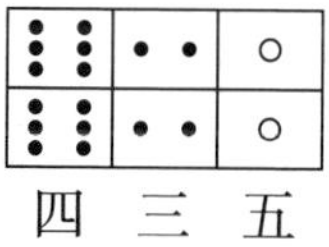

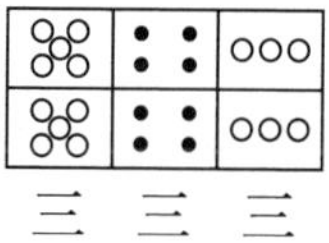

葉葉相當即三錯對也。下品。

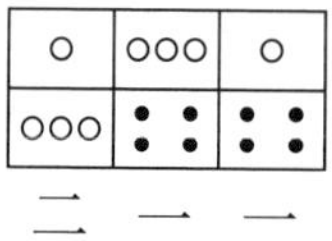

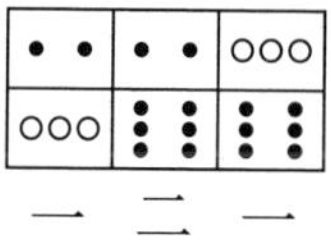

順水船不論奇偶，但取三數相順。下品。

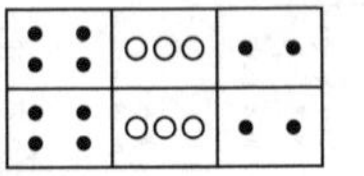
三　三　三

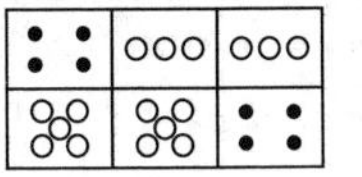
一　二　一

習流軍三同，而餘三色相順。下品。

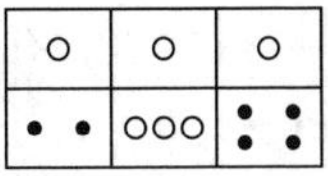
一　二　一

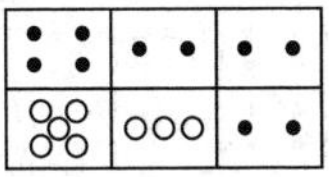
三　一　一

折腰舞三扇中無三而有幺二者，皆是下品。

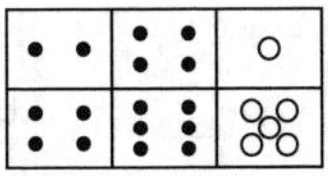
二　二　二

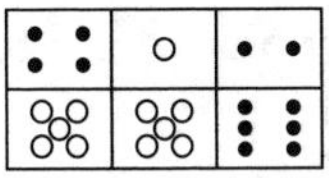
二　二　一

半面妝三扇中無四而有重二者，皆是下品。

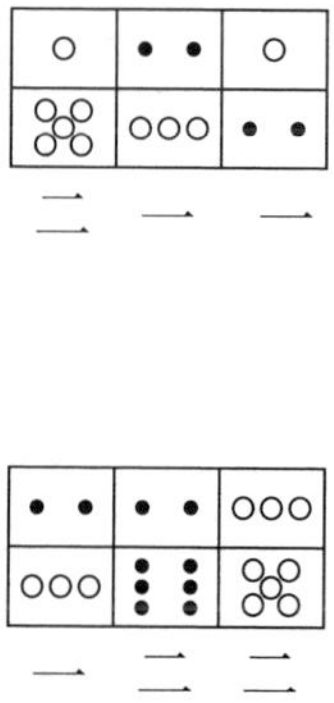

浮瓜幺二三三色皆在上，爲浮瓜。下品。

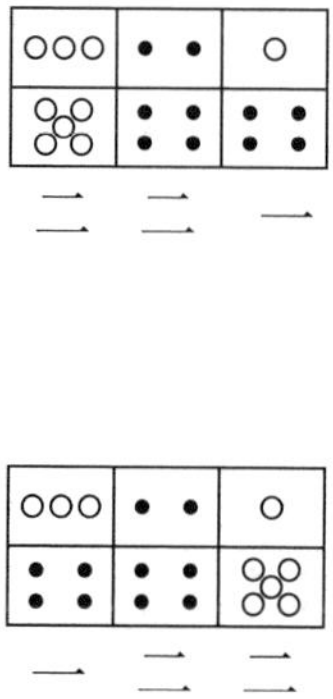

沈李四五六三色皆在下，爲沈李。下品。

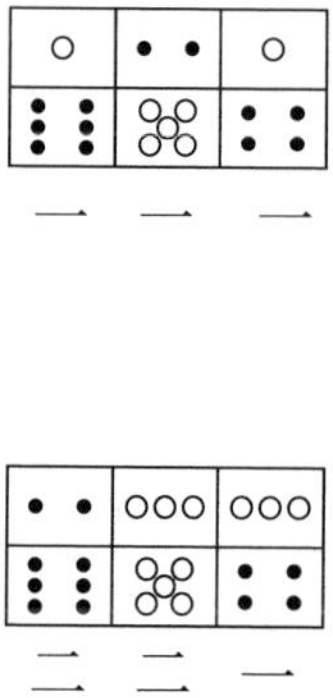

赤水玄珠諸色皆紅，獨一色黑。下品。

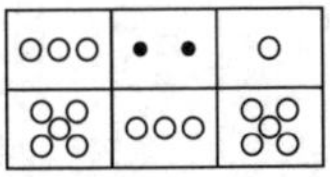
二　一　二

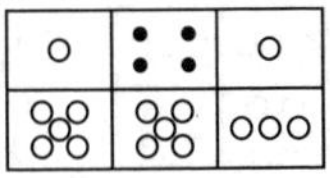
二　一　二

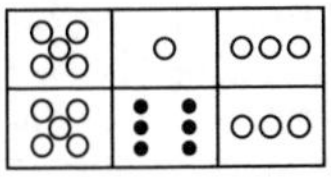
三　一　三

素蜓丹壁諸色皆黑，獨一色紅。下品。

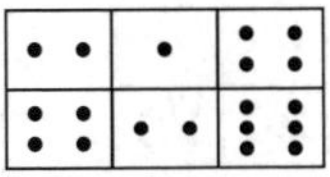
二　一　二

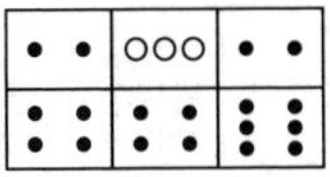
二　一　二

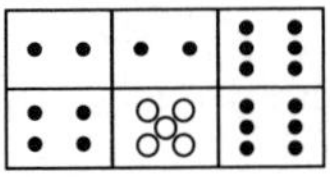
四　一　二

素心蘭二色皆紅，中一色黑。下品。

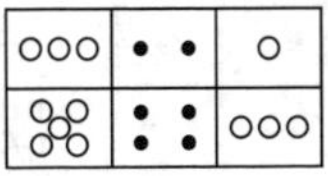
二　二　二

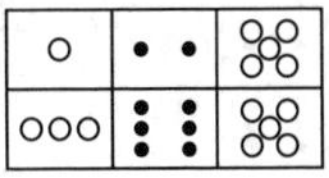
三　二　二

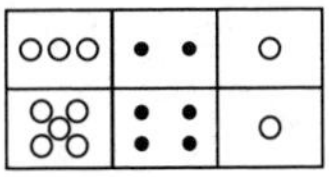
五　二　二

紅心草二色皆黑，中一色紅。下品。

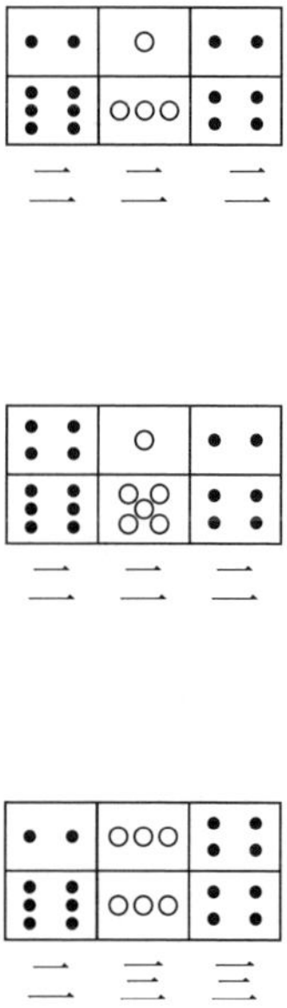

盈虛消息凡不同，少一點多一點者，未成乎珠珞索，謂之盈虛消息。下品。天道也，牌采倍算。

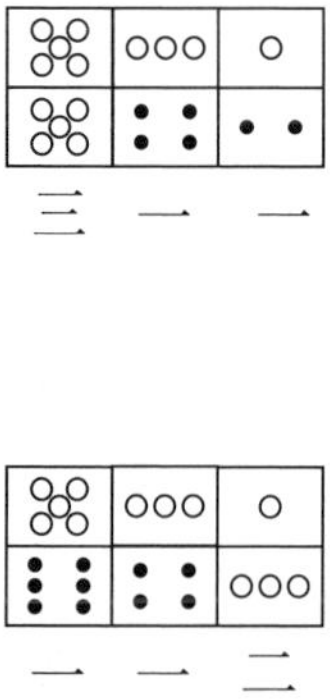

請慶多馬三同，十四點至十七點，皆是俗所謂正快也。下品。

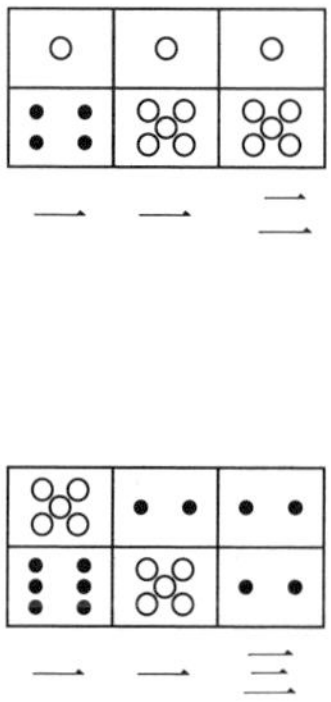

譜成自題八絶句

陰陽奇偶古流傳，數在須知理自圓。莫怪將天來作地，乾坤顛倒即坤乾。余改舊譜天牌爲地牌，地牌爲天牌，人頗怪之。余笑曰：「殷《易》坤乾，周《易》乾坤，不妨各存一理也。」

人參天地盡包羅，更設和牌意若何？添箇中牌與和配，三才妙用在中和。舊譜天、地、人之外獨有和牌，殊爲無理。余添中牌配之，故名三才中和牌。

得一方成天地尊，紛紜人類豈同論？中牌有六和牌九，動静陰陽至理存。天地至尊，故惟一而已。若人類至繁，故二二至五五均爲人牌，不必如舊譜獨以四四爲人牌也。至中爲未發之喜怒哀樂，主静，屬陰，故爲牌六；和爲已發之喜怒哀樂，主動，屬陽，故爲牌九。皆有至理存焉。

既將三品角輸赢，品貴如何采轉輕？論品還須論根柢，龍陽驛内有陽明。如下品中花花相對，其采十二，而上品聚星止十一，蓋仍以天、地、人、中、和之采計也。或疑其不合，余曰：列入某品乃一時遭際耳，若天、地、人、中、和，本采則其根柢也，豈以一時遭際而没其根柢乎！

欲求新舊免參差，概易新名太好奇。莫使陶家鐵牛見，補他《清異録》中遺。余將五子不同等類概易新名，非好奇也。蓋諸品中多余新創者，免使新舊參差耳。陶穀《清異録》中所載《食經》《藥譜》之名，奇詭多類此。

點墨塗硃舊譜非，須知奇偶數難違。相思紅豆分明在，脱卻明皇濫賜緋。舊譜丹墨雜糅。今定奇數皆紅色，偶數皆黑色。相傳四點爲唐明皇賜緋，沿襲千載，今則易而黑矣。

更將上下劃分開，一扇牙牌化兩枚。不是無端出新意，匾骰子樣我偷來。重一爲天牌，非二點也；重六爲地牌，非十二點也，故劃分上下兩截。《老學庵筆記》載：「蠻人骰子長寸餘而匾，狀若牌子。」余謂即牙牌之權輿。今此牌以牙牌而參骰子之式，真可謂匾骰子矣。

添得芸窗數日忙，居然大衍數相當。老夫舊學多荒盡，只有童心尚未忘。舊譜如五子、合巧之類，名目不過十餘。余添至五十，真可謂無益費精神矣。

勝游圖　曲園三耍之三

自有明瓊之戲，而采選之格、選仙之圖皆盛行於世，今時惟有「升官圖」乃采選之遺意也。國朝侯官高兆固齋著《攬勝圖》，則以天下名勝山水爲圖，始於勞勞亭而終於長安市，於選仙、升官之外別出新意，吴江沈氏刻入《昭代叢書》。辛卯三月，余在右台仙館，孫壻宗子戴孝廉以此圖來，則數年前新刻於虞山者，與高氏原圖又小異矣。余覽之不甚愜意，山中無事，爲更易之，名曰《勝游圖》。舊圖有才子、美人，行之頗多窒礙。余易才子爲儒士，配以俠客；去美人而增樵父，以配漁翁，仍以六人同局。其山水名目雖無倫次，然亦微有意義，儻可與房千里《骰子選格》並傳乎？圖例附後：

凡一局六人同戲，每人擲一骰定色：幺爲儒士，二爲俠客，三爲緇衣，四爲羽士，五爲漁翁，六爲樵父。皆從勞勞亭起馬，各擲一骰，照點序進，離身定位。

每人各出若干爲公注，各存若干爲私注。遇賞，取之公注；遇罰與納，歸之公注；若贈若賀，各出私注。

凡應代擲者，雖滿仍代，隨擲照行，酬三免納。

先滿者取公注之半，次滿者又取半，最後滿者不取，仍勻分所餘。

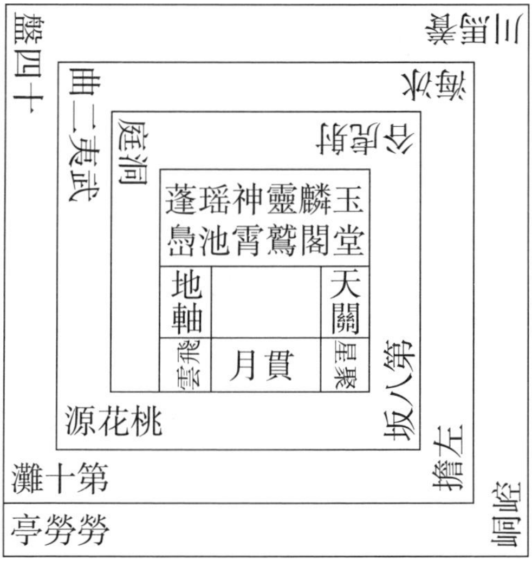

圖字甚多，限於篇幅，不能備載。每格各標起處以見例，製圖者可依此推之。每地

之下，所注有詳有略，故廣狹不能一律，以意斟酌可也。圖之全文，備録於後。

勞勞亭諸色於此起馬。　楊子談經處儒至納一。　猿公傳劍處俠至納一。　生公説法處緇至納一。　關尹藏書處羽至納一。　任公釣魚處漁至納一。　翁子負薪處樵至納一。　勝母儒至罰一。　盜泉俠至罰一。　敕賜雙飛寺緇至罰一。　巫山凝真觀羽至罰一。　祝聖放生池漁至罰一。　柳下季壟樵至罰一。　鄭公鄉儒生賞一。　田横島俠至賞一。　補陀落伽山緇至賞一。　崆峒山羽至賞一。　西塞山漁至賞一。　爛柯山樵至賞一。　白鹿洞儒至各賀一。　黄龍府俠至各賀一。　雨花臺緇至各賀一。　句漏山羽至各賀一。　磻溪漁至各賀一。　白鶴山樵至各賀一。　夢筆山儒至暫停一擲，勿擾清夢。　胯下橋俠至暫停一擲，以期小屈大伸。　達摩洞緇至暫停一擲，以完面壁之功。　三召洞羽至暫停一擲，以待徵召。　繫舟山漁至暫停一擲。　倒回谷樵至暫停一擲。　養馬川至此各納一以飲馬。　萬里橋至此各贈一爲賮。　十八盤隘道一各色至此皆止，餘點存記，以後隨其所便照所擲點加一；行出隘後，雖有餘點亦皆銷訖。隘道中魚貫而進，不許並行及越行，犯者罰一回。惟樵善登山，不禁。俠至，與先至者角色，色勝準行，不勝罰二回。　二　三　四　五　六　七　八　九　十　十一　十二　十三　十四　十五　十六　十七　十八　相見坡諸色至此皆止，餘點分贈前後者，結相見之緣。餘一點贈後一，餘二點前後各一，餘三點前一後二，餘倣此。無前贈後，無後贈前。受者謝贈者一，存記其點，隨所便用之。至逍遥樓不準再用。

十八灘一至此皆止，餘點如十八盤例。入灘後魚貫而進，亦如十八盤例。惟漁善涉水，不禁。俠至亦如十八盤例。

二　三　四　五　六　七　八　九　十　十一　十二　十三　十四　十五　十六　十七

十八　上峽三峽急流，只可竟過，不許停留。點到罰一回。　中峽　下峽　灩澦灘點到重擲，照點罰，以懲冒險。

危渡除漁外須借舟而行，漁爲代擲，遇三爲舟，行三位，酬漁一。若三擲不遇，漁代納三，準行三位，不謝漁。

左擔道除樵外須借擔而行，樵爲代擲，遇二爲擔，行二位，酬樵一。若三擲不遇，樵代納三，行二不酬。　杏花村納一沽酒。　云云、亭亭由此登東岳，倍賀。　東岳　南岳　中岳　北岳　西岳登岳各賀一，登兩岳賀二，三岳賀三，餘倣此。

昇仙橋相如題橋處也，儒至各賀一。諸色至此，倩儒代擲，照點行，酬儒以三。　燕然山俠至紀功，擲幾點紀幾功，以後隨其所便，照點增一，行點盡乃止。至逍遥樓，雖未盡亦銷。　火山遇六爲木，火熄可行。不遇罰一，不行。四擲不遇，納五行。　冰海遇四爲日，冰銷可行。不遇，如火山例。　倒馬關至此重擲，照點罰回。　黄河黄河九曲，怒浪難停。準接連三擲，不滿九點不行。滿九點，餘幾點行幾位。如無餘點，下届擲行。　華不注停三擲，寓三周之意。如不願停，納三準行。　孔林敬納一。　首陽山納一以充薇蕨之資。

汨羅江納一以弔屈原。　武夷九曲一至此皆止，有餘點是錯過勝境也，照點罰。入曲後宜從容玩賞，幺、二、三行，四、五、六不行。　二　三　四　五　六　七　八　九　梅嶺折梅分贈同局各一。　延平津至此再擲，曰求劍。遇二爲劍，照點行。　雲龍山至此再擲，曰放鶴。遇六爲鶴，照點行。　朱陳村各賀一，緇、羽不賀，亦不受賀。

桃花源漁至賞三。　榴花洞樵至賞三。　夫人城城以夫人名，鬚眉有愧矣，勿住仍回。　柏人城柏人者，迫於人也。勿住進一位。　九折坂一至此皆止，有餘點是有志上進也，照點賞。進坂宜努力前進，四、五、六行，幺、二、三不行。　二　三　四　五中坂少息，暫停一擲。　六　七　八　九　讓水照點減一行，遇幺不行。　羅刹國緇至説法度鬼，得四爲破幽，照點行，三擲不遇，納三行三位。　諸色至此，倩緇代擲，酬以一，三擲不遇，緇代納三，準行三位。　惟儒徑過。　野狐嶺羽至施法降妖，得六爲鎮邪，照點行，三擲不遇，納三行二位。　諸色至此，倩羽代擲，酬以一，三擲不遇，羽代納三，準行二位。　惟儒徑過。　射虎谷俠至張弓射虎，得二爲中虎目，照點行，三擲不遇，納三行一位。　諸色至此，倩俠代擲，酬以一，三擲不遇，俠代納三，準行一位。　雖儒不得徑過。　大海停一擲，治舟也。　擲得三爲逆風，不行；得六爲重霧，不行；得四、五爲輪船，照點行；幺、二爲帆船，只準行一位。　過海各賀一。　會稽山最後過此及至此者均罰一，以懲後至。　長江至此皆候風，擲幾點停幾擲，停至三次。　如不願停，照餘點納，準其擲行。　惟緇爲折葦而渡，不候。　洞庭湖候風如長江例。　惟羽爲朗吟飛過，不候。　終南山山有捷徑，如得本色，奇數至天關，偶數至地軸；不得本色只準行一位。　遇幺不行，示捷徑之窘步。　西湖銷金鍋也，各納一。　從此入勝矣，以此圖成於西湖故也。　逍遥樓至此皆止，餘一不賀，餘二、三各賀一，餘四、五各賀二。　君子難進，姑稍留焉。　幺、二、三行，四、五、六不行。　貴山各賀一。　富水各賀一。　歡喜嶺各賀一。　飛雲渡至此皆止，有餘點照罰，遇本色準渡至聚星亭，非本色而奇偶數同者準暫寄貫月槎。　**貫月槎**至此，雖不遇本色，但得奇偶相同者，皆準至聚星亭。　**聚星亭**未到者各賀三，再到不賀。本色是奇數，遇幺、二、三，登天闕；本色是偶數，遇四、五、六，登地軸。　**天闕山**各賀五，再到不賀。遇本色登勝地，即玉堂、麟閣之類是也；遇偶數退回聚星亭。　**地軸山**各賀四，再到不賀。遇本色登勝地，遇奇數退回聚星亭。

玉堂儒生名就。　**麟閣**俠客功成。　**靈鷲**緇衣證佛。　**神霄**羽客昇仙。　**瑶池**漁歌天上。

蓬島樵唱雲中。

西湖勝游圖

余前有《勝游圖》，已刻入《三耍》矣。今又有此圖，因附刻於後。是圖，入局不拘人數，各以二骰擲，以牌爲記。各出若干爲公注，各存若干爲私注；私注在手，公注存筒。

圖之右幅從外至内，圖之左幅從内至外，皆挨次而行。其數皆從本位起，如清波四點至上船亭，錢塘三點至上船亭，湧金兩點至上船亭，餘皆視此。葛嶺與初陽接，玉泉與花神接，南高峰與九溪接，麥嶺與三台山接，數者勿誤。

圖中地名皆直書，此限於紙幅，故横書之。前《勝游圖》亦然。後有製圖者，勿誤也。

圖字不能備載，仍照《勝游圖》，每格各標一處以見例。全圖備録於後。

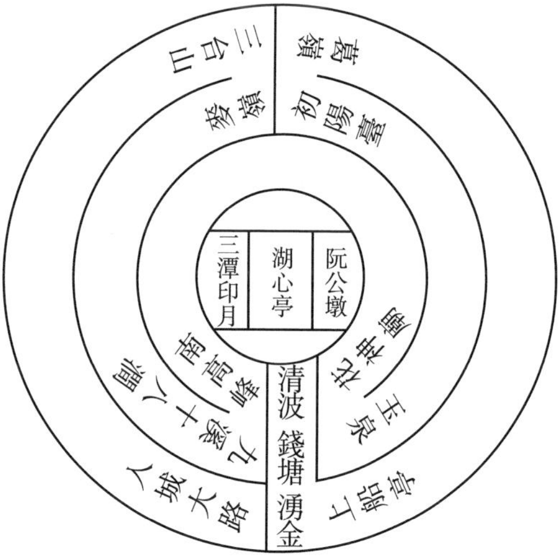

清波門入局，初擲得二、三、四點爲清波，以牌壓定。擲得三爲小船，納三於筒，爲顧值。得六爲大船，納六於筒，爲顧值。均照點行。一擲，無船，納一，喫茶；再擲，無船，納三，喫酒；三擲，無船，納五，喫飯。　錢塘門初擲五點以上爲錢塘，以牌壓定。再擲如清波例。　湧金門初擲九點以上爲湧金，再擲如清波、錢塘例。　上船亭有船徑至湖心亭，無船照點行。　斷橋殘雪十景之一也，各賀三。凡遇十景皆賀。　平湖秋月各賀三。再擲得幺爲月，再賀三。　錦帶橋三爲斜風，六爲細雨，均不行。凡稱風雨皆仿此。　陸宣公祠遇文行。凡兩骰合成文牌爲文，合成武牌爲武。　學海堂孝廉考試之處。得純大爲高等，各賀五；有大有小爲中等，各賀三；純小爲次等，各賀一。凡四、五、六三色爲大，幺、二、三三色爲小。諸稱大小仿此。如由幺、二、三三數至此者，非真孝廉也，罰五退回。　照膽臺關廟遇武行。　詁經精舍考試如學海堂例。　聖因寺有下馬碑。遇二爲小轎，罰一；遇四爲大轎，罰二，均不行。　行宮仰瞻天日，各賀五。有轎不行，照聖因倍罰。　昭慶寺經房買經。再擲得純大爲大乘經，納五；純小爲小乘經，納三；有大有小爲雜經律，納一。　大佛寺純大行。　十三間樓訪求遺趾修復。一骰三擲，滿十三點乃行，不滿不行。　保叔塔風雨不行。　葛嶺風雨不行。　初陽臺風雨不行。　和靖墓題詩一首。兩骰成五數，爲五言詩，各賀三；成七數，爲七言詩，各賀五；如詩不成，罰五不行。　放鶴亭各助鶴糧一。　六一泉有幺有六乃行。　東坡庵題詩如和靖墓例。　孤山寺遇雙數不行。　小青墓純小行。　崇文書院考試如學海堂例。　西泠橋有船徑至湖心亭。　蘇小小墓題詩如和靖墓例，詩不成不行，免罰。　岳墳武行。　花港觀魚各賀三。再擲得三爲魚，再賀三。　玉泉亦觀魚之所也，如花港例。　花神廟再擲得四爲花，各賀三。　蘇隄春曉各賀三。　曲院風荷各賀三。　金沙港有船至湖心亭，無船照點行。　鳳林寺納一爲香資。　紫雲洞山洞幽邃，得二爲伴乃行，無伴不行。　金鼓洞無伴不行。　黄龍洞無伴不行。

北高峰各賀三，風雨不行。　下天竺納一爲香資。　中天竺納三爲香資。　上天竺納五爲香資。再擲求籤，純大爲上上，各賀三；有大有小爲中中，各賀一；純小爲下下，不賀。　茅家埠有船至湖心亭，有轎照點行；皆無不行，納三喫飯。　飛來峰風雨不行。　靈隱寺納三爲香資。　呼猿洞再擲呼猿，幺爲小猿，六爲老猿，任意呼之，呼而應各賀三，不應罰三，下届再擲，必應乃行。　韜光寺得幺爲海日，六爲江潮，各賀三。不得見不行。　龍井再擲采茶。純小爲細茶，各酬以五；半大半小爲中品，各酬以三；純大爲粗茶，各酬以一。　冷泉亭止水也，偶數乃行。　壑雷亭流水也，奇數乃行。　雙峰插雲各賀三。　赤山埠無船不行，大船亦不行。　石屋洞得伴乃行。　水樂洞得伴乃行。境太窪下，雨不行。　煙霞洞得伴乃行。境太高峻，風不行。　南高峰各賀三，風雨不行。　九溪十八澗至此皆止，有餘點照納。此西湖最勝處，各賀三。以後擲得純小，從九溪數，即下大字是；純大，從十八澗數，即下小字是。均照點行。有大有小不行。不準並行，不準越行。　一一、二。　一三、四。　三五、六。　四七、八。　五九、十。　六十一、十二。　七十三、十四。　八十五、十六。　九十七、十八。　理安寺度溪澗至此，從者疲矣，暫停一擲。納一爲香資，納二爲飯資。　法雨泉再擲，有雨泉，大，各賀三台山各賀三。　麥嶺風雨不行。　滿覺隴納三買桂。　二；無雨泉，小，各賀一；得三爲泉龍，各賀三。

萬松嶺　雷峰西照各賀三。　南屏曉鐘各賀三。　虎跑泉納一買茶。　于墳遇文行，與岳墳相配也。

九龍頭登涉疲矣，納三以犒輿丁，減一點行，以風雨不行。　小有天園納三沽飲。　數文書院考試如例。

漪園有月下老人祠。幺爲月，息其勞。　雲棲勝地也，各賀三。遠來飢乏，納一買飯。　五雲山風雨不行。

净慈寺納一爲香資。　學士橋文行。　柳浪聞鶯各賀三。　錢王祠武行。

入城大路至此皆止，有餘點照納。遇二爲小轎，四爲大轎，皆得入城。先入城者分筒彩之半。小轎各賀二，大轎各賀四。無轎不得入城，喫茶、喫酒、喫飯仍如出城之例。如仍不得轎，徒步入城，不賀。

文爲老人，必擲得此二數方行，先得幺先得六則不論。

圖中三處另列於後：

阮公墩無可觀覽，徒費舟楫，納三以犒舟子。下届擲得船仍回湖心亭，無船不行。

湖心亭有船至赤山埠。若從上船亭來者，遇原船徑至學士橋，非原船亦至赤山埠。無船而點在六數以下至阮公墩，在七數以上至三潭印月。

三潭印月各賀三。得幺爲月，各賀一；再擲得月，各賀二；再擲得月，各賀三。三次擲得三月，下届再擲得船，始回湖心亭。

新定牙牌數

新定牙牌數序

世有《牙牌數》一書，不知所自始；署曰「岳慶山樵著」，亦不知何許人也。依法占之，時有驗者。長夏無事，偶於唐詩中采取七言絶句一百二十五首以代之，其旨遠，其辭文，觸類旁通，當更有奇驗乎。《老學庵筆記》載，射洪白厓陸使君祠以杜詩爲籤，有人乞得《全家隱鹿門》一篇。夫杜詩可以爲籤，則以唐詩占牙牌數無不可矣。

光緒九年夏六月，曲園居士識於吴中春在堂。

開數 牙牌數占法人所共知，惟開數或不記憶，故具列如左：

十二開以上爲上上　十開、十一開爲上中

八開、九開爲中平　五開至七開爲中下

一開至四開爲下下

新定牙牌數

上上數

上上　上上　上上

萬騎争歌楊柳春，千場對舞繡騏驎。到處盡逢歡洽事，相看總是太平人。高適

上上　上上　上中

魏帝宫人舞鳳樓，隋家天子泛龍舟。君王夜醉春眠晏，不覺桃花逐水流。顧況

上上　上上　中平

曉上上方高處立，路人羨我此時身。白雲向我頭上過，我更羡他雲路人。姚合

上上　上上　中下

峨眉道士風骨峻，手把玉皇書一通。東游借得琴高鯉，騎入蓬萊清淺中。陸龜蒙

上上　上上　下下

莫悲金谷園中月，莫歎天津橋上春。若學多情尋往事，人間何處不傷神？白居易

上上　上中　上上

帝京元巳足繁華，細管清弦七貴家。此日風光誰不共，紛紛皆是掖垣花。楊凝

上上　上中　上中

金榜重樓開夜扉，瓊筵愛客未言歸。銜歡不覺銀河曙，盡醉那知玉漏稀？岑羲

上上　上中　中平

玉樹瓊筵映彩霞，澄虚樓閣似仙家。只緣存想歸蘭室，不向春風看夜花。周繇

上上　上中　中下

夜市千燈照碧雲，高樓紅袖客紛紛。如今不似時平日，猶是笙歌徹曉聞。王建

上上　上中　下下

錦城絲管日紛紛，半入江風半入雲。此曲祇應天上有，人間能得幾回聞？杜甫

上上　中平　上上

玉樓天半起笙歌，風送宮嬪笑語和。月殿影開聞曉漏，水精簾捲近秋河。馬逢

上上　中平　上中

園林春媚千花發，爛漫如將畫幛看。惟愛松筠多冷淡，青青偏稱雪霜寒。李中

上上　中平　中平

樂府翻來占太平，風光無處不含情。千門萬户喧鼓吹，富貴人間只此聲。司空圖

上上　中平　中下

中禁仙池越鳳皇，池邊詞客紫薇郎。既能作頌雄風起，何不時吹蘭蕙香？褚朝陽

上上　中平　下下

昔年曾伴玉真遊，每到仙宮即是秋。曼倩不歸花落盡，滿叢煙露月當樓。温庭筠

上上　中下　上上

長隄十里轉香車，兩岸煙花錦不如。欲問神仙在何處，紫雲樓閣向空虛。趙璜

上上　中下　上中

曾隨織女渡天河，記得雲間第一歌。休唱貞元供奉曲，當時朝士已無多。劉禹錫

上上　中下　中平

金屋瓊臺蕭史家，暮春三月渭州花。到君仙洞不相見，謂已吹簫乘早霞。獨孤及

上上　中下　中下

笙歌只解鬧花天，誰是敲水掉小船？爲覓瀟湘幽隱處，夜深載月聽鳴泉。殷堯藩

上上　中下　下下

汾陽舊宅今爲寺，猶有當時歌舞樓。四十年來車馬絶，古槐深巷暮蟬愁。張籍

上上　下下　上上

昨日朱門一見君，忽驚野鶴在雞群。不應長啄潢〔一〕汙水，早晚歸飛碧落雲。李群玉

〔一〕潢，原訛「横」，據《李群玉詩集》改。

上上　下下　上中

幾年蒼翠在仙家，一旦枝枯類海槎。不如酸澁棠梨樹，却占高城獨放花。李涉

上上　下下　中平

芳草落花明月榭，朝雲暮雨錦城春。莫愁紅艷風前散，自有青蛾鏡裏人。武元衡

上上　下下　中下

銀輪玉兔問東流，瑩浄三更正好遊。一片黑雲何處起，皂羅籠却水精球。姚合

上上　下下　下下

綵樓歌管正融融，一騎星飛錦帳空。老盡名花春不管，年年啼鳥怨春風。張繼

上中數

上中　上中　上中

殷勤春在曲江頭，全籍群仙占勝遊。何必三山待鸞鶴，年年此地是瀛洲。雍裕之

上中　上中　中平

江北重巒積翠濃，綺霞遥映碧芙蓉。不知末後滄溟上，減却瀛洲第幾峰？·張又新

上中　上中　中下

近來無柰牡丹何，數十千錢買一窠。今朝始得分明見，也共戎葵不校多。喬琳

上中　上中　下下

東君珂佩響珊珊，青馭多時下九關。方信玉霄千萬里，春風猶未到人閒。王初

上中　上中　上上

樓殿層層阿母家，崑崙山頂駐紅霞。笙歌出見穆天子，相引笑看琪樹花。陳羽

上中　中平　上中

朝出沙頭日正紅，晚來雲起半江中。賴逢鄰女曾相識，並著蓮舟不畏風。張潮

上中　中平　中平

有詩有酒有高歌，春色年年奈我何？·試問羲娥能駐否，不勞頻借魯陽戈。司空圖

上中　中平　中下

更勞今日春風至，枯樹無枝可寄花。覽鏡惟看飄亂髮，臨風誰爲駐浮槎？包佶

上中　中平　下下

解佩當時在洛濱，悠悠疑是夢中身。自從物外無消息，花謝鶯啼近十春。李中

上中　中平　上上

桂陽年少西入秦，數經甲科猶白身。即今江海一歸客，他日雲霄萬里人。高適

上中　中下　上中

園林瀟灑聞來久，欲訪因循二十秋。今日開襟吟不盡，碧山重疊水長流。孟賓于

上中　中下　中平

曾隨阿母漢宫齋，鳳駕龍輧列玉階。當時白燕無尋處，今日雲鬟見玉釵。劉言史

上中　中下　中下

溪上殘春黄鳥稀，辛夷花盡杏花飛。始憐幽竹山窗下，不改清陰待我歸。劉長卿

上中　中下　下下

月帳星房次第開，兩情惟恐曙光催。時人不用穿鍼待，没得心情送巧來。羅隱

上中　中下　上上

一種芳菲出後庭，却輸桃李得佳名。誰能爲向天人説，從此移根近太清？咸陽郭氏僕捧劒

上中　下下　上中

可憐妍艷正當時，剛被狂風一夜吹。今日流鶯來舊處，百般言語滯空枝。方干

上中　下下　中平

公子春衫桂水香，遠衝飛雪過書堂。貧家冷落難消日，唯有松筠滿院涼。李群玉

上中　下下　中下

無賴秋風斗覺寒，萬條煙罩一時乾。游人若要春消息，直向江頭臘後看。李山甫

上中　下下　下下

方士飛軒駐碧霞，酒寒香冷月初斜。不知誰唱春歸曲，落盡溪頭白葛花。曹唐

上中　下下　上上

非色非空非不空，空中真色不玲瓏。可憐盧大擔柴者，拾得驪珠橐籥中。貫休

上中　上上　上中

洞裏煙深木葉麤，乘風使者降元都。隔花相見遥相賀，擎出懷中赤玉符。曹唐

上中　上上　中平

此去臨溪不是遥，樓中望見赤城標。不知疊嶂重霞裏，更有何人度石橋？顧況

上中　上上　中下

穆王八駿走不歇，海外去尋長日月。五雲望斷阿母宫，歸來落得新白髮。劉叉

上中　上上　下下

記得花開雪滿枝，和蜂和蝶帶花移。如今花落游蜂去，空作主人惆悵詩。于鄴

上中　上上　上上

日照澄洲江霧開，淘金女伴滿江隈。美人首飾侯王印，盡是沙中浪底來。劉禹錫

中平數

中平　中平　中平

海榴殷色透簾櫳，看盛看衰意欲同。若許三英隨五馬，便將濃艷鬬繁紅。楊憑

中平　中平　中下

猶欠一宵輪未滿，紫霞紅襯碧雲端。誰能喚得姮娥下，引向堂前子細看？元稹

中平　中平　下下

鴛鴦樓下萬花新，翡翠宫前百戲陳。夭矯翔龍銜火樹，飛來瑞鳳散芳春。陳去疾

中平　中平　上上

毿玉編金次第平，花纹隱起踏無聲。幾重便上華堂裏，得見天人吹鳳笙。陸暢

中平　中平　上中

莫驚客路已經年，尚有青春一半妍。試上方垣望春野，萬條楊柳拂青天。趙嘏

中平　中下　中平

五斗徒勞謾折腰，三年兩鬢爲誰焦？今朝官滿重歸去，還挈來時舊酒瓢。廖凝

中平　中下　中下

閑餘何處覺身輕，暫脱朝衣傍水行。鷗鳥亦知人意静，故來相近不相驚。裴度

中平　中下　下下

欲强登高無力去，籬邊黄菊爲誰開？共知不是潯陽郡，那得王宏送酒來？李嘉祐

中平　中下　上上

草堂虚灑待高真，不意清齋避世塵。料得焚香無别事，存心應降月夫人。皮日休

中平　中下　上中

涼月如眉挂柳灣，越中山色鏡中看。蘭溪三日桃花雨，半夜鯉魚來上灘。戴叔倫

中平　下下　中平

莫惜西風又起來，猶能婀娜傍池臺。不辭暫被霜威挫，舞袖招香即卻回。司空圖

中平　下下　中下

暫到高唐曉又還，丁香結夢水潺潺。不知雲雨歸何處，歷歷空留十二山。張泌

中平　下下　下下

雨露由來一點恩，争能徧布及千門〔一〕？三千宫女臙脂面，幾箇春來無淚痕？白居易

中平　下下　上上

浮世榮枯總不知，且憂花陣被風欺。儂家自有麒麟閣，第一功名只賞詩。司空圖

中平　下下　上中

心期汗漫卧雲扃，家計漂零水上萍。桃李向秋彫落盡，一枝松色獨青青。劉商

中平　上上　中平

傲吏身閑笑五侯，西江取竹起高樓。南風不用蒲葵扇，紗帽閑眠對水鷗。李嘉祐

〔一〕徧，原訛「偏」，據《白居易集》（中華書局一九七六年版）改。

中平　上上　中下

衆草穿莎芳色齊，蹋莎行草過春谿。閑雲相引上山去，人到山頭雲却低。陳羽

中平　上上　下下

春江一曲柳千條，二十年前舊版橋。曾與美人橋上別，恨無消息到今朝。劉禹錫

中平　上上　上上

昨日新花紅滿眼，今朝美酒緑留人。更宜明月含芳露，憑仗蕭郎夜賞春。鮑溶

中平　上上　上中

高樓曉見一花開，便覺春光四面來。暖日晴雲知次第，東風不用更相催。令狐楚

中平　上中　中平

經過柳陌與桃蹊，尋逐春光著處迷。鳥度時時銜絮起，花繁衮衮壓枝低。王涯

中平　上中　中下

夜静絃聲響碧空，宫商信任往來風。依稀似曲才堪聽，又被風吹别調中。高駢

中平　上中　下下

水邊垂柳赤欄橋，洞裏仙人碧玉簫。近得麻姑音信否，潯陽江上不通潮。顧況

中平　上中　上上

天風吹我上層岡，露灑長松六月涼。願借老僧雙白鶴，碧雲深處共翱翔。戴叔倫

中平　上中　上中

才力應難跨數公，祇今誰是出群雄？或看翡翠蘭苕上，未掣鯨魚碧海中。杜甫

中下數

中下　中下　中下

八月繁雲連九月，兩回三五晦漫漫。一年悵望秋將盡，不得常娥正面看。徐凝

中下　中下　下下

兩枝楊柳小樓中，嫋嫋多年伴醉翁。明日放歸歸去後，世間應不要春風。白樂天

中下　中下　上上

一樹依依在永豐，兩枝飛去杳無蹤。玉皇曾採人間曲，應逐歌聲入九重。盧貞

中下　中下　上中

南陵水面漫悠悠，風緊雲輕欲變秋。正是客心孤迥處，誰家紅袖凭江樓？杜牧

中下　中下　中平

傷心欲問前朝事，惟見江流去不回。日暮東風春草緑，鷓鴣飛上越王臺。竇鞏

中下　下下　中下

閒花野草總争新，眉皺絲乾獨不匀。乞取東風閑氣力，莫教虚度一年春。顧雲

中下　下下　下下

劉郎相約事難諧，雨散雲飛自此乖。月姊殷勤留不住，碧空遺下水精釵。司空圖

中下　下下　上上

白社會中嘗共醉，青雲路上未相逢。時人莫小池中水，淺處無妨有卧龍。竇庠

中下　下下　上中

此身會逐白雲去，未洗塵纓還自傷。今夜幸逢清浄境，滿庭秋月對支郎。權德輿

中下　下下　中平

釣罷歸來不整船，江村月落正堪眠。縱然一夜風吹去，只在蘆花淺水邊。司空曙

中下　上上　中下

白玉堂前一樹梅，今朝忽見數花開。兒家門户重重閉，春色因何得入來？蔣維翰

中下　上上　下下

五原春色舊來遲，二月垂楊未挂絲。即今河畔冰開日，正是長安花落時。張敬忠

中下　上上　上上

平湖一望上連天，林景千尋下洞泉。忽驚水上光華滿，疑是乘舟到日邊。張説

中下　上上　上中

日云暮兮下嵩山，路連綿兮樹石閒。出谷口兮見明月，心徘徊兮不能還。王無競

中下　上上　中平

風濤曾阻化鱗來，誰料蓬瀛路却開。欲去遲遲還自笑，狂才應不是仙才。司空圖

中下　上中　中下

鳳吹聲如隔綵霞，不知牆外是誰家。重門深鎖無尋處，疑有碧桃千樹花。郎士元

中下　上中　下下

何事年年戀隱淪，成名須遣及青春。明時早獻甘泉去，若待公車却誤人。權德輿

中下　上中　上上

更深月色半人家，北斗闌干南斗斜。今夜偏知春氣暖，蟲聲新透綠窗紗。劉方平

中下　上中　上中

閒共野人臨野水，新秋高樹挂清暉。不知塵裏無窮事，白鳥雙雙入翠微。劉得仁

中下　上中　中平

銀河帝女下三清，紫禁笙歌出九城。爲報延州來聽樂，須知天下欲昇平。賈至

中下　中平　中下

紅芳暗落碧池頭，把火遥看且少留。半夜忽然風更起，明朝不復上南樓。吕温

中下　中平　下下

山光物態弄春暉，莫爲輕陰便擬歸。縱使晴明無雨色，入雲深處亦沾衣。張旭

中下　中平　上上

縱無汲引味清澄，冷浸寒空月一輪。鑿處若教當要路，爲君常濟往來人。郭震

中下　中平　上中

溪頭一徑入青崖，處處仙居隔杏花。更見峰西幽客説，雲中猶有兩三家。張籍

中下　中平　中平

繁華舉世皆如夢，今古何人肯暫閑？惟有東林學禪客，白頭閑坐對青山。羅鄴

下下數

下下　下下　下下

一年始有一年春，百歲曾無百歲人。能向花前幾回醉，十千沽酒莫辭貧。崔敏童

下下　下下　上上

自古逢秋悲寂寥，我言秋日勝春朝。晴空一鶴排雲上，便引詩情到碧霄。劉禹錫

下下　下下　上中

十年憔悴武陵溪，鶴病深林玉在泥。今日太行平似砥，九霄初倚入雲梯。竇鞏

下下　下下　中平

柳莫摇摇花莫開，此心因病亦成灰。人生只有家園樂，及取春濃歸去來。薛能

下下　下下　中下

陰雲萬里晝漫漫，愁坐關心事幾般。爲報春風休下雪，柳條初放不禁寒。戎昱

下下　上上　下下

登高望遠自傷情，柳發花開映古城。全盛已隨流水去，黄鸝空囀舊春聲。武元衡

下下　上上　上上

五年江上損客顔，今日春風到武關。兩紙京書臨水讀，小桃花樹滿商山。元稹

下下　上上　上中

長樂花枝雨點銷，江城日暮好相邀。春樓不閉葳蕤鎖，緑水回通宛轉橋。韓翃〔一〕

下下　上上　中平

日暮銜花飛鳥還，月明溪上見青山。遥知玉女窗前樹，不是仙人不得攀。顧況

下下　上上　中下

禍福從來路不遥，偶然平地上煙霄。煙霄未穩還平地，門對孤峰占寂寥。尹璞

〔一〕翃，原訛「雄」，據《全唐詩》改。

下下　上中　下下

擬服松花無處學，嵩陽道士忽相教。今朝試上高枝采，不覺傾翻仙鶴巢。姚合

下下　上中　上上

行愁驛路問來人，西去經過願一聞。落日回鞭相指點，前程從此是青雲。雍陶

下下　上中　上中

荷衣半破帶莓苔，笑向陶潛酒甕開。縱醉還須上山去，白雲那肯下山來。秦系

下下　上中　中平

流年一日復一日，世事何時是了時？試向東林問禪伯，遣將心地學琉璃。張繼

下下　上中　中下

遊子新從絶塞回，自言曾上李陵臺。尊前語盡北風起，秋色蕭條胡雁來。馬戴

下下　中平　下下

近來桃李半燒枯，歸卧田園只老夫。莫算明年人在否，不知花得更開無。司空圖

下下　中平　上上

菖蒲翻葉柳交枝，暗上蓮舟鳥不知。更到無花最深處，玉樓金殿影參差。盧綸

下下　中平　上中

經亂年年厭別離，歌聲喜似太平時。詞臣更有中興頌，磨取蓮峰便作碑。司空圖

下下　中平　中平

龍門點額意何如，紅尾青鬐却返初。見説在天行雨苦，爲龍未必勝爲魚。白居易

下下　中平　中下

野寺尋春花已遲，背巖惟有兩三枝。明朝攜酒猶堪醉，爲報春風且莫吹。李端〔一〕

下下　中下　下下

朝開暮落煎人老，無人爲報東君道。留取穠紅伴醉吟，莫教少女來吹掃。張碧

〔一〕「端」下原衍「春」，據《全唐詩》删。

下下　中下　上上

主人寂寞客屯邅，愁絶終南滿眼前。乞取中庭藤五丈，爲君高斸扣青天。李洞

下下　中下　上中

行過險棧出褒斜，出盡平川似到家。萬里客愁今日散，馬前初見米囊花。雍陶

下下　中下　中平

宜陽城下草萋萋，澗水東流復向西。芳樹無人花自落，春山一路鳥空啼。李華

下下　中下　中下

三月更當三十日，風光別我苦吟身。共君今夜不須睡，未到曉鐘猶是春。賈島

《金剛經》注

序

自五祖始勸僧俗誦《金剛經》，謂「但誦此經可以見性成佛」，而《金剛經》遂爲世之所重。余嘗三復是經，竊謂經之大旨，在佛告須菩提應如是住、如是降伏其心。住者住此心，降伏者降伏此心，皆即所謂阿耨多羅三藐三菩提心，非有二心也。住則實矣，降伏則虛矣。即住即降伏，是以無實無虛。此《金剛經》之大旨也。以儒理譬之：子貢問：「有一言而可以終身行之者乎？」子曰：「其恕乎！己所不欲，勿施于人。」所謂「應如是住」也。子貢曰：「我不欲人之加諸我也，我亦欲無加諸人。」子曰：「賜也，非爾所及也。」所謂「應如是降伏」也。子曰：「衣敝緼袍，與衣狐貉者立而不恥者，其由也與？不忮不求，何用不臧？」所謂「應如是住」也。子路終身誦之。子曰：「是道也，何足以臧？」所謂「應如是降伏」也。不住固無所謂降伏，而不降伏又焉能住？經中「即非」「是名」句凡數見，即非者降伏之謂，是名者住之謂。而世俗解是經者則謂安住其真心，降伏其妄心，分而二之，於全經之義俱失。乃明洪武間，僧宗泐奉詔注經，亦如此說。然則經義之晦久矣。是經推論即住即降伏之旨，至於無法可得，無法可說，真無上甚深之妙義也。而佛弟子懼其流傳中土，使人輕蔑佛法，遂於其中妄有增益，輒謂受持讀誦此經有無量無邊福德。雖亦護法之苦心，然使經文隔絶，意義不明，則亦不得爲無罪。如云「一切賢聖皆以無爲法而有差別」，此爲下文須陀洹諸文發端。自須陀洹以至如來，即所謂一切賢聖也。而中間忽入七寶布施之文，則文義隔絶矣。此後人附益之證一也。又如佛說非身是名大身，此是譬喻之詞，下文佛說般若波羅蜜即非般若波羅蜜，乃正意也。而中間又入七寶布施之文，則文義隔絶矣。此後人附益之證二也。至如佛說經已，申以贊歎之言，如《楞嚴經》末云「若有衆生能誦此經，能持此呪，直成菩提，無復魔業」，固亦體例所有，乃此經則處處及之，經文未半，佛旨未宣，須菩提輒問衆生信不，世尊輒侈陳是經福德，抑何急遽乃爾？此後人附益之證三也。經文既訖，自表經名。如《巨力長者經》末云：「阿難白佛言，此經當以何名？我等云何受持？佛告阿難：此經名曰《巨力長者所問大乘經》。」是亦體例所有。乃此經則於所謂第十三分中而即出之，未說經文先說經名，須菩提之問、世尊之答皆失叙矣。此後人附益之證四也。又屢屢言及「四句偈」，不知何指。或以爲「若以色見我」四句，或以爲「一切有爲法」四句。然其文皆在後，是佛說四句偈時未有此四句偈也，須菩提能不問此四句云何乎？嘗讀《楞伽經》，知所謂「四句偈」者，「離一异」「俱不俱」「有無非有非無」「常無常」，與《金剛經》之旨頗合，而實非《金剛經》所有之文。疑佛平時常以此四句與《金剛經》並授諸弟子，後人遂牽連而及之。此後人附益之證五也。有是五證，知《金剛經》實有後人附益之語，以莠亂苗，厥旨愈晦。又是經本不分章，今釐爲三十二分，云是梁昭明太子所定，未知然不。以意分并，妄設名目，實非善本，未足信從。余以章句陋儒，桑榆暮景，窮而學佛，於西來大義固無所聞，而於此經竊有獨得之見，不揣固陋，爲之注釋。分爲上下二篇，上篇七節，下篇十一節，共十有八節。其附益之語，相沿既久，且亦自西土傳來，未敢芟薙，輒下一格書之。學者欲誦習全文，全文具在；若欲推尋旨趣，則刊落繁蕪，真經自見。雖似前後複沓，實則脈絡分明。五祖所謂「但誦此經可以見性成佛」者，亦可得其大概矣。

光緒九年十月曲園居士俞樾書於吴江舟中。

金剛般若波羅蜜經上篇

如是我聞，一時佛在舍衛國祇樹給孤獨園，與大比丘衆千二百五十人俱。爾時，世尊食時，著衣持鉢，入舍衛大城乞食。於其城中次第乞已，還至本處。飯食訖，收衣鉢，洗足已，敷座而坐。時長老須菩提在大衆中，即從座起，偏袒右肩，右膝著地，合掌恭敬而白佛言：「希有，世尊！如來善護念諸菩薩，善付囑諸菩薩。世尊，善男子、善女人，發阿耨多羅三藐三菩提心，應云何住？如何能定？云何降伏其心？如何能空？」佛言：「善哉善哉！須菩提，如汝所説，如來善護念諸菩薩，善付囑諸菩薩。汝今諦聽，當爲汝説。善男子、善女人，發阿耨多羅三藐三菩提心，應如是住，如是降伏其心。」「唯然，世尊。願樂欲聞。」右第一節。

須菩提問應云何住、云何降伏其心。此心即上文所謂「阿耨多羅三藐三菩提心」也。住者住此心，降伏者降伏此心，非有二心也。能住，則能有矣。能降伏，則能無矣。此一經之大旨也。俗解謂安住真心，降伏妄心，分而二之，全失其旨。

佛告須菩提：「諸菩薩摩訶薩，應如是降伏其心。不言住，省文也。所有一切衆生之類，若卵生、若胎生、若濕生、若化生，若有色、若無色，若有想、若無想、若非有想非無想，我皆令入無餘涅槃而滅度之。如是滅度無量無數無邊衆生，此即所謂「應如是住」。實無衆生得滅度者。此即所謂「應如是降伏」。何以故？須菩提，若菩薩有我相、人相、衆生相、壽者相，則非菩薩。」右第二節。

舊解謂此節佛先告須菩提，以應如是降伏，非也。下篇云「爾時，須菩提白佛言：『世尊，善男子、善女人發阿耨多羅三藐三菩提心，云何應住？云何降伏其心？』佛告須菩提：「善男子、善女人發阿耨多羅三藐三菩提心者，當生如是心，我應滅度一切衆生，滅度一切衆生已，而無有一衆生實滅度者」云云，正複舉此文，而住與降伏並不分别言之。然則此文亦必不分别言之矣。經言「應如是降伏其心」，不言「應如是住」，蓋文不具耳。此所據者鳩摩羅什本，其餘各本文字不同。上文問語，魏留支本、陳真諦本〔一〕、大唐玄奘本、唐義浄本並有「云何修行」四字，故説者以住、修、降伏爲三義。而「願樂欲聞」之下，佛不再複舉上文，可知佛言發明大義，初不一一分别。羅什本乃有「應如是降伏其心」一語，轉

〔一〕　本，原脱，據《新纂卍續藏經》校勘記補。

使佛言有所偏著矣。今姑以爲省文，實則此七字乃衍文耳。以下篇證之，可知其無；以各本證之，亦可知其無也。所以然者，即住即降伏，本無二候，又何從分別言之乎？其即住即降伏之法，不外無我而已。故曰通達無我法者真是菩薩也。有我則有人，有我有人則有好醜，故以我人衆壽該之。衆生相、壽者相，猶言醜相、好相耳。滅度衆生非義所重，借以爲言。如孔子言志曰：「老者安之，朋友信之，少者懷之。」亦是借以爲言也。葢心本空虛，因事而見，故此言滅度，下言布施，其義一也。「若卵生若胎生」以下止是廣陳衆生，見其無量無數無邊，初無深義。而解者乃謂胎、卵、濕、化皆以喻心也，支辭曲說，求深而反淺矣。

「復次，須菩提，菩薩於法應無所住，行於布施，所謂不住色布施，不住聲、香、味、觸法布施。須菩提，菩薩應如是布施，不住於相。何以故？若菩薩不住相布施，其福德不可思量。須菩提，於意云何？東方虛空可思量不？」

「不也，世尊。」

「須菩提，南、西、北方，四維上下虛空，可思量不？」

「不也，世尊。」

「須菩提，菩薩無住相布施，福德亦復如是不可思量。須菩提，菩薩但應如所教住。」右第三節。

須菩提問應云何住，而佛告以應無所住者，若心有住，則爲非住。故以不住爲住，即住即降伏也。上文以滅度言，既明菩薩之無我、人、衆、壽諸相矣；此又以布施言，而緒之曰不住於相。不住於相，是以無相也。皆佛告須菩提以即住即降伏之旨也，故曰「菩薩但應如所教住」。苟不如所教住，則爲凡夫之貪著矣。舊解以上節爲佛告須菩提以應如是降伏，此節爲佛告須菩提以應如是住。佛果分别言之，則應順其問之，次序何以先降伏而後住乎？

「須菩提，於意云何？可以身相見如來不？」「不也，世尊。不可以身相得見如來。何以故？如來所説身相，即非身相。」色即空也。佛告須菩提：「凡所有相，皆是虚妄。若見諸相非相，即見如來。」

須菩提白佛言：「世尊，頗有衆生，得聞如是言説章句，生實信不？」佛告須菩提：「莫作是説。如來滅後，後五百歲，有持戒修福者，於此章句能生信心，以此爲實。當知是人不於一佛、二佛、三四五佛而種善根，已於無量千萬佛所種諸善根。聞是章句，乃至一念生浄信者。

須菩提，如來悉知悉見，是諸衆生得如是無量福德。何以故？是諸衆生四字衍無復我相、人相、衆生相、壽者相，無法相、亦無非法相。即上所云「諸相非相」也。何以故？是諸衆生四字衍若心取相，則爲著我、人、衆生、壽者；凡所有相皆從心生。若取法相，即著我、人、衆生、壽者。執有固有也。何以故？三字衍若取非法相，即著我、人、衆生、壽者，執無亦有也。是故不應取法，不應取非法。以是義故，如來常説：汝等比丘，知我説法，如筏喻者。法尚應捨，何況非法？」右第四節。

此因不住於相而極言之。至于法相、非法相皆不可有，乃至法亦不可有，故以法尚應捨終焉。法者應如是住也，捨者應如是降伏也。

「須菩提，於意云何？如來得阿耨多羅三藐三菩提耶？如來有所説法耶？」須菩提言：「如我解佛所説義，無有定法名阿耨多羅三藐三菩提，亦無有定法如來可説〔一〕。住則定矣。即住即降伏，故無定。何以故？如來所説法皆不可取、以無有定法故。不可説，以無所得故。非法、無實。非非法。無虛。所以者何？一切賢聖皆以無爲法而有差別。」「一切賢聖」包下文須陀洹以上而言。自初果須陀洹以至於成佛，同一以無爲法而有區別。下文具陳之。

〔一〕法，原脱，據經文補。

「須菩提，於意云何？若人滿三千大千世界七寶，以用布施，是人所得福德寧爲多不？」須菩提言：「甚多，世尊。何以故？是福德即非福德性。是故如來説福德多。」「若復有人於此經中受持，乃至四句偈等，爲他人説，其德勝彼。何以故？須菩提，一切諸佛及諸佛阿耨多羅三藐三菩提法，皆從此經出。須菩提，所謂佛法者，即非佛法。」須陀洹以至於佛，皆是佛法，皆非佛法。佛言此，以啓發須菩提而起下文也。「須菩提，於意云何？須陀洹能作是念『我得須陀洹果』不？」須菩提言：「不也，世尊。何以故？須陀洹名爲入流，須陀洹應如是住。而無所入。不入色、聲、香、味、觸、法，須陀洹應如是降伏。是名須陀洹。」所謂須陀洹法，即非須陀洹法。下文斯陀含也、阿那含也，均依此説之，不具説也。「須菩提，於意云何？斯陀含能作是念『我得斯陀含果』不？」須菩提言：「不也，世尊。何以故？斯陀含名一往來，而實無往來，是名斯陀含。」「須菩提，於意云何？那阿含能作是念『我得阿那含果』不？」須菩提言：「不也，世尊。何以故？阿那含名爲不來，而實無不來，是名阿那含。」「須菩提，於意云何？阿羅漢能作是念『我得阿羅漢道』不？」須菩提言：「不也，世尊。何以故？實無有法名阿羅漢。與上文互相備。實無有法名阿羅漢，則亦實我有法名須陀洹、斯陀含、阿那含也。世尊，若阿羅漢作是念『我得阿羅漢道』，即爲著我、人、衆生、壽者。阿那含以下亦然。世尊，佛説我得無諍三昧，人中最爲第一，是第一離欲阿羅漢。我不作是念『我是離欲阿羅漢』。世尊，我若作是念『我得阿羅漢道』，世尊則不説須菩提是樂阿蘭那行者。以須菩提實無所行，而名須菩提是樂阿蘭那行。」此須菩提自明以無爲法之義也。佛告須菩提：「於意云何？如來昔在然燈佛所，於法有所得不？」「不也，世尊。如來在然燈佛所，於法實無所得。」此又佛自以意啓發須菩提明以無爲法之義，蓋自須陀洹至於佛，雖有差别，而同一以無爲法也。「須菩提，於意云何？菩薩莊嚴佛土不？」「不也，世尊。何以故？莊嚴佛土者，即非莊嚴，是名莊嚴。」苟知不莊嚴之爲莊嚴，乃真莊嚴矣。言此以起下文清浄之意。「是故須菩提，諸菩薩摩訶薩應如是生清浄心，清浄者，無之盡也。不應住色生心，不應住聲、香、味、觸、法生心，應無所住而生其心。」無則有矣。右第五節。

此承上文法尚應捨而進言之，見非獨應捨，且亦無法。自須陀洹以至成佛，皆是佛法，皆非佛法。蓋同一以無爲法也，無之至則清浄矣。清浄之至則湛然無物，而天下之理皆從此出。是謂無所住而生其心。苟有所住，即不能生其心矣。故即住而即降伏之要，在於無所住而生其心，然後可以成佛，然後可以滅度一切衆生。佛告須菩提之大旨，略盡於此矣。

「須菩提，譬如有人身如須彌山王，於意云何？是身爲大不？」須菩提言：「甚大，世尊。何以故？佛説非身，是名大身。」泥乎身而言，則雖鄹瞞巨無霸，不足爲大也。身如須彌山王，則非身矣，故名大身也。此設喻以起下之無深義。

「須菩提，如恒河中所有沙數，如是沙等恒河，於意云何？是諸恒河沙寧爲多不？」須菩提言：「甚多，世尊。但諸恒河尚多無數，何況其沙？」「須菩提，我今實言告汝，若有善男子、善女人，以七寶滿爾所恒河沙數三千大千世界，以用布施，得福多不？」須菩提言：「甚多，世尊。」佛告須菩提：「若善男子、善女人，於此經中乃至受持四句偈等，爲他人説，而此福德勝前福德。」「復次，須菩提，隨説是經乃至四句偈等。當知此處一切世間天、人、阿修羅，皆應供養，如佛塔廟，何況有人盡能受持讀誦。須菩提，當知是人成就最上第一希有之法。若是經典所在之處，則爲有佛，若尊重弟子。」爾時須菩提白佛言：「世尊，當何名此經？我等云何奉持？」佛告須菩提：「是經名爲『金剛般若波羅蜜』。以是名字，汝當奉持。所以者何？佛説般若波羅蜜，即非般若波羅蜜。非法是法，亦猶非身是身也。自此以下，皆申明佛法之非佛法。須菩提，於意云何？如來有所説法不？」須菩提白佛言：「世尊，如來無所説。」以離乎法爲法，則不得泥乎法以爲説也。「須菩提，於意云何？三千大千世界所有微塵，是爲多不？」須菩提言：「甚多，世尊。」「須菩提，諸微塵，如來説非微塵，是名微塵；如來説世界非世界，是名世界。微塵，至小也；世界，至大也。然執小以爲小，不足爲小也；執大以爲大，不足爲小也。執大以爲大，不足爲大也。然則微塵非小，世界乃小耳，是故非微塵名微塵；世界非大，微塵乃大耳，是故非世界名世界。須菩提，於意云何？可以三十二相見如來不？」「不也，世尊。不可以三十二相得見如來。何以故？如來說：三十二相，即是非相，色即是空。是名三十二相。空即是色。」

「須菩提，若有善男子、善女人，以恒河沙等身命布施，若復有人於此經中乃至受持四句偈等，爲他人說，其福甚多。」

爾時，須菩提聞說是經，深解義趣，涕淚悲泣，而白佛言：「希有，世尊！佛說如是甚深經典，我從昔來所得慧眼，未曾得聞如是之經。世尊，若復有人，得聞是經，信心清淨，則生實相，信心清淨空也。則生實相者，空即是色也。當知是人成就第一希有功德。世尊，是實相者，即是非相，是故如來說名實相。虛靈不昧之本體，非幻相也。世尊，我今得聞如是經典。信解受持，不足爲難。若當來世，後五百歲，其有衆生得聞是經，信解受持，是人則爲第一希有。何以故？此人二字衍無我相、人相、衆生相、壽者相。所以者何？我相即是非相，人相、衆生相、壽者相即是非相。何以故？離一切諸相則名諸佛。」世界也，微塵也，以至佛之三十二相，皆未離乎相者也，皆非實相也。自大身一喻之後皆發明此意，而以離一切相爲歸宿。

佛告須菩提：「如是，如是。若復有人得聞是經，不驚、不怖、不畏，當知是人甚爲希有。

何以故〔一〕？如來説第一波羅蜜，即非第一波羅蜜，非法。是名第一波羅蜜。非非法。須菩提，忍辱波羅蜜，如來説非忍辱波羅蜜。因第一波羅蜜無可説故，以忍辱波羅蜜言之，以淺見深。何以故？須菩提，如我昔爲歌利王割截身體，我於爾時無我相、無人相、無衆生相、無壽者相。何以故？我於往昔節節支解時，若有我相、人相、衆生相、壽者相，應生嗔恨。須菩提，又念過去於五百世作忍辱仙人，於爾所世，無我相、無人相、無衆生相、無壽者相。就忍辱波羅蜜，證以此二事，明離相之功。是故，須菩提，菩薩應離一切相，發阿耨多羅三藐三菩提心，不應住色生心，不應住聲、香、味、觸法生心，應生無所住心。」上言應無所住而生其心，由住而生也；此言應生無所住心，住即是生矣。右第六節。

前因不住於相而極言之，至於以無爲法，所謂佛法皆非佛法；此又因佛法非法而極言之，至於離一切相，仍歸之於不住於相，回環相生。總見法相皆空，乃降伏之極功也。

「若心有住，則爲非住。佛以不住爲住故，即住即降伏也。自此以下，皆約舉前文，以總結上篇。是故佛

〔一〕「何以故」下經文原有「須菩提」。

説菩薩心，不應住色生心〔一〕。不言聲、香、味、觸法者，省文也。俗解以爲舉重而言，非也。須菩提，菩薩爲利益一切衆生，應如是布施。如來説：『一切諸相，即是非相。』色非色。又説：『一切衆生，即非衆生。』形非形。須菩提，如來是真語者、實語者、如語者、不誑語者、不異語者。如語，即真語。實語，亦即不誑語、不異語。如其真、如其實，故不誑、不異也。佛以此告須菩提，明其言之可信。而真語、實語，不誑、不異，無非如語而已矣。如其義而語，有語亦無語也。須菩提，如來所得法，此法無實無虚。無實者非法也，無虚者非非法也。上言如來於法無所得，明無實也；此言如來所得法，明無虚也。無實者，降伏之功；無虚者，住之效。惟如來於法無所得，故爲如來所得法。蓋不住固不足以言降伏，而不降伏亦不足以住也。故曰「佛説般若波羅蜜」，即住即降伏，是爲非法非非法，即爲無實無虚。《金剛經》大旨盡此矣。須菩提，若菩薩心住於法而行布施，如人入闇，則無所見。若菩薩心不住法而行布施，如人有目，日光明照，見種種色。反覆申明之。上篇止此。右第七節。

「須菩提，當來之世，若有善男子、善女人，能於此經受持讀誦，則爲如來以佛智慧，悉知是人，悉見是人，皆得成就無量無邊功德。須菩提，若有善男子、善女人，初日分以恒河沙等身布施，中日分復以恒河沙等身布施，後日分亦以恒河沙等身布施，如是無量百千萬億劫以身布

〔一〕 生心，經文原作「布施」。

施。若復有人聞此經典，信心不逆，其福勝彼，何況書寫、受持、讀誦、爲人解説？須菩提，以要言之，是經有不可思議、不可稱量無邊功德。如來爲發大乘者説，爲發最上乘者説。若有人能受持、讀誦、廣爲人説，如來悉知是人，悉見是人，皆得成就不可量、不可稱、無有邊、不可思議功德。如是人等，則爲荷擔如來阿耨多羅三藐三菩提。何以故？須菩提，若樂小法者，著我見、人見、衆生見、壽者見，則於此經，不能聽受、讀誦、爲人解説。須菩提，在在處處，若有此經，一切世間天、人、阿修羅所應供養。當知此處，則爲是塔，皆應恭敬作禮圍繞，以諸華香而散其處。復次，須菩提，善男子、善女人受持讀誦此經，若爲人輕賤，是人先世罪業，應墮惡道，以今世人輕賤故，先世罪業則爲消滅，當得阿耨多羅三藐三菩提。須菩提，我念過去無量阿僧祇劫，於然燈佛前，得值八百四千萬億那由他諸佛，悉皆供養承事，無空過者。若復有人於後末世能受持、讀誦此經，所得功德於我所供養諸佛功德，百分不及一，千萬億分乃至算數譬喻所不能及。須菩提，若善男子、善女人於後末世有受持讀誦此經，所得功德，我若具説者，或有人聞，心則狂亂，狐疑不信。須菩提，當知是經義不可思議，果報亦不可思議。」

金剛般若波羅蜜經下篇

爾時，須菩提白佛言：「世尊，善男子、善女人發阿耨多羅三藐三菩提心，云何應住？云何降伏其心？」佛告須菩提：「善男子、善女人發阿耨多羅三藐三菩提心者，當生如是心：『我應滅度一切衆生。滅度一切衆生已，而無有一衆生實滅度者。』何以故？須菩提，若菩薩有我相、人相、衆生相、壽者相，則非菩薩。復舉上文，以起下篇。所以者何？須菩提，實無有法發阿耨多羅三藐三菩提心者。無能生有，有不能生無也。須菩提，於意云何？如來於然燈佛所，有法得阿耨多羅三藐三菩提不？」「不也，世尊。如我解佛所説義，佛於然燈佛所，無有法得阿耨多羅三藐三菩提。」佛言：「如是，如是。須菩提，實無有法如來得阿耨多羅三藐三菩提。塵盡則鏡明；明固鏡之本體，非有以助其明。冰釋則水流；流固水之本性，非有以益其流。須菩提，若有法如來得阿耨多羅三藐三菩提者，然燈佛則不與我授記：『汝於來世當得作佛，號釋迦牟尼。』以實無有法得阿耨多羅三藐三菩提，是故然燈佛與我授記，作是言：『汝於來世當得作佛，號釋迦牟尼。』須菩提以實無所行，而世尊名之爲樂阿蘭那行；如來以實無所得，而然燈佛授記於來世作佛，號釋迦牟尼。如來與須菩提雖有差等，其以無爲法則一也。何以故？如來者，即諸法如義。」諸法如義，言一切法歸於各如其義也。如來猶明鏡當前，人之來者見爲人，物之來者見爲物，如其來者而已，所謂如來也。有少許塵埃，即不能如來矣，故一切妄念不可有也；塵埃固不可有，珠塵玉屑又豈可有哉？有之亦不能如來矣。故一切法亦不可有也。若有人言『如來得阿耨多羅三藐三菩提』，須菩提，實無有法佛得阿耨多羅三藐三菩提。須菩提，如來所得阿耨多羅三藐三菩提，於是中無實無虚。是故如來説『一切法皆是佛法』。須菩提，所言一切法者，即非一切法，是故名一切法。須菩提，譬如人身長大。」須菩提言：「世尊，如來説人身長大即爲非大身，是名大身。」上篇大身一喻，以起下文；此篇大身一喻，以結上文德。以大身之非大身，明佛法之非佛法也。右第一節。

此節所説，即非法非非法之義，説具前矣。

「須菩提，菩薩亦如是。若作是言：『我當滅度無量衆生。』則不名菩薩。何以故？須菩提，實無有法名爲菩薩。是故佛説：『一切法無我、無人、無衆生、無壽者。』須菩提，若菩薩作是言：『我當莊嚴佛土。』是不名菩薩。何以故？如來説莊嚴佛土者，即非莊嚴，是名莊嚴。言我當滅度衆生，我當莊嚴佛土，則有我矣。故下云通達無我者，真是菩薩也。須菩提，若菩薩通達無我法者，如來説名真是菩薩。」右第二節。

承上文而言，一切法即非一切法。所以然者，一切法皆生於我也。有我則有人，有我有人，則有衆生、壽者，有如是一切，即有如是一切法。故必先之以無我。誠能通達無我之法，則不言一切法可也，即言一切法亦可也。經之大旨在於即住即降伏，而降伏其心自無我始，故於此特發明之。下文又云「知一切無我」，乃此經之要義也。

「須菩提，於意云何？如來有肉眼不？」「如是，世尊，如來有肉眼。」「須菩提，於意云何？如來有天眼不？」「如是，世尊，如來有天眼。」「須菩提，於意云何？如來有慧眼不？」「如是，世尊，如來有慧眼。」「須菩提，於意云何？如來有法眼不？」「如是，世尊，如來有法眼。」「須菩提，於意云何？如來有佛眼不？」「如是，世尊，如來有佛眼。」此與下節，皆承上文無我而言，即有以明無也。肉眼亦有，天眼亦有，慧眼亦有，法眼亦有，佛眼亦有，然則如來無眼矣。何以故？止有肉眼，則可名之曰肉眼。止有佛眼，則可名之曰佛眼。自肉眼至佛眼，無所不有，則無可名矣。凡經言一切諸相，即是非相，無非此義。右第三節。

「須菩提，於意云何？如恒河中所有沙，佛説是沙不？」「如是，世尊，如來説是沙。」「須菩提，於意云何？如一恒河所有沙，有如是沙等恒河，是諸恒河所有沙數佛世界，如是寧爲多不？」「甚多，世尊。」佛告須菩提：「爾所國土中所有衆生，若干種心，如來悉知。何以故？如來説諸心皆爲非心，是名爲心。無論一切妄念，即如上文所云我當滅度衆生、我當莊嚴佛土，皆非心也。心固湛然無物也。所以者何？須菩提，過去心不可得，見在心不可得，未來心不可得。」此亦即有以明無也。過去、見在、未來三種心，人人有之。然求之此心，究在何處，則亦無也。右第四節。

如來之五種眼也，衆生之三種心也，皆任舉以明無我之旨，非義所重。

「須菩提，於意云何？若有人滿三千大千世界七寶以用布施，是人以是因緣得福多不？」「如是，世尊，此人以是因緣，得福甚多。」「須菩提，若福德有實，「有實」當作「實有」，下文「若浮塵衆實有者」「若世界實有者」，并作「實有」，不作「有實」，此亦當同也。如來不説得福德多；有則無矣。以福德無故，如來説得福德多。無則有矣。」右第五節。

承上文通達無我法而言。法尚應捨，何論福德？蓋既以無法爲法，則亦以無福德爲福德也。而愚僧妄爲增益，專以福德誘勸衆生，失佛旨矣。

「須菩提，於意云何？佛可以具足色身見不？」「不也，世尊。如來不應以具足色身見。何以故？如來説具足色身，即非具足色身，是名具足色身。」如來所説色身，非此色身，是乃真具足色身也。下文准此。「須菩提，於意云何？如來可以具足諸相見不？」「不也，世尊。如來不應以具足諸相見。何以故？如來説諸相具足即非具足，是名諸相具足。」非身之身，乃真身也。非相之相，乃真相也。葢外之身相，皆幻形耳，雖佛亦不能常有也。知此中自有不壞者存，則能離一切相而成佛矣。竊嘗論之，無此身無此相，則非人也。而此身此相，則皆幻也。孰爲真者，其吾之本性乎？吾能保此性，雖千百劫而不壞可也。此佛之所以爲佛也。仙者變而言修煉，則欲常存此身，常存此相矣，而可得乎？此仙之所以不如佛也。右第六節。

佛既以無我示人，又復説此者，葢無我之中又自有我。此成佛之後，所以無實無虚，而在初發阿耨多羅三藐三菩提心者，宜乎即住即降伏之。以降伏爲住，然後無我而有我也。此《金剛經》之大旨也。

「須菩提，汝勿謂如來作是念：『我當有所説法。』莫作是念。何以故？若人言『如來有所説法』，則爲謗佛，不能解我所説故。須菩提，説法者無法可説，上篇云「無有定法如來可説」，此云「無法可説」，其義更進。葢無定法，猶有法也。無法，則并法亦無矣。是名説法。」一言蔽之曰無是真説法也。

爾時，慧命須菩提白佛言：「世尊，頗有衆生，於未來世，聞説是法，生信心不？」佛言：「須菩提，彼非衆生，非不衆生。何以故？須菩提，衆生衆生者，如來説非衆生，是名衆生。」古本所無，亦後人增益。葢以佛言無法可説，恐人因此不信佛法，故增益此文。其意謂衆生則不信，非衆生則自能信，所以堅人之信，與侈陳福德，其意正同。皆佛弟子護法之苦心也。

須菩提白佛言：「世尊，佛得阿耨多羅三藐三菩提，爲無所得耶？」佛言：「如是，如是。須菩提，我於阿耨多羅三藐三菩提乃至無有少法可得，無所失又何所得？是名阿耨多羅三藐三菩提。復次，須菩提，是法平等，無有高下，前言有差等者，成就之次第也；此言無高下者，真體之本然也。是名阿耨多羅三藐三菩提。以無我、無人、無衆生、無壽者，修一切善法，則得阿耨多羅三藐三菩提。須菩提，所言善法者，如來説即非善法，是名善法。」於阿耨多羅三藐三菩提，無有少法可得，此佛之所以爲佛也。修一切善法，則得阿耨多羅三藐三菩提，此衆生之所以爲衆生也。佛既自言「無有少法可得」矣，然何以處衆生？故又説此也。夫一切法，猶醫家之用藥也。佛無病焉，又何藥也？其餘衆生，各就其病而藥之，于是有一切善法。然此一切善法，豈可以爲常乎？譬如有寒疾者，以熱藥爲善法，若施之於熱疾，即非善法矣。故曰「所言善法者即非善法，是名善法」。法雖不可無法，仍不可執，故爲上智説，則無法可説。爲下愚説，則無定法可説也。

「須菩提，若三千大千世界中，所有諸須彌山王，如是等七寶聚，有人持用布施。若人以此般若波羅蜜經乃至四句偈等，受持讀誦，爲他人説，於前福德，百分不及一，千萬億分乃至算數譬喻所不能及。」

「須菩提，於意云何？汝等勿謂如來作是念：『我當度衆生。』須菩提，莫作是念。何以故？實無有衆生如來度者。若有衆生如來度者，如來則有我、人、衆生、壽者。須菩提，如來説：『有我者即非有我，而凡夫之人以爲有我。』須菩提，凡夫者，如來説即非凡夫。」原其初，聖亦凡也，凡亦聖也。聖凡且無一定，而又何我之有？

「須菩提，於意云何？可以三十二相觀如來不？」須菩提言：「如是，如是。以三十二相觀如來。」佛言：「須菩提，若以三十二相觀如來者，轉輪聖王則是如來。」須菩提白佛言：「世尊，如我解佛所説義，不應以三十二相觀如來。」此與上篇語同，但上篇文略，故無中間往復語耳。世人見上篇須菩提已知不可以三十二相見如來，疑其何以先悟而後迷。因爲之説曰：前言不可以相見者，色即是空也；此言可以相觀者，空即是色也。若然，則正合無實無虛之義，宜蒙印可，而反見駁詰，何耶？爾時世尊，而説偈言：

「若以色見我，以音聲求我，是人行邪道，不能見如來。」右第七節。

此又以無法可説、無法可得、無衆生可度舉上文所有之義，而申明之，而仍以無相爲歸宿。其義皆具上篇，而視上篇加詳焉。學佛者所宜盡心也。

附録魏留支譯本云：「『須菩提，於意云何？可以相成就得見如來不？』須菩提言：『如我解如來所説義，不以相成就得見如來。』佛言：『如是，如是。須菩提，不以相成就得見如來。』佛言：『須菩提，若以相成就觀如來者，轉輪聖王應是如來。是故非以相成就得見如來。』爾時世尊而説偈言……」

又唐義淨譯本云：『妙生，於意云何？應以具相觀如來不？』『不爾，世尊，不應以具相觀於如來。』『妙生，若以具相觀如來者，轉輪聖王應是如來。是故不應以具相觀於如來，應以諸相非相觀於如來。』爾時世尊而説頌曰……」

按：此文自留支以下各譯本，皆與秦本不同，蓋秦本之誤也。余據秦本作注，故云然；以各本證之，則余所見固與暗合矣。因附録魏、唐兩譯本以曉學者。餘不備録。

「須菩提，汝若作是念：『如來不此字衍。以具足相故，得阿耨多羅三藐三菩提。』須菩提，莫作是念。謂如來以具足相故得阿耨多羅三藐三菩提，是猶以三十二相觀如來也，故戒之曰「莫作是念」。文義本甚明，因「如來」下衍一「不」字，遂滋異説。今不取也。此下亦應有「何以故」三字，與下文相準，文不具耳。如來不以具足相故，得阿耨多羅三藐三菩提。此就佛言也。須菩提，汝若作是念：『發阿耨多羅三藐三菩提心者，説諸法斷滅。』莫作是念。於阿耨多羅三藐三菩提無有少法可得者，佛之所以爲佛也；修一切善法，則得阿耨多羅三藐三菩提者，衆生之所以爲衆生也。若衆生初發阿耨多羅三藐三菩提心，而即説諸法斷滅，則竟無可得矣。故又戒之曰「莫作是念」。何以故？發阿耨多羅三藐三菩提心者，於法不説斷滅相。」此就衆生言也。右第八節。

承上文而以佛與衆生分别言之，不執法相，亦不廢法相，誘掖衆生之義至矣。

「須菩提，若菩薩以滿恒河沙等世界七寶，持用布施。若復有人知一切法無我，得成於忍，忍，即降伏之謂。此菩薩勝前菩薩所得功德。何以故？須菩提，以諸菩薩不受福德故。」須菩提白佛言：「世尊，云何菩薩不受福德？」「須菩提，菩薩所作福德，不應貪著，是故說不受福德。」右第九節

因上文云莫說諸法斷滅，恐人執有以爲法，故歸之於無我，而極言無我之功德。然功德非福德也，恐人以福德爲功德而有所貪著，即非無我之義矣。故又以不受福德申明之。以是知諸言福德者，失佛旨也。

「須菩提，若有人言：『如來若來若去，若坐若卧。』是人不解我所說義。何以故？如來者，無所從來，無實。亦無所去，無虛。故名如來。須菩提，若善男子、善女人，以三千大千世界碎爲微塵，於意云何？是微塵衆寧爲多不？」須菩提言：「甚多，世尊。何以故？若是微塵衆實有者，佛則不說是微塵衆。實則虛矣，有則無矣。所以者何？佛說微塵衆，即非微塵衆，合之即爲世界。是名微塵衆。散之即爲微塵。世尊，如來所說三千大千世界，即非世界，散之即爲微塵。是名世界。合之即爲世界。何以故？若世界實有者，則是一合相。世界者，微塵之積也。若以爲實有，則非萬殊之虛體而有一合之實相矣。如來說一合相，即非一合相，離之則爲萬。是名一合相。合之則爲一。」「須菩提，

一合相者，則是不可説。離之則爲萬，合之則爲一，是此一合相者，示無實無虚也，而可説乎？但凡夫之人，貪著其事。」以不住爲住，即無此一合相矣。右第十節。

此承上文不應貪著而言。能不貪著，則自得無實無虚之妙矣。如來也，世界也，微塵衆也，皆非實有者也，何所著又何所貪乎？

「須菩提，若人言：『佛説我見、人見、衆生見、壽者見。』須菩提，於意云何？是人解我所説義不？」「不也，世尊，是人不解如來所説義。何以故？世尊説我見、人見、衆生見、壽者見，即非我見、人見、衆生見、壽者見，是名我見、人見、衆生見、壽者見。」變相言見者，自人觀之則爲相，以我自觀則爲見也。在菩薩，則無我相、人相、衆生相、壽者相，已足爲菩薩矣。若佛，則非特無此相，乃至無此見。非特無此見，乃至無無此見。何以故？有我、人、衆、壽之見，固是有我見、人見、衆生見、壽者見，即自以爲無我、人、衆、壽之見，亦是有我見、人見、衆生見、壽者見。蓋是者固是，非者亦是也。并此非者而無之，乃真無之盡矣。斯降伏之極功也。故下文曰「應如是知」「如是見」「如是信解」，蓋降伏之至，而得所住也。「須菩提，發阿耨多羅三藐三菩提心者，於一切法，應如是知、如是見、如是信解，不生法相。須菩提，所言法相者，如來説即非法相，是名法相。」他人所謂法相者，法相也；如來所謂法相者，非法相也。如來非特法相不生，乃至非法之法、非相之相而亦不生，斯真不生法相矣。

「須菩提，若有人以滿無量阿僧祇世界七寶，持用布施。若有善男子、善女人發菩提心者，持於此經乃至四句偈等，受持讀誦，爲人演説，其福勝彼。云何爲人演説？不取於相，上言不生法相，而此獨言不取於相者，葢有我則有人，有我、有人則有衆生、壽者，有如是一切，則有如是一切法故。此經以無我、人、衆、壽始，而以不取於相終。不取於相，而法不待言矣。如如不動。「如是知」「如是見」「如是信解」，皆如也。然有所如則有相矣。如如非如也，而亦非不如也。此即無實無虚之妙旨也。故下「如」字即住之謂也，上「如」字即降伏之謂也。即住而即降伏之，乃真能住矣。此所以不動也。何以故？一切有爲法，如夢、幻、泡、影，如露亦如電，應作如是觀。」經之大旨在即住即降伏。上云「不取於相，如如不動」，總結全經，語簡而盡矣。「一切有爲法」四語，又作偈語以結之，經文之體例然也。世以此四語爲《金剛經》之精義。夫稍解佛法者，孰不知一空字，乃以此四語爲無上甚深乎？耳食之論，非真見也。

佛説是經已，長老須菩提及諸比丘、比丘尼、優婆塞、優婆夷，一切世間天、人、阿修羅，聞佛所説，皆大歡喜，信受奉行。右第十一節。

總結上下篇也。下篇之義，皆具上篇，或引申其未盡之旨，或補益其未備之文，往往詳略互見。此佛弟子傳述之異，疑在西土本自別行，及傳入中土，遂合而一之，而以「如是我聞」發端，「信受奉行」總結，聯綴首尾，不可復分。今釐爲上下篇，庶讀者無疑其前後之複沓焉。

小蓬萊謡

小蓬萊謡序

昔樊榭山人作《游仙詩》三百首，自謂皆未經人道語，今讀之，信然。雖然，陸士衡不云乎：「意翻空而易奇，辭徵實而難巧。」樊榭爲其易，曲園請爲其難。今夏無事，偶作此二百首。每首皆運化一故實於其中，大率取之唐宋人小説，信而有徵，非姑妄言之也。因「游仙」之名太熟，故題曰《小蓬萊謡》。「小蓬萊」者，西湖舊有此名。門下士吴叔和比部築屋於俞樓後山，徐花農太史即題以此三字。往時余吴下有曲園，即有《曲園雜纂》之作；及湖上成俞樓，又有《俞樓雜纂》之作；雖右台仙館數楹之屋，亦爲作《右台仙館筆記》十六卷，葢欲藉著作以傳其地也。顧曲園中艮宧、達齋皆見於書，而俞樓中小蓬萊、靈松閣、伴坡亭一無所見。花農屢以爲言，余無以應也。今以此二百首詩歸之小蓬萊，報花農於日下，亦即慰叔和於泉下矣。光緒丙戌孟冬，曲園居士記於右台仙館。

小蓬萊謡

吉緒祥源歲歲新，仙山草木四時春。朝來有客門前過，枝百英偕葉萬椿。
雪頂霜髯千歲翁，天教管領此山中。山中本是無官府，强被人呼作上公。
春夏秋冬各有時，年年高會總如期。昔時曾與春臺燕，記得真君迎月詩。
羽蓋霓旌天上來，悤悤應召赴蓬萊。不曾收拾窗前几，化作山中三足能。
年來選勝徧名區，風景居然處處殊。一處洞天一天地，一輪玉兔一金烏。
深山大澤盡龍蛇，何處堪停羽客車。欲向名山求福地，還應去問魯東家。
海上求仙空往還，蓬瀛方丈杳難攀。太元長谷分明在，不訪三山訪二山。
山中問取白頭翁，飯稻羹魚一樣同。試向瀛洲採風俗，家家户户是吴風。
一自芒鞋遠入山，洞門常遣白雲關。何時卻被甘風子，偷寫真容到世間。
絶壑無人渡石矼，忽聞松下吠靈尨。誰張白織門前過，買藥歸來白鶴雙。

空山春色爲誰妍，瑶草琪花滿路邊。不是長生少靈藥，更無人得渡紅泉。

竹几藤牀坐曲肱，手鈔丹訣細如蠅。不知四壁塗何草，徹夜光明可不鐙。

山中精舍静無譁，白版難容俗客撾。一卷素書一繩榻，左邊是虎右邊蛇。

自來人外築雲巢，老輩神仙盡漆膠。偏識安期羨門子，只餘高誓未深交。

同輩飛騰各上天，人間游戲馬君賢。金丹服半還留半，不作天仙作地仙。

獨坐雲房自鍊丹，不煩仙犬吠雲端。洞中有寶無能竊，門外山梁一指寬。

問氏敲雲本不差，無緣未許喫瓊花。凡夫袖裏一拳石，初摘山中元是瓜。

香氣氤氲巖岫間，尋香有客叩雲關。瑶池使者行將至，寄語蓬君早出山。

斷崖如臼不容攀，見説山翁深閉關。應悔神芝輕賣卻，當時只换兩金環。

終年不出木雞巢，依舊游行偏四郊。初見元神纔數寸，近來九尺過曹交。

莫道空山耐寂寥，何甥謝舅也招邀。似聞新授桃司命，舊住人間本姓姚。

驂鸞轡鶴九霄翔，未忘當年舊雁行。不惜無成王敬伯，最憐中道死梁芳。

仙家眷屬本無多，只有劉樊偶一過。迎到皤然雙白髮，前頭彭祖後彭婆。

誰道仙家無後昆，舊時眷屬至今存。韋家昨日元孫至，今日楊家接幼孫。

故交多返白雲鄉，花紙瑶槭總渺茫。一叟市頭來賣藥，不圖卻是賀知章。

自列清都供奉班，雲游久不到塵寰。偶然欲訪慧車子，偏問吴中烏目山。

竹杖芒鞵任所之，枝峰蔓壑徧探奇。近來頗覺登臨嬾，南岳夫人借鶴騎。

絶迹飛行倦亦休，不妨偶一泛中流。昨宵歸自滄洲路，弱水中乘强木舟。

憶訪名師處處經，芒鞋竹杖頗勞形。同行卻羨睡仙好，渡水登山總不醒。

一自騎龍返太虚，仙蹤飄忽百年餘。偶過當日釣龍處，尚有溪邊舊釣車。

朝赴東溟暮北溟，雲中蹤跡幾曾停。身輕不借飛丹力，新受金瑫玉佩經。

飄飄瓊佩與霞裾，駕鳳驂鸞樂有餘。辛苦九疑山洞客，朝朝朱墨校天書。

鳥道崎嶇往復還，平頭奴小嬾躋攀。偶然捉得山魈至，教負書囊送過山。

入雲磴道走崚嶒，黑夜茫茫月未升。兩目光芒長數丈，居人驚起看神鐙。

臨流從不費躊躇，來往江湖總自如。羽扇一揮流即斷，化成陸路可籃輿。

屋廬帷帳及尊罍，萬里無須自帶來。巖石中間無不有，只須藜杖一敲開。

衣冠了鳥態龍鍾，世上何人識異蹤。病犬尫羸毛盡落，誰知一躍即烏龍。

隨風吹去又吹回，飛渡中流不用杯。水面只消鋪一席，載將絲竹管絃來。

御風偶到碧雲端，不覺飛行近廣寒。相距月輪猶數里，霞巾羽袖已嫌單。

左雲右鶴孰堪儔，獨守庚申亦足愁。偃月子今何處去？峨嵋尋訪到羅浮。

海外飛艫來往便，自誇奇巧世無傳。往年我向滄洲過，已見金池泛鐵船。

排空馭氣走坤輿，頃刻周流徧六虚。龍虎鹿盧蹻總緩，自將雷策駕雷車。

海天無際夜茫茫，難向龍宫覓夜光。捕得海哥解人語，爲吾傳語與龍王。

名都大邑儘敖遊，躡屩擔簦弟子愁。拈取一丸泥在手，須臾化作萬驊騮。

穆王八駿似游龍，西母筵前幾度逢。只怪慈童隨侍久，近來何事不相從。

一自平交五嶽論，雲龍角逐徧乾坤。往來句曲茅君所，不走尋常五便門。

滄海栽桑幾度青，未忘當日暫居停。王方平與麻姑約，五桂墳頭弔蔡經。

不煩挾矢更操矛，自有天兵在上頭。見説人間多寇盜，同行須得壽光侯。

賣藥原非爲救貧，市中疑鬼又疑神。戲將皂莢牀前種，旋種旋生賣與人。

召嶽驅雷不可誣，凡夫俗眼得知無。仙人小試通靈技，徧贈知交卻鼠符。

曼衍魚龍百戲工，錦棚排列市西東。市兒明日驚相告，處處場中有此翁。

偶馭胎禽下九皋，野人來見體生毛。自言了不須人事，託覓山家劚藥刀。

龍賓製就異松煙，一笏真須價十千。試向市廛磨少許，黄金燦爛硯池邊。
真人所至異尋常，星步雲行跡轉彰。頭上白光高數尺，不然紫氣丈餘長。
沓嶂回峰任意探，獨行何畏虎眈眈。白黄二叟空相賭，未必仙人肉果甘。
歲歲羅浮山下行，布衣丫角總年輕。宜哥小字人人識，不識朝中宰相兄。
雲霄舊友總依依，欲寄當歸魚雁稀。彩筆空中書數字，不煩青鳥自能飛。
飲罷琳宮歸去休，銀潢一水阻前頭。卻嫌烏鵲填橋險，都趁天河釣叟舟。
爲憐列宿夜熒熒，偷摘天根一點星。遂使金華仙洞内，止存二十七真形。
玉霄金闕鬱崔嵬，闕下羣仙首不擡。何事世人多草草？緑章偏有草書來。
上界由來禮數寬，淮南被謫太無端。武仙郎是緑鸚武，也在人前稱下官。
銀宫翠島迥無塵，清淺靈源易問津。莫怪近來璚簡富，仙官二萬四千人。
仙籍昆崙歲歲更，新交大半不知名。昨朝李洞賓相訪，誤認回仙倒屣迎。
莫笑簪纓躔世科，近來仙籍亦偏頗。請看一卷《神仙傳》，總是王家男女多。
恭逢玉詔下瑶臺，搜訪仙材到草萊。使者三車龍虎鹿，新聞度得沈羲來。
一樣真靈位業存，就中等級不須論。算從太極大夫後，正一郎中亦自尊。

有客來游雀噪檐，是何意態頗沾沾。自言已受天門職，新拜將軍號捲簾。

俗眼何曾識鳳麟，世情可笑不須嗔。似聞令甲行天下，名捕妖人吕洞賓。

太乙真君緣分深，瑶華宫闕許相尋。臨行玉女真無賴，託買田婆號縣鍼。

定録西龜自有期，無師盗道亦堪嗤。懸珠會上群仙聚，都笑偷丹李肉芝。

自喫東方曼倩桃，詼諧談笑本來豪。近時大衆矜莊甚，紫府新升龍伯高。

有生總與共情天，蠕動蜎飛盡可憐。姜撫地仙偏好殺，難偕張果作天仙。

九閶消息費疑猜，屢遣青鸞總未回。嬾向市頭親問卜，邀將司馬濟華來。

玉宇瓊樓霄漢邊，更無凡骨此流連。上清官府誰能到？·偏有圖經兩卷傳。

長生一諾不輕逢，僥倖成仙只吕恭。和府仙人吕文起，愛他同字又同宗。

錬汞燒丹總不成，長生籙内未書名。偶輸十玨藍田玉，便有雲龍下界迎。

倏然久已出風塵，多事仍拖漢陛紳。一化爲梟一爲鵠，歸來赤腳兩仙人。

石壁光瑩金字明，華陽洞裏大書名。達官李玨雖尊貴，難與齊民李玨争。

浮世功名付黑甜，平生蹤跡未能潛。王方平與劉根輩，猶被人呼漢孝廉。

聞説天魔近日驕，諸天無計定驚飆。九靈老子朝金闕，神策詳陳百廿條。

三元麟鳳本無分，亂踏黄雲與紫雲。莊列亢倉相顧笑，近來徐甲也真君。

神仙事業本非常，出世何曾與世忘。浄埽烽煙興禮樂，伊家風子赤龍王。

鶴書日日下巖阿，自昔中原杞梓多。玉詔新除金可紀，仙才蒐訪到新羅。

世路賢愚未易詳，仙曹流品亦難量。似聞舊日丹元子，新授醫官郤姓王。

年過百歲總方瞳，皓首龐眉一樣同。自得柏庭瞿氏子，仙家亦復重神童。

莫笑天師張道陵，李吴申寇盡尊稱。天師一隊朝金闕，誰向仙班齒薛滕。

學士瀛洲聚嘯歌，餐風吸露竟如何。老君秘授藏金法，追取銀魂不在多。

檢籍仙臺半不全，韓湘曹佾任流傳。何當一問唐江積，誰是當時老八仙？

駐影神方未可憑，養毛鍊魄竟誰能？喧傳徵召陶弘景，誰識桓君白日升？

釣天宴罷不重來，混迹塵中亦自咍。昨日偶逢天自在，瓊霄指點舊樓臺。

一卧空山骨亦寒，無端游戲到長安。袖中并少生毛刺，竹葉書名謁達官。

天上群真日往回，仙廚頗亦費尊罍。湖州魚與餘杭酒，都被神仙買貴來。

無端名動漢諸公，冠蓋争來拜下風。薊子訓無異人處，騎騾早已出城東。

一自微名達玉京，人間青史不爲榮。擬援杜杜崔崔例，借姓爲名不著名。

五湖一棹訪鴟夷，雲水茫茫何所之？昨與海濱漁父遇，猶能追話沼吴時。

行藏半託灌園傭，混跡人間未易逢。招得菜園王十八，茶園黑老定相從。

子晉緱山偶一停，爲憐良夜駐雲軿。攜來弱弟王眉壽，新學吹笙已可聽。

何處頑仙日日過，手扶杲杖舞婆娑。老君命檢丹臺籍，知是劉跛是李阿。

先生白石本無名，太極仙人凡八兄。頗怪連朝見諸老，或稱李靖或姚泓。

雲肆先生蹟久淹，不如後輩轉炎炎。何當問訊遼劉操，可識君家老海蟾？

避劫更名事有因，交游多半姓名新。須知羅璝羅思遠，總是羅公遠一人。

抛開塵壒即煙霞，留戀人間不是家。一樣故侯秦漢際，姜侯菜勝邵侯瓜。

紅塵擾擾不堪停，回首青山分外青。記得會真仙府否，右門桐柏左金庭。

頻年蹤跡溷風塵，今日歸來作主人。莫笑空山絶車馬，麒麟送客虎迎賓。

自從辟穀有真方，换得青肝與緑腸。偶喫丹霞漿太飽，朝朝天露一杯黄。

解脱塵纓返太清，悠悠不顧俗情驚。誤傳已服金丹死，卻見仍騎白馬行。

太乙靈方鍛鍊勤，久將祕録奉真君。不知金字書名否，但覺雙瞳有緑筋。

黄婆赤子本團欒，指示仙機元不難。試取木鑽鑽大石，鑽開大石得金丹。

甲邊庚内費工夫，此事難憑意氣粗。杜子春偕顧玄績，兩回毀我鍊丹鑪。

玉釜煎香又幾時，還丹日月尚遲遲。留心莫遣凡奴守，怕走箘中白兔兒。

採藥名山路轉賒，葫蘆日日杖頭斜。鳳綱自製長生藥，只是尋常百草花。

堅築靈株養子珠，此中火候未容麤。世人只讀《參同契》，一卷誰傳《契祕圖》。

日月玄樞類轉丸，競將真路覓靈竿。紅塵未遇青霞子，欲得通玄要訣難。

鍊就金丹濟世人，藥囊終日不離身。俗人臓腑難消受，且向溪邊活困鱗。

紫府清嚴未許探，仙家禮法過瞿曇。赤童六甲惟傳女，憑仗青童轉授男。

朝朝煮玉夜燒金，誰與仙人緣分深？付與靈丹剛兩顆，看來只是二林檎。

遷神神散易形丸，無奈凡夫换骨難。桐柏真人命張老，沿門唤賣大還丹。

修鍊千年翠髮翁，紫荷飛盡始成功。丹經鈔寫傳人世，太華嵩高各一通。

俗塵埽盡不容侵，濟世猶然抱熱心。欲使人間無凍餒，自煎黄土作黄金。

鍊就金丹一粟黄，不堪大衆共分嘗。待邀西域仙人到，備説人間治疾方。

一自奇書校上清，賜來祕笈滿軒楹。陰符不是通行本，點畫多能配五行。

上古遺書未殺青，不經秦火已飄零。誰知虞舜沖齡日，太上親傳《道德經》。

仙人從不患愚蒙，不在前賢咀嚼功。吞得開心符一道，玄文祕笈盡精通。

九天領得寶書來，絳簡青文衆妙該。卻笑真人關令尹，石函不許後人開。

玉檢瑶函付五丁，世人傳誦只黄庭。昨朝親見伯陽父，授我新書《上至經》。

洞府深沈鎖翠微，遺書石上長苔衣。金雄詩與金雌記，留與人間讀者稀。

鳳篆龍泥得見無？八瓊祕訣在清都。胡愔女子聰明甚，畫出黄庭内景圖。

一卷書能造化通，幾時付託得英雄？老夫欲授老妻惜，至竟深藏杉腹中。

河上衰翁嬾欲眠，遂教道德失真詮。瑶池徵召重瞳妾，校定經文字五千。

日爻月卦妙無窮，易祖師猶拜下風。後學盡師王輔嗣，一齊收作應門僮。

莫道頑仙總不靈，瓊漿一飲便惺惺。偶然欲學人間業，吕授兵書孔授經。

徵書紫錦不輕叨，鍊玉燒金敢憚勞。只怪頑仙太容易，一生飽睡學吴猱。

莫將邋遢笑三丰，冰雪心腸不在容。看取垢仙劉黑黑，伐毛洗髓竟無庸。

混俗和光不計年，夔蚿一任互相憐。何當説與林和靖，擔糞裴翁竟是仙。

白石先生何處尋，年來太覺入雲深。卻嫌仙吏多辛苦，晝判陽間夜判陰。

人間日日出新奇，機巧由來勝昔時。郗老先生來對局，誰知輸與段家兒。

天公妙手付仙家，枯樹非春也發芽。殷七七偕韋七七，朝朝暮暮賭開花。
有道襟懷與衆殊，生機活潑殺機無。靈符驅虎真誅虎，從此雲房不畫符。
朝朝虎想又龍存，幸已粗窺衆妙門。自己修成千萬壽，羞將牛口黑珠吞。
自折松枝代兔豪，書名早已冠仙曹。偶然小變冰斯體，世上争傳金翦刀。
只飲金莖露一杯，千年顔色似嬰孩。春皇授我穀仙法，嬾向山田更翦萊。
清都望重世人知，附鳳攀龍轉可疑。幾輩來從赤松子，金華誤訪牧羊兒。
昨夜華陽人定時，霓旌雲旆降參差。不知鸞鶴迎誰子，盼殺黄公老鍊師。
仙家名號日紛紜，人世勳階總不聞。客到自稱草衣子，誰知元是奉成君。
廣桑山與白雲齊，滄海茫茫路易迷。今日幸逢婉盆子，乘桴同拜孔宣尼。
函谷年深紫氣銷，七真堂上亦寥寥。新興太乙真人教，無怪人來總姓蕭。
百花橋下水茫茫，南海歸來歲月長。自問心中無一事，玉壺從不問鴛鴦。
洞門晝掩寂無聲，洞口無人通姓名。只有常來碧虚子，從行枸杞與黄精。
赤箭青松種種宜，藥囊收拾總無遺。昨朝有客騎驢至，可怪通名是石砒。
浪説清都夙有緣，腥羶俗骨豈能仙？寄言搼子須留意，莫引凡夫向稚川。

無賴應門五尺童，呼星召鬼盡皆工。昨宵偷把長繩去，牀腳斑斕繫大蟲。
山翁三五欵茅茨，野蔌山肴太覺奇。枸杞人蕿人不識，盤中一犬一嬰兒。
仙家飲饌亦尋常，胾肉盈盤酒滿觴。乞得蒜虀纔一片，至今口舌尚清香。
朔風來叩酒家門，故老相逢共一樽。杯底偶然書火字，杯中冷酒便能温。
美酒嘉肴石几陳，烔烔熱氣總如新。偶然俗子來偷喫，一出山中化石人。
淡盡情腸酒總耽，空山誰與共沉酣？不如召取常持滿，對飲香醪一石堪。
石囷盛久米皆乾，石釜炊來火亦寒。衡嶽道人招我食，殷勤硬飯勸加餐。
不論文上與文陽，名輩還先沈侍郎。八十年傳雙弟子，如今弟子已成行。
問道人來總不麿，門前多少客擔簦。素書一旦傳馮遇，懶更間關試趙昇。
浮世何人肯息機？雲情鶴態本來稀。金丹悔被凡夫服，敬爲尊師取藥歸。
太乙靈方不足云，仙家供養只煙雲。當初枉把黄金鍊，東海抛將數萬斤。
笋皮爲笠布爲衣，遊戲紅塵識者稀。偶爾留傳一枝筆，明朝化作彩禽飛。
世人眼淺不曾開，六甲風雷總浪猜。自向碧潭最深處，蜿蜒抱出睡龍來。
走飛變易不須誇，枯木能教頓著花。爛煮碧鰕投水内，至今游泳有紅鰕。

甲邊庚內舊曾修，陽氣真從大宅浮。昨日偶招諸老坐，盡教白髮變烏頭。

吞刀吐火起雲煙，九百餘條事事全。卻笑童心老成子，如何學幻要三年？

五行變化妙難猜，奇術都從墨子來。一擲赤丸飛燄起，青丸出手盡收回。

三洞珠囊任取資，八瓊祕訣本非奇。可憐鈍漢門牆外，費盡金匙又玉匙。

歷歷前游半已忘，偶留幻跡太荒唐。神龍天外乘雲至，認是當年青布裳。

五嶽遨遊記昔曾，近來雲路倦飛騰。偶因會葬仙人母，谼谷山中看聖鐙。

仙家游戲不嫌詼，變化神奇未足猜。偶爾張羅得一鳥，誰知乃是故人來。

何處光芒萬丈生，玉函怪牒不分明。近來雙眼明於月，八字天書看得清。

大椿朝菌本非儕，塵世蜉蝣不繫懷。只怪年年三月九，故鄉猶作玉蘭齋。

奇蹟何時偶一留，頓教微物變圖球。鐵瓶傳作千秋寶，只是當時暫枕頭。

昔年秦使到蓬萊，何事雲帆去復回。使者姓名換徐黻，振男振女又同來。

往古來今傀儡場，壺中日月總舒長。千年多少興亡事，都在腰間鹿革囊。

累朝陳迹總如新，唐宋元明閱歷身。青史古人多故友，傳中事實半非真。

歷歷千秋石火光，人間萬事總茫茫。如何李惠姑來見，猶話興亡淚數行？

區區同異不須論，老子西遊即世尊。鈔得達摩胎息訣，空門人已入玄門。

千古名山石室寒，赤文緑字未凋殘。戲書西下從心字，故與西方佛祖看。

白虎青龍鍊汞鉛，近來吐棄等蹏筌。石頭和尚真堪笑，學作《參同契》一篇。

範水模山未是真，太虛無物總通神。一盂清水從中看，百里山川百里人。

藜杖曾經十載扶，化爲龍去只須臾。有人新贈一枝杖，道是丹鰕八尺鬚。

吸露餐霞自不飢，屏除煙火已多時。華山靈豆陳摶送，分作兒童消夜資。

成仙蝙蝠上丹霄，遂使人間鼠輩驕。擬向燕真人乞取，仙貓洞裏喚仙貓。

瀛洲大會啓耆英，一樣高年比老彭。李八百逢曹八百，不知誰弟又誰兄。

嚴寒酷暑世難堪，此理須從造化參。子伯仲都相對坐，一人火鼠一冰蠶。

枯坐山中木石然，元神游覽偏垓埏。笑他宋代盧多遜，僵卧靈牀三十年。

蒻荷爲屋葦爲籬，中有老翁衣鹿皮。特築金堂居玉女，仙家亦復愛蛾眉。

琳宫十二玉闌干，羅袂飄飄未覺寒。閒看彩鸞寫唐韻，新收弟子有詹鸞。

辛苦修真年復年，豈知初不費鑽研。一男一女成仙易，馬自然同謝自然。

上下三皇總與游，洪荒那復計春秋。黄安萬歲真堪笑，纔見神龜五出頭。

羽旆雲車碧落天，虚名一任世人傳。仙宗十友無人識，但見鑺鍮演八仙。運未來時聖亦凡，山中且帶散人銜。此時誰識徐元直？異日仙蹤過吕嵒。呼星召鬼亦徒然，誰信神仙即聖賢。畢竟蘭公居曲阜，能將孝道去修仙。驂鸞已返白雲鄉，尚有祥氛被梓桑。留得敝廬人盡識，每逢甲子尚焚香。將龍逐虎總從心，只在工夫不厭深。重過驪山逢老母，報言鐵杵已成鍼。羽蓋雲鞍赴絳霄，不知人世有金貂。朱書石上分明見，爲我傳言謝聖朝。烏兔東西任往還，世間甲子不相關。年年臘月逢初二，一會青童句曲山。舊是秦時老役夫，千年骨瘦貌仍腴。居然學得唐人句，閒折松枝叩玉壺。

長謡余既作《小蓬萊謡》，又作此謡，録附其後。

波訪雲諏事事新，迢遥銀漢儼通津。天吴紫鳳真如戲，織女黄姑不是鄰。海外蘇髯姑説鬼，山中陸羽亦成神。自從魚鑰輕開後，何止飛來六六鱗。浪傳弱水路三千，東鰈南鶼大有緣。渡得達摩來作佛，載將博望去求仙。秋風渾脱黄皮室，春水艨艟金翅船。只有鮫人深夜織，怪他雷鼓鎮闐闐。

碧海仙人最有情，芙蓉手種滿蓉城。金波玉液逡巡酒，翠釜銀罌骨董羹。裴老庭前丹鼎熟，滕公室内漆燈明。羨他不曉天中客，啼徹金鷄總不驚。

東公西母苦相望，終隔盈盈水一方。湧見初禪銀世界，主持末劫鐵輪王。填平海水無精衛，驅駕雷霆有阿香。玉女投壺天一笑，傳書青鳥已偷將。

是何蜃氣儘吹噓，幻出樓臺十萬餘。衢路奔馳人駔儈，園亭呼嘯鬼夔魖。門前高繫昆崙舶，道上争驅彌戾車。天市一星光奪月，文昌武庫比難如。

年來智叟笑愚公，夏雪冬雷事事工。天馬駕車飛似電，神龍銜燭吐成虹。縫裳女翦賓人布，射獵兒彎貊國弓。大息人間無故物，秦時明月自當空。

流水游龍日夜忙，子從兩牡我從狼。有錢大賈桃三老，無賴纖兒柳幾郎。絃管沈沈聽北里，戈矛擾擾出南塘。扶筐何鼓無消息，欠得天錢總不償。

無端舞隊起天魔，大小圈多事更多。已怪幻人能吐火，更驚神女善淩波。羽嘉毛犢雖殊族，狗骨牛筋總共柯。手執鉛刀思一割，紛紜奈此亂絲何？

不料狺狺亦易馴，秋風又見雁來賓。樓船虎節金符使，邸舍虬髯碧眼人。海鳥安知聽鐘鼓，山猱原不襲冠巾。惟應添得園林色，卉木移來化外春。

天門詄蕩竟難關，風馬雲車日往還。唐代流傳鐵十字，漢廷珍重黑雙環。顛當雖小猶能守，卻曲堪憎未易删。借得吳剛修月斧，扶桑若木擬先攀。

鬼輸神牖總非真，官錦行家騾一新。鼙鼓方圓參薛魯，釜鍾大小變齊陳。徒聞向若來觀海，未見乘槎去問津。袖内鼇竿無所用，戲懸明月釣金鱗。

萬壑千巖下及泉，尋龍望氣兩茫然。青丘地有三千仞，黄湏天生五百年。鄒子可能窮黍谷，麻姑空自歎桑田。何時東海知人意，化作璇源處處圓。

侏儒言語竟流傳，始信窮荒别有天。生共佉盧誰最早？死逢歌利亦堪憐。舊謡附會疑黄檗，新枘叢生甚白蓮。安得王文成再起，九連山下募屯田。

況復龍門濁浪多，中原赤子化黿鼉。亂流已變反弓水，故道難尋覆釜河。明德千秋空復爾，神臯四望竟如何？漢家再建奉春策，遼絶荆襄試一過。

秋風萬室盡飄零，譜入哀絃不可聽。未有大功成鄭白，徒勞高義出麻青。衣袽小小何能塞，瓶盎區區豈足停？轉瞬中央逢戊己，黄龍地蟥助神靈。

爛柯山下立多時，閒看仙人一局棋。月令不詳鳩化候，風人自賦《兔爰》詩。投戈壯士遵新式，挾册兒童背故師。惟有楊雲甘寂寞，遺經獨抱尚孜孜。

曲園墨戲

曲園墨戲

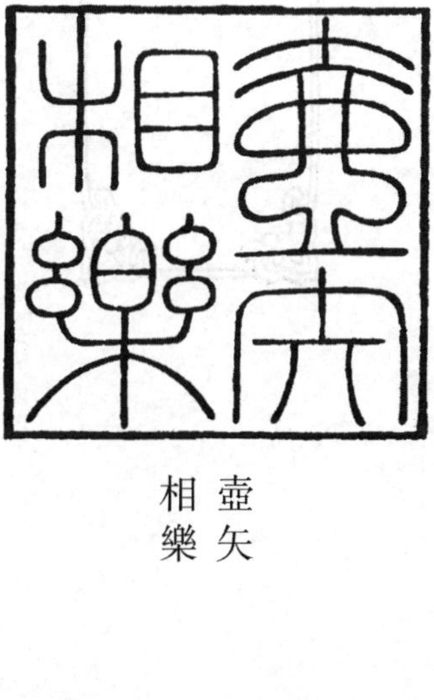

壺矢相樂

自序

古人之字即古人之畫，日之爲⊙，月之爲☽，星之爲∘∘，其尤肖者矣。倉頡見禿人伏禾中，因而製「禿」字，此即「畫即字」之明證；孔子曰「視犬之字如畫狗也」，此即「字即畫」之明證。自字與畫分，而其義不明矣；自畫與字分，而其道不尊矣。余素不習畫，然字則童而習之，以至於今。閒居無事，拈弄筆墨，時出新意，頗有合乎古人「字畫合一」之旨，集爲一編，題曰「墨戲」。庚寅四月，曲園居士書於春在堂南軒。

箸書遺日

極沒要緊

曲園墨戲

式團和氣

篆書和氣二字規而圓之是謂一團和氣

式團和氣

篆書「和氣」二字，規而圓之，是謂「式團和氣」。

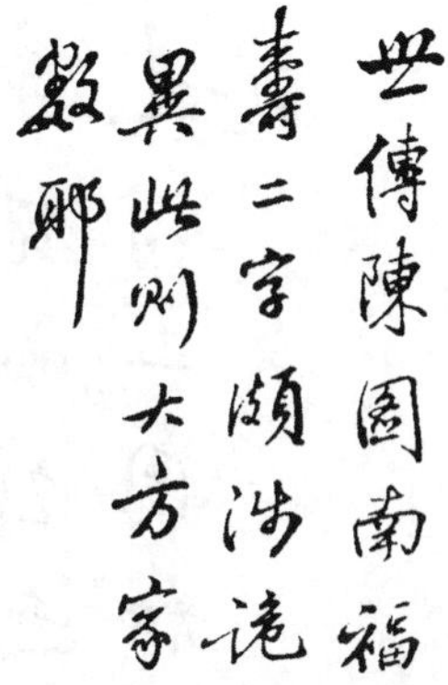

福壽

世傳陳圖南「福壽」二字，頗涉詭異。此則大方家數耶？

畜道德能文章

世傳「正心修身，克己復禮」八字魁星像，余易以此六字，於義爲協。

如南山之壽

往見王虛舟先生篆書，此五字疑本是印文，後廓而大之耳。余改作壽星像，頗覺畢肖。

驅邪降福四字鍾馗

庚寅午日戲作此像，然不甚似。非題識其端，人固不識也。

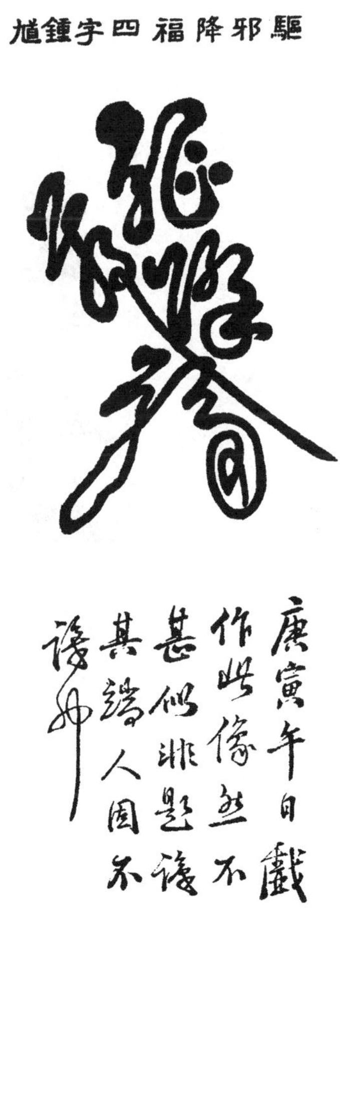

福壽雙脩

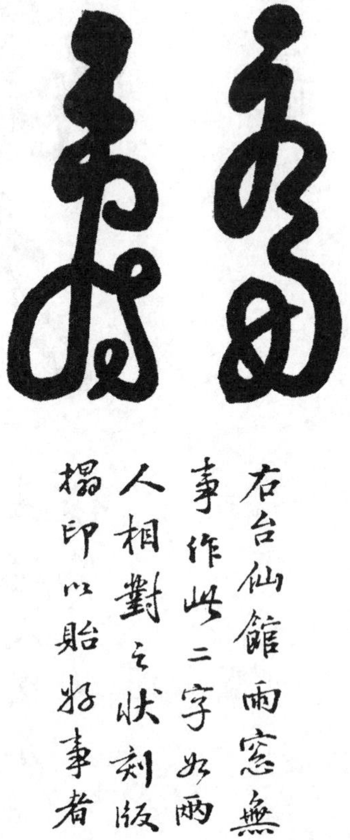

福壽雙脩

右台仙館，雨窓無事，作此二字，如兩人相對之狀，刻版搨印，以貽好事者。

大悲

篆書「大悲」二字爲菩薩像，頗得莊嚴之妙。

一字聯

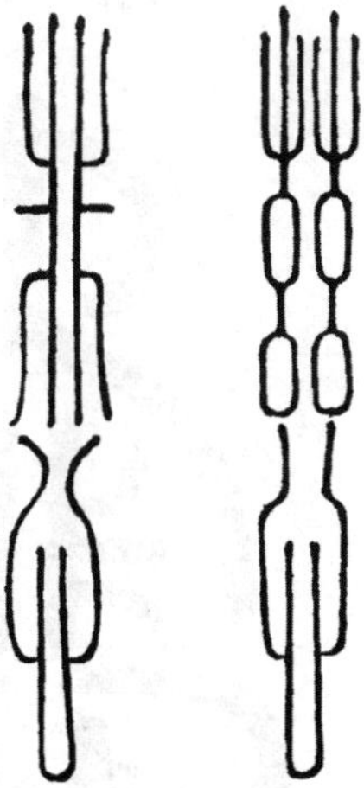

余於靜室中奉觀自在菩薩旁懸一聯書此二字

慈悲一字聯

余於靜室中奉觀自在菩薩，旁懸一聯，書此二字。

輕味香襲清氣涼泡

仿古扇銘

梁簡文帝《紗扇銘》曰「風霜照月空光曜發」，凡八字，迴環讀之，得一十六句。余仿其格而爲此。

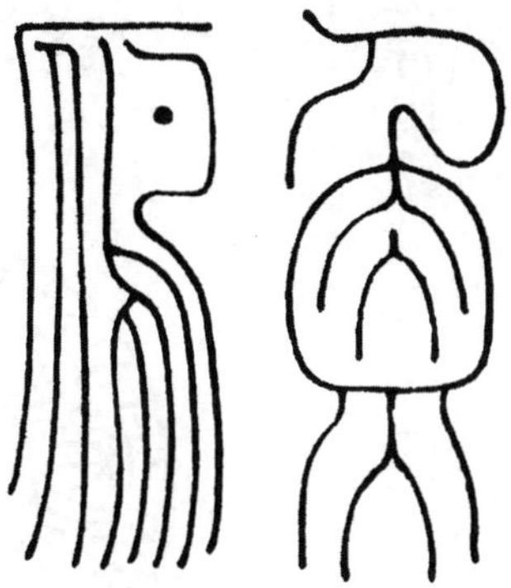

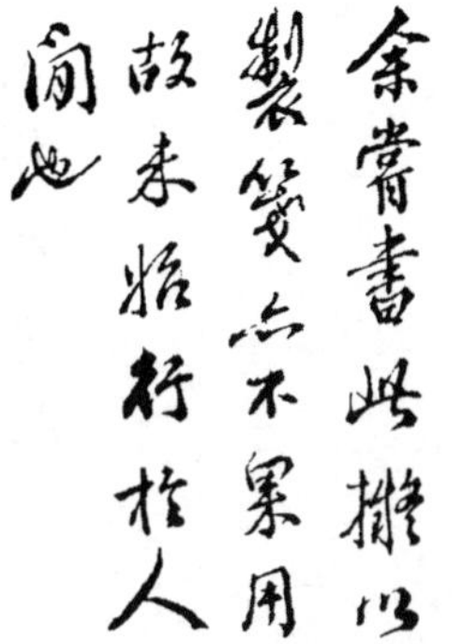

魚　鴈

余嘗書此，擬以製箋，亦不果用，故未始行於人間也。

萬卷書

余書室中積書如堵，此頗肖之。盼前後爲二，但尚未畫其曲折耳。

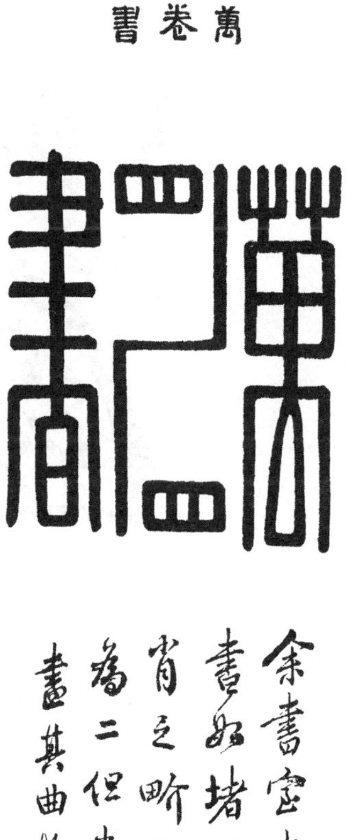

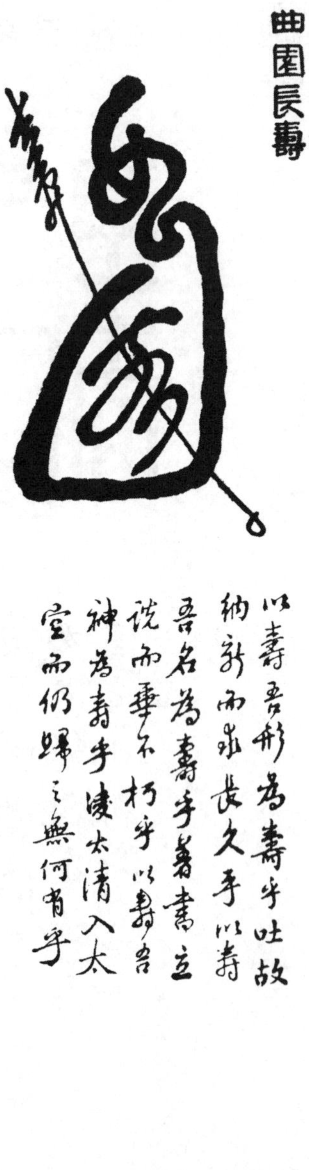

曲園長壽

以壽吾形爲壽乎？吐故納新而求長久乎？以壽吾名爲壽乎？著書立說而垂不朽乎？以壽吾神爲壽乎？淩太清入太空而仍歸之無何有乎？

曲園拜上

余製此箋，用之尺牘，庶幾「問人他邦，再拜而送之」之義。

曲園對月

周竹坡詞云：「月到舊時明處，與誰同倚欄干？」余寫此，以寓悼亡之意。

曲園寫竹

寫此製箋，以報平安。

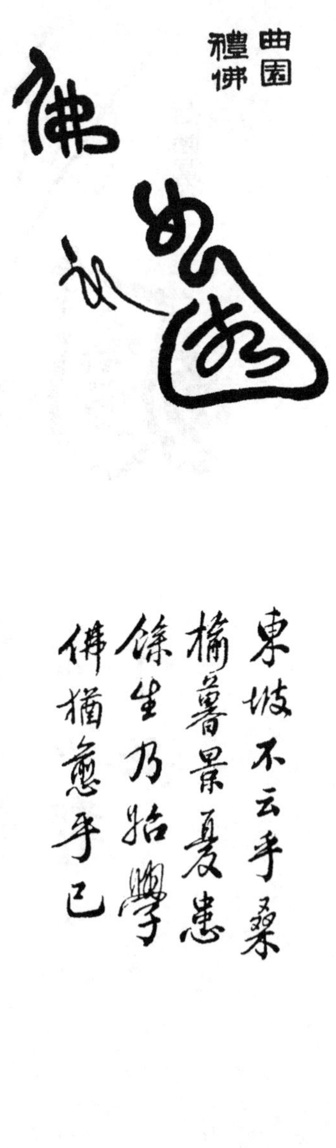

曲園禮佛

東坡不云乎：「桑榆暮景，憂患餘生。」乃始學佛，猶愈乎已。

曲園課孫

余止一孫陛雲，自課之，垂十年矣。今春又報罷南回，將待壬辰再赴公車。老夫衰矣！殊有趙孟視蔭之意。

右台仙館

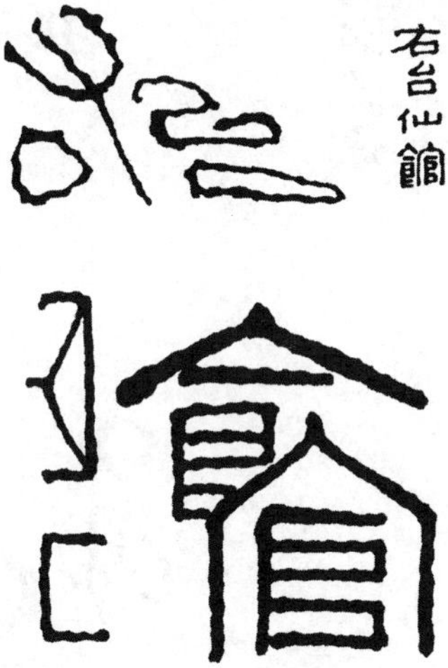

右台仙館在右台山之陽其右旁樹槿爲垣編竹爲门中间有屋前後各三楹此頗肖之

右台仙館

右台仙館在右台山之陽。其右旁樹槿爲垣，編竹爲門，中間有屋，前後各三楹。此頗肖之。

曲園

規之矩之，以成此格。是故曲園老矣，仍束身於圭璧。

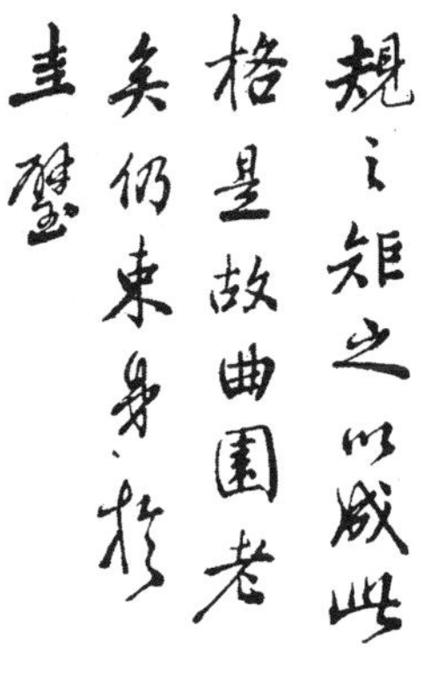

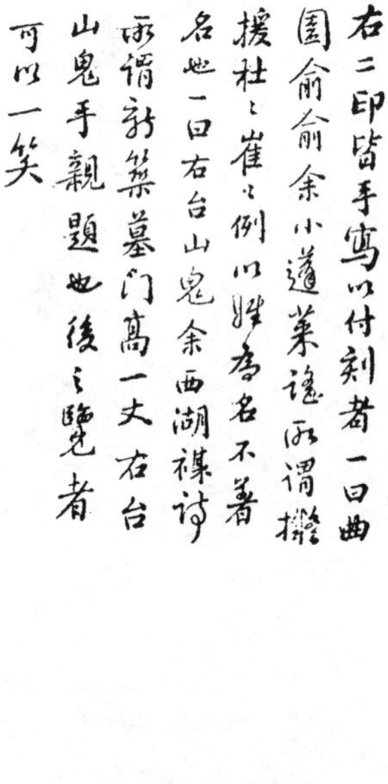
右二印皆手寫以付刻者一曰曲
園俞俞余小蓬萊謠所謂擬
援杜杜崔崔例以姓爲名不著
名也一曰右台山鬼余西湖雜詩
所謂新築墓門高一丈右台
山鬼手親題也後之覽者
可以一笑

曲園俞俞　右台山鬼

右二印皆手寫以付刻者：一曰「曲園俞俞」，余《小蓬萊謠》所謂「擬援杜杜崔崔例，以姓爲名不著名」也；一曰「右台山鬼」，余《西湖雜詩》所謂「新築墓門高一丈，右台山鬼手親題」也。後之覽者可以一笑。

瓊英小録

自序

癸巳仲春二十有六日，鎮青中丞訪我於西湖寓樓，劉景韓方伯繼至，兩賓一主，促膝草堂。中丞問方伯：「瓊花開未？」對曰：「纔開數朵。」余愯然問：「瓊花安在？」方伯曰：「即在署中。」余曰：「吾歲歲至杭，不知杭有瓊花也。」客去，余入内言之。孫女慶曾曰：「瓊花罕見，何不乞取其一二朵乎？」余因以小詩乞之方伯。越二日，瓊花至。視之，聚八仙也。是日，余自湖樓還於山館。山中聚八仙盛開，山館前後即有二株，折以相比，實無大異。前人於瓊花、聚八仙辨論甚詳，然亦不過花瓣有大小厚薄，葉有光有毛及有子無子之異而已。聚八仙與瓊花蓋同類也。因以詩報方伯，其末云：「此花開傍行中書，固宜膺受瓊花號。在山則名聚八仙，伴我山中成九老。」方伯復余書云：「山中之花得近高人，存其本色。其開傍行中書者，得毋染於習俗，欺世而盜名乎？」讀之爲一笑。時適行詁經精舍望課，即以「杭州瓊花歌」命諸生作之。已而丁君松生攜明人楊端《瓊花譜》見示，則知瓊花九朵而聚八仙八朵，是大有區別矣。

松生因杭有瓊花知之者鮮，欲重刻楊《譜》，且附刻余詩。余曰：「若然，余當更作一詩。」而在杭筆墨叢淆，賓朋雜沓，未遑也。既還吴下，校閲詁經卷，瓊花歌作者寥寥，亦無佳者。余因自爲長歌，凡八百六十八言，論瓊花有古今之不同，而推究奇偶、陰陽、牝牡之理，以明有子無子之故。嗟乎！古之瓊花不可見矣，今之瓊花則聚八仙是也。孔子曰：「善人不可見，得見有恆者，斯可矣。」余於瓊花亦云。鎮青中丞偶然問及，啓發余心，遂成斯論。殆亦花神有以陰相之乎？因鏤版以行於世。又繪古今瓊花兩圖附其後，題曰《瓊英小録》。余詩云：「楊州瓊花不可見，對此敢謂非瓊英。」兹録所以名也。異時松生見之，或刊附楊《譜》後，或編入其所刻《武林叢書》中。是亦香國之美談、武林之故事矣。曲園居士記，時年七十有三。

瓊英小録

聞浙藩署有瓊花，戲作小詩，乞劉景韓方伯翦贈一枝

聞説瓊花開正妍，乞公翦贈一枝鮮。好揩老眼分明看，莫誤尋常聚八仙。

越日瓊花至，實即聚八仙也，口占一絶句

將謂天葩出化工，誰知原與八仙同。千秋衛霍麒麟閣，多少英雄草澤中。

景韓方伯索作瓊花詩，爲賦長歌

揚州瓊花天下無，北宋移植至汴都。南宋臨安亦移到，兩處旋植皆旋枯。還之舊地乃復茂，春來花葉仍扶疏。宦者陳源弄奇譎，偷得劉郎接花訣；劉禹錫詩云：「接樹兩般花。」古來言接花者

始見此。翦取瓊柯三兩枝，聚八仙根巧相接。杭州自此有瓊花，后土蕃釐幾莫别。或云金兵下維揚，瓊花一樹先摧傷。道人偷以聚八仙，潛種舊日瓊花旁。河豚贋本已非實，鸜鵒遷地安能良？又聞鄠縣有炭谷，炭谷瓊花白于玉；中央一瓣如蝶形，隨花開不隨花落。花落蝶飛飛上天，將無去傍瑶池宿。如斯不媿稱奇葩，移根疑自仙人家。仙種凡閒那能見？紛紛目論能無差？且邀廿四橋頭月，來認無雙亭畔花。我客杭州垂卅載，未識瓊花竟安在。雜組丹鉛費討論，謝肇淛《五雜組》〔一〕、楊慎《丹鉛録》均辨論瓊花。山礬梔子徒欺詒。忽得劉公一紙書，貽我盈筐珠琣瓃。山中適開聚八仙，家僮折取來争妍。細看兩花實同類，花開皆在三月天。色香相近形亦似，八朵排列如環圓。我出一言花勿惱，是一是二勿深考。此花開傍行中書，固宜膺受瓊花號。在山則名聚八仙，伴我山中成九老。

杭州瓊花歌

余前謂瓊花之與聚八仙二而一者也。乃丁君松生以明人楊端《瓊花譜》見示，則瓊花

〔一〕 淛，原脱。

九朵而聚八仙八朵，區以别矣。余適以「杭州瓊花歌」課詁經精舍諸子，因走筆成此篇，雖似《考異郵》，仍是《參同契》耳。

瓊花謂即聚八仙，斯言未定然不然？譬如滿山紅躑躅，謂即鶴林之杜鵑。將以此説爲是歟，西施乃只直一錢；將以此説爲非歟，邢尹原不分媸妍。或謂聚八仙有子，瓊花無子異在此。恐亦如麻有雄雌，雌者爲苴雄者枲。苴則有子枲則無，是亦陰陽之定理。又況物類不可知，區者萌者多參差。八月桂花無一子，四季桂花子滿枝。芭蕉之子亦罕見，閩廣甘蕉子離離。尋常穀樹皆有子，獨於斑穀則無之。如以子有無爲辨，世間凡卉皆堪疑。又謂其葉有分别，瓊花之葉光而潔，聚八仙葉微有毛，此其所論殊瑣屑。虎薊貓薊等薊耳，一皺一光竟何説？亦猶山林之民毛，地土使然非有劣。乃今得見瓊花圖，繪之者傅序者盧。前明監察御史傅公繪圖，三山盧昭爲序。傅公名不傳。國朝周熙又重繪，兩圖傳刻無模糊。要皆九朵非八朵，竟與聚八仙懸殊。八朵九朵既有别，難云一樣如雲荼。將毋瓊花實仙種，自元以後見者無。陳源弄巧已堪歎，如以鶴頸來續鳧；自命程嬰唐道士，道士名大寧。恐其所存非趙孤。作僞更有金丙瑞，竟以贋鼎充昆吾。瓊花之論自此定，誰言莫辨雌雄烏？花下徘徊忽自笑，按圖索驥亦未肖。天下之物惡能齊？齊物莊周見未到。自六十莖至百莖，不妨同受靈蓍號；自十五萼至八萼，不妨並入建蘭考。梔子之花固六出，而八出者亦自妙；桂樹之花同四出，而五出者亦不少；即如雪花本六出，翦水仙人同鬬巧；至於春雪則五出，玉戲天公又改造。雖有八朵九朵殊，難定上中下中表。虚煩討論楊鐵崖，楊詩云：「泠然墜下一枝香，九朵攢頭白如玉。」又云：「後人恐負無雙號，八仙换取如瓊貌。」考訂甚明。徒費咨嗟于少保；于詩云：「愛爾蕃釐玉一叢，奇花不與八仙同。」然忠肅實未見揚州舊植也。宋鄭興裔辨瓊花，一異三異苦探討；獨於八九置不言，於意云何人莫曉。老夫欲爲花解嘲，前人成見毋相膠。洛以流坤吐地符，河以通乾出天苞；洛出九疇河八卦，八數九數分其曹。要皆乾坤之精藴，能得其一皆足豪。古之瓊花九疇數，今之瓊花八卦爻。奇偶陰陽天所定，雌雄牝牡物莫逃。雌者有子雄無子，無分倮羽鱗介毛。一奇一偶數既判，有子無子理亦昭。乾坤苞符於此洩，豈一道士權能操？我讀《爾雅》雖未熟，蟲魚草木粗紀録。唐蒙均號女蘿類，椵櫬同稱木槿屬〔一〕。如必屑屑與分晰，安得老圃爲我告：何者鹿葱何者萱，孰爲苦薏孰爲菊。芙蓉菡萏今同名，牡丹芍藥古一族。古今時異物亦異，未可故見拘碌碌。空山獨坐荒榛荆，忽然滿眼皆瑶瓊。九老未能共談笑，八公猶幸同年庚。中郎虎賁既相似，玉環飛燕毋輕

〔一〕椵，原訛「椴」，據《爾雅·釋草》改。

評。揚州瓊花不可見，見此敢謂非瓊英？走筆爲作瓊花詠，佳話應徧杭州城。

瓊花圖

余既爲瓊花歌，又爲此二圖以明古今瓊花之異。

古瓊花圖

傅御史原本

古瓊花九朵。杜牧之詩云「風香破九苞」，歐陽永叔詩云「九朵仙風香粉膩」，見於唐宋人詩者皆九朵也。九爲陽數，於物爲牡、爲雄，故古瓊花無子。

今瓊花圖

曲園命孫婦彭見貞繪

今瓊花八朵，故俗有聚八仙之名。然元人馮子振詩云「異香來自八仙家」，則以聚八仙爲瓊花由來久矣。八爲陰數，於物爲牝、爲雌，故今瓊花有子。

余既爲《瓊花圖》，又得一奇焉：古瓊花中間細蕊，每朵四瓣，傳圖如是；國朝吴江沈氏所輯《昭代叢書》内有《瓊花志》，其圖亦如是，必自古相傳之説也。今瓊花中間細蕊，每朵五瓣〔一〕，余

〔一〕瓣，原訛「辦」，據上下文改。

實目驗之。蓋九爲奇數，故中藏四瓣之偶數；八爲偶數，故中藏五瓣之奇數。奇偶相包，陰陽互根，一物之細，其理無窮。嗚呼！奇矣。又目驗今花中間細蕊，每八朵共一蒂。未知古瓊花中間細蕊，亦九朵共一蒂否。此則圖繪之所不及詳矣。至相傳瓊花有不落之説，余謂瓊花非真不落，或由其質甚輕，如柳絮、蘆花隨風飄蕩耳。今瓊花不然，陽輕虚而陰重實，理固宜爾也。

圖成，又成二絶句，以寫未盡之意：

無雙亭畔久無種，聚八仙花亦自嬌。擬向杭州更尋訪，瓊株或尚有根苗。聚八仙花所在有之，而瓊花竟絶，以有子、無子之故耳。然陰陽無偏絶之理，余門下門生滿洲六橋都尉三多，言曾見有九朵者。明年當使尋覓之，如得其種，並植於庭，則合成兩美矣。

山中小樹頗槎枒，一夕飈輪載到家。倘使移栽能便活，蘇州亦復有瓊花。時余於山中覓小者一株，載還吴下植之，未知能活否。

驪山傳

驪山傳

【三臺令】磬圃老人上衰年舊學都荒，《論語》居然未忘。奇女此中藏，説破了驚倒邢皇。

這本戲叫做《驪山傳》，聽我表明大義。那周武王亂臣十人，有一婦人。或説是太姒，或説是邑姜，都講不去。有人把婦人改作殷人，説是膠鬲，更屬無稽。直到曲園先生纔考得此婦人是戎胥軒妻姜氏，即後世所稱爲驪山老母者。《史記》載申侯之言曰：「昔我先酈山之女，爲戎胥軒妻，以親故歸周，保西垂，西垂和睦。」是其有功於周可見。《漢書》載張壽王之言：「驪山女亦爲天子，在殷周閒。」是驪山女固一時人傑，周初寄以西方管鑰，然後無西顧之憂，得以專力中原，厥功甚鉅，列名十亂，固其宜也。此論至奇，亦至確。唐時有書生李筌，遇驪山老母，指授《陰符經》；宋時有鄭所南繪《驪山老母磨鐵杵作針圖》，皆以神仙目之，莫知其爲周武王十亂之一。我故演出此戲，使婦豎皆知，雅俗共賞，有功經學。看官留意，勿徒作戲文看也。

〔排歌〕十亂成行，何來女郎？經生費盡商量。邑姜太姒總荒唐，改作殷人更不當。惟班馬載得詳，驪山奇蹟始昭彰。因游戲，譜此章，梨園子弟試排場。

第一齣　周廷遣使

〔鳳凰閣〕扮周文王上有邰啓宇，崛起公劉亶父。岐陽鳴鳳肇洪圖，一旦六州歸附。奈西郊不雨，文德猶難四海孚。

菲躬承眷顧，薄德媿君師。宵旰勤雖切，平康化尚虧。丕丕膺大業，翼翼奉先規。未得恢王化，何堪忝上儀？寡人姬姓名昌，君長岐周，位爲西伯。自吾祖太王以來，商德已衰。及寡人之身，天下諸侯朝覲、訟獄不於商而於周，約而計之，已得天下三分之二。廷臣援引古義「衆所歸往即謂之王」，既有其實，不得矯辭其名，乃於戊午歲季秋月改元稱王，迄今又數年矣。且喜友邦親睦，黎庶乂安。雖未必克集大勳，亦可云自作元命。只是北方玁允時來侵擾邊疆，戎馬生郊，不能安堵；西戎諸國，昆夷最大，我邦僻處西陲，與之逼近，眷言西顧，時切憂虞。未雨綢繆，所宜豫爲之計。今日蚤朝，幸而無事，深宮多暇，

已召吾師鬻子及尚父太公入宫一議，想當即至也。〔合〕

〔前腔〕扮鬻子上著書奚補？·自歎年華已暮。扮姜太公上朝歌辛苦鼓刀屠，慙愧鷹揚稱武。

〔鬻〕臣鬻熊見。〔姜〕臣姜尚見。〔文〕吾師及尚父少禮。今日端居多暇，卻有一二大事與二公計之。〔鬻姜〕願聞王命。〔武〕我周家建邦西土，北有玁允之患，西有昆夷之難，自昔已然，至今彌甚。

願同扶赤祚，早定周家受命符。

〔姜〕臣啓我王：玁允乃犬羊之性，但知畏威，不知懷德。以臣愚見，必須與之一戰。

〔太平歌〕那玁允呵能馳馬，善控弧，萬騎騰驤來莫阻。那昆夷呵玉門關塞能飛度，時來薦食尤堪慮。願籌良策靖邊隅，博得箇西北兩無虞。

〔大聖樂〕逞强梁鐵騎長驅，歎邊疆戰骨枯。今須征剿休言撫，依古法整車徒。玁允長技在於馬上，來去如風，莫能抵禦，臣竊譬之猶洪水之横流也。中國長技在於車戰，車徒排列，壁壘森嚴。以車禦騎，猶以隄禦水。臣舉一人，必能勝任。〔文〕尚父所舉何人？〔姜〕臣所舉非他，乃大將南仲也。南宫八士尤推仲，請命儒臣賦《出車》。看取央央旂旐，朔方一到，浄掃匈奴。

［文］北狄玁允付之南仲，得其人矣。西戎昆夷如何？［鬻］臣啓我王：臣聞西戎種類甚繁，非止昆夷一種，大約自陽關以外皆號西戎。先時聞有三十六國，近時又聞有五十五國。若欲一一征服，勞我師徒，竊恐非計。

［前腔］歎西戎種類難稽，出陽關萬里餘。互相呼應同蛩駏，攻與戰少良圖。以我一國敵彼衆國，兵連禍結，事未可知。臣竊舉一人，使之坐鎮西陲，能使我國不折一弓，不絕一弦，自無西顧之憂。［文］吾師所舉何人？［鬻］臣所舉非他，乃驪山女也。戎胥軒婦驪山女，雄鎮西夷一丈夫。倘許馳驅効力，何憂域外，疏勒莎車？

［文］那驪山女，寡人亦聞其名，未知其實，願吾師詳言之。［鬻］那驪山女呵：

［降黃龍］中國名姝，母氏驪山，實惟姜女。天生英俊，佐夫君不在盤盂。崎嶇。奠安疆宇。到此日承襲雄圖。真箇是天邊倚劍，海外懸弧。

［獅子序］願吾王頒玉書，馳傳車。假便宜，俾主西垂一隅。［文］誰可任使者？［鬻］上大夫散宜生可。宜生當日呵，向驪戎國內購得名駒，至今舊游重到，何難教牝驪騋野騊駼俯投吾圉？西戎即叙，在此行歟？

文 既然如此，尚父即傳寡人之命，命南仲刻日出師，北征玁允。吾師可傳命散宜生，備具書幣，親詣驪山女，商定機宜。鬻、姜 臣等謹遵王命。

尾聲 文 西戎北敵皆堪慮，姜 南仲戎車先舉，鬻 全仗那巾幗英雄把西極扶。

天將王業付岐陽，飛起熊羆渭水旁。
鬻子著書老無事，今朝亦復一登場。

第二齣　驪山命將

扮文官二人上 春歸蔥嶺筆生香，扮武官二人上 秋渡蒲昌劍有鋩。扮女官二人上 恥共纖兒歌玉樹，合 願隨神母固金湯。今日驪山聖母出御外朝，我等整肅威儀，在此伺候。

七娘子 扮驪山女。二宮女執拂導前，二宮女執扇隨後，同上蛾眉占盡金天氣，小昆侖、渺如稊米[一]。太岳吾宗，鍾靈特異，莫將人世河魴比。

建一國兮西方，國富庶兮兵强。策多士兮賢良，課四民兮耕桑。奠匕鬯兮無傷，顧笄珈兮有光。猶中夜兮皇皇，冀永固兮苞桑。老身姜氏，本申國之女，因吾父娶於驪山而生吾，遂名吾爲驪山女。及笄，歸戎主胥軒。我夫家本顓頊之苗裔，由女修生大業，九傳而至吾夫，世爲西戎强國。吾生而明敏，天文地理無不通曉，兵書陣法尤擅神奇。自吾夫云亡，國人即奉吾爲主。嗣位以來，人民富庶，國勢熾昌。雖然僻處一隅，也算尊無二上。奈我國逼近西戎，時來侵擾。昨得邊報，知有皮山國、難兜國、戎盧國、渠勒國分道内侵，勢甚猖獗。是以特御外朝，召左右二大夫共議奠安宗社，保固封圻，又費一番經畫也。

左大夫上 政治清和驗平露，右大夫上 聲名震疊到無雷。合 左右大夫見。驪 方幸十年休養，又驚四國跳梁。烽火宵傳，警書朝至，何以待之？大夫必有高見。

破齊陣 左大夫唱每慨兵端一起，民生瑣尾流離。凱奏初回，軍書又告，何日干戈方洗？縱

[一] 稊，原訛「梯」，據文意改。

博得三年能克遐方鬼，須念那萬骨難收戰壘屍，老臣庸懦，竊以議和爲是。從古道兵凶戰更危。

前腔　右大夫唱國勢何堪屢挫？邦交更恐多欺。歲幣無名，和親失算，異族能無環伺？要破那列邦實實虛虛壘，須建我大國堂堂正正旗。臣雖不才，竊願與之一戰。自古道兵來將禦之。

驪　二大夫各執一見，老身觀之皆是也。和戰二説當兼用之：欲與之和，先與之戰；戰而後和，乃真和矣。

前腔　莫道和戎失策，休言戰事多危。撻伐先張，存覘後用，方見恩威交濟。若只是年年玉帛陳筐篚，恐不免歲歲金戈費鼓旗。先用右大夫之策與之戰，然後用左大夫之策與之和，切不可錯亂了盤中一著棋。

左右合　聖母高見，非臣等所及。驪　如此，便煩二大夫傳諭前後左右四將軍分道出師，抵禦四國。臨行之日，老身再授以方略。左右　謹遵聖母之命。扮城門官上　下僚困頓抱關老，上客雍容乘傳來。東城守者見。今有周邦遣上大夫散宜生出使我國，已至東郊，伏候命下遵行。驪　岐周本爲大國，今王又是聖君。既有使來，理宜優待。可派文武官各一員，出郊迎接。一文一武　謹遵命。暫辭仙仗游郊甸，城門官　同望清塵接使車。

同下 驪 周使遠來，可知西戎之爲中國患深矣。

朱奴兒 昔夏禹成功九圍，西戎氏即叙無違。後世陵夷德澤衰，絶域外自成風氣。憑長技、無端弄奇，恐怕那姜尚父也著了黎丘鬼。

一文一武引散宜生上 周使到。 驪下坐迎科 皇華遠降，下國增光，不勝榮幸。 散 輕造貴邦，方虞冒昧，乃蒙優禮，深感謙光。 驪 敢問大夫此來，有何明諭？

玉芙蓉 散唱岐陽國本微，苦受西戎累。歎君臣，上下旰食宵衣。欲將陰毒銷蛇虺，全仗雄威借虎羆。寡君命下臣致意聖母，西邊一帶，敬求捍圉。 長城倚，免西風亂吹，吹動了妖雲毒霧滿天飛。

驪 敬聞命矣。見在西方有皮山等四國侵犯我邦。老身已命將出師，分頭征剿。

前腔 叨膺管鑰司，敬効藩籬寄。願綢繆牖户，辛苦支持。任憑雪嶺千軍滿，不許雷池一步移。煩大夫致意貴國王，有老身在，勿以西鄙爲憂。 無他技，但恩威並施，一任那西來天馬也堪羈！

大夫遠來勞頓，請就館舍小憩。敝邦例有饗燕之禮，命左右二大夫率領文武官奉陪。

散 恭謝聖母。忝受牲牢三獻禮， 二大夫一文一武合 叨陪尊俎一堂春。 同下 驪歸坐科命文員撰擬國書，報復周王，務存謙抑。命武員率兵五百，守護賓館，啓行之日送之出境。

一文一武 謹遵命。文 潤色愧無華國手，武 扞掫當盡詰姦心。同下 驪 周邦送來禮物，派女官一員點收。我邦回送禮物，派女官一員從豐備具。二女官 謹遵命。已見貢珍羅備物，更將庭實表多儀。同下 驪 我一婦人，蒙周王重視，使我保障西方。將來攀龍附鳳，爲周室元功之一，亦不負天生我一時人傑也。

尾聲 皤然一婦年衰矣，屹若長城千萬里，憑他任姒徽音也須呼我姊。

驪山老母世皆知，世系源流孰考之？

《史記》《漢書》明白甚，並非院本構虛詞。

第三齣　四將成功

扮前部將軍上 効力在前茅，平生意氣高。壺中鶉尾箭，鞘内雁翎刀。我前部將軍，奉驪山聖母之命，抵禦皮山國之師。奈彼師驍勇善戰，一時未能得勝。臨行承聖母授我祕計，言其地有呼犍谷，可引入谷中，縱火焚之。今來此，登山一望，呼犍谷即在脚下，果然險峻異常，兩旁陡絶，無可攀援。你看敵兵已入谷中，還不縱火，更待何時？兒郎每，縱火者！扮敵兵四人自右上，又四人各執旗畫火燄之形，從左衝上，繞場滾舞，裹敵兵俱下

妙哉！此一場大火燒盡敵兵，可班師回國矣。

歸朝歡 炎威赫，炎威赫，萬骨盡灰，連喬木總爲柴。濃煙裹，濃煙裹，呼叫哀哀，賸游魂没有骸。祝融已把靈旗擺，封姨更把風囊解，縱有皮山變作煤。下

扮後部將軍上 列部雖居後，論功必占先。軍符分玉帳，殺氣薄金天。我後部將軍，奉驪山聖母之命，抵禦難兜國之師。初到也曾獲勝，未能大挫其鋒。臨行承聖母授我祕計，言其地有三池，盤石版道，可引入版道，決水灌之。因命人赴上游察看，三池來源甚高，即將沙囊堵塞來源。今敵人已入版道，兒郎每，速將沙囊決開，使大水建瓴而下，直灌彼軍者！扮敵兵四人自右上，又四人各執旗畫波浪之紋，從左衝上，繞場滾舞，裹敵兵俱下

妙哉！此一場大水淹盡敵兵，可以班師回國矣。

前腔 洪流猛，洪流猛，聲似怒雷，勢滔滔那可排？奔騰處，奔騰處，一概沉埋，浪悠悠化

作能。銀河分了天孫派，黃河奪了崑崙界，真箇難兜兜不來！下

扮左部將軍上分得青龍宿，行營列左方。雖然一部曲，不讓左賢王。我左部將軍，奉驪山聖母之命，抵禦戎盧國之師。奈彼師頗有紀律，若與浪戰，不得成功。臨行承聖母授以陣圖，雖只照常分布休、死、傷、杜、開、驚、生、景八門，但聖母別有換斗移星之妙用。太一下行九宮之法，能使八門登時變換。譬如敵兵從開門入，我移一宮作八宮，則開門便變作杜門矣。今敵人頗知奧妙，專從生門入來。我不免將一宮移作四宮，則生門便變作死門，敵兵可一網打盡。兒郎每，看我號旗所指，疾忙走動者！扮敵兵四人自右上，又四人執白旗寫「艮」字，自左衝上，即敗下。另四人執黑旗寫「坤」字，衝上盡殺敵兵下妙哉！我將生門變作死門，果然敵兵盡死，可班師回國矣。

前腔生門內，生門內，蕩蕩大哉，游靈囿上春臺。死門內，死門內，萬古死灰，任春風吹不回。我今倒畫坤乾卦，天教變換陰陽界，任你韓盧那一處來。下

扮右部將軍上人生皆尚右，何況在行師？曉日將軍樹，秋風君子旗。我右部將軍，奉驪山聖母之命，抵禦渠勒國之師。渠勒本是小國，此來亦止三百名兵。奈習有邪法，兩

軍對壘，弄得來陰風慘慘，鬼哭神號，我兵爲之退縮。臨行承聖母面命，凡邪法皆是陰氣。氣屬陰，聲屬陽，古人論聲陽氣陰，故禘有樂，嘗無樂。其理甚精，行軍亦當知此義。今陰氣甚盛，非陽聲不足以破之，須齊聲大呼，并亂擊金鼓以助其聲。陽氣充滿，陰氣自消。兒郎每，照此施行者！扮敵兵四鬼魅自右上，四人大呼，自左衝上。內場人人大呼，并亂擊鑼鼓以助之，鬼魅皆被殺下妙哉！我軍聲動天地，敵人邪法破盡，可以班師回國矣。

前腔陰風慘，陰風慘，儼似夜臺，雲如墨日盡霾。陽威振，陽威振，大放雄雷，擊神鉦破鬼胎。一聲喝得天魔退，萬聲振得天公瞶，把渠勒陰兵盡勒回。下

扮陽關關吏上軍門已得紅旗報，關吏應占紫氣來。我陽關守吏，職掌此關。今聞四將軍凱旋回國，即抵關前，須索前往伺候。前將軍上去日旌旗嚴肅，後將軍上歸來笳鼓諠闐，左將軍上草就一篇露布，右將軍上掃除萬里風煙。合我等一戰成功，會同歸國。迆邐行來，陽關在望也。關吏陽關關吏迎接將軍。四將關吏請回，我等隨即入關矣。

關吏下，四將率衆繞場行科

【大聖樂犯】走長途雙堠單牌，敢惜崎嶇臣馬殰，今朝且喜同歌凱。清邊舋，慰慈懷，廟謨不是須金策，捷奏安能到玉階？莫説今日襄陽關外戰勝回，全憑祕計早安排。恐怕千載後陰符注，解不來，還須老母費心裁。下

自從涿鹿阪泉後，更有何人解用兵？
千古干戈盡兒戲，休嫌戲筆寫來輕。

第四齣　外邦貢獻

【唐多令】扮四蕃使上萬里度繩橋，山中火燄高，頭疼身熱難熬。葱嶺皮山過了，關外路尚迢迢。

【一】我渠叟國使臣是也。【二】我欺羽國使臣是也。【三】我卜盧國使臣是也。【四】我康民國使臣是也。【合】請了，請了。我等國王因聞驪山聖母神武異常，德威遠布，不勝欽慕，各遣使臣進呈方物。分道行來，不圖今日聚於一處，亦屬天緣巧遇。途路辛勤，暫投館舍，各將所進方物彼此互觀，以廣聞見。【渠使】就從我渠叟國起。孩子每，將貢物來。

扮番奴牽一犬上　衆　犬乃常畜，何足爲奇？　渠使　列公莫輕視此犬，此名驗犬，一名露犬，能食虎豹。　衆　怪不得用鐵練鎖住。　渠使　一解鐵練即飛去矣。　衆　真奇犬也！　奴牽下

羽使　輪到我欺羽國了。孩子每，將貢物來。　扮番奴籠一雞上　衆　此一雄鷄，有何異處？

羽使　此不是鷄，名唤奇幹善芳，烹而食之，能益人記性，大小事件歷久不忘。　衆　奇幹善芳，我等亦曾聞其名。但以爲善芳是鳥名、出於奇幹國，不知奇幹善芳四字爲名、出於貴國。　羽使　奇幹或作鶻鵃，善芳或作獻芳，總是一物。至我國自名欺羽，因國中有翼望山，故得此名。外人誤認奇幹爲國名，轉使我國欺羽之名不著，敝國頗以爲恨。　衆　不勞介意，千載後有曲園先生自能辨白。　奴籠鷄下　卜使　我卜盧國並無別物，只是一牛，列公休笑。　扮番奴牽一小牛上　衆　此小牛毛色光澤可愛。　卜使　此牛雖小，其力甚大，負重致遠，十倍大牛。　衆　敢問何名？　卜使　在本國即有二名，有呼作紈牛者，糸旁作九字，其音如求；有呼作紈牛者，糸旁作丸字，其音如桓。未知孰是。　奴牽牛下　康使　各國所貢皆

是動物，敝國所貢却是植物。扮番奴捧李一盤上　衆　此是李子。康使　非李也，此名桴苡。衆　有何好處？康使　食之能使人有子。敝國生齒甚繁，皆此桴苡之力。衆　聞中國有一種名喚芣苢，恐亦此類，藥中佳品也。奴捧李下　衆合

前腔　露犬並非獢，紈牛不是犛，鷁鶬奇幹紛淆，芣苢更宜參考。方物志費傳鈔。並下

四人扛鐵塔，一番使同上　萬國歸聲教，千夫走道途。九九八十一，扛到鐵浮圖。我身毒國使臣是也。我國舊有鐵塔，相傳是女媧氏遺制。從前原有天柱一根，被共工氏一觸兩段，西北一帶天就要傾圮下來。媧皇煉五色石將天補好，又製此塔以代天柱，下大上小，乃當初天柱本是如此，至今塔頂謂之天門。畫苑所傳有托塔天王、授塔天王、請塔天王、降塔天王名號。童謡有云：「寶塔尖，戳破天。」皆古之遺語也。我國在西方，國中之塔甚多，或石或土，皆後人仿造。惟此鐵塔傳是女媧氏手製，形模雖不甚高，却甚奇異，每夜放光。今我國王因欽慕驪山聖母，命將此鐵塔齎送。道途遼遠，好不沈重！孩兒每，努力前進者！

石榴花　媧皇辛苦，煉石補青霄。天柱折，總難牢，全仗此浮圖七級入雲高，好支持斗柄魁

杓。形模未遥，尚留傳、創造支提稿。我國王因驪山聖母坐雲臺初建雲旄，獻此鐵塔仗神威永鎮神皋。下

四人扛鐵十字架，一番使同上歌舞新歸化，馳驅遠敂關。擡將十字架，踏破萬重山。我大秦國使臣是也。我國舊有十字架，相傳是夏禹王遺製。禹王當日治水，江、淮、河、漢處處有水妖作梗。禹乃創造十字架，投之水中，祝曰：「一縱一横，莫我敢當。」果然立時平静。後來中國遇水中有怪，則以牡榛、午貫、象齒而沈之，其怪即死。所謂午貫，即十字架也。夏后氏四百年中，凡有罪人投畀四裔以禦魑魅者，必攜帶此物，是以我國中往往有之。得者視爲神器，既可辟邪，兼可治水。今我國王欽慕驪山聖母，命將此鐵十字架齎送。道途遼遠，好不沉重。孩子每，努力前進者！

前腔當年神禹，隻手挽滔滔。誅黑蜧，斷金鰲，全仗此縱横十字鎮波濤，不愁他海蜃河鮫。陰陽兩交，笑羲皇、一畫功夫少。我國王因驪山聖母坐雲臺初建雲旄，獻此鐵十字仗神威永鎮神皋。

各國花名隨意開，不嫌附會不嫌詼。

可憐老去曲園叟，亦入戲場科白來。

第五齣　西王建號

風入松　扮驪山女仍如前。四宫女執拂執扇擁上女英雄一笑破天荒，運乾坤掌上，居然半壁蠻夷長。從古説當仁不讓，讓尊稱帝諦皇煌，辭不得女中王。

我驪山女自嗣位以來，國富兵强，諸侯賓服，西方各國按時入貢，閒歲來朝。一策遥頒，萬里聳聽；一使閒出，百國承迎。約計我所臣屬者，南道自鄯善到莎車，北道自車師至疏勒，無不奉我政令，遵我服章。左右兩大夫以爲不稱尊號，不足以維繫人心，恢張國勢。老身遲回，未允其請。後聞周國文王薨逝，嗣王已伐紂滅商，一統天下。中原初定，未能兼顧西陲，仍賴老身獨當一面。既要主持大局，不得退避虚名，因自定尊號爲西王母，并命刻石槐眉之山。以後西方諸國如有女主爲諸侯所歸附者，一概稱爲西王母。此號一定，群情大服。於帝王之外，創立隆名，垂示千古。將來流傳中國，記載失真，或且詫爲神仙，繪爲圖畫，亦姑聽之。今乃稱尊後第一次臨御外朝，百僚早已雲集也。

【月上海棠】左右大夫上効匡襄，庸庸不足稱賢相。兩文官上愧空言報國，未有文章。兩武官上稟神策宣力戎行，【合】拜瑶階齊趨仙仗。拜科同瞻仰，吉人鳳翽，君子龍光。分立兩旁科

【勝葫蘆】驪唱鳳翼龍鱗列兩行，臣忠藎，士賢良，人材原不中華讓。愧衰年無德，濫膺多福轉傍徨。

【月上海棠】四番使上走風霜，梯山航海人無恙。幸同遊樂土，暫解行裝。愧荒服未達朝章，荷優容不嫌塵狀。拜科同瞻仰，吉人鳳翽，君子龍光。下

【勝葫蘆】驪唱重譯而來自遠方，言啾唧，髮髼鬡，都來拜舞丹墀上。愧衰年無德，濫膺多福轉傍徨。

【月上海棠】身毒、大秦兩使上効輸將，留傳重器真無兩。好維持國土，奠定封疆。考前牒古蹟昭彰，進尊稱榮名克享。拜科同瞻仰，吉人鳳翽，君子龍光。

【身毒使】敝國敬進尊號曰多摩梨帝。【大秦使】敝國敬進尊號曰大勃律。【驪】感荷推尊，愧無報稱。請歸館舍，略洗征塵。【兩使】恭謝聖母。【下】

【勝葫蘆】驪唱蟻垤蜂窩各有王，我巾幗，豈冠裳，無端推戴來殊壤。愧衰年無德，濫膺多福

轉傍徨。

左右二大夫，看兩國所進之物何如？【二大夫】皆古器也。【驪】老身看此二物，卻有一番感歎：

【二郎神】那鐵塔呵撑鰲足負鵬圖，是擎天高掌，把一箇乾坤分作兩。媧皇舊製，熊熊尚有奇光。我恐到後世呵移到空門奉梵王，盪風鈴空中亂響。好輝煌，是民膏塗就丹黃。

【前腔】那鐵十字呵判南北劃東西，把乾坤動盪，壓倒了天吴夔蝄蛃。製從姒后，流傳尚在遐荒。我恐到後世呵外道偷來奉法王，造彌天邪輪大謊。好荒唐，弄神奇擾亂中邦。

【二大夫】臣等敢問聖母：周家已有天下，國運如何？

【玉交枝】驪唱王風大暢，卜姬宗國祚綿長，百餘年六合蒙休養。無如末路郎當，大啓龍争虎鬭場，句銷五帝三皇帳。舊規模千秋掃光，讓天公新開式樣。

後事茫茫，無須豫計。日旰人勞，卿等且退，老身亦回燕寢也。

【尾聲】柔遠人固封疆，全仗卿等佐我經綸治一方。驪率四宫女先下【二大夫、文武官合】聖母回宫，我等且散。民生國計還要細商量。

翠水瑶池本渺茫，玉樓十二在何方？
從今識得西王母，只是西方一女王。

第六齣　西域巡游

皂角兒 四人執旗導前，二大夫、二文官、二武官、二女官、四宫女引驪山女上問征途海澨山陬，計行程雪花楊柳。列庭中露犬紈牛，拜車前黄童白叟。出玉門，幾亭堠？宿穹廬，幾昏晝？隨意句留。非勤遠略，非耽逸游。策驊騮，縱觀形勢，博采歌謳。

老身自建號以來，境内乂安，朝中無事。因將國政付與吾兒中潏，出關巡閱，徧歷各邦，耀以威稜，孚以德澤。且喜所到之處物阜民安，頗有同我太平景象。閒有一二國政教未修，風俗未善，略爲指示，無不信從。真覺賓至如歸，道遠若咫。雖勞跋涉，頗愜襟懷。今日行至此地，不知是何國土。衆 到卑陸國了。扮國王上 卑陸國王恭迎聖母。驪 請來相見。進見科 驪 貴國近來無恙？國王 啓上聖母，敝國地本卑下，故名卑陸。境内有一大水，其色微赤，名曰紅河，來源甚遠，來勢甚猛。春夏發水之時，如萬馬奔騰，不由軌道。或行南路，或行北路，所到之處，田疇廬舍盡付橫流，人民墊隘，不堪言狀。【驪】何不設法治之？【國王】近有人建議，築一大隄，長二千四百丈。經費無出，未能興工。【驪】所見左矣！與其築二千四百丈之長隄，不如挖二千四百丈之深塹。築隄費工費料，挖塹有工無料，所費較輕。塹成之後，水勢趨下，自然奔赴。再就所近海口，開一口門，送之入海，百年之内無水患矣。

【甘州歌】洶洶此怒流，恃長隄捍禦，潰決堪憂。橫流雖猛，導之歸下自然柔。但須深掘天公塹，不必高培冥伯丘。桃花漲，蘆荻秋，潛行只算小羊溝。滔天勢，入海休，奔馳直到大瀛洲。

【國王】謝聖母指示，謹當照此辦理。謹奉良言一字「掘」，會看洪水百年平。

【下】【驪衆行科】

【前腔】旌旆蕩悠悠，問前途赫艴，可是丹丘？【衆】啓聖母，前有火山阻路。【驪】不妨，趲行前去，我自有雨師灑道，火山萬丈不須愁。何煩去借龍皮扇，自可仍披翠羽裘。炎炎勢，轉瞬收，神焦鬼爛總夷猶。濃濃露，到處流，雲容雨態轉清幽。

來此是何國土？［衆］到精絶國了。［扮國王上］精絶國王恭迎聖母。［驪］請來相見。［進見科］［驪］貴國近來無恙？［國王］敝國近爲西夜國侵擾。西夜國善用火器，遠及數十里外，所到之處百十人登時立斃，以此不能取勝，甚爲危迫。［驪］貴國何以待之？［國王］敝國本名精絶，今火器不如彼國之精，不勝媿憒。擬向西夜國訪求工匠，教敝國之人仿照製造。［驪］所見左矣！用兵，當用我之長攻彼之短，豈聞學彼之長攻彼之長乎？火器能上轟不能下擊，能攻遠不能攻近。貴國宜製造滚牌，或皮或藤均可。軍士一手執牌，防護其身，滚舞而進，直達彼軍；一手執刀，逢人斫人，逢馬斫馬。此乃古技擊之一術，著地滚舞，火器不能下擊。練熟之後，捷如風雨，俄頃之間便達彼軍，彼之火器無所用之矣。貴國既號精絶，何不精練此牌，自成絶技乎？

［前腔］飛來萬火牛，向邯鄲道上，學步堪羞。攻長用短，不妨别自運奇謀。休譏老鼠拖荷葉，且學神獅滚繡毬。防身具，此最周，勝披鐵甲戴兜鍪。逢人斫，敵亦愁，亂揮霜刃冷颼飂。

［國王］謝聖母指示，謹當照此辦理。不怕火雷轟得猛，且如潮水滚將來。［下］［驪衆行科］

前腔 旌旆蕩悠悠，訝前途積雪，眩耀雙眸。眾 啓聖母，前有冰山阻路。驪 不妨，趲行前去，我自有黃人捧日，冰山萬丈不須愁。森森縱陷寒冰獄，烈烈如澆猛火油。陽和意，方寸留，洪鑪默運在心頭。嚴凝氣，頃刻收，陽春有脚到邊郵。

來此是何國土？眾 到焉耆國了。扮國王上 焉耆國王恭迎聖母。驪 請來相見。進見科 驪 貴國近來無恙？國王 啓上聖母，敝國本名焉耆，今改作薦耆矣。驪 卻是爲何？國王 因鄰國出一毒草，其名曰薦，比歲以來傳入敝國。爇之而嗅其氣，使人精神頓長，然明日不嗅，便委頓異常。所以一嗅其氣，終身不能斷絶。日復一日，面目黧黑，筋骨拘攣，往往致死。無奈國人至死不悟，嗅者益多，因此田疇汙萊，兵力脆薄，幾至不能立國。驪 何不禁之？國王 近來新立一法，凡嗅此草者殺無赦。驪 刑亂國用重典，法固當然。但平心而論，此輩究非作姦犯科，寘之大辟，終覺情輕法重。鄰比既不肯輕報，有司亦未忍堅持，數年之後終歸廢格。國王 聖母有何高見？驪 我意將此等人别立册籍，名曰薦户。即將此二字大署其門，衣服不得與平民等，婚姻不得與平民通，仕進之路概行禁絶，勞辱之役悉使充當。又百家立一里長，百家中無一薦户，則此里長勸導有功，量予奬叙；若百家中本止十蔫户，今歲忽多出一二户，罪其里長。如此勸懲互用，當可徐收其效。

前腔 沈迷死不休，似犯槐斬竹，未足拘囚。森嚴國法，何如清議重千秋？但教黄册齊民別，便是丹書罪狀留。崇朝事，百世羞，子孫猶未列清流。門户辱，婦豎愁，妻孥相戒滌愆尤。

國王 聖母之論，可謂曲盡，敬當遵行。非以無刑希聖化，要將有恥格愚民。下 驪

衆行科

前腔 旌旆蕩悠悠，訝塵沙眯目，不辨沈浮。衆 啓聖母，前有沙海阻路。驪 不妨，趲行前去，我自有清塵風伯，驚沙千里不須愁。縱教瀚海翻黄浪，只算春郊踏緑疇。驅車過，最喜柔，長途不費馬蹄蹂。乘風去，不暫留，飛行何用雁痕留？

來此是何國土？衆 到罽賓國了。扮國王上 罽賓國王恭迎聖母。驪 請來相見。

進見科 驪 貴國近來無恙？國王 託賴洪福，比前富庶。驪 卻是爲何？國王 敝國自來止能織罽，故號罽賓。近來民間覓得絲蟲一種，餵養成熟，自能吐絲，殺其蟲，取其絲，織

成文繡，較織罽之利不啻萬倍，是以比前富庶。【驪】此大利也，可爲貴國賀矣。但老身卻有一説。蠕動蜎飛，無非生命。今一年所殺絲蟲百千萬億不可勝計，仁人君子宜亦惻然。敝國有兩種棉，一木一草，採取其花，抽之成縷，績之成匹，亦足禦寒。貴邦地氣温和，檀、櫰、梓、竹無不茂盛。若將此草木兩棉種植，其利無窮。雖不必竟廢絲蟲，相輔而行，亦可少傷物命。

【前腔】蠶桑利最優，是西陵遺制，衣被千秋。絲人足夜，頓教萬命一時休。因思細織兜羅絮，不若粗披吉貝裘。羅和綺，絲與綢，果然温暖又輕柔。黄棉軟，白氎稠，何嘗被服不風流？

【國王】謝聖母指示，從此當廣植草木二棉，以分絲蟲之利，仰副聖母愛惜物命之心。自是推恩到微末，休嫌立論近迂疏。【下】【驪】老身隨意指陳，各國王虚心采納，或亦不無小補。惟是勞勞車馬，渺渺關河，我一婦人遨遊至此，亦千古奇蹤矣。【行科】

【滿庭芳】遠度流沙，遨遊絶塞，幾忘道路悠悠。車馳馬驟，未免使人愁。堪歎賢勞行役，累諸卿、夏葛冬裘。山河遠，回頭故國，何處暮雲流？登高聊縱目，看蒼天寥廓，直到西頭。皇王奇迹，自古無儔。乘風去，瓊樓玉宇，大地一浮漚。

莽莽流沙欲度難，煙雲隨意寫豪端。

羌無故實君休笑，只作西游演義看。

第七齣　天使下迎

一人扮天使持節上，二天將、二天神、四金童、四玉女隨上。天使唱頌來玉節自瑶京，降雲霄翠羽霓旌。

挂真兒　仙樂飄摇，仙雲縹渺，白日上天行。

吾紫微仙吏是也。驪山聖母數應今日歸真，奉紫微大帝玉敕，命小仙率領天神、天將、金童、玉女持節奉迎，只索走一遭也。本是大羅天上女，自然仍到大羅天。同下

惜奴嬌　四人執旗，引驪山一衆俱上萬里長征，窮荒游幸，不問夷庚。流沙外，領略無邊風景。行行。萬水千山，千山萬水，似非人境。峥嶸擡頭望，望前頭又有峥嶸峻嶺。

衆啓上聖母，前有大山阻道，山形遼闊，不能繞越。驪此山何名？可覓土人一問。

衆向右問科「可有土人？」不見答應。又向左問科「可有土人？」不見答應。啓聖母，没

有土人。【驪】再去尋覓。【扮土人上】來了來了。我本一山神，權充世上人。世人來問我，我與説原因。土人見。【驪】此山何名？【土人】名常陽山。【驪】山有多高？【土人】從無人上去，不知多高。【驪】山有多遠？【土人】從無人走過，不知多遠。【驪】好不解事。【土人】啓聖母，此山乃日月所入，聖母走到天盡頭了。【驪】既到盡頭，只合回去。【土人】此正是聖母回去之地，請到山前一看。【土人下】【驪】土人忽然不見，大是怪異。且到山下看來。果然好一坐大山也！

【鬭寶蟾】層層鈍碧頑青。看枝峰蔓壑，絶無樵徑。更沓嶂迴崕，不通人境。嶙嶒。攀援那有藤，猿猱未許登。錦屏風曲曲環環，前途橫亘。

【扮一大鳥立高處科】【衆】有大鳥飛來了。【驪】此鳳鳥也。

【前腔】鮮明五采翛翎。看金花翠尾，斑斕暉映。更刷羽揚翹，徘徊弄彰。瑩瑩，鍾來鶉火精，遥從丹穴生。問胎仙何處來儀，是何靈應？

【鳥口中吐出一紙，鳥下】【衆取紙看科】鳥篆兩行，臣等皆不能識。【驪】待我看來。「告九光，歸少廣。」奇哉怪哉！「告九光，歸少廣。」我恍然悟矣：「九光」是我舊號，「少廣」是我舊宮。今日我歸去也！

【撥水令】別天宮，雲衣久冷。到塵凡，沉酣未醒。今朝心地頓光明，分明記得，少廣宮名。想風月今猶勝，瑶琴待奏《思歸引》。此間有一石壁，我將劍鋒劃石，寫下數字，留示後人。取寶劍來！

【衆呈劍，驪寫科】「驪山聖母白日升天處」。【擲劍大笑科】吾歸也，吾歸也！槧無所贈。留遺跡，留遺跡，石破天驚。

【衆】聖母何出此言？臣等驚疑特甚。【驪】大數已定，不能留矣。【衆】請聖母回國再作區處。【驪】卿等不聞虞舜之事乎？

【風入松】老重華垂老賦南征，向蒼梧遠幸。《南風》一曲悲難聽，留下了孤墳淒冷。又何能再問歸程，空哭倒兩娥英。

【衆】臣等總願攀留仙馭。【驪】卿等不聞黃帝之事乎？

【前腔】老軒轅功行幸完成，向荆山鑄鼎。神龍天上來相請，顧不得群臣悲哽。只留傳弓劍威靈，空悵望不同升。

【衆】聖母有何遺訓垂示後來？【驪】凡人作事，堅忍不變，事必有成；作輟不常，終歸無濟。我有一圖，名曰《鐵杵成針圖》，生平得力全在乎此。今付卿等，以代箴言。

【勝葫蘆】鐵杵凝頑本不靈，經磨煉露精瑩。終能磨出尖鋒穎，在功夫堅定。敬將此意寫丹青。

【衆】敢問聖母，此後子孫事業如何？【驪】既歸天上，豈復計及人間？若論我子孫，頗亦有一番事業也。

【二郎神】從吾子，五傳餘，便雄圖日盛。到後世，尊名侔萬乘。吾孫更勝，别開支派峥嶸，竟與周家相代興。莽乾坤，收歸一姓。大紛更，創奇局，在我雲仍。

後事甚長，不能細述。卿等暫退，老身在行帳少憩，再與卿等共談。【衆俱下】【天使】

【引天神、天將、金童、玉女俱上，分立兩旁科】驪唱。

【黑麻序】懵騰。猛擡頭剛眨眼，仙凡異景。纔别了人世蜉蝣，早見了青雲萬里鯤鵬。尋省，去紅塵歸碧落，原無戀戀情。莫留停，收拾雄心，掃除幻影。衆引驪繞場行科，驪唱。

【錦衣香】羽葆輕，霓幢整，玉礙平，瑶臺近。素女追隨，青童導引，繽紛仙樂早相迎。湘靈

鼓瑟，王子吹笙，向天衢馳騁。已安排龍輿虎軿，一笑飄然去，九霄高敻。寄言塵俗，不勞久等。立高處科，驪唱

【五更轉】望塵寰，山河影，模糊一點青。瓊琚玉佩天風冷，百歲辛勤，今朝夢醒。浪流傳，没世名，無人省。表章還賴尼山聖，一歎才難，千秋論定。

西池一箇西王母，西荒一箇西王母。
今朝并作一人看，總是驪山一老母。

第八齣　周王功宴

【臨江仙】扮内豎二人引周武王上福緒祥源十六傳，近承亞圉，遠溯姜嫄。白旄黄鉞定坤乾，撫輯頑民，大啓親藩。

牧野天休集，岐陽王業成。星辰歸北極，鐘鼓樂西京。無復桃蟲警，猶聞梧鳳鳴。丹書承至教，何以致隆平？予小子纘太王、王季、文王之緒，一戎衣而有天下。載戢干戈，載櫜弓矢，放牛歸馬，不復用兵也。算四海永清，天下大定。惟念王業之艱難，全賴臣工之

輔翼，屈指計之，約有十人。今朝特設一宴，名曰十大功臣宴，報功崇德，昭示來兹。内豎每，筵宴可曾完備？【内豎】完備了。但十大功臣尚求宣示姓名，以便傳知齊集。

【綿搭絮】【武唱】周公旦黼衣赤舄冠親賢。召公奭陝右曾分，留得甘棠舊澤綿。太公望奮鷹揚，蹈厲無前。畢公、榮公昔日戎衣共著，偕周召効命行間。大顛、閎夭、散宜生、南宫适諸君子禦侮同心，奔走何分後與先？

【内豎】謹遵王命，宣召諸臣。【暫下即上】諸臣到。【扮周公等九人上】

臣等叨蒙賜宴，忝列功臣，不勝惶愧。【武】重煩襄贊，聊盡燕私。可依次就坐者。

【亭前柳】寵命降從天，功宴特開筵。自慚臣力薄，深感主恩偏。看取壺俎方圓，又加豆加籩，且同歌既醉太平篇。

【場上左右各設一桌，每邊置五椅，九人東五西四分坐科】【武】予一人敬舉一觴。

【山坡羊】願諸卿身名俱顯，願諸卿精神加健，願諸卿年齡曼衍，願諸卿福祚兒孫遠。太平年，同游熙皞天。馨香黍稷先人薦，帶礪山河後裔傳。源源，降福從天萬事全。緜緜，與國同休百世延。

【九人】臣等亦敬舉一觴，爲我王壽。【前腔】願吾王河山清晏，願吾王邦家緜遠，願吾王華夷歌抃，願吾王萬世承天眷。太平年，宏開熙皥天。九州四海皆歸化，五帝三皇總讓先。平安，邊塞全銷烽燧煙。神仙，儒館恭呈封禪篇。

【各起科】酒以成禮，不繼以淫。臣等恭謝。【武】恩恩樽俎，殊未盡歡，轉滋予愧。【九人】臣等竊有所疑，敬質吾王，不敢冒昧。【武】可試言之。【九人】昔吾王誓師之日，臣等親聆玉音，言予有亂臣十人，同心同德。十人何八？不測聖意所屬。軍旅悤忙，未及進質。今日之宴名曰十大功臣宴，而臣等實止九人，尚虛其一。竊因今日之舉，并觸昔日之疑，敢求明示。【武】此一人雖與卿等同功，却不能與卿等同宴。試一猜之。【太公望】以臣愚揣測，此一人其膠鬲乎？

【一江風】有殷臣，舉自魚鹽賤。昔我纛旗建，曾與他、鮪水周旋。甲子期相見，倉卒定師期，風雨終須踐，臣昔在朝歌亦與相識故交此日猶餘戀。

【武】尚父差矣。膠鬲乃是殷臣，何預周家之事！【周公旦】我王言不能與臣等同宴，此人其在宫壺之内乎？

前腔 我周家，妙極宫闈選。我母徽音遠，況如今、正位宫垣。淑女姜家媛，良佐在笄珈，獲益良非淺，臣竊爲我王賀《關雎》足壓《周南》卷。

武 吾弟更差矣。當日誓師，豈宜談及宫壺？九人 臣等愚昧，不測聖旨，敬求明示。

武 此一人乃驪山女也。

節節高 先王在位年，睠西邊，年年戎馬來相踐。關山遠，種類繁，師徒倦。因而倚重驪山媛，教他支柱天西面。得將全力注中原，斯人斯事功非淺。

散宜生 原來如此，足徵聖意之周。臣散宜生昔曾奉使其地，親見其人。

好姐姐 當年戎王幕前，上瑤臺親拜嬋娟。英姿颯爽，支撑半壁天。非常健。可與那媧皇共把神霄奠，豈同那湘女徒留淚竹斑。

九人合 願我王將此事宣布史館，使後世知我周亂臣十人中有此一婦人，亦盛事也。

前腔 果然奇蹤可傳，任鬚眉愧此桓桓。無雙譜内，何人敢占先？祈留念。今日呵須教史筆先編纂，後世呵莫使經生浪注箋。

武 卿等所言是也。

前腔 我先靈承自天，聚菁華生此英賢。雲臺麟閣，先圖一女仙。真希見。那商家呵牝鷄啼後三州亂，我周家呵雌鳳飛來萬里安。

九人合 醉酒飽德，又飫聞聖論，榮幸極矣。臣等謹辭。只因一日功臣會，撰出千秋奇女來。同下 武 我想唐虞之時，九官十二牧濟濟一堂，可稱極盛。夏商二代皆不能及，惟我周頗堪比美。然而亂臣十人中有一婦人焉，亦可云人才難得矣。

尾聲 渡河三誓史官編，只缺了驪山一傳。今日裏寫出奇文與衆觀。

平生躭著述，頗不襲陳因。
搜出驪山女，補完周亂臣。
經生傳述誤，史氏記來真。
此論奇而確，迂儒莫怒嗔。

梓潼傳

梓潼傳

【破陣子】磬圃老人上聖代修明祀典，文昌中祀加虔。千秋俎豆同關廟，一樣神靈是漢賢。人間莫浪傳。

這本戲叫做《梓潼傳》，聽我表明大意。我朝升文昌爲中祀，極其隆重。文昌何神？說就是文昌六星。既是天星，何以相傳二月初三是文昌生日？又何以稱爲梓潼帝君？近來曲園先生考得，梓潼帝君是漢時梓潼文君，見高眹〔一〕《禮殿記》。此說極確。按：晉常璩《華陽國志》載，文參字子奇，梓潼人。孝平帝末爲益州太守，造開水田，民咸利之。不服王莽、公孫述，遣使由交趾貢獻。世祖嘉之，拜鎮遠將軍，封成義侯，南中咸爲立祠。《禮殿記》所稱「梓潼文君」即此人也。廟食千秋，洵可不愧。當日南中咸爲立祠，即今日

〔一〕眹，原訛「咲」，據俞樾《文昌改稱梓潼文君議》改。

文昌宫之權輿，是以起於蜀中。後世誤以爲文昌星，天人不辨。至《文昌化書》所載，假託姓名，僞造事實，轉使祀典不光。我故演此一戲，使人人知有梓潼文君。雖一時游戲之文，實千古不磨之論。

傾杯序　望文昌遠在天，歷歷斗魁邊。安得有名姓存留，二月生辰三巴鄉縣？《化書》誣罔真堪剗，璩《志》分明自可援。翻新案，是真非是贋，請諸公來看《文君傳》。

第一齣　生辰聞變

三學士　扮梓潼文君上自古西南形勝地，遠從楚蹻開疆。天文井鬼占分野，地勢梁州表華陽。自愧非才叨重望，承朝命典大邦。

嬴秦廢諸侯，爰設郡守職。本朝貴循良，倚重二千石。下以達民情，上以宣主德。嗟我豈其人，黽勉希前哲。我文參字子奇，廣漢郡梓潼縣人也。文氏本爲梓潼望族，代有聞人。我自在孝平皇帝時，起家爲城門校尉。積優成陟，循序迭遷，始爲犍爲屬國，今拜益州太守。廣漢、犍爲、益州雖分三郡，實同屬《禹貢》梁州之域，山川相屬，風氣不殊。故我到任以來，盜竊不生，獄訟幾絶，政簡刑清，頗可不勞而治。今逢二月初三日，乃我懸弧之日。仰惟生我劬勞，方歎昊天罔極，有何可慶，豈敢隨俗稱觴。但妻兒輩以爲，臺萊之頌，《詩》所不廢；滑甘之養，《禮》固有之，必欲以一觴爲壽。家庭之間，事無不可。看夫人早已出來也。

江兒水 夫人上滇國瑰奇地，春天錦繡場。官齋今日增歡暢。公子文忳上南山橋木春陰廣，南陔蘭草春風長。合何必瓊筵方丈，敬舉霞觴，惟祝千齡無恙。

夫人君家今日生辰，妾身率兒輩奉觴上壽，幸鑒微忱，勿加峻拒。文喜值良辰，兼無宂事，既承雅意，何敢固辭。夫人、公子奉酒科

步步嬌手奉金杯陳席上，玉液先期釀，敬祝壽而昌。歲歲年年，有花同賞。老妻舉案進鸞觴，兒曹舞綵迎鳩杖。

文生受了。

前腔少日襟懷何倜儻？志氣淩雲壯，到此竟穨唐。歲月蹉跎，不堪回想。且判一醉謝韶光，敢期百歲長頤養？

【公子】兒忳願獻一言，爲大人壽。

【前腔】四序推排春在上，正月初三猶是新年象，三月初三禊節共流觴。惟此二月初三未到花朝，寂寥天壤。今適有大人生日崧生嶽降見休祥，傳到後世呵千秋萬歲同瞻仰。

【文笑科】小兒女之言，真堪一笑。

【前腔】嶽降嵩生原不妄大禹生於六月六日，禹穴傳非謊老子生於九月九日，苦縣蹟尤彰。如我庸庸，不堪相仿。但看此日鬢先蒼，敢期後世神猶旺。

【家奴上】有計吏自京師回，到門求見。【文】計吏歸來，當面詢朝廷近事。夫人每迴避。

【夫人】家宴團欒纔有喜，【公子】朝綱驗𨁈又堪憂。【同下】【計吏上】計吏參見。【文】近日朝政如何？【計吏】啓府君，朝政大變。今上乃宣帝元孫，年纔二歲。計吏出京之日，聞王莽已廢帝爲定安公，自稱皇帝，建號曰新，不復有漢矣。【文】何意有此大變？可痛可恨！汝且出去。【計吏下】【文】平帝大行之日，外間亦有傳言是爲王莽所鴆。益州僻遠，未得其真。今竟有此變，知此賊包藏禍心非一日矣。漢家天下，不意送於此賊之手！

【玉山穨】高皇手創，傳累葉鐘虡無傷。孝文時治擬成康，武皇時威行天壤。凌夷衰替也，只在元成以降，遂啓新都莽。問蒼蒼，何時漢祚再光昌？

我想火德未衰，漢家必有中興之日。且將妻子送回梓潼，我保守益州，盡我守土之職，以待漢室之興。

【尾聲】偏隅猶未卜存亡，妻孥輩且回閭巷，咳，辜負了一席華筵祝壽康。

天上文昌本是星，有何生日不分明。

今知有此文君在，不礙年年進壽觥。

第二齣　仗義拒新

【扮赤帝使持幢上】五威將帥盡軒昂，坤馬乾車走四方。獨我忝充赤帝使，赤車赤馬赤衣裳。我五威將下前部之帥是也。新室受命，改易天下官吏之名，漢家故印概令納還，頒授新室印綬，特設五威將，巡行天下，專司此事。每一將各置左、右、前、後、中五帥，將皆持節，稱大一之使；帥皆持幢，稱五帝之使，衣冠、車服悉按其方本色。我乃赤帝之使，應行南方。一路聞得黑帝使行到匈奴，單于大怒，不肯受印，掃興而還。我行南方，應到益州。益州太守梓潼文君是箇崛强之人，納印、頒印頗不容易。既奉上命，只得走一遭也。下

下山虎 四卒史引梓潼文君上 益州老守，漢室遺臣。但奉炎劉制，安知有新？紛紛的改易山川，白白的何人肯遵？新莽居然又一秦，恐再煩陳勝。我且把滇池守定，漢臘支持過幾春。

自王莽篡位以來，政令煩苛，郡縣之名紛紛改易。我梓潼縣改作子同，我益州所屬各縣中亦改易二名。天下之田皆名曰王田，不得買賣。改鑄一銖小錢，舊五銖錢禁不許用。又命以戊子代甲子爲六旬之首。如此之類，我境内一概拒絶不行。聞又遣五威將帥七十二人分行天下，收舊印頒新印。已有一使入我境中，今日可至，須嚴以拒之，勿令小視我梓潼文君也。前使者上 天使已至，太守何不承迎？文 汝是何人，敢來吾郡？使者 我五威之帥，赤帝之使，特來頒賜新印，并賜益州之吏每人爵二級、益州之民每人爵一級。

文怒科 休得胡説！

泣顔回 一印重千鈞，是孝平皇帝深恩。金章紫綬仗威靈，鈐束軍民。王章尚存，佩腰間

魑魅無能近。笑新章空自輪囷，取將來任投藩溷。

左右，將他驅逐出境，不得一日停留！〔衆推使下〕〔扮哀章上〕

〔窣地錦鐺〕煌煌朝命銜難進，渺渺鄉山意自親。自投名刺託鄉鄰，報道他鄉到故人。

我哀章是也，官拜國將，封美新公，與安新公王舜、就新公平晏、嘉新公劉歆並稱新室四輔。因皇帝器重益州太守文參，命我徵召入朝。但我想文子奇不是好説話的，突然進説，必不見聽。幸他是梓潼人，我亦是梓潼人，論來確是同鄉，少時亦嘗相識，且先以鄉情打動他，然後再相機而進。來此已是太守牙門，可通報進去，故人哀章求見。〔卒史報科〕

〔文君〕此人是我同縣故人，既到此間，請來相見。〔哀入見，文出迎科〕故人無恙？〔哀〕太守公納福。〔文〕故人來此何事？〔哀〕訪舊而已。太守可記得釣游舊地乎？

〔山桃紅〕那五婦山風景最好，看濃青淺黛，眉嫵停勻。潼水邊亦堪散步，一派源頭，活溶溶似鱗。太守尚記得王敬伯乎？廣漢王將作，閫内播清芬。見説季姜賢婦，文氏閨中俊，也不識宗支遠近疏親。又有李巨游意氣淩千仞，傲骨嶙峋，記與君侯交情最真。

〔文〕王敬伯夫人季姜文氏原是敝族之女，李巨游乃總角故交，至今猶密。〔哀〕可謂白首如新矣。【文】足下近來出處如何？【哀】不瞞太守説，不才已蒙新皇帝拜爲國將，封美新公，爲四輔之一。【文】如此説來，昔爲同鄉，今爲異國，不便久留。【哀】太守何如此見外？新皇帝聖度如天，虚懷若谷，仰慕太守重名，命哀章特來徵召。未敢徑達，故爾婉陳。如肯惠然，玄纁在篋。【文怒科】此言可汚吾耳乎！汝既尚記得李巨游，可知巨游當日因太守劉咸召爲功曹，堅不肯就，甘心就獄。況我堂堂太守，肯受僞朝之命乎？

【五供養】十年專閫，坐鎮西南，何憅召郇？但知堅晚節，豈復事新君？紫色蛙聲，齷齪休來相混。一心同鐵石，半點不緇磷，腐鼠驕人大堪哂。聞得有崇新公王盛本是一賣餅者，庸庸王盛，賣餅兒郎，伊家等倫。辱我桑和梓，何敢再登門！還伊纁帛，恕爾蟪蛄朝菌。不勞重款曲，切勿久逡巡。若不速去呵，腰際龍泉，不識老鄉親！下，卒隨下

【哀】文子奇如此無情，教我如何覆命？掃興掃興，且回去再説。

五威使者到邊疆，想見文君意激昂。

只爲戲場須點綴，再將花面扮哀章。

第三齣　却幣公孫

【金鷄叫】扮公子文忳上故里田園雖好，戎馬干戈，安危難料。且奉慈輿同就道。道路崎嶇，雲山繚繞。

我文忳是也。吾父不受王莽之命，固守益州。我自奉母回到梓潼，且耕且讀，亦尚相安。不意近來公孫述據蜀稱帝，廣漢一郡已爲所有。我父執李業字巨游，不肯受其徵聘，竟遣人持毒酒逼之，李公遂飲酒而死。如此舉動，吾家亦復可危。因雇覓二人充我母子，與奴僕數輩住在家中；我奉母微服潛行，棄家遠遁。道途梗塞，繞由交趾，前赴益州。一路風塵，萬分顛沛。且喜此地已近益州，車馬疲勞，在館舍少息一日，再圖前進。內夫人呼喚公子。忳來了。雖當束馬懸車日，猶是聞鷄適寢時。下

【夜行船】扮尹融上我國龍興新建號，承漢統不數隗囂。忝拜鴻臚，高張旗旐，早又益州來到。

我尹融是也。公孫皇帝既建大號，我官拜鴻臚。前因梓潼處士李業不就徵辟，命我

持毒酒逼之，竟不屈而死。今又因益州太守文參負固不服，已將其妻子羈禁成都，命我前赴益州説文參歸順。如其受命，爵以王侯；如敢抗違，殺其妻子。想來一説可定，不費脣舌也。前面已近益州，趲行前去者！下

〔秋夜月〕卒史引文君上兩鬢凋，一寸心猶皦，坐鎮邊郵年已老。危疆還冀守能牢，半壁亦堪豪，正是半壁亦堪豪。

我自拒絶新莽，坐守益州，不覺星霜屢易矣。上下一心，兵食皆足，境内尚堪自守。只是隗囂竊據天水，公孫述僭號成都，實逼處此不能安枕。又聞新天子已即位鄗南，乙酉之歲是爲建武元年，漢祚復興，普天同慶。而益州僻遠，道阻不通，既不能稍修職貢，并不能遣使入賀，此心長覺歉然。至於妻孥隔絶，鄉國沈淪，此則兒女私情，止可付之一歎矣。今日出廳理事，且看有何要務。〔尹融上〕報進去，公孫皇帝使者到。〔卒史報科〕〔文〕何物公孫，敢稱皇帝！有何使者，敢到吾門？著他進來！〔尹進科〕文太守那得如此無理！

〔梁州序〕公孫皇帝，雄圖非小，讖緯先登名號。神龍獻瑞，府中光氣騰霄。況值炎劉十二，運盡當祧，笑爾籠中鳥。伶仃兒與母，已無巢。奉勸饑鷹早就絛，猶可把全家保。爾比隗囂

何如？封他王號欣然要，爾狂妄、徒貽笑。

【文】爾以此言脅我乎？我以身許國，妻子久置度外矣。

（前腔）公孫躍馬，規模草草，旄騎鑾旗堪笑。蛙居井底，終看聲響全銷。況值祥開白水，運復金刀，勸爾知幾早。巫山雖竊據，不堅牢。我文參呵耿耿丹心向本朝，原不擬妻孥保。傳語爾主，釜魚几肉憑伊飽，勿饒舌又來告。

左右，將他驅逐出境，不得一日停留！【衆推使下】【文】我因國家多難，不欲以家事分心，故遣妻孥歸里，不意竟陷賊中。雖然口硬，未免心酸。

（黄鶯兒）家室竟飄搖，轉孤蓬不可招。從無雁足傳書到。愁心怎抛，雄心頓消，口兒雖硬心兒攪。想我那忳兒呵素英豪，怎不能先籌良策，破網走金鰲？

【夫人、公子上】偏經交趾雕題境，仍作齊眉繞膝人。【公子】報進去，夫人到。【卒史報科】【文】奇哉！那有此事？【夫人進見科】妾身敬問夫子起居。【文出迎科】夫人何幸無恙？【公子見科】兒子叩頭。【文】忳兒起來，後堂叙話，分付掩門。【卒史下】【文】方纔公孫述遣使到此，言爾母子爲彼所拘執，爾等何以能來？〔夫人〕因公孫述逼死李巨游，忳兒知吾家難保，雇覔二人充我母子。我等卻微服潛行，繞道交趾到此。〔文〕忳兒智勇俱全，不愧文氏之子。我正思通使王朝，無路可通，今有此交趾一道，可以前往矣。李巨游天性耿介，竟不屈而死，可歎可敬！我家骨肉仍得完聚，不可謂非天幸也。

〔瑞鶴仙〕白髮英雄老。幸妻孥無恙，粗寬懷抱。〔夫人〕紅樓又來到。想妝閣塵封，蛛絲待掃。〔公子〕重親色笑，依舊是、烏衣年少。〔合〕喜炎劉興復，吾家完聚，一樣的天恩再造。

曾向《華陽志》裏看，文君妻子被拘攣。

登場略作斡旋計，只在文人此筆端。

第四齣　奉表漢室

〔喜遷鶯〕扮漢使奉詔書上天威遥震，看尺一頒來，萬頸齊引。獎勵賢良，褒揚忠藎，朝廷雨露常新。喜境内烽煙盡掃，并域外山川都潤。好傳知賢太守，請恭迎恩詔，敬迓清塵。

我漢天子使者是也。因天子嘉益州大守文參之賢，命我前往慰諭，賜以恩命。乘傳出都，眴經兩月，迆邐行來，不覺已到益州。通報進去，天使到來，益州大守出郊迎接者！

文君上，跪科 請至州治宣詔。同行到科，文跪，使讀詔科 皇帝詔書下，益州太守文參，咨爾參典守大州，綿歷年歲，治行爲二千石冠。中更王莽、公孫述之亂，不爲威屈，不爲利疚。雖爾身在外，乃心在王室。比年以來，貢獻不絕，朕甚嘉焉。《書》不云乎：「德懋懋官，功懋懋賞。」今拜爾爲鎮遠將軍，封成義侯，益州太守如故。文叩頭科 皇帝萬歲。

使授詔，文奉置案上科 文 有勞使者。使 太守喜也。文 請使者館舍少憩，薄具牲牢，敬犒從者。使 謝太守。鸞鳳天朝詔，牲牢地主情。下 文 我遠方一守土之吏，蒙朝廷垂念，恩禮便蕃，理宜奉表陳謝。但聞今上少時受《尚書》於廬江許子威，學問淵深，尤留意文藝，表文不可草草。今先擬定大意，再行斟酌。

雁魚錦 雁過聲 微臣碌碌無所聞，孝平皇帝知臣謹，特畀以益州雄郡。俄逢漢祚邅屯，自新都肇亂，四海風塵。堅貞終不磷，潔白何能涅？素履差堪信。荷聖主褒嘉，媿微臣駑鈍。臣同縣人李業，字巨游，因不受公孫述徵聘，公孫述使人以鴆酒脅之。李業甘心飲鴆而死，真烈丈夫也。理合附陳，懇恩褒贈。[漁家傲]編民李業家貧，堅持介節，常抱邦家憤；終身隱遁，不慕王侯袞。微臣與之同里閈，瑰意琦行人共珍。暮年力拒公孫，甘飲鴆，卻還禮幣玄纁。公孫述恥殺名士，以千金賄其子，其子翬卻而不受。翬也雖貧志不群，痛父亡嚼破齦，千金揮去等浮雲。願吾皇褒節孝，長使千秋士氣伸。恭聞天子側席求賢，薛方、逢萌、嚴光、周黨、王霸諸名士皆奉徵召。臣僻處邊陲，見聞不廣，然如臣縣梓潼亦頗有可舉之人。[漁家燈]彬彬聖代崇文，念臣鄉雖居僻陋，多英俊，試一臚陳。有若楊克，有若景鸞，經術紛綸，原原本本。那楊克呵掃除圖緯，不以莠言誣聖。那景鸞呵治《月令》一篇，章句通精蘊。願聖主徵召耆儒備討論。又如將作大匠王堂之妻文極，字季姜，乃臣族中之女，其婦德頗有可稱。[喜漁燈]臣宗弱女，王家中壼。八旬老婦，素性最恂恂。自于歸到今，從無違言來耳根。其祖姑性嚴，子孫雖官二千石，猶杖之。每際高堂深怒，惟長跽了無嗔。前妻生一子二女，己出者三子二女，視之如一。鳲鳩愛均，因前妻子博喜寫書籍，書囊手自縫紉，命己出之子婦，事前妻之子婦，如舅姑之禮。此一事賢名大振。博妻楊氏及博子遵之妻張氏服習其教，皆有賢行。願聖主特署賢媛表此門。至如臣者，年將八十，理合懸車，所以尚未乞休者，猶有一二事未曾舉辦。[錦纏道]臣愚蠢，歷歲年無功可陳，何以報君恩？蹉跎宿願，雖老猶存。願興起人文炳麟，願開闢農田畦畛，願垂暮奏微勳。大意如此，再加潤色，即可繕寫。莫笑我千莖白髮羞明鏡，須念我一片丹心向紫宸。

既爲梓潼作佳傳，不妨略及梓潼人。
粘豪藉此聊渲染，亦使人間耳目新。

第五齣　春田勸耕

【西地錦】儀從引文君上萬頃青疇緑野，千村禾黍桑麻。嗚騶郊外非游冶，把民風領略些些。

我文參自孝平皇帝時拜益州太守，今上因我久勞於外，頗著勤勞，命我以益州太守兼領益州刺史。所屬地方縣延數千里，凡郡國十有二，縣道一百一十有八，轄疆遼闊，公事殷繁。我想聖人論政，必先足食。我所屬郡縣地力未盡，民食頗艱，推原其故，總由水利不興。稽參志乘，江、漢皆經由我境。此外如漢中郡之旬陽有旬水，安陽有鬵谷水，巴郡之江州有清水，閬中有渝水，朐忍有容母水，廣漢郡之梓潼有潼水，涪縣有涪水，緜竹有緜水，江原有鄗水，緜虒有湔水，牂柯郡之鼈縣有鼈水，夜郎有豚水，西隨有〔一〕麋水，越嶲郡之遂久有繩水，臺登有孫水，青蛉有青蛉水，我本郡益州之銅瀨有迷水，俞元有橋水，收靡

〔一〕有，原訛「育」，據文意改。

有涂水，弄棟有母血水，至於白水、黑水皆在境中，邛池、滇池並推大澤，隨地疏鑿，皆可灌溉民田。爰飭有司，竭力整治。數年以來，統計各屬已有稻田數十萬頃，開墾成熟，歲歲豐收，亦生平一大得意事。今當春日，倣古人省耕之意，輕車減從，隨意巡行。出得城來，好風景也！

【前腔】碌碡場中滑澾，桔槔聲裏喧譁。田家風景真堪畫，溝塍又聽鳴蛙。

【雁來紅】扮農夫四人上弟扶耒，兄秉耙。叱犁牛，踏水車，不嫌滑滑泥沾踝。呀！我使君梓潼文君來也。【拜科】莫笑村夫野，也得承迎刺史車。【下】【文】休驚怕，村夫可嘉。事耕耘無閒暇。

【前腔】扮饁婦四人上黍和肉，酒共茶。小筠籃，略有些。盤兒白木盆兒瓦呀！我使君梓潼文君來也。【拜科】莫笑村姑野，也得承迎刺史車。【下】【文】休驚怕，村姑可嘉。叫耕夫都來嘢。

【前腔】扮牧童四人上一枝笛，隨手拏。一群牛，走水涯。牛兒勝似高頭馬。呀！我使君梓潼文君來也。【拜科】莫笑村童野，也得承迎刺史車。【下】【文】休驚怕，村童可嘉。牧耕牛非閒耍。

【前腔】扮父老二人上髮鬢白，面鼻皻。小村莊，老阿爹。偶扶藜杖來觀稼。呀！我使君梓潼文君來也。【拜科】莫笑村翁野，也得承迎刺史車。【文】父老來得甚好，且隨我散步一回。休驚怕，村翁可嘉。

且隨行同閒話。［父老］謹遵命。

［玉芙蓉］［文唱］田疇此最佳，萬頃圍周帀。早良苗滿隴，青葱盈野。［父老］皆使君之力。［文］非也，仗爾等田毛竭力勤穮蔉，我不過水脈隨機費剔爬。左邊是什麼地方？［父老］黑水祠。［文］右邊是什麼地方？［父老］碧鷄金馬祠。［文］渾如畫。看碧鷄瑞應，黑水神靈，廟貌輝煌照夕霞。

前頭又是什麼地方？［父］這是使君生祠。［文］怪哉！我安得有祠？且去看來。果然門額大書「梓潼文君祠」。

［朱奴兒］奉恩命來兹建牙，媿生平碌碌無他。武略文猷不足誇，豈敢望于祠欒社？［父老］境內梓潼文君祠不下數十處矣。［文］堪疑訝。榮名謬假，恐不免人嘲罵。

［父老］使君下鄉勸農，鞍馬勞頓，薄具壺漿，請就祠中少憩。［文］不消了。日暮途遠，即欲回車，爾等且退。［父老］恭送使君。［文］有勞父老。［父老下］［文］

［尾聲］偶招父老同閒話，引我歸田興轉加。只可笑梓潼文君祠處處皆有，難道還要流傳到百世遐？

稻田萬頃可耕耘，想見當年用力勤。
今日文昌祠宇滿，須知即是此文君。

第六齣　學宫講藝

扮蜀郡太守上 治平何敢望文翁，管領山城亦自雄。且喜部民楊馬在，不煩貢道筰駹通。我蜀郡太守是也。今有刺史梓潼文君，按臨本郡。文君是益州太守，本屬同僚，今兼領益州刺史，卻是親臨上司，不得不前往伺候。正是：平日久膺方面寄，今朝亦作折腰人。下 扮蜀郡文學博士上 一槃苜蓿作生涯，兩鬢蕭條兩眼花。莫笑冷官官舍冷，錦江玉壘大繁華。我蜀郡文學博士是也。今有刺史梓潼文君，按臨本郡。我想蜀中本是文物之邦，此老平時又最留意文學之事，恐於我這冷衙門不免有些兜搭，也説不得。且去小心伺候。正是：聽他大府三通鼓，破我高齋一覺甜。下

山桃紅 儀從引文君上 看淺黛峩眉冷，望積翠巫山艶。到成都，别是繁華境；憶文翁，曾布循良政。愧非才，亦把旌麾秉。願虚衷，徧訪土俗民情。

我文參以益州太守兼領益州刺史，循照舊章，每年八月巡行郡國。今建武十年，歲次甲午，按臨蜀邦。文翁舊治，遺教猶存，問俗采風，必當與他郡不同也。蜀守上蜀郡太守參見。文我雖權州牧，實綰郡符，本屬同官，暫時統攝，過從謙抑，轉益慙惶。太守請還，俟有要事再請來共議。太守遵命了。下博士上蜀郡文學博士參見。文此邦乃文翁舊治，文教必有可觀。我前有文書通行郡國，增建學舍，未知蜀郡增建多少？博士奉到州符，即興工作，計共增建二百閒，生徒亦倍舊額。文如此甚好。博士請回，可就弟子員中選擇高才生數人來見。博士謹遵命。下扮諸生八人上博士弟子參見。

錦纏道文唱爾諸生，是英年，翩翩俊英。論學術要分明。屏奇衺，謹守先型。莫聽他淫哇亂鳴，莫看他奇幟亂撐。根本在窮經。總不外折衷前聖，須知古訓精切，勿以謬悠爭勝。纔不枉我高皇帝表章六藝出秦坑。

一生敢問治《易》或主象數，或主義理，究且何從？文孔子贊《易》，多說義理，安可舍理而言《易》？然云《易》者象也，則義理仍宜從象數推求。

【宜春令】不談理，離了經，看開端，元亨利貞。微言大義，要從象數來參證。羊觸藩，伏莽戎興；鬼張弧，夫征婦孕。把人間萬象包羅，《易》奇而正。

【一生】敢問《尚書》自經秦火，究存幾何？【文】伏生，先秦博士，所傳可信。此外皆僞也。即如《泰誓》三篇，雖漢初已有，然恐是《周考》《周説》中別出之篇，非真《泰誓》。

【前腔】秦火後，失此經，仗流傳，濟南伏生。高年口授，可知此外無餘賸。王屋上，流火瑩瑩；王舟中，白魚滚滚。雖漢初援引非虚，終難全信。

【一生】敢問治《詩》宜何從？【文】齊詩最奇，毛詩最正。

【前腔】魯與韓，久著名，兩毛公，後來最精。六情五際，齊詩別自開蹊徑。午《采芑》，陽謝陰興；亥《大明》，天門候聽。讓漢廷翼奉諸公，侈談災應。

【一生】敢問《儀禮》《周禮》《禮記》是爲三禮，究以何者爲禮之本經？【文】《禮記》半出本朝諸公之手，但可爲羽翼而已。《周禮》乃周衰有志之士所爲，直欲斟酌古今，自成一代之制，故與諸書多不符合。

【前腔】惟《儀禮》，禮本經，在當時，人人奉行。《周官》六典，參差不是周公定。幽、厲後，古制凋零；有英賢，衡茅發憤。參古今手訂成書，留貽來聖。

一生 敢問本朝説《春秋》崇尚公羊，果得聖人之意否？文 聖人制作，度越尋常。《春秋》始元終麟，自有微義，斷非尋常作史可比。然公羊家必説是聖人自定，素王之制，恐亦未可輕言，傳至後世必有流弊。

前腔 左、公、穀，同治經，獨公羊，辭高意閎。非常異義，小儒讀此目爲瞠。斥衰周，未免憑凌；託新王，居然鉞衮。轉不如左氏浮夸，穀梁拘謹。

一生 敢問戰國諸子，何者爲優？文 古人著書，各有心得。雖申、韓之殘刻，莊、列之虚浮，要皆自抒所見，非後世人云亦云者比。然不過各成一子而已。若超出諸子之上，將來可升列爲經者，其孟子乎？

前腔 尼山孔，莫與京，嶧山賢，與之代興。楊朱、墨翟，敢將異喙來争勝？大本領，經正民興；掃强秦，一言反本。任憑他堅甲精兵，難當吾梃。

一生 孔門弟子姓名記載不一。故府文翁刻有《禮殿圖》，果無誤否？文《禮殿圖》中有蘧伯玉，未免失考。伯玉，友也，非弟子也。初刻有申棖、申棠，後來又存申黨而去申根，不合《論語》。鄙意尼山道大，正不必羅列多人始爲尊聖。若必欲一概搜羅，竊謂見於《莊子》書尚有瞿鵲子。

前腔　考諸賢，姓與名，總流傳，殊難盡憑。申黨、申棠，如何棖也翻招擯？若搜羅，不擇榛荆；有遺珠，《南華》可證。試容他瞿鵲升堂，不較似蘧賢爲勝？

一生　蜀郡人才，從前有司馬長卿，近時有揚子雲，可及古人否？文　一鄉之望，何敢輕議？但吾儕師友閒評，亦無不可。竊謂相如自是文人，然《子虛》《上林》同時奏御，既云「轊騊駼」又云「轊白鹿」，既云「軼野馬」又云「軼赤電」，既云「捷狡兔」又云「捷鵷雛」，既云「掩兔轔鹿」又云「轔距虛」，何用字重複如此？若子雲，悔其少作，變而擬經，其實經何可擬？轉不如仍事雕蟲也。

前腔　馬相如，負盛名，架虛詞，重轑疊甍。雕蟲揚子，晚年忽把詞章擯。《太玄》成，竊比羲經；《法言》成，居然孔聖。轉不如仍賦《長楊》，猶可與《上林》争勝。

八人合　弟子等得聞高論，昭若發矇，不勝敬服。近有人言文昌星照臨益州，分野應在梓潼。使君之生上符天象，洵不誣也。文　斯言謬矣。斗魁戴筐六星，是爲文昌宮，豈專照益州一部？況梓潼區區一縣，不才渺渺一夫，而謂上應天象，真悠謬之談也！

【普天樂】斗魁高揭璇機正，文昌六府居其頂。天垂象薄海同瞻，邊隅地何預天星？在一邑已覺名難稱，況一我豈能叨竊此榮名？問何人酒勸長庚，豈教人騎箕遥騁？告爾等，春風入坐，不必遠盼雲軿。

諸生且退，勉修文學，毋負昌時。〔八人〕謹奉教。〔下〕〔文〕我與文翁同姓，竊比文君猶之可也，若欲攀附天星，可笑甚矣！

【尾聲】華宗竊比猶難勝，攀附奎垣殊可哂。傳到後世呵，恐與張姓連天并一稱。

戲將六藝付閒評，鑼鼓場中試共聽。
欲把文君稍點綴，遂教科白也談經。

第七齣　百齡大會

【點絳唇】扮文忳上綵服猶披，金章已佩。還鄉里，介壽親闈，還奉了恩綸至。

我文忳遵循父訓，叨奉君恩，官拜北海太守，履任數年，喜無廢事。今年我父年登百歲，朝廷眷念舊臣，命我馳驛回鄉介壽。此朝廷之曠典，實家門之至榮。今日恭值生辰，須與我夫人一同進祝。

前腔 扮文忳妻上敬奉盤匜，親調甘旨。隨夫壻，介壽親闈，敢誤了鷄鳴起？敬告夫子，寢門闢矣，須同往上壽。忳 率兒孫輩同去。忳妻 兒曹走動、

扮四男四女綵服上 忳 隨同前去。合

前腔 兩老齊眉，兒孫濟濟。休輕視，此福應稀，願共把金尊洗。下

那吒令 文君上歎流光暗摧，早登臺下臺。把雄心盡灰，甚牽懷掛懷。看兒曹到來，且伸眉展眉。文君夫人上口兒裹笑哈哈，心兒裹無罣礙。老夫妻，一對兒住蓬萊。

文君 我自告老歸來，又逾數載，今歲年滿百齡。且喜風日晴和，我兩老起居康健，頗可自娛。夫人 皆託賴夫子之福。文君 你看兒孫輩都到也。文忳夫婦率衆上 忳 孩兒率領孫子、曾孫、元孫，忳妻 新婦率領孫婦、曾孫婦、元孫婦，合 敬祝兩大人壽。拜科

兩老 生受了。爾等起來。文君 我年登百歲，五代一堂，造物待我可爲厚矣。忳夫婦 大

人洪福，古今無兩。【合】

【天下樂】百齡翁今古稀，況繞膝兒孫，又五代森然起，算只有召康公差可比。

【內】天使到。【文君】我與忳兒等出去迎接。【夫人率諸婦下】【扮李翬奉詔上】本是故人子，今充天使來。我李翬舉孝廉爲郎，朝廷念我是節士之子，頗加眷注。今因前益州太守文君年登百歲，命我齎詔頒賜。詔書鄭重，謹當宣讀。【文等跪科】【李宣詔科】皇帝問前益州太守、鎮遠將軍、成義侯無恙。聞爾年登百歲，精神彊固，朕甚嘉悅。今遣使者李翬賜爾上尊酒十石、靈壽杖二枝、黄金五百斤、中藏府錢二十萬。服我休命，强食自愛。【文叩頭科】皇帝萬歲！【李】奉過詔書。【授詔拜科】公尚識小子李翬乎？【文君】原來天使即我故人李巨游之子，可喜可喜！敢問天使，向來賜靈壽杖只有一枝，今何得二？【李】天子知公與夫人同壽，故賜二枝。【文君】天恩厚矣。忳兒，可陪使者至前堂筵宴。【李】多謝了。十行天子詔，【忳】一醉故人情。【同下】【文君】今日賓客甚多，孫子等率領曾、元分班接待，并説我年老不能出見，多多致謝。【衆】理會得。【俱下】

【混江龍】［文唱］老夫耄矣。追思當日益州回，收拾了官符吏牒，安排些酒料詩材。儘消受，白日裏一局棋、一張琴，飯煖茶甘閒歲月。不提防，青鬢兒八十耋、九十耄，齒危髮秃老于鬣。最難得，聖天子，向蓬茅下温詔垂詢。更多蒙，賢公卿，念故舊情、謙光下逮。［一人上］東海王、沛王、楚王、濟南王、東平王、阜陵王、廣陵王、臨淮王、中山王、瑯邪王皆遣人祝壽。［下］［文］這諸王，親滴滴，天家一派。［一人上］太傅公、太尉公、司徒公、司空公皆遣人祝壽。［下］［文］這諸公，顛巍巍，天上三台。［一人上］太常卿、光禄卿、衛尉卿、太僕卿、廷尉卿、鴻臚卿、宗正卿、司農卿、少府卿皆遣人祝壽。［下］［文］大九卿，列朝廷，光依日月。［一人上］豫州牧、冀州牧、兖州牧、徐州牧、青州牧、揚州牧、益州牧、涼州牧、并州牧、幽州牧、交州牧皆遣人祝壽。［下］［文］部刺史，行郡國，令肅風雷。［一人上］文武大小官員皆遣人祝壽。［下］［文］這一行虎賁將、羽林將、左右中郎將，巡行儌道；那一班《易》博士、《詩》博士、《尚書》《春秋》博士，討論書帷。［一人上］益州舊屬滇池等一十八縣皆親來祝壽。［下］［文］尚記得坐黄堂，與諸君同商撫字。那曉得對青鏡，讓老夫獨自徘徊。［一人上］益州郡諸曹掾史皆親來祝壽。［下］［文］試問訊、舊功曹幾人尚在？不知道、新長史何處升來？［一人上］西南夷諸王感念舊恩，皆遣人祝壽。［下］［文］好峥嶸，交趾國、夜郎國詭狀殊形。甚交鬬，冉駹夷、汶山夷卑辭厚幣。[一人上]梓潼縣境內父老子弟數百人皆親來祝壽。[下][文]堪笑他父老每，老幼扶持，百里奔馳來獻壽。且讓我武夷君，兒孫看待，一杯清酒不須辭。[一人上]獻上壽酒。[下][文]薔薇露、桂花醑、竹葉春，芬芳馥郁。[一人上]獻上壽衣。[下][文]瀲灩綾、蛺蝶羅、麒麟錦，光怪離奇。[一人上]呈上清歌妙舞。[下文]歌一曲鬭新鶯，輕圓喉舌。舞一回驚粉蝶，宛轉腰肢。[一人上]呈上雜戲。[下][文]真箇是大排場。一霎時奇奇怪怪、怪怪奇奇，吐火吞刀來嚇我。句引得小兒曹，數日內喜喜歡歡、歡歡喜喜，眠思夢想不忘伊。[一人上]縣中文士皆撰就詩賦爲府君壽。[下][文]甚詩人，篇章古雅，龍光君子頌臺萊。又賦家，藻采紛綸，蛾眉有美陳蘭茝。今日呵多福多壽多男子，竭力鋪張，有勞他屏風製錦。後日呵某年某月某甲子，大書卒葬，再煩他墓道題碑。[一人上]門下一士獻松、竹、猿、鶴四圖爲壽。[下][文]這幾株翠竹青松，是我山中三益友。這幾隻蒼猿白鶴，勝他世上衆凡胎。[一人上]門下一士將府君一生事蹟編作院本，送來演唱。[下][文]只尋常竿木隨身，碌碌衣冠一優孟。枉流傳雪泥爪印，悠悠土木此形骸。[二人上]門下一士將府君一生事跡寫入丹青，共得百幅，奉呈一笑。[下][文]略有小丰姿，教名士圖形紈扇。愧無大功績，讓諸君畫像雲臺。

子細思之，好僥倖也。我一生，經歷了炎劉兩漢。我一官，游徧了黑水三危。守危疆，人偏帖妥。享老福，天與安排。喜孜孜的百齡矍鑠，鬧轟轟的五世追隨。試看我夫與婦、婦與夫，兩口兒老夫婦白髮當筵，知幾時鶴駕鸞軿同化去？且看他子生孫、孫生子，一堂上衆兒孫斑衣舞綵，還指望龍雛鳳子再投來。請問那漢公卿，誰能髣髴？算我是老文昌，高占杓魁。

四侍女執燈上　後堂家宴排齊，請赴筵宴。行科

尾聲　文唱　屏開翡翠筵鋪玳，急管繁弦著意催，只算是看了團圓戲一回。

一卷文君傳已完，收場熱鬧不寒酸。

如何天上成神去，没有人從天上看？

第八齣　遺祠閒話

普賢歌　扮文恭上　悠悠滄海變桑田，莫問參軍舊日官。凋零門户單，崚嶒骨相寒，老去姑將祠俸戀。

我文恭，字仲寶，梓潼人也。先年曾爲丞相參軍，隨諸葛公北伐中原，頗著勞績。漢

亡以後，恥臣異姓，既不欲混跡仕途，又不能潛蹤山谷。適梓潼城中文君祠内缺一祝官，邑大夫因我是文氏後昆，舉充其職。那文君祠統滇蜀兩處，計之不下百十處。惟梓潼是桑梓之邦，靈應尤昭，香火最盛。我以末代兒孫典司祠宇，叨分餘潤，頗足了我餘生。今當晉帝太康紀元，又值二月初三，恭逢文君生日，遠近瞻拜，人山人海，幾乎塞破祠堂。須索往前後左右照料一番者。［下］

（胡搗練）扮儒士二人上縫掖衣，緇布冠，采芹采藻同游泮。今日梓潼文君生日，敬來一拜。［拜科］惟願神明來降鑒，飛騰直到鳳池邊。下

（前腔）扮武士二人上左螢弧，右櫜鞬，平生長技弓和箭。今日梓潼文君生日，敬來一拜。［拜科］惟願神明來降鑒，他年三箭定天山。下

（前腔）扮商賈二人上市門開，市廛連，無如百貨年來賤。今日梓潼文君生日，敬來一拜。［拜科］惟願神明來降鑒，湧來滾滾大財源。下

（前腔）扮農夫二人上鄉下人，只耕田，偶經城市非游玩。今日梓潼文君生日，敬來一拜。［拜科］惟願神明來降鑒，倉箱累萬又盈千。下

（前腔）扮二老人上頭白翁，步蹣跚，桑榆已歎年華晚。今日梓潼文君生日，敬來一拜。［拜科］惟願神明來降鑒，安眠飽飯過餘年。下

（前腔）扮二婦人攜幼子上衆女流，性愚頑，攜來幼子猶童丱。今日梓潼文君生日，敬來一拜。［拜科］惟願神明來降鑒，無關無煞總平安。下

（前腔）扮兩擔夫上赤雙趺，露雙肩，終朝不覺奔波倦。今日梓潼文君生日，敬來一拜。［拜科］惟願神明來降鑒，肩頭多博幾文錢。下

（前腔）扮一聾一啞，啞者用手指畫，聾者唱我耳無聞，他口難言，生成聾啞人人賤。今日梓潼文君生日，敬來一拜。［拜科］惟願神明來降鑒，收留我輩侍神前。下

［一人扮鄉三老上］愧無國老巖巖望，［一人扮都鄉正上］略有街彈小小權。［老］我鄉三老。［正］我都鄉正。［合］皆梓潼縣鄉官也。今日梓潼文君生日，來此瞻拜。承祝官文仲寶留我等小飲，他照料甚忙，我二人來此便坐小憩。仲寶想必就來也。［文恭上］有勞二公久候，牲牢酒醴一切見成，便可小飲。［二人］多擾了。［文］均叨神賜，何擾之有？［同坐飲科］

[文]我想文君生而爲英，殁而爲靈，求之古人殊不多見。[老]羿爲宗布，蚩尤爲禡神，古固有之，然皆遠而難稽。至如《史記·封禪書》所載「九臣」「十四臣」〔一〕，皆無主名可考；「杜主」雖實有其人，然亦不過小鬼之靈者耳。惟西楚霸王項羽死後爲神，甚著靈異，民間稱曰憤王，二千石皆拜其祠下，或可比我文君乎？[文]不如也。

[川撥棹]重瞳死，數百年。溯生前，威名顯。一炬火燒斷人煙，一溝水劃破中原，叱咤雄威無敢干。赤帝猶將讓一鞭，廟貌因而長不遷。要不過一時霸氣騰騫，到千秋靈爽終湮。怎如我梓潼文君聲名滿世間，光華上燭天。

[正]我却想起一人。[文]請問何人？[正]城陽景王也。城陽景王即朱虚侯劉章，死後爲神，青州、濟南等郡尤盛，每迎神出游，必假二千石輿服導從，甚爲顯赫。或可比我文君乎？[文]不如也。

[前腔]卯金子，一少年。吕氏興，劉宗翦。遂發憤酒後狂言，鋤非種寓意耕田，稂莠删除

〔一〕四，原訛「二」，據《史記》改。

勿蔓延。斯事斯言洵可傳，廟貌因而長不遷。要不過一時盛氣諠闐，到千秋靈爽終湮。怎如我梓潼文君聲名滿世閒，光華上燭天。

老 我又想起一人來，乃秣陵尉蔣子文也。子文漢末爲秣陵尉，逐賊至鍾山，傷額而死。死後成神，能以神兵助人。人尊奉之，車服羽儀一如王者。或可比我文君乎？文 不如也。

前腔 秣陵尉，一小官。官秩卑，寇氛煽。追窮寇竟死鍾山，灑戰血血點斑斕，却幸成神骨尚完。自顯神通殊赫然，廟貌因而長不遷。要不過一時奇氣盤旋，到千秋靈爽終湮。怎如我梓潼文君聲名滿世閒，光華上燭天。

正 又有一人近在目前，如何忘了？秦昭王時李冰，爲蜀郡守，開江水，溉民田，蜀人德之。殁而成神，立廟灌口，其子號灌口二郎神，香火尤盛。有事祈禱者必宰羊，一羊稅錢五百，歲終可得二萬千。此與我梓潼文君同是蜀中靈蹟，傳到後世，兩神可割據兩川矣。文 不如也。

前腔 秦時守，蜀郡官。灌口開，神祠建。兩父子同受香煙，二郎廟布滿江邊，蜀稅平添羖䍽錢。楊戩來偷狐鼠權，廟貌因而長不遷。要不過一時精氣緜延，到千秋靈爽終湮。怎如我梓潼文君聲名滿世閒，光華上燭天。

〔老與正合〕然則梓潼文君古今無兩矣。〔文〕我却想起一人，可與相配。〔二人〕請問何人？〔文〕此人吾猶及見，乃漢壽亭侯關公也。〔二人〕漢壽亭侯何能配我梓潼文君？〔文〕正好相配。

〔前腔〕炎劉末，有此一大賢。美髯公，壓倒桓侯健。不獨是蹈厲無前，且覺得儒雅翩翩，與我梓潼文君一在東京建武前，一在三分蜀漢年，照耀乾坤相後先。千載下一文一武俱傳，建崇祠帝號雙懸。一樣的聲名滿世閒，光華上燭天。

〔老與正合〕好笑近日之人紛紛傳述，都説梓潼文君即天上文昌星。請問參軍公，此説何如？〔文〕荒謬極矣！

〔江兒水〕既是文昌宿，誰將生日傳？又不應竊據歸吾縣。此等謬説，傳到後世，不知如何荒誕，必定要華宗上附周京彦，靈蹤下託蛇胎賤。別有奇書編纂，轉教那議禮諸公一例作淫祠看。

〔老與正合〕我等却還有一疑，敢質之參軍。史稱公孫述盡有益州之地，何以文君仍得爲益州太守？〔文〕此乃史家記載之訛。益州與蜀明分二郡，《漢書·地理志》記載甚明。公孫但據蜀中，未嘗遠至滇池，何礙文君之爲益州太守乎？〔二人〕文君既是益州太守，而非蜀郡太守，何以成都所刻《周公禮殿記》稱文君爲「故府」？〔文〕此却可疑。或文君曾以益州太守領益州刺史，蜀郡亦在所部中，故得稱「故府」乎？往年諸葛丞相以建寧太守李恢領交州刺史，似即用此例。〔二人〕所見極是。既叨醉飽，又聞高論，告辭了。〔文〕天色尚早。〔二人〕改日再來。〔下〕〔文〕我思文君事實，我等子孫尚不得其詳，即如文君之名本是「參」字，或誤作「齊」字，傳之後世，更難稽考。我擬訪求好古博雅君子，爲作《文君傳》一篇，未知世有其人否？

〔意不盡〕千秋事，徵信難，修一卷文君佳傳，定有奎光照筆端。

文昌宮殿人間滿，畢竟無人識此人。
天上文昌推本命，周時張仲託前身。
蠶叢故里仍難没，蛇腹訛言大可嗔。
試看常璩《巴蜀志》，我言徵實豈翻新？

惠耆録

自序

樾以樗櫟之散材，桑榆之暮景，積唐野老，已八秩有三齡，僥倖鄉闈，竟一周乎六甲。名場舊夢，久醒蕉隍；病榻勞生，難言蔗境。猥以年例，濫被恩施。疆臣恭進封章，聖主特頒明詔，重赴承筐之嘉宴，仍還載筆之清班。《宵雅》三章，使白頭有能聽幾回之感；翰林再入，在青史亦不能數見之奇。非敢侈爲美談，竊願播之家乘。官書具在，私輯成編。因上諭有「以惠耆儒」語，故題曰《惠耆録》。列目如左：

綸音第一
紳稟第二
縣詳第三
撫疏第四
咨文第五

光緒二十有九年，歲在癸卯春王正月，俞樾謹記。

綸音　惠耆録之一

光緒二十八年七月初三日，内閣奉上諭：「任道鎔奏『在籍耆紳鄉舉重逢，籲懇恩施，以光盛典』一摺，已革翰林院編修俞樾早入詞林，殫心著述，教迪後進，人望允孚。兹届鄉舉重逢，洵屬藝林盛事。俞樾著加恩開復原官，准其重赴鹿鳴筵宴，以惠耆儒。欽此。」

謹案：功令鄉會中式，歷六十年重赴鹿鳴及恩榮筵宴者，三品以上由督撫專摺具奏，四品以下由督撫咨部彙題。今雖一律改題爲奏，而四品以下入奏者仍交部議奏，猶循向例也。樾四品以下官，不交部議，當以曾請有二品封典故。然上諭初不及二品封職，而特沛恩綸，亦異數也。

紳稟　惠耆録之二

花翎二品頂戴署奉天驛巡道徐鏡第、花翎三品銜候選知府馮壽鏡、内閣中書沈桐、花翎道員用安徽補用知府童寶善、署桐廬縣學教諭施涵、候選鹽提舉胡錫申、前署嵊縣訓導高振垣、四品封典候選布理問徐肇基、五品銜候選府經歷徐士駿、三品封典候選同知鍾選青、候選訓導沈汝楷、候選布經歷嵇兆鈐、五品銜分發江蘇縣丞戴湘、選授台州府教授陳瑞玉、六品銜候選縣丞蔡懋榮、松陽縣學訓導徐士騂、恩貢生就職教諭仲調璽、署瑞安縣教諭黄文升、舉人許德裕、附貢生丁毓瑛、增生徐樹基、於潛縣訓導許善來、廩貢生嵇樹森、拔貢生夏際唐、兼襲雲騎尉廩貢生胡國璠、五品銜候選州同許德修、江蘇候補州判費燮元、候選訓導費燮衷、廩生徐立善、舉人蔡應鵬、五品銜江蘇試用知縣胡毓驊、指分江蘇通判鍾大受、附貢生蔡祖同、優廩生趙仁源、五品頂戴優廩生沈光裕、指分山東縣丞聞毓璇等，稟爲本縣在籍二品封職、前翰林院編修俞樾，於道光二十四年甲辰恩科中式舉人，例應於光緒二十九年癸卯正科重赴鹿鳴筵宴。查該紳綺年登第，晚歲傳經，學行端純，鄉閭矜式。自罷官而歸里，即閉户而著書。所著凡四百七十餘卷，如《群經平議》《諸子平議》各書，皆發明古義，講求實學，不獨海内流傳，即海外諸邦亦來購取。主講杭州詁經精舍三十一年，以經術文章訓迪諸生，造就人材，一時稱盛。該紳以八十二歲之高年，二十五科之耆宿，壽新編於梨棗，雖海國亦有其全書；稽舊籍於蓬萊，在朝士已無其前輩。一週花甲，再奏苹笙，屬在士林，同稱盛事。用敢合詞公懇，伏乞俯賜察核，詳請具奏，俾得重赴鹿鳴筵宴，以符功令，而光大典，實爲德便，謹稟。

附事實清册

一、該紳名樾，字蔭甫，現年八十二歲，浙江湖州府德清縣民籍，由副貢生中式道光二十四年甲辰恩科本省鄉試舉人，三十年庚戌科會試中式，賜進士出身，改庶吉士。咸豐二年，散館一等，授職編修，五年簡放河南學政，七年被議革職。同治十一年，長子紹萊在直隸大名府同知任内恭遇覃恩加級，請二品封典，領有誥命。

一、該紳潛心經術，著作等身，其已成書者四百七十餘卷，如《群經平議》三十五卷、《諸子平議》三十五卷、《第一樓叢書》三十卷、《曲園雜纂》五十卷、《俞樓雜纂》五十卷、《茶香室經説》十六卷，皆稽古有得，上足羽翼經傳，下足軌範藝林，不獨承學之士家置一编，即異域殊邦亦知寶貴。故日本岸田氏曾以其國人所著詩集百數十家請其選定成《東瀛詩選》四十卷，刊布其國，風行一時。東人之來學於中華者，皆以得一見爲幸。其餘詩古文辭等集卷帙既富，名目尚多，有《〈春在堂全書〉録要》一卷可證，兹不備述。

一、該紳先後主講蘇州紫陽、上海求志、德清清谿、歸安龍湖等書院，而於杭州詁經精舍講席歷三十一年，造就尤多。兩浙知名之士經其訓迪，茹古涵今、蔚爲通才者不可勝數，洵無愧經師人師之目。

一、該紳於兵燹後總辦浙江書局，會商江蘇、湖北等省，分刻二十四史及一切有用之書；又精刻子書二十四種，海内稱爲善本；又創議鈔補浙江文瀾閣舊藏《四庫全書》，今閣重建，而書亦牉具，沾溉儒林，嘉惠尤非淺尠。

一、本縣新市鎮創設仙潭書院，該紳實玉成之，言於省中各大憲，分期行課，士林其深感戴。東門外拱元、四仙兩橋，往來衝要，勢將傾圮，先後倡募建復。他如睦婣任邺等事，罔不惟力是視，施米施藥，孜孜不倦，家雖貧而好施與，尤人所難。

一、該紳制行外和内介，江浙大吏無不樂與周旋，而從不一干以私。其自奉尤極儉樸，食無兼味，終年衣布，雖敝不易。

縣詳　惠耆録之三

署湖州府德清縣知縣過鑄爲詳請事：　本年四月二十四日，據卑縣花翎二品頂戴奉天驛巡道徐鏡第等禀稱，本縣在籍二品封職、前翰林院编修俞樾，於道光二十四年甲辰恩科中式舉人，例應於光緒二十九年癸卯正科重赴鹿鳴筵宴，用敢合詞公懇，伏乞轉詳等情到縣。據此，卑職查該紳俞樾青年登第，白首傳經，經術湛深，文章粹美。既學優而養到，復品潔而行端。主江浙之文壇，多資造就；承乾嘉之學派，闡發淵源。考其歲華，已歷八十二年之久；稽其科分，又閱二十五届之遥。花甲復周，苹笙再奏，洵屬士林之盛事，亦爲朝野之美談。據禀前情，理合備文詳請，仰祈憲臺察核，轉請詳奏，實爲公便。除詳撫、督、學憲暨臬、藩、巡憲外，爲此備由，呈乞照詳施行，須至詳者。

謹案：此德清縣詳湖州府文也。照例應由縣而府而道而司，然後達院。今本縣過公通詳各憲，而中丞即據縣詳入奏，不俟司詳，此亦破格之舉也。本府及司道詳文均未得見，姑闕待補。

撫疏　惠耆録之四

浙江巡撫臣任道鎔跪奏，爲在籍耆紳鄉舉重逢，循案先期陳奏，籲懇恩施，恭摺仰祈聖鑒事。竊據德清縣紳士署奉天驛巡道徐鏡第等三十餘人聯名呈稱，在籍二品封職、前翰林院編修、河南學政俞樾年八十二歲，浙江湖州府德清縣人，由副貢生中式道光二十四年甲辰恩科舉人，三十年庚戌科會試進士，改翰林院庶吉士，咸豐二年散館授職編修，五年簡放河南學政，旋因被議回籍。以長子俞紹萊在直隸大名府同知任内恭遇覃恩捐級，請二品封典。查科場條例，内開鄉試已届周甲之期，准其重赴鹿鳴筵宴。計自道光二十四年甲辰至光緒三十年甲辰花甲一周，惟甲辰非鄉試年分，循照成案，應於來年癸卯科預行赴宴。擬請具奏，籲懇恩施等情，由縣轉詳前來。臣查該紳俞樾早歲通籍，名噪詞林，嗣在河南學政任内被議鐫職。家居四十餘年，閉户箸書，纂輯《群經平議》《諸子平議》等書，餘及詩古文辭至千餘卷，旁綜九流，折衷六藝，精深閎博，海内風行。該紳襟懷冲逸，泊然寡營，先後主講杭州詁經精舍、蘇州紫陽等書院，汲引後進，素孚人望，不愧碩學通儒。其孫翰林院编修俞陛雲，夙承家學，本年蒙恩派充四川副考官。累世清華，渥邀眷遇，人稱爲稽古之榮。兹届鄉舉重逢，洵屬藝林盛事，可否籲懇天恩俯准，將二品封職、前河南學政、革職翰林院編修俞樾開復原官，於來年癸卯科預期重赴鹿鳴筵宴，以惠耆年，而光盛典。出自逾格鴻慈，除飭取履歷册結咨部查照外，謹會同閩浙總督臣許應騤、浙江學政臣張亨嘉合詞恭摺具奏，伏乞皇太后、皇上聖鑒訓示。謹奏。

咨文　惠耆録之五

頭品頂戴兵部侍郎兼都察院右副都御史、巡撫浙江等處地方提督軍務節制水陸各鎮、兼管兩浙鹽政任，爲咨明事。本部院於光緒二十八年六月十九日會同督部堂許、學院張，恭摺專差具奏，二品封職、前翰林院編修、河南學政俞樾鄉舉重逢，籲懇恩施一摺，除俟奉到硃批，另行恭録咨行外，相應抄摺咨明，爲此合咨貴紳，請煩查照施行，須至咨者。

又

頭品頂戴兵部侍郎兼都察院右副都御史、巡撫浙江等處地方提督軍務節制水陸各鎮、兼管兩浙鹽政任，爲恭録咨會事。本部院於光緒二十八年六月十九日會同督部堂、學院恭摺專差具奏，二品封職、前翰林院編修、河南學政俞樾鄉舉重逢，籲懇恩施一摺，當經咨行在案。兹於本年七月十三日差弁賫回原摺，奉到硃批：另有旨。欽此。除轉行外，相應恭録咨會，爲此合咨貴紳，請煩查照欽遵施行，須至咨者。

又

頭品頂戴兵部侍郎兼都察院右副都御史、巡撫浙江等處地方提督軍務節制水陸各鎮、兼管兩浙鹽政任，爲知照事。光緒二十八年九月十一日准禮部咨開，内閣抄出。光緒二十八年七月初三日内閣奉上諭：「任道鎔奏『在籍耆紳鄉舉重逢，籲懇恩施，以光盛典』一摺，已革翰林院編修俞樾早入詞林，殫心箸述，教迪後進，人望允孚。兹届鄉舉重逢，洵屬藝林盛事。俞樾著加恩開復原官，准其重赴鹿鳴筵宴，以惠耆儒。欽此。」欽遵到部，相應知照浙江巡撫可也等因到本部院。准此除咨行外，相應咨會。爲此合咨貴紳，請煩查照欽遵施行，須至咨者。

又

頭品頂戴護理浙江巡撫印務布政使司布政使誠爲咨行事。查接管卷内光緒二十八年十月十一日准吏部咨開考功司案呈，光緒二十八年七月初三日，内閣奉上諭：「任道鎔奏『在籍耆紳鄉舉重逢，籲懇恩施，以光盛典』一摺，已革翰林院編修俞樾早入詞林，殫心著述，教迪後進，人望允孚。兹届鄉舉重逢，洵屬藝林盛事，俞樾著加恩開復原官，准其重赴鹿鳴筵宴，以惠耆儒。欽此。」欽遵到部，相應恭録諭旨，移咨該撫欽遵可也等因，移交到本護院。准此查此案前准禮部恭録行文到浙，當經任前部院分別咨行在案，准咨前因除轉行外，相應咨會。爲此合咨貴紳，請煩查照欽遵施行，須至咨者。

呈稿　惠耆録之六

二品封職開復原官翰林院編修俞樾爲呈請代奏恭謝天恩事。竊樾於九月十五日接奉大咨，内開光緒二十八年七月初三日，内閣奉上諭：「任道鎔奏『在籍耆紳鄉舉重逢，籲懇恩施，以光盛典』一摺，已革翰林院編修俞樾早入詞林，殫心著述，教迪後進，人望允孚。兹届鄉舉重逢，洵屬藝林盛事，俞樾著加恩開復原官，准其重赴鹿鳴筵宴，以惠耆儒。欽此。」跪聆之下，感極涕零。伏念樾門祚衰微，天姿魯鈍，幸叨先祖留遺之澤，得竊聖朝科第之榮；既忝列乎詞曹，復濫膺夫使節。徒以奉職無狀，致自蹈於愆尤。因而閉户潛居，冀有傳於著述。四十年之蓬巷，不翦蒿萊；五百卷之蒲編，妄災梨棗。《群經》《諸子》殚事研求，《雜纂》《叢鈔》遂多流播。據西湖之講席，侈談虎觀之經；趁東海之估帆，浪博鷄林之價。鉛刀無用，雖共笑其鈍頑；敝帚堪珍，聊自娱其癃老。乃承幕府以棘闈故事，循例上聞，遂蒙朝廷念草莽舊臣，加恩下逮。嘉其重逢鄉舉，許復列於賓筵；憫其久削朝班，俾重還夫故物。鼓瑟吹笙之再聽，猶耆年例得之遭逢；遺簪墜履之重收，實翰苑稀逢之異數。曝書亭之博學，歸田而得復原官；道古堂之雄文，居里而特還舊職。何期庸駑，同此寵榮？雖來生之報稱無期，莫効土壤細流之益；而大造之生成至厚，敢忘江湖魏闕之思？所有感激榮幸下情，伏乞據呈代奏，謹呈。

詩紀　惠耆録之七

光緒二十八年六月戊申，浙江巡撫任公以樾中式道光二十四年甲辰恩科舉人，遵例於光緒二十九年癸卯正科重赴鹿鳴筵宴，先期陳奏，奉上諭：「俞樾早入詞林，殫心著述，教迪後進，人望允孚。加恩開復原官，准其重赴鹿鳴筵宴。」聞命恭紀：

貞元朝士倖猶存，重領鄉筵酒一尊。少日風流豈紅袴，宋眉州唐堯弼年十四赴鹿鳴宴，著粉紅袴。見周密《浩然齋雅談》。暮年光景已黄昏。迂疏未足孚人望，衰朽何堪濫聖恩？爲有疆臣援例請，頒來天語倍加温。

回思壯歲踏名場，費盡槐花四度忙。余應鄉試共四次。待補曾經登小榜，余丁酉科中式副榜。嘗考今制副榜即宋時待補小榜之遺意。聯科頗足慰高堂。余與兄壬甫於癸卯、甲辰聯科中式。空山久冷姜家被，兄亡三十年矣。恩地全荒陸氏莊。留得漫郎聱叟在，又來廣坐聽笙簧。

卌六年來草莽臣，重煩丹詔起沈淪。試從廢籍稽昭代，再入詞曹得幾人？翰林復原官，異數也。喜有故官題墓碣，悵無前輩列朝紳。只愁計較芸香俸，甘爲吾孫步後塵。

忽聞恩命降從天，自撫衰躬轉黯然。竟許祖孫同翰苑，祖孫同官編修，亦罕事也。未容兄弟共賓筵。壬甫兄在，亦重宴鹿鳴矣。望中長路五千里，陛雲時奉使入蜀。夢裡前游六十年。尚有瓊林一杯酒，春風能否再流連？

前詩意有未盡，再成四律

河清可待竟非誣，成例居然得與符。廿六科來同輩幾，甲辰同年除湖南周樂已見奏報外，未知尚有幾人。 陌餘年内故鄉無。德清一縣在國朝無重宴鹿鳴者。大書應附吴張後，在湖郡則有二人：乾隆丙子吴大煒、同治庚午張應昌。並見《湖州科第表》卷首。小録休嫌癸甲殊。余與癸卯諸君本兄弟同年也。只抱頻羅庵主恨，當年雙桂一枝枯。梁山舟先生《重宴鹿鳴》詩云：「可惜弟兄雙折桂，北枝今日不同芳。」與余有同恨。

落拓江湖一角巾，不思再踏玉堦塵。屢煩師友招延意，甘作山林放棄身。余罷官後，袁端敏、曾文正並有意招延，謝不往。自分姓名沈廢籍，翻因年例拜恩綸。田間父老休相訝，原是甘泉舊從臣。

光陰似駛去悠悠，且借虚名慰白頭。泮水昔年曾再到，在丙申年。月宫此日又重游。耆儒莫副天言獎，上諭云「以惠耆儒」。盛事差堪藝苑留。上諭云「洵屬藝林盛事」。副榜惜無重宴例，不然三度聽呦呦。

爲憫衰羸各競先，照例應於年終入奏，而今多提前辦理，殆恐風燭殘年不能久待乎？探支秋色一年前。須陀洹得完初果，項曼都曾號斥仙。酒醴賓筵難假借，本年雖補行萬壽恩科及庚子正科，然重宴之舉尚在明年也。文章幕府已流傳。浙撫任筱沅中丞鈔録奏稿咨送。明秋我老如猶在，尚擬來賡《宵雅》篇。

考略　惠耆録之八

古者以鄉飲酒禮賓興賢能，而工歌有《鹿鳴》《四牡》《皇皇者華》三篇。是以韓昌黎《送楊少尹序》曰：「楊侯始冠舉於鄉，歌《鹿鳴》而來。」蓋猶古制也。《詩》有三篇，而止稱《鹿鳴》者，舉首篇耳。宋制因之，有鹿鳴之宴，蘇東坡有《鹿鳴宴》詩，范石湖有《鹿鳴宴上呈貢士》詩。士大夫沿襲，以爲美談，被之歌詠矣。稽諸《宋史·樂志》，有《鄉飲酒》三十二章，其《鹿鳴》六章，章八句，皆以「鹿鳴」發端，蓋猶古之遺音；有《鹿鳴宴》五首，不復以「鹿鳴」發端，而初酌曰「酒正安」，再酌曰「樂育人材」，三酌曰「賢賢好德」，四酌曰「蒸我髦士」，五酌曰「利用賓王」，蓋不襲其辭，而其意則同也。然其時所謂「舉於鄉」者不第，仍須再舉，未即以爲出身之一途。至明代，而舉人、進士並列爲科目，一舉於鄉，遂與賜進士出身者同登仕版。於是舉人重，而鹿鳴之宴亦重。爰逮我朝，加恩耆宿，凡中式舉人歷六十年準其重赴鹿鳴筵宴，恩至優也，典至重也。道光初，南海吴榮光著《吾學録》於《貢舉門》有「重赴鹿鳴宴」一條。據《會典》所載，自乾隆甲午至嘉慶庚午，凡二十有七人，今備録於左：

乾隆甲午科原任同知　孟琇

癸卯科原任知縣　康定遇

己酉科原任知縣　賽璵

原任學正　紀昉

壬子科原任大學士　蔡新

原任知縣　陳材

原任知縣　丘德理

原任御史　萬年茂

原任知縣　譚昌明

原任知縣　石鵬翥

嘉慶丙辰科原任御史　馮浩

原任編修　陳中龍

原任知府　沈德馨

原任知縣　孫似茗
戊午科原任郎中　舒希忠
原任知府　王衍緒
原任宗人府丞　徐績
原任鴻臚寺卿　翁方綱
原任侍講　梁同書
原任鴻臚寺少卿　羅典
庚午科原任貴西道　趙翼
原任刑部郎中　姚鼐
原任知縣　周春
原任檢討　鄭岱鍾
原任知縣　林培田
原任知府　施奕學
原任知縣　周鳴岐

是《録》成於道光初，故所載至嘉慶而止。道光以後重宴鹿鳴者，若阮文達，若潘文恭，若湯文端，若王石臞觀察念孫，若潘榕皋主事奕雋，若沈怡園尚書岐，若宋于庭大令翔鳳，若楊性農主事彝珍，皆碩德重望，而不見於其書。近時若丁酉科崇保以布政使加尚書銜，庚子科盛隆以候補道加侍郎銜，人尤艷稱之。而更在其後，又不必言矣。惟阮葵生《茶餘客話》載康熙丁酉科東莞尹之逵〔一〕、乙卯科松江唐昌期，吾郡《科第表》載乾隆丙子科歸安吴大煒，其事在乾隆甲午之前，而《録》中不及。又袁隨園《外集》有《代請熊滌齋先生重赴鹿鳴宴啓》，滌齋先生名本，康熙四十五年丙戌翰林〔二〕，其《請赴鹿鳴啓》云「明歲瓊林會上，再看老子婆娑」，則是乙酉、丙戌連捷者。乙酉科亦在乾隆甲午之前，而《録》中又不及，豈其有所遺漏歟？或其時鄉舉六十年再遇鹿鳴筵宴，士林雖傳爲美談，朝廷未著爲定例，但由地方大吏以禮敦請，倣古鄉飲酒禮之有遵者，而非由朝命歟？不然，何待乎《啓》請也？檢《吴縣潘氏家譜・恩榮録》，國朝重届會試之年而未得重赴恩榮宴者九人，滌齋先生與焉。則其重宴鹿鳴、重宴瓊林，猶今之重游泮

〔一〕 阮，原訛「院」，據《茶餘客話》改。
〔二〕 五，原缺，據「丙戌」補。

水而已。吾鄉吴大煒亦可例推。又讀梁山舟先生《重宴鹿鳴》詩云：「前賢十度賦嘉賓。」注中備列十人姓名，今亦列於左：

乾隆丁卯科　周天相
丙子科　吴大煒
甲午科　范承式
癸巳科　錢家暨
丁酉科　趙世玉
癸卯科　陳克鎬
己酉科　吴嗣富
乙卯科　馮浩
嘉慶戊午科　顧光
范崇橥

此十人者皆吾浙人，山舟先生在浙言浙也。十人中惟馮浩見於《吾學録》，餘九人皆不見。向以爲疑，今則釋然矣。雖其人有在乾隆甲午以後者，然當時初開此例，或猶沿襲故常，因循不報。如協辦大學士彭惟新、翰林院侍讀陳邦直諸人，例得重宴瓊林，而皆未舉辦，況在鹿鳴乎？是故國朝二百數十年來，海内重宴鹿鳴者幾人，實未敢質言也。吴縣潘文恭公有《謝伯父奕雋重宴恩榮摺》云：「二百年來，於斯六見。」而其後文恭《重宴鹿鳴謝摺》不及此，意蓋重宴恩榮可考而重宴鹿鳴不可考，在文恭當日已然矣。吾浙重宴鹿鳴者既經山舟先生考定其數，而其後同治庚午科吾湖張仲甫先生應昌重宴鹿鳴，賦詩云「二百卌年人十五」，則自梁山舟先生之後又得五人焉。今亦列於左：

嘉慶丁卯科　梁同書

庚午科　周春

道光壬午科　余集

丙午科　汪農

咸豐甲寅科　湯金釗

自周天相至范崇棨十人皆在山舟先生前，梁詩所謂「前賢十度賦嘉賓」也。自梁同書至湯金釗又五人，皆在仲甫先生前，張詩所謂「二百卌年人十五」也。自仲甫先生後又得二人，而後至於樾：

光緒壬午科　李品芳

甲午科　孫鏘鳴

甲辰恩科準歸癸卯科　俞樾

蓋至樾，而吾浙重宴鹿鳴十有九人矣。夫以吾浙東南文獻之邦，歷本朝重熙累洽之盛，而重宴鹿鳴者不及二十人。樾得附於其後，豈非大幸歟？惟樾係道光甲辰恩科舉人，至光緒二十九年歲在甲辰始花甲一周，而甲辰非鄉試之年。援照成案，乾隆元年丙辰恩科舉人馮浩因嘉慶元年丙辰非鄉試年分，準於乾隆六十年乙卯正科重赴鹿鳴筵宴；嘉慶十三年戊辰恩科舉人龔綬因同治七年戊辰非鄉試年分，準於同治六年丁卯正科重赴鹿鳴筵宴。遵循故事，叨冒恩榮，蓋自愧矣。是歲見於奏報者，樾之外尚有五人：

直隸　蔣慶第

四川　伍肇華

江西　陳慶雲三人並癸卯科

湖南　周樂

江蘇　張丙炎二人並甲辰恩科。尚有王其衡一人，未知何省何科，俟考。

舊章請重宴鹿鳴者皆在鄉試之年，且有「三品以上由督撫專摺奏請，三品以下咨禮部於榜後彙題」之例，今一概改題爲奏，而又皆於上一年舉辦，寬之也。本年湘撫俞廙軒中丞於春間即爲周樂陳請，各省皆踵而行之，蓋彌寬矣。因思袁隨園《詩集》有《預擬鹿鳴宴》詩，蓋先生乃乾隆三年戊午舉人，卒於嘉慶二年丁巳十一月。使在今日則早已奏請恩施矣，乃與阮文達不得重與瓊林，名臣名士同留缺陷，益歎吾儕生當今日之爲大幸矣。又按翁覃溪先生乾隆壬申恩科進士，至嘉慶辛未科，即有謂先生應與是科之宴者，而先生以爲尚少一年，願遲一年以甲戌科與宴。吾儕以趙孟視蔭之心假顔淵附尾之義，視前輩風範何如也？編纂是《録》，彌用慚惶。至重宴恩榮，非棫之所敢望。徵文考獻，請俟來哲。

附重宴鹿鳴禮節

凡耆儒重赴鹿鳴筵宴，至期先至監臨撫部院衙門，候各憲到齊，恭設香案，與宴各官率重宴舉人及新中舉人，各依序次，望闕謝恩，行三跪九叩首，禮畢安席。如重宴官職在三品以上及四五六七品之翰詹科道位次在於司道以前，另設宴席。其餘四品以下者在各簾官之下、新中舉人第一名之上。向上三揖，告坐。宴畢，備重宴鹿鳴匾額，鼓吹送歸寓所。

往年蘇撫吴子健中丞充江南鄉試監臨官，是年有温明叔先生重宴鹿鳴，中丞問禮節於余。余無以應，惟以梁晉竹《兩般秋雨盦隨筆》所載梁山舟先生重宴鹿鳴事告之，蓋因載有仁和縣開送儀注單也。今由浙中先將禮節録送蘇寓，因刻附此《録》之後，以存故事。

《春在堂全書》録要

序

吾師曲園先生著作等身，曾文正公題其簡端曰「德清俞蔭甫所著書」，用孔顨軒例也。而海内則稱之曰《春在堂全書》，以先生所居名之也。凡《群經平議》三十五卷、《諸子平議》三十五卷、《弟一樓叢書》三十卷、《曲園雜纂》五十卷、《俞樓雜纂》五十卷，此外詩文之類又五十卷。卷帙既富，名目又繁，承學之士爲之望洋向若而歎。先生乃手定《春在堂全書録要》一卷，每種各撮舉大略，以便學人尋討。海内或有未見先生全書者，得讀此編，亦庶乎嘗鼎一臠而知其旨矣。光緒五年十二月，門下士徐琪謹記於西湖俞樓。

《春在堂全書》録要

余自兒戲之時即有著述之志，九歲時翦紙爲書册之形，自爲書而自注之。然則余之不知妄作，葢天性然矣。及自河南罷官歸，遂一以著書爲事，都凡刻以行世者二百五十卷。自蘇杭之近以及閩粤黔蜀之遠，皆有余書；雖海外行賈，亦有以之往售者。然余書惟兩《平議》各三十五卷，此外則皆零星小種。而曲園、俞樓兩《雜纂》每卷各自爲書，於是名目益緐，世有未見全書而願知其目者，余亦不能悉舉以告也。因倣《四庫全書提要》之例，每種各撮舉大意，或節録原序，成此一編。不敢襲「提要」之名，古樂工進曲必録其要者曰「録要」，因亦以「録要」名之。叢殘著述，無當大雅，姑自比於瞍賦矇誦而已。

《群經平議》三十五卷

余治經以高郵王氏爲宗，其大要在正句讀、審字義、通古文假借。是書竊附王氏《經義述聞》之後，凡《周易》二卷、《尚書》四卷、《周書》一卷、《毛詩》四卷、《周禮》二卷、《考工記世室重屋明堂考》一卷、《儀禮》二卷、《大戴禮記》二卷、《小戴禮記》四卷、《春秋公羊傳》一卷、《穀梁傳》一卷、《左氏傳》三卷、《春秋外傳國語》二卷、《論語》二卷、《孟子》二卷、《爾雅》二卷。自鏤版以後，十餘年來，海内頗知有此書。然成書最先，覆視之，實有未盡愜心者，欲爲《群經平義改錯》一卷，未果也。其中或得或失，想讀者自能辨之矣。又余説經諸條散見於《第一樓叢書》及曲園、俞樓兩《雜纂》者甚夥，亦不得執此以盡之也。

《諸子平議》三十五卷

是書繼《群經平議》而作，竊附王氏《讀書雜志》之後，凡《管子》六卷、《晏子春秋》一卷、《老子》一卷、《墨子》三卷、《荀子》四卷、《列子》一卷、《莊子》三卷、《商子》一卷、《韓非子》一卷、《吕氏春秋》三卷、董子《春秋繁露》二卷、《賈子》二卷、《淮南内經》四卷、楊子《太玄經》一卷、《楊子法言》一卷，校正誤文，發明古義，視《群經平議》所得爲多。然如《墨子·號令篇》之「其罪射」「射」字乃「磔」字之假音，曩疑爲「刖」字之誤，求之形而不求之聲，未得也。今衰老善忘，不復能證成其説，如此類者蓋亦多矣。

《易貫》五卷《第一樓叢書》之一

聖人設卦觀象，繫辭焉，以明吉凶，而「輿説輹」「豮無膚」之類一見再見，何也？此聖人示人以端倪之可見者也，引而申之，觸類而長之，則「輿説輹」「臀無膚」又豈止此兩卦哉？其不必同者，辭各指其所之也；其不妨偶同者，使人由此而測之也。使并無此一二卦之偶同，則聖人之情不見乎辭矣。余執此意以讀《易》，於聖人觀象繫辭之義似有得焉。若曰一以貫之，則吾豈敢？

《玩易篇》一卷《弟一樓叢書》之二

是卷分五篇，《始畫八卦篇》弟一、《八卦成列篇》弟二、《重卦篇》弟三、《剛柔相易篇》弟四、《變卦篇》弟五，皆自出新意，不主先儒之説，於《易》之大義未必有合。然《易》固君子所樂而玩者也，韋編三絶，聊以自娱，易道廣大，亦仁者見仁、知者見知而已。

《論語小言》一卷《弟一樓叢書》之三

呫畢之餘，偶有所得，輒引《論語》以證成之，假藉經文，發揮己意，班固稱三家之詩「或取《春秋》，采雜説，咸非其本意」，是古之經師固有此例矣。

《春秋名字解詁補義》一卷《弟一樓叢書》之四

高郵王氏《經義述聞》中附《春秋名字解詁》二卷，於古人名字相應之義鉤深索隱，曲而能中，洵爲先儒所未及。然千慮一失，亦或有焉。余鑽孯既久，妄有訂正，又篇末所列闕疑三十餘條，亦以己意補其數事。

《古書疑義舉例》七卷《弟一樓叢書》之五

夫周秦兩漢至於今遠矣，執今日傳刻之書而以讀周秦兩漢之書，執今人尋行數墨之文法而以爲是古人之真本，此疑義之所以日滋也。余因刺取九經諸子，爲《古書疑義舉例》七卷，凡爲例者八十有八，每一條各舉數事以見例，使童蒙之子習知其例，有所據依，不至少所見而多所怪，或亦讀書之一助焉。

《兒笘録》四卷《弟一樓叢書》之六

古聖人刱造文字之精意，其存什一於千百者，實賴許氏《説文解字》一書。然許君生東漢時，去聖久遠，於字之本義未必悉得，而傳寫至今，錯亂遺奪又豈少哉？余信好之餘，妄有理董，亦不自知其是否也。許君云「潁川人名小兒所書爲笘」，故題曰《兒笘録》，聊以示兒童之學書者耳。

《讀書餘録》二卷《弟一樓叢書》之七

是書凡《内經素問》四十八條、《鬼谷子》五十五條、《新語》二十二條、《説苑》四十二條、漢碑四十一條，分爲二卷，聊以補《諸子平議》之所未及，亦猶王氏《讀書雜志》之有《餘編》矣。

《詁經精舍自課文》二卷《弟一樓叢書》之八

余自同治七年主講詁經精舍，閱諸生月課之作，教學相長，偶有觸發，輒亦自作焉。昔阮文達公刻《詁經精舍文集》，附刻程作，其後皆因之。然余之文何足爲諸生程哉？故題曰《自課文》，與諸生共勉之而已矣。

《湖樓筆談》七卷《弟一樓叢書》之九

余頻年主講西湖詁經精舍，精舍有樓，所稱「弟一樓」者是也。其地距城遠，或終日無一客，則無與談者，惟藉管城子消遣長日而已，《筆談》所以作也。弟一、弟二卷談經，弟三卷談《史記》，弟四卷談《漢書》，弟五卷談小學，弟六卷談詩文，弟七卷談雜事。

《艮宧易説》一卷《曲園雜纂》之一

曲園東北隅築室，曰艮宧。其地稍幽僻，無事則攜《周易》於其中讀之，有所得則筆之，然仍未離乎訓詁之學也。

《達齋書説》一卷、《詩説》一卷《曲園雜纂》之二、之三

「達齋」者亦曲園中齋名也，時於其中蕭然獨坐，潛思經義，故《書説》《詩説》均以「達齋」題篇，此與《艮宧易説》均《群經平議》之緒論也。

《達齋春秋論》一卷《曲園雜纂》之四

此卷雖與《書説》《詩説》同以「達齋」題篇，然所論多經外之意，微有寄託，與《平議》不同。

《達齋叢説》一卷《曲園雜纂》之五

雜論經學、小學，亦兼及史事。

《荀子詩説》一卷《曲園雜纂》之六

《毛詩》出自大毛公，而大毛公實得趙人荀卿子之傳。《荀子》書中多引《詩》辭，此實毛傳之先河。讀毛傳而不知荀義，是數典忘祖也。故刺取《荀子》書中引《詩》者若干事，爲《荀子詩説》。

《何劭公論語義》一卷《曲園雜纂》之七

《後漢書》稱何劭公注《論語》，而其書不傳。武進劉氏逢禄著《論語述何》一卷，然不過以《春秋》説《論語》，而何注固無徵也。余謂何氏《公羊解詁》引《論語》極多，是何氏《論語》注雖亡，而其遺説固猶見於《公羊解詁》中，因刺取其文，以存何義。

《士昏禮對席圖》一卷《曲園雜纂》之八

《士昏禮》夫婦對席對饌，以經文、注文觀之，一一如繪，賈公彦疏亦復明白。乃自敖繼公以下，言人人殊，實皆非也。因各爲辯正，以圖明之。附録《唐書·禮樂志》納皇后之禮，以證明古義。

《樂記異文考》一卷《曲園雜纂》之九

《樂記》一篇，與《史記·樂書》文字頗有異同。余曾屬精舍諸生作《樂記》《樂書》異文箋，因復考之《漢書·禮樂志》《荀子·樂論篇》《家語·辨樂篇》《説苑·修文篇》，作《樂記異文考》。

《生霸死霸考》一卷《曲園雜纂》之十

古人紀日，往往繫月以言之，有生霸、死霸諸名，載生霸爲三日，許、馬舊説皆然。夫明生爲生霸，則明盡爲死霸矣。乃劉歆《三統術》以望日爲載生霸，大違古義。歆嘗附益《左氏春秋》以立其學，又臆定《尚書》月日以成其曆，真六藝之罪人也，余故於此卷詳辨之。

《春秋歲星考》一卷《曲園雜纂》之十一

古法歲星百四十四年而行百四十五次，故百四十四年而超一辰，以服子慎所説《昭十五年》「龍度天門」一語推之，則内外傳所言歲在某次者，無不瞭然矣。此篇本無深意，因曾於精舍出此題，故存之。

《卦氣直日考》一卷《曲園雜纂》之十二

卦氣直日之説，出於緯書。然楊子雲以《太玄》準《周易》，有「八十一首，歲事咸貞」之説，則西漢經師固有此説矣。齊《天保曆》所據《易通統軌圖》，今無其書。余考之，實亦本於《稽覽圖》，非異書也。儒家不讀緯書，故未見耳。因博考諸家之義，著於篇。

《七十二候考》一卷《曲園雜纂》之十三

七十二候，實始於《周書·時訓篇》。北魏以來用以入曆，至今不廢。因參考古書，列其同異，備觀覽焉。

《左傳古本分年考》一卷《曲園雜纂》之十四

左氏之傳，本非年各爲篇，牽連而書，初無間隔。至後人合傳於經，乃始有經文閒隔於中，而又編次失當，每年必以年建首，而年以前所有文字悉割歸上年之末，於是文義多不可通。如云「十九年春，遂城而居之」「二十四年春，王正月，秦伯納之」，古人無此鶻突文法也。因一一訂正，以存左氏之舊。

《春秋人地名對》一卷《曲園雜纂》之十五

人名對六十有四，地名對五十有七，然實不盡於此，又止據《左傳》，若參以《公》《穀》及《國語》，當更夥也。

《邵易補原》一卷《曲園雜纂》之十六

邵子之《易》，頗具巧思。然毛西河所譏「三六無住法」，則邵子復生不能自解也。余因以陳圖南所傳五十五數之河圖、四十五數之洛書，合成一百，以爲邵《易》之太極，從而分之，則三可住、六可住矣。姑爲邵子解嘲，不足言《易》也。

《讀韓詩外傳》一卷《曲園雜纂》之十七

《讀吳越春秋》一卷《曲園雜纂》之十八

《讀越絶書》一卷《曲園雜纂》之十九

《讀鶡冠子》一卷《曲園雜纂》之二十

《讀鹽鐵論》一卷《曲園雜纂》之二十一

《讀潛夫論》一卷《曲園雜纂》之二十二

《讀論衡》一卷《曲園雜纂》之二十三

《讀中論》一卷《曲園雜纂》之二十四

《讀抱朴子》一卷《曲園雜纂》之二十五

《讀文中子》一卷《曲園雜纂》之二十六

以上各種，並足補《諸子平議》所未及。

《改吴》一卷《曲園雜纂》之二十七

讀宋吴曾《能改齋漫録》而作，其疏舛之處更爲改定，故以《改吴》名篇，用《孔叢·詰墨》《論衡·刺孟》之例也。以下各種，其名篇之義均同此。

《説項》一卷《曲園雜纂》之二十八

讀宋項安世《項氏家説》而作。

《正毛》一卷《曲園雜纂》之二十九

讀宋毛居正《六經正誤》而作。

《評袁》一卷《曲園雜纂》之三十

讀宋袁文《甕牖閒評》而作。

《通李》一卷《曲園雜纂》之三十一

讀元李治《古今黈》而作。

《議郎》一卷《曲園雜纂》之三十二

讀明郎瑛《七修類稿》而作。

《訂胡》一卷《曲園雜纂》之三十三

讀國朝胡鳴玉《訂譌雜録》而作。

《日知録小箋》一卷《曲園雜纂》之三十四

顧氏《日知録》體大物博，余未能涉其藩籬也。然自十九歲時始讀此書，即妄有箋識，積有數十條，補苴罅漏，不能成書，姑鈔撮爲一編云。

《苓子》一卷《曲園雜纂》之三十五

自語録興，而有道德無文章久矣。余此書故爲艱深之辭，其源葢出於《法言》。使後世復有楊子雲，必爲我作箋注矣。楊子曰：「惟聖人爲可以開明，佗則苓。」此《苓子》命名之義。

《小繁露》一卷《曲園雜纂》之三十六

世閒極小之事、極俗之言，皆有所出，人特習焉不察耳。涉獵之餘，隨筆紀録，成此一編。

《韵雅》一卷《曲園雜纂》之三十七

《廣韵》一書爲韵學之祖，古言古義往往存焉，即近代方俗語言，亦或出於其中。余因刺取其不經見者，以類編纂，略如《爾雅》之例，分《釋天》《釋地》《釋人》《釋物》四門。

《小浮梅閒話》一卷《曲園雜纂》之三十八

曲園中有曲池焉，池中有小浮梅檻，僅容二人促膝。余與内子姚夫人坐其中，相與閒話，往往考證傳奇、小説中俗事，因録爲一卷。今夫人亡矣，余詩云「緑幕紅欄依舊好，更無人可共閒談」，爲之悽惻。

《續五九枝譚》一卷《曲園雜纂》之三十九

尤西堂有《五九枝譚》，余曾命精舍諸生續之，因亦作此。

《閩行日記》一卷《曲園雜纂》之四十

同治十二年春，自杭至閩，省視太夫人起居，取道甌括，頗極山水之娱，有日記一卷，姑存之，以識雪泥蹤跡。

《吴中唱和詩》一卷《曲園雜纂》之四十一

余不喜疊韵，故疊韵之詩集中葢寡。自竹樵方伯恩錫開藩吴下，好以詩與人往復。余與唱和，一韵或至十餘疊，始覺東坡喜次人韵亦自有味也。積之既久，詩亦遂多，别爲一集，存之《雜纂》。

《梵珠》一卷《曲園雜纂》之四十二

余生平未窺内典，偶從友人處借得《法苑珠林》，於舟中讀之，頗新奇可喜，因剌取其事成連珠一百首。以取材梵典，故曰《梵珠》。

《百空曲》一卷《曲園雜纂》之四十三

昔尤西堂作《十空曲》，余謂一空則無不空矣，何十之有？既十矣，獨不可衍之至百乎？因即用《駐雲飛》調，作《百空曲》。

《十二月花神議》一卷《曲園雜纂》之四十四

世俗所傳十二月花神鄙俚不經，潘季玉方伯議更定之。余爲參酌，成此《議》上下二篇，上篇男、下篇女也。

《銀瓶徵》一卷《曲園雜纂》之四十五

岳忠武王女銀瓶在宋時即見，紀載當非子虚。而杭人輒以張憲爲其夫，建張烈文侯祠，即塑銀瓶像以配之，謬矣。余命詁經精舍諸生作《岳王小女銀瓶考》，冀徵實事，以塞虚誣，因剌取諸生所考，粗加次弟，以成此篇。

《吴絳雪年譜》一卷《曲園雜纂》之四十六

吴康甫大令表章永康才女吴絳雪，既刻其遺詩，又屬海鹽黄君憲清製《桃溪雪傳奇》以行世，表章之意至矣。余爲此譜，以應康甫之求。然絳雪事既傳聞異辭，而其年亦不甚可考，固不敢云定論也。

《五行占》一卷《曲園雜纂》之四十七

以五行生數成數因而重之，乃揲蓍以求其數，有内象有外象，而以生克斷其吉凶，此余所創爲之者，葢有象數而理即寓焉，未始不可以決休咎也。

《集千字文詩》一卷《曲園雜纂》之四十八

千字文盛行於世，爲用亦最廣。世之重次千字文者衆矣，皆以四字爲句。余獨集其字爲七言絶句一百一首，此前人所未有者。

《隱書》一卷《曲園雜纂》之四十九

《漢・藝文志》有《隱書》十八篇，隱語之有書由來久矣，文人游戲，聊資一噱。

《老圓》一卷《曲園雜纂》之五十

余舊有《老將》《老妓》兩曲，久失其稿，今合而一之。烈士暮年，秋娘老去，固同調也，附刻

《曲園雜纂》之末，亦猶《王船山先生全書》之後附《龍舟會雜劇》矣。

《易窮通變化論》一卷《俞樓雜纂》之一

《易》之大義，歸於得正而定，所謂「既濟，定也」。失正則宜於旁通之卦互易以求其定，或不可通，則宜變而化之，然後不定者定。余此論以虞氏之旁通、行荀氏之升降，而力闢近儒焦理堂先於本卦相易之謬。

《周易互體徵》一卷《俞樓雜纂》之二

《易》有互體，乃古法也。余觀爻象多有取之互體者，因即其明白可徵者著於篇，告世之不信互體者。

《八卦方位説》一卷《俞樓雜纂》之三

余舊著《玩易》篇，已推得震兑坎離艮巽乾坤八卦之序矣，今乃知八卦方位即出乎此，故復有是説。

《卦氣續考》一卷《俞樓雜纂》之四

余舊著《卦氣直日考》，然於四正卦分直四時，既不能正舊説之誤，而六十卦之次弟亦不能推闡其故，則所考猶有未盡也，故復著是篇。

《詩名物證古》一卷《俞樓雜纂》之五

説詩之旨，言人人殊，詩中名物宜有一定，而亦古今異説，何哉？余就朱子《集傳》中詮釋名物有異於古者，各以注疏舊説訂之，學者可以知所擇矣。

《禮記鄭讀考》一卷《俞樓雜纂》之六

鄭康成注《禮記》，多有「讀爲」「讀若」之例，余因倣段氏《周禮漢讀考》作此，以申鄭義。

《禮記異文箋》一卷《俞樓雜纂》之七

鄭康成注《禮記》，閒存異文，如云某或爲某是也。余尋繹之，往往有大勝於今所循用之本者，不可不寶貴也。因倣胡氏承珙《儀禮古今文疏義》、徐氏養原《周禮故書考》作此箋，以存小戴之古字古義。

《鄭康成駁正三禮考》一卷《俞樓雜纂》之八

鄭康成注三禮，往往有駁正禮經之誤者。鄭學宏通，於此可見，異乎佗人之墨守本經者也。今具列之，略爲疏通；或義有未安，亦稍稍糾正。

《九族考》一卷《俞樓雜纂》之九

九族之説，《尚書》今古文家異義。余不取古文家説，而謂今文家説亦未盡善，别爲此考，頗似秩然。

《玉佩考》一卷《俞樓雜纂》之十

古之君子必佩玉，戰國尚武，廢佩玉之制，漢明帝始復之，而漢末又失其傳。余考之《續漢志》，又參以賈、孔之疏而成此考。然古制久湮，其於琚瑀蠙珠之類，仍未必盡得也。

《喪服私論》一卷《俞樓雜纂》之十一

顧亭林先生極言唐人增改服制之非，然「喪與其易也，寧戚」，至今日，而「父在爲母」與「婦爲舅姑」之類，豈能降從古制哉？夫有所加於此，則於此見重者於彼又見輕，故後世於古制既有加隆之處，必有當與之俱隆者。草茅伏處，無議禮之職，竊與湖樓諸子私論之。

《左傳連珠》一卷《俞樓雜纂》之十二

孫兒陛雲方讀《左傳》，余因取《左傳》事實作《連珠》一卷，如陸士衡《演連珠》之數，聊以示陛雲，使他日稍知用古之法。

《論語鄭義》一卷《俞樓雜纂》之十三

鄭康成注《論語》不傳，何晏《集解》所采外散佚多矣。余讀詩箋、禮注，往往有及《論語》者，始知何氏所采鄭注如解「盍徹乎」則非其全文，「吾未見好德如好色」章則實是鄭注，而不言鄭，至「季氏富於周公」章，則與今本并有異同，故一一蒐輯，以存鄭學。

《續論語駢枝》一卷《俞樓雜纂》之十四

余讀《論語》有所得，輒筆之於書，其體例與寶應劉端臨先生《論語駢枝》相似，故題是名。

《論語古注擇從》一卷《俞樓雜纂》之十五

自《論語集注》行，而古注束高閣矣。然古注自有不可廢者，是宜擇而從之。

《孟子古注擇從》一卷《俞樓雜纂》之十六

趙邠卿注《孟子》在漢世傳注中稍爲疏略，然《孟子》注無有更古於是者。故亦從《論語》古注之例，擇而從之。

《孟子高氏學》一卷《俞樓雜纂》之十七

漢高誘《吕氏春秋序》自言嘗正《孟子章句》，而其書不傳，因就高氏所注《吕氏春秋》《淮南子》《戰國策》中刺取其有涉《孟子》者，以存高氏之學。如楊子「拔一毛」句，高本作「拔骭一毛」，此等處亦可云一字千金矣。

《孟子纘義》一卷《俞樓雜纂》之十八

分内外兩篇，其内篇言養氣，而推本於養心；其外篇則發明仁者無敵之義，而歸重於反本。

《四書辨疑辨》一卷《俞樓雜纂》之十九

元人陳天祥有《四書辨疑》十五卷，不墨守紫陽，頗有辨正之功。余讀而善之，其或有未是，則復與之辨，故曰《辨疑辨》。

《群經賸義》一卷《俞樓雜纂》之二十

皆説經之文。余初意尚有《續群經平議》之作，今精力日衰，不復能成，因以此附刻《雜纂》中，謂之《賸義》。

《讀文子》一卷《俞樓雜纂》之二十一

《讀公孫龍子》一卷《俞樓雜纂》之二十二

《讀山海經》一卷《俞樓雜纂》之二十三

《讀楚辭》一卷《俞樓雜纂》之二十四

《讀漢碑》一卷《俞樓雜纂》之二十五

《讀昌黎先生集》一卷《俞樓雜纂》之二十六

以上各種，亦足補《諸子平議》所未及。

《讀王觀國學林》一卷《俞樓雜纂》之二十七

《讀王氏稗疏》一卷《俞樓雜纂》之二十八

此兩種乃《曲園雜纂》中《改吴》《説項》之類也。《稗疏》爲王船山先生所著，先生長於史學，説經則有未盡精密者，讀其書而辨正其失，固後學者之事矣。

《莊子人名考》一卷《俞樓雜纂》之二十九

以音義爲主，而博采周秦兩漢之書以附益之，凡《莊子》所有人名亦十得八九矣。

《楚辭人名考》一卷《俞樓雜纂》之三十

分類考之，曰古帝王、曰古諸侯、曰古人、曰古婦人、曰神人。其人所共知者止曰見某篇，其稍僻者略加考索，與《莊子人名考》體例不同。

《駢隸》一卷《俞樓雜纂》之三十一

余每讀漢碑，歎其古拙之中沈博絶麗，不徒分隸之工而已，輒剌取其文，各以兩字相儷，隨手撮拾，無非翠羽明珠也。

《讀隸輯詞》一卷《俞樓雜纂》之三十二

漢隸中所用形況之詞，或一字，或重言，或雙聲疊韵，皆古雅可喜，因輯録之，以爲修詞之助。

《廣雅釋詁疏證拾遺》一卷《俞樓雜纂》之三十三

王懷祖先生作《廣雅疏證》，用力勤矣。而隱僻之義姑從葢闕者〔一〕，亦閒有之。余舊有《拾遺》之作，而未能成，止於《釋詁》四卷稍有補苴，不忍廢棄，因刻入《雜纂》。

《著書餘料》一卷《俞樓雜纂》之三十四

余從前讀書，每有所得，輒書片紙夾書中，以備著書之料。今衰老，不能著書，而餘料亦存者無多，因撮取録爲一卷，刻入《雜纂》。

《佚文》一卷《俞樓雜纂》之三十五

余從前在新安時，故人孫蓮叔爲刻《日損益齋文鈔》，原版久毀於兵火，而印本亦無存者。光緒五年，偶於女壻王康侯所見之，其中頗有《賓萌集》所未蒐輯者，喜其久佚而復存也，録爲一卷，題曰《佚文》。

《佚詩》一卷《俞樓雜纂》之三十六

孫蓮叔又嘗爲余刻《日損益齋詩鈔》，亦久失之矣，今亦於康侯處見之。其中有《春在堂詩

〔一〕 葢，原訛「盇」，據蔡啓盛《校勘記》改。

編》所未蒐輯者，援《佚文》之例，題曰《佚詩》。

《銘篇》一卷《俞樓雜纂》之三十七

合生平所作軒齋器物諸銘録爲一卷，用《荀子·賦篇》之例，題曰《銘篇》。

《玉堂舊課》一卷《俞樓雜纂》之三十八

故事新入翰林月必一課，因有同館賦鈔、詩鈔之刻。余江湖老矣，玉堂舊夢久付飄風，而曩時刻本猶有存者。俯仰今昔，感慨繫之矣，因亦録爲一卷。

《廣楊園近鑑》一卷《俞樓雜纂》之三十九

楊園先生集有《近鑑》一卷，取近事以爲鑑，意至善也。然止載近事之可戒者，不及其可法者。余此卷則善惡兼收，而勸懲並寓矣。

《壺東漫録》一卷《俞樓雜纂》之四十

徐花農孝廉製一茶壺見贈，形模古雅，字畫精工，因時置案頭。適檢敝篋，得數紙，皆舊時隨所得而録存之者，未有名也，乃即題之曰《壺東漫録》。壺東者，壺置我右，則我居壺東，猶硯北之例耳。

《百哀篇》一卷《俞樓雜纂》之四十一

悼内子姚夫人而作也，凡絶句一百首，故取元微之「貧賤夫妻百事哀」之義，題曰《百哀》。

《詠物詩廿一首》一卷《俞樓雜纂》之四十二

亦爲姚夫人作，覩物思人，彌增悽惻矣。

《五五》一卷《俞樓雜纂》之四十三

余流覽國朝諸家記載，有可喜、可愕、可感歎者，剌取其事，分爲五類，類各五事，得二十五事，因題曰《五五》。

《枕上三字訣》一卷《俞樓雜纂》之四十四

皆制外養中之道，雖不足言養生，然當長宵不寐，行此三字，自入黑甜矣，故曰《枕上三字訣》。

《廢醫論》一卷《俞樓雜纂》之四十五

古者醫卜並重，而唐李華有《廢龜論》。余謂卜可廢，醫亦可廢，故著此論。雖有激之談，然此論行則人之保其天年者多矣。

《九宫衍數》一卷《俞樓雜纂》之四十六

先舅氏姚平泉先生示余《衍疇》一卷，大旨謂《洪範》九疇本乎洛書，自一至九，洛書數也，因而推衍之爲九九八十一圖。余藏之篋中，欲推先舅氏遺意，以成一書，而未能也，姑存其數於《雜纂》，而易其名曰《九宫衍數》，蓋此數乃太一行九宫之法，非洛書也。

《金剛經訂義》一卷《俞樓雜纂》之四十七

余手書《金剛經》，爲内子資冥福，因成《訂義》一卷，蓋即以詁經之法讀佛經也。

《一笑》一卷《俞樓雜纂》之四十八

是卷皆記友朋談諧之語，其體例蓋古人《笑林》之遺。

《説俞》一卷《俞樓雜纂》之四十九

博考「俞」字之本義、假借義以及秦漢以上之人名、地名，而兼爲吾俞氏考得姓之由。

《俞樓經始》一卷《俞樓雜纂》之五十

詁經精舍諸君子爲余築樓於孤山之西麓，即以余姓名之曰「俞樓」。以章句陋儒竊據湖山勝地，幸矣，因記其緣起如此。

《賓萌集》五卷《補》一卷

余編定文集，題曰《賓萌》。「賓萌」之義，見《吕氏春秋·高義篇》。集凡五卷，以類相從，曰《論篇》，曰《説篇》，曰《釋篇》，曰《議篇》，曰《雜篇》，蓋用《晏子春秋》之例。

《賓萌外集》四卷

皆駢儷之文。

《春在堂雜文》六編共三十七卷

余既定《文集》爲五卷，刻以行世，嗣後所作不能附入，因别行之，以其皆《賓萌集》中之雜篇也，故題曰《雜文》云。

《春在堂詩編》十九卷

每卷各以十幹字題之，如一卷曰乙甲篇，則自乙未至甲辰年所作也；二卷曰乙己篇，則乙巳至己酉年所作也，餘倣此。

《春在堂詞録》三卷

余不諳音律，詞非所長。然既作之，亦不忍棄。初刻二卷，後與竹樵方伯唱和，又得一卷。竹樵亡，余亦不復作詞矣。

《春在堂隨筆》八卷

隨筆所書，不分部類。

《春在堂尺牘》六卷

余從前與人書，多不存稿。自同治以來，始隨時鈔録之，刻此六卷。

《楹聯録存》三卷

前二卷，皆所自撰，其下卷則皆集古篆隸字爲之者。

《四書文》二卷

余自幼所作四書文不下千餘首，成輒爲人持去，今所存者十四篇，又二十篇晚年作也，故釐爲二卷。

《右台仙館筆記》一十六卷

皆雜記所聞所見，其體例頗與紀文達公《閲微草堂筆記》相近。

《茶香室叢鈔》二十三卷《續鈔》二十五卷《三鈔》二十九卷《四鈔》二十九卷，目録各一卷

茶香室乃内子姚夫人所居室名，余築右台仙館，即榜此三字於卧室中。叢鈔者，從諸家説部書中鈔撮而成，亦夫人遺意，余踵而成之也。

《茶香室經説》十六卷

年來於經義偶有觸發，隨筆記録，積久遂多，因釐爲十六卷，視舊作《群經平議》轉似較勝矣，因書成於茶香室諸鈔之後，故即名之曰《茶香室經説》。

《經義塾鈔》一卷

功令廢八股時文，改試經義，故有此作，凡十六篇，準宋人《經義模範》之數也。

《〈金剛經〉注》二卷

余舊有《金剛經訂義》一卷，刻入《俞樓雜纂》，然未得其要領也。諷誦久之，乃知世傳昭明所定三十二分，實强作解事者。此經當分上下二卷，其中有佛弟子附益者，雖未敢删削，要當分別存之，而以「即住即降伏」爲全經大旨，故復爲此注，發明「無實無虚」之義。

《〈太上感應篇〉纘義》二卷

國朝惠定宇先生有《太上感應篇注》，余此書即繼惠氏而作，以非注體，故用宋杜道堅《文子纘義》之例，題曰《纘義》。

《游藝録》六卷

余於方技之説皆粗知之，而不能精。是書凡六篇，曰《筮篇》，曰《遁甲篇》，曰《六壬篇》，曰

《推行年篇》，曰《紫微斗數篇》，曰《相宅篇》，其叙次明白，較勝於江湖術士之書，至其精意，則固未有得也。

《小蓬萊謡》一卷

實即游仙詩也。附《長謡》一十六章，微有寄託。

《袖中書》二卷

皆朋舊見寄之書。古詩云「置書懷袖中，三歲字不滅」，故題曰《袖中書》。然書實不止此，尚擬續編，而未果也。

《東瀛詩記》二卷

余因日本人岸田國華之請，爲選定其國之詩，得四十卷，又補遺四卷，是爲《東瀛詩選》。余每讀一集，略記其出處大概、學問源流，附於姓名之下，而凡佳句之未入選者亦或摘録焉。《東瀛詩選》由彼國自爲刊行，此則寫爲二卷，刻入余所著《春在堂全書》中，題曰《東瀛詩記》。

《新定牙牌數》一卷

世有《牙牌數》一書，不知所自始，依法占之，亦時有驗者。長夏無事，偶於唐詩中采取七言絶句一百二十五首以代之，旨遠辭文，或更有奇驗乎？

《慧福樓幸草》一卷

此吾次女繡孫字絑裳者所作。繡孫明慧，余最所憐愛，不幸短命。因刻其詩詞爲一卷，附吾《全書》以傳。繡孫所作者尚不止此，將死前三月已盡付焚如矣。此乃女壻許子原孝廉所記。憶及曩時録寄吾處者，不過十之三四耳。「幸草」者，焚餘之草，義見《論衡》；慧福樓，乃其幼時所居室名。余題此名時，固逆料其慧福之不能相兼矣。

《〈春在堂全書〉録要》一卷

余書繁重，作此一卷，以便檢尋。

《〈春在堂全書〉校勘記》一卷

余書疏於讎校，錯誤頗多。門下士蔡耀客爲作《校勘記》，因附刻之，然猶恐有未盡也。

《曲園自述詩》一卷

凡七言絶句一百九十九首，作於六十九歲，附刻《全書》之後。讀吾書者庶有以知我之爲人也。

《曲園墨戲》一卷

拈弄筆墨，時出新意，頗得古人字畫合一之旨，因附存之。

《經課續編》八卷以下補録

余主講詁經精舍三十一年，每閲諸生課作，教學相長，輒有所作，積久遂多，不忍焚棄，釐爲八卷，因舊有《詁經精舍自課文》，已刻入《弟一樓叢書》，故曰《續課》。

《九九銷夏録》一卷

夏日杜門，以考索自娱，遂成此録。夏至後亦有九九之名，故曰《九九銷夏録》。

《三耍》一卷

一爲八卦葉子格，二爲三才中和牌譜，三爲勝游圖，皆耍具也，故曰「三耍」。以「耍」字不古，故爲《耍字形聲考》，以質大雅。

《瓊英小録》一卷

浙藩署中舊有瓊花，余以示山中人，則皆笑曰：此聚八仙耳。其實瓊花與聚八仙實一物而異種，因爲長歌，繪圖立説，而爲是録。

《東海投桃集》一卷

余不作生日，七十歲母難之辰，謝絶賓客，凡以詩文贈者皆不受。乃門下士日本井上陳政爲余徵集其國詩文若干篇，至次年寄以示余。感其誼，且念其來之遠也，録而存之。

附録一

袖中書

自序

《漢書·陳遵傳》稱遵「性善書，與人尺牘，主皆藏去以爲榮」，可知古人於友朋筆札遇佳者亦甚寶貴，非概拉雜摧燒之、焚如棄如也。余自通籍後，與海内賢士大夫縞紵往來執訊之書深藏篋笥，戢戢如束筍。庚辛之亂，付之刼灰，意甚惜焉。中興以來，承諸師友不棄衰庸，時時存問，又積成一巨册。或情意殷拳，或議論剴切，即單詞片語，亦往往有言外之意，尋味無窮。杜少陵不云乎：「來書語絶妙，遠客驚深眷。」若任其散佚，供鼠蠹之一飽，非所以酬嘉藻、重芳訊也。於是手録如干首，以所得先後編次，或一人而數書，則并録之。寫定後釐爲二卷，取古詩「置書懷袖中，三歲字不滅」之義，題曰「袖中書」。俞樾記。

袖中書一

許滇生尚書書

吴祭酒句云：「不好詣人貪客過，慣遲作答愛書來。」殆爲老嬾寫照。閣下旋津門後兩賜手書，深知先生拳拳之愛，不棄昏髦。而因循怠玩，亦不自解其何故也。大著付梓，先睹爲快。聚珍版曾見於廠肆之文貴堂，係鐵冶亭尚書家所藏，時以價昂不能購，後爲鮑小山觀察桂生買去。此君已赴貴州，無由轉借，爲可惜耳。高辛翁乃僕五十載老同年，一生清宦，長物無多，尚有此厄，亦天道之不能以理測者。春寒尚勁，小園花信遲遲，餘俟續布不具。

祁春圃相國書

自乙卯秋台旆出都，雋以養疾城南，札翰久廢。貴鄉兵燹後，未知僑寓何方，每深馳念。頃承手翰，始悉比年津門客授，箸述等身，欽慰兼至。示讀《群經平議》弟十四卷專論《考工記》世室、重屋、明堂制度，根柢淵深，詞義簡要，紬繹旬月，頓豁鄙懷。歷代明堂之制，見於秦氏《五禮通考》，其中辨正舊注者不爲無功，要亦互有出入，未足以難鄭也。陳氏《五經異義疏證》采輯近儒新説，又案而不斷，鮮所折衷。至五帝之説，莫詳於《家語》，馬氏、林氏皆祖其説，無事深辨。大著據《隋・宇文愷傳》訂正《考工》一字之衍，遂使記文八十一字略無齟齬，且于鄭注之訛逐層駁正，并附以圖，三代世室、重屋、明堂相因之制燦然在目，而秦漢以來規模亦略具於斯。此誠覃思精義、有功於經傳者也。此外經議各種如有定本，并望寄觀，以祛區瞀。至若《賓萌》高義，必不以窮愁累虞卿，非窮愁亦不能著書以自見於後世也。雋縣車八載，蒙召出山，衰病之軀，慙無報稱，去夏以眩疾再告開缺。聖恩高厚，留直内廷，在假經年，益增媿悚。平生讀書既乏深湛之思，中年從事簿書，究心鮮暇，垂老精力更復不支。足下學裕才優，名山著述，正未可量。承示己未年曾惠寄詩稾一部，竟未收讀，不知何處浮沈，仍望寄讀爲幸。《考工記平議》亦乞再寄一本，緣敝門下閻夢巖農部深佩此書，屬爲代懇，閻君亦老于經學者也。手肅奉復，惟鑒察不盡。

其二

往年再荷惠書，備紉垂注。自秋徂冬，老疾頻作，肅復久稽，尚希原恕。比維道履宜福，餐衛增綏。河汾授經，士仰模楷；玄亭問字，功在典墳。爲左右慰，尤爲津門人士慶也。承惠大著二册，謹已拜登。其一即致夢巖農部，均深感佩。法書導源籀頡，古香溢於豪素，頃已裝褫成軸，用光齋壁，以誌欽遲。來函云云，何太謙也？雋自客秋以宿疾難已，三疏籲𠻳，幸蒙聖慈俞允，得請以來，益慙衰朽。一卷一鐙，生平結習，仍不免藉以自娱，而疾疢之餘，精力日減，思欲扶輪大雅，瞠乎後矣，良用愧歎。兹因人便，手此布謝，并坿呈安丘王氏菉友所著《説文釋例》二十卷、《説文句讀》三十卷，寄請鑒定。春寒，伏惟道體加攝，不盡欲言。

查辛香布衣書

不通音驛，爐箑又更，每憶清暉，時深馳系。比惟名山之業，日富月增。惜遠隔數百里，未及造子雲之亭，發秘笈以飽饞眼儉腹也。冬榮年近桑榆，益形枯寂，爾來子墨亦匙，兼之晨星碩果逐漸凋零，時世梳妝判然冰炭焉，敢與三五少年争塗抹哉！去秋承居停慫慂，已將拙稿付梓。春鳥秋蟲，自鳴其志，非欲炫燿以市虛名也。兹寄呈一部，幸鉅手繩而削之，則感同桃花千尺矣。聞津門近修邑乘，想物望所歸，必待龍門秉筆。雲巢沈丈以《敬止述聞》一册屬爲轉致，其中或有可采擇之處，是在藻鑒耳。悤悤奉布，并附《寄懷》二律，又室人《分繡聯吟圖》，求椽筆賜題朱。夏正長，惟爲道自重，不儩。

李少荃伯相書

川原修阻，戎馬間關，頻年占望德星，未知分野，以致魚鱗六六，莫附江波。頃因華伯同年道達鄙意，遽蒙雅意先施獎借溢辭，讀之顔汗。就審移家北上，小住津沽，見江湖魏闕之思，居鄰日下；合文苑、儒林爲一，名滿人間。養望夔龍，折中夷惠，風塵仰企，霄壤斯分。弟從事行間，昕夕鞅掌，所幸春夏之交婁江、玉峰相繼告克〔一〕，前軍已薄蘇而壘，復令三舍弟旁規江錫，以斷賊援。惟珂鄉自浙以西未爲我有，浦東錯壤，後顧堪虞，冞入吴門，殊難操券。張融岸上，舊有扁舟，越鳥思南，恐遲歸駕，未知能副來書期許之盛、而免爲浮游文學所笑否也。

其二

手教遠頒，並承惠篆書聯幅，伸紙發函，古香四溢，几席晤對，如親笑言，珍逾百朋，感謝靡已。即審覃思闡學，遂有成書，希蹤古人，嘉惠來者，啬彼豐此，百城之擁，奚羨萬户之封也？津門旅食非易，近況時以爲懷。昨致蔭渠制軍，請以皋比延奉北方學者，知當景仰風徽。弟異數忝膺，賞隆功薄，循省遭際，隕越爲虞，重以獎言，彌增愧悚。

〔一〕 玉，原訛「王」，據《崑山縣志》改。

其三

溽暑逼人，兼多雨濕，敬惟著述之餘善自保衛。江天東望，延想爲勞。承示《群經平議》付梓將成，復有《諸子平議》之作，不朽盛業，深以先覩爲快。本朝樸學蔚起，遠繼漢唐。近數十年先哲徂謝，復經離亂，才者習縱横，弱者趨骫骳，好學深思之詣遂爾衰息，不有君子，曷振刷之？以此啓闢人文，非獨吴人士之幸也。此閒諸尚静謐，捻蹤盡入豫疆，仍慮回撲，皖境官軍分道追勦，亦復疲於奔命。至彼族恣睢，時有過請，處以鎮定，聊守目前，制馭之方未有善策。大著《古風》二首，老重之筆，緯以宏議，並軌韓蘇。車戰制騎，孫高陽之《百八叩》實已盡之；至以水制火，尤爲奇思快論，得未曾有。諷誦之餘，景佩無似。

其四

訾門漏静，遠道書來，古色古香，盎然滿幅。譽則太過，感且弗諼。即承枕葄簡編，跌蕩煙水。著鸞虎之論，斯世奉若指南；抒雕龍之辭，諸儒爲之折北。每當鴛波霜減，虎阜鐘闌，揖長松爲故人，對晚菊而獨笑。名山事業，物外神仙，塵鞅中人能無豔妒？弟忝操械柄，絺衮洊更。幸賴河伯効靈，將士勠力，猰貐之跡芟薙遂空，而鴻雁之嗸還集未定。方滋媿軫，驟拜參知，曾靡句當之勞，輒受使相之賞。中夜循省，愓然以驚，重念久勞於外，芸香舊署渺若星河。昨以告捷還朝，於召對後三日上任，恰符唐人故事。花甎日影，不隔前塵；蓬液露談，或謂奇遇。憶在金陵舟次，曾勞屬望，眷懷昔款，彌㥏塵顔。凱旋之師，仍督南下，朔風滿帆，篙槳迅便。一江帶繞，幸辭鞍馬之勞；兩地雲停，彌切汀鷗之夢。

其五

軍書鑑午，音問久疏，頃奉朵雲，如親風采。詁經精舍近在珂鄉，據湖山之勝概，爲風月之主盟，視紫陽一席更與雅人相稱。浙中書局見刻何書？兵燹之餘，遺編灰燼，耆宿凋零。天假閣下以寛閑歲月，杜門卻掃，譔著等身，將欲爲東南文學之傳延兹一脈，不朽盛事，端在於斯。弟忝竊兵符，抗塵走俗，去歲東捻肅清，私幸大功告蕆，長揖歸田。乃張逆勢復披猖，擾及近畿。疊奉嚴旨，催令赴援，重整旌旆，誓師入衛。援軍既集，賊復折而南趨，三月下旬，渡運河東竄。弟因進扼德州，力主防守運河之議，幸布置粗就，賊勢漸窮。但能不出重圍，當不慮其漏網矣。

其六

昨承手答，古芬溢流，遥惟起居，定增佳勝。朔方氣候固殊，旱澇頓異，霪雨彌月，輒成巨災，倚樹而巢，操舟而屋，黔首蕩析，惻然疚心，發棠有請，移粟有請，終恐小惠末由徧及。新城之議，但欲自固，積潦未退，輒又停杵，方今財力殆非盛唐，區區愚智，彌愧前哲。

其七

昨辱手教，寵錫序文，陳義獨高，寓規於頌，出入展玩，無任主臣。日月不居，山川悠遠，契闊千里，經營四方，五十之年忽焉已至，退惟恆言無稱之義，遑敢言壽？海内知交謬相推許，重以揄揚，百幅琳琅，對之增愧。執事援引古誼，陳説宗風，相期過深，相愛甚摯。昔西平以中興佐爲社稷臣，勳業之隆，今古無匹。若夫竭忠事主，見義勇爲，孚誠信於上下之交，定中外於危疑之會，積善而有慶，成功而不居，斯固前代之良規，非薄植所敢望也。伯玉以五十而知四十九年之非，温公歷九十而檢三百六日之事，進德無量，來日方長，勉佩韋弦，期副朝策。

吴和甫侍郎書

别來帀月，伏惟動静萬福。存義於寧波試諸生經解，定海廪生黄以周説經具有家法，解「堂脩二七」引《隋書·宇文愷傳》爲證。詢其所受，則得諸先德薇香先生《明堂步筵説》，因求先生遺書，有《易釋》《尚書啓幪》《詩序通説》《傳箋通考》《春秋釋》《周季編略》《炳燭録》《鄭君粹言》《朱吕問答》《儆居文集》，俱未刊刻。惟《論語後案》二十卷嘗以聚珍版印行，《明堂步筵説》即《儆居文集》中之一篇。謹鈔録寄呈，可埒大著《群經平議》卷十四後否？薇香先生敦行績學，以歲貢生終，家貧，力不能刊所著書，浙江詁經精舍鞠爲茂草，自儀徵相國後更無有似學海堂刻書者。聞李少荃宫保以千金重刊段氏《説文》，若更以千金擇薇香先生所著説經之書，爲召手民校刻，以勸實學，則儀徵相國有替人矣。望閣下晤時道及之。

劉筠堂太守書

槐火方新，芝函遠逮，潘詞樂旨，忍俊不禁，花閒循誦，如食防風粥，口香三日也。比諗道履愉適，箸述邁恒，石室名山，後有千古，私心嚮往，豈惟執鞭？承示《群經平議》，璆自惟治經無素，不能與校讎之役，如載騤以車馬、亨鶡以鼓鐘，欽其寶，莫名其器，惟有咄咄而已。略展一過，即送至伯平先生處，校訖即可付梓。薌泉方伯雖有粤東之行，刻貲既集，璆自當身任其事，毋勞雅注拳拳也。

其二

久不上記，政劇傾仰，伏辱手教，并讀新詩，展誦再三，不勝忻懌，以冗甚未即拜答，必蒙見恕。秋色日深，想身閑心安，尊幼和輯，世閒之樂詎有過於此者？如閣下渟蓄之厚，綜練之精，培元氣而扶正論，必將本末具舉，願益勉之，以答海内之望。《群經平議》請高伯平先生校刻，洋泉一千交丁松生兄經理，大約九十月可告成矣。鏤版未竣，而乞書者衆，真吾道之幸也。弟六月中交卸杭篆，七月初奉命補授嚴州。視事之初，山農野老報荒告旱者沓至紛來，地方凋殘之後，益以旱魃爲虐，弟囿於才力，局於識見，負重之譏，竊所不免，望不惜語言，痛加砭治也。

其三

前田郭中丞處遞到兩次手書，敬悉枕葄納福。承示樣本尚佳，竟照此刊刻，不更覓寫手矣。蔣中丞到任後尚無書來，粵垣講席亮必有以位置。惟瀛眷分寄南北，亦殊不便，海角棲遲，不能無庾信《小園》之感也。弟少日未嘗學問，一行作吏，簿書迷悶，俗塵萬斛。雅好八法，而運腕未靈，步趨涪翁，尚不能有虎賁中郎之似；詩不常作，然見獵心喜，意趣灑然；幺絃不張，遂爾輟響。倘買山有資，遂余初服，讀書養性，娱志林園，其恬適當何如？而浮沈宦海，塵土衣纓，撫念平生，能無悵悒？以視先生超然物表，爲之執鞭，所欣慕矣。

孫琴西觀察書

昨寄一函并子高信件，想均收到。《平議》已瀏覽大略，真近來閎製，有此書數十卷，不復知有千户侯矣。子高何時移館金陵？淩少南同年不可不見，如他往先投書可也；縵雲亦不可不見，見縵老則彼中友可見與不必見者皆瞭然矣。子高極推重永嘉學人，大可感。衣言欲略考永嘉學派，苦於儉陋，幸屬子高爲一蒐討。晚宋、元、明以來有非永嘉人而私淑鄭、陳、蔡、薛者，尤可貴也。

其二

昨補老交來榜後一書，多承注飾，感愧何似。衣言在此爲八股所困，兼以兵火之後，都人士能以文字應人之求者亦殊寥寥，遂致雅俗筆墨四面紛來，真有心手交瘁之苦，視老弟之猶可拚命著書者，勞逸不可以道里計矣。頗欲捨去，然投袂而起，則又須看孔方兄鼻息，且重踏軟紅，亦意味索然，故止可依違此間。明年老弟又來説經，吾輩頓覺氣旺，獨恨補老升官太速，少一東道佳主人耳。小兒倖得一科，北行亦費躊躇，言日内即須還里一看，如小兒定欲赴試，不免送之至吴也。樞元開府黔中，諺所謂「老實人有老實菩薩管」乎？然黔事自此當有起色，其官聲則黔人無不極口稱之也。

其三

子高自吴門來，攜至尊函，深以道體和豫爲慰。相違千里，動逾半載始通一書，人事冗雜，殊可歎也。山林心性，本不宜於羈絡，代庖數月，朱墨紛陳，胸中往往作惡。每思覓一書院以行，而未免近於兒戲，又眷屬皆已就食來江，不得不爲浮沈餬口之計。每念玉堂天上不能匄片席之地容吾輩讀書，又不如宋儒之可以投老乞祠，此種心緒，想大賢有同情也。慰農時時相見。少仲甫來，又將賣鹽荷葉洲以去。真覺寂寂寡懽，幸少厓即日可到，交卸後稍可讀書。然總不如在杭時之超然物外也。

譚仲修孝廉書

四月一椷，附子高函中，衣帶一水，竟付殷羨，殆所書子高厲處有誤邪？吴中裙屐之士，得先生道，以樸學興起當不少。獻竊惟百年經師於微言大義推究精塙，尚未有折衷經訓、發揮世用如古昔《公羊治獄》、三百風諫者，先生亦有意以此詔來者乎？子高言柳先生穀梁老師，靈光巋然，穀梁與公羊同出，不無疏密大小之殊，斷非左氏不傳《春秋》者比，柳氏書果能不讓孔劉否？獻索居，亡師友，而人事又奪其日力，往年所治董子，頃取眎之，學非子政，徒增謗耳，乃拉雜摧燒之。國朝治《周官》者未有成書，近稍究心，苦先鄭之説太少，難可推尋，望洋輒止。先生不棄，何以教之？

其二

夏秋以來，從事帖括，沈霾故楮，致曠音敬，罪甚。猶於其閒卒業《群經平議》，湛思獨照，直與《述聞》之書並垂千古。伏承大雅振興東南，景慶之瑞，疇復倫比，親炙如獻，若何慰幸！昨奉中丞傳，知明歲壇席湖堧，接武伯淵，一時承學之士踊躍願見，儲羔牧鴈，以冀清光。獻擬謝計偕，長侍講幄，但恐爲人事所奪耳。黄君元同引領提唱，其書想存篋衍，從者至杭，元同當面請教言也。

黄元同孝廉書

周前謁吴和甫師，論及大著《群經平議》一書，説最精塙。周以未讀爲憾，購求於譚君仲修，且奉拙作數種，求正左右。今讀來書，不弃樗櫟，幸甚媿甚。周質鈍學淺，一無所底，奉承庭訓，矗知漢宋學門户，年二十餘，好讀《易》，病先儒注説於卦畫象爻下自騁私説，揆諸聖傳，往往不合，于是有《十翼後録》之作。嗣後喜觀宋儒書，又病其離經談道，多無當於聖學，甚且自知己説之不合於經，遂敢隱陋孔聖、顯斥孟子，心竊鄙之，于是有《經義通詁》之作。三十歲以後，又好讀禮，苦難記憶，乃分五禮類考之，會粹舊説，斷以己意，譔《吉禮説》未竟，以兵燹輟業，旋以先人棄養，讀禮苫次，于小祥後譔《凶禮説》，合訂之，名曰《經禮通詁》。又編舊作雜著文説之，無裨經史者删之，非我心得者黜之，約存若干篇，名曰《僘季雜著》。周檮昧不才，安有譔述，懼見怪於當世，輒藏弆之，不示人。今年四十矣，恐以痼蔽，終身無發矇日，幸遇有道，敢不就正。所呈《經禮通詁》兩册，覬求指示紕繆，俾得改正。果蒙惠教，周將執弟子禮，奉全書以拜門下。

曾樞元撫部書

别來十餘稔矣，光陰倏忽，時事變遷，與夫宦海浮沈，行蹤漂泊，一追憶閒，忽忽如有失，不能置之於懷。璧與閣下丁酉發科，後甲辰、庚戌鄉會又同，並同入詞垣、同居史館，廒齋不遠，朝夕來往最密最親。嗣後閣下發軔星軺，實爲同譜光寵，乃無端被議，歸去江南。璧亦自傫直三天，出守鎮遠，東西相遠，不啻萬里。而又寇盜縱横，烽煙滿目，不特參商難遇，即魚雁亦無由通，然鹿鳴野草之思，未嘗一日去念也。得王補帆廉訪同年自浙來書，欣悉閣下僑廒姑蘇，主講紫陽書院。以人文淵藪之地，得金門著作之才，爲之上下古今博求經濟，獨善兼善，又何分於出處乎？然王通教授，何如謝安强起，一慰蒼生之望也。璧自己未出都，遠赴黔南，至則井里爲墟，干戈滿地。竊不自揣，欲以一寸之膠稍理河濁，而卒無一豪補救。請去，不許，且擢監司，攝東巡署糧署臬，近更庖代藩垣。政煩賦重，當此哀鴻徧野，何忍再肆誅求？不職之愆明知難免，方擬自行投劾，適前來星使即是替人，偏又遲遲其行，久駐邊境。急切之下，不知作何支拄也。功名不建，老態日增，望遠攄懷，亟尋耕釣。手此代面，即詢近履，不一。

鍾子勤孝廉書

辱書以《諸子平議》已刻者九卷見賜，爲之狂喜。《墨子·經篇》「知，材也」「知，接也」，二「知」字異讀；《韓子·難篇》「蹇叔處干」，「干」即「吴」，「吴」即「虞」。此類頗與鄙意合。《管子·戒篇》：「東郭有狗嘊嘊，旦暮欲齧我猳。」疑「猳」當作「豭」，此篇東郭、北郭、西郭三處同文皆以「豭」爲國家之隱義。《説文》「家」字本從豭省聲，段氏疑之，非也。二字音同，故言「豭」則知爲「家」。「豭」與「嘊」韵，似當讀「豭」字絶句。狗齧豭，猶云豕門虎矣。尹注「謂以木連狗」，當是讀「猳」爲「枷」，宋本注作「枷」，不誤，要非《管子》本義。若依注字改正文，以爲「迦」

之假字，似頗迂曲。偶有所見，因附論之，未必是也。大箸稽合同異，精確者居多，倉卒尚未細讀。其未刻之二十六卷何時可就？未免得隴望蜀矣。前所惠《群經平議》已讀數過，獲益無量。竊念群經、諸子郢書而燕説者甚衆，必孯精小學，多讀古書，明其條貫，得其會通，正其譌奪，而後千餘歲未決之疑悉歸於文從字順。此詣以高郵王氏父子爲最至，閣下而益光大焉。走雖檮昧，心嚮往之。年來竊食海上，已不學而以學教人，靦顔殊甚。春夏爲病所苦，訖今未瘳，學問之事更益荒陋。《穀梁補注》一書，卷帙頗繁，尚未繕有清本就正之，願請俟異日。

其二

承頒示《賓萌内外集》《春在堂詩詞》，如獲百朋，如登群玉，不勝媿幸之至。兩《平議》有先得我心者，有聞所未聞者；駢散詩詞十七卷則曠如奥如，大含細入，無所不有。竊以王懷祖之傳經未刊專集，孔顨軒之著録僅附駢文，視執事之華實並茂，文而又儒，直是後來居上矣，敬服敬服！拙著《穀梁補注》劣及五萬餘言，頃倩人寫副本而遲鈍殊甚，灾梨之舉更非容易，姑爲後圖。烝治《穀梁春秋》，非味於衆人之所不味也，特以楊子雲有言：「《尚書》説事而《春秋》説理。」所謂説理者，全在乎其辭之異同、詳略、先後、離合、婉直、微著，而不在乎事之多少。惟穀梁子能得此旨，實爲聖門真傳。而文意簡奥，未易會通，自劉子政説「祭伯來」、説「己卯晦」已雜以公羊先入之見，何論其他矣？《穀梁》時代本在《公羊》前，漢世《公羊》先行，而劉《略》、班《志》遂以《穀梁》居後，雖孝宣君臣竭力表章，卒爲《公羊》所掩。黄初立學，墜於永嘉，迨太興詔書乃以膚淺譏之，南北朝人竟作小書目之。范氏作注，不能成家，妄有駮詰，王仲淹反以爲善。馴至啖、趙、孫、劉、胡、張、黄、趙之徒，雜用三傳，三傳各失其真，而《穀梁》尤爲人所易忽，雖列於十三經，反不若《國語》《大戴記》之彰彰。惟有一柳子厚能知《穀梁》文章之妙，而於義理精微之處，亦未暇論也。私竊歎愍，專力成書，薈萃見聞，折衷一是。於范注載其全，於楊疏擷其要，而一一指其違謬；於墜文佚注，則從他籍弋獲；於二傳、《國語》、《管》、《晏》、《史記》等，則取其可相補備者，辨其大相乖剌者；於群經諸古書，苟相出入，必備援證《周禮》有晚周改作及漢初采集者，時或論及，與高見略同；於董、何、賈、服、韋、杜諸説及徐、孔二疏，與夫啖、趙以來數十《春秋》家并諸雜著，一字可用亦必摘采，有數説同者則舉其最先之説，有已説爲前人所已道者則改從前人。此皆廿餘年來實事求是之意，而究不知其真是與否也。《群經平議》中説已采録如干條，深荷惠益。諸子書既不熟，亂後又不能備有，當以《平議》置案頭，徐徐讀之。至於沈思翰藻，或筆或文，自忖無所得，望洋向若而已。抨擊之任，非所敢當；銘感之忱，實無既極。

日月逝於上，體貌衰於下，享帚滋慙，問津無自，念此殊悵悵耳。

胡荄甫農部書

丁卯冬，道出吴門，購得大著《群經平議》一部，舟中讀之，發矇解惑，傾佩無量。月前汪痠梅水部入都，攜示《諸子平議》九卷，傳述出自厚貺。拜登之下，念先生亦知世間有胡澍邪，不覺狂喜。《老子》開卷「道可道，非常道。名可名，非常名」四語，久不得其解，注家皆隨文曲説。今讀大著破「常」爲「尚」，讀與「上」同，始得渙然冰釋。由是而《文子·精誠》云「貴其不言者，道可道，非常道；名可名，非常名。著于竹帛，鏤于金石，可傳于人者，皆其粗也」，《上義》云「誦先王之書，不若聞其言；聞其言，不若得其所以言。得其所以言者，言不能言也。故道可道，非常道也；名可名，非常名也」，《淮南·本經》云「至人鉗口寢説，天下莫知，貴其不言也。故道可道，非常道；名可名，非常名」，《道應》云「桓公讀書堂上，輪人曰：獨其糟粕也。故老子曰：道可道，非常道；名可名，非常名」諸節，向之轇轕于心者，皆迎刃而解矣，益用快慰。澍嘗有《韓子札記》百餘條。其《備内篇》之「《桃左春秋》」，疑「桃」即「檮」之異文，「左」爲「兀」之誤。其作「檮杌」者，猶「鳳皇」之作「鳳凰」、「鉅鹿」之作「鉅鏕」；其稱「春秋」則猶《墨子》書稱「周之春秋」「燕之春秋」也。《内儲説》之「公叔相韓而有攻齊」，「有」當讀「又」，「攻」當訓善，藏本「攻」作「功」，「功」「攻」並從工聲，其義均爲善也。又「能爲之諸侯乎」，《左傳》作「能行乎」，則「之」當訓往，「爲」讀去聲，言能爲往諸侯乎，皆與尊見適合，私幸其説之不孤，特以稾燬於賊，莫由就正爲憾耳。又嘗謂《内經素問》實先秦古書，先儒多以爲醫工所業，未肎究心，自忘譾陋，思譔《校義》一書，粗有所得，以公私奔走，未能卒業。先生勤求古訓，學博識高，瀏覽之餘，必多創獲，尚乞賜教一二。

馮聽濤秀才書

九月初，得賜書并《群經平議》三十五卷，發函伸紙，凝神曠思，竊以先儒鴻教布諸佔畢，或支分派别，或兼綜條貫，或相承淵源，或自立門户，考其異同，定其得失，非可更僕數也。兩漢而降，洎乎六朝，新説遞增，夸飾斯盛，吐辭雖藻，尋理實詭。子雍好異，倡爲聖證之論；輔嗣解經，流入老氏之旨，提唱玄風，詆排正軌。至有妄立體裁，上晦彝典，師心自用，古訓殊昧，説有所不達，理有所不通，則迺僭改前書以實己見，撥棄舊詁以標僞詞，匙有能捃摭群言、遠宗古義者也。夫博解群經，務通小學，漢儒課教，必先諷誦籀書九千字，以得其指意聲形；授《爾雅》十七篇，以究其訓詁轉借。故詭更正文，許慎糾其謬；破壞形體，班固訂其違。他若康成定「驛」「圛」之字，何休辨「登」「得」之聲，《周禮》故書必存於注，《儀禮》古文盡著之篇，莫不準則籀斯，考鏡姬卜。伏惟吾師朝宗大海，著作名山，口吐鳳采，不屑揚子之草；手折鹿角，奚憚充宗之强？凡五雅、三倉，雞碑、雀籙，無不曲探竅窾，盡削夸毗。而經學則尤稱顓門，自成馨逸。不侈繁縟，不病縺獵，無駕空以立説，自尋塗而析理，洵足雕繪景運，潤色鴻業，獨立旗識，頫窺漢唐。松生自苦佝愗，倍加矯厲，竊不自量，用陳斯詞，譬如山岳彌高，一蕢自絶其比擬；日月遠照，爝火難效其微明。伏祈垂鑒，不盡萬一。

沈韵初中翰書

漢三老石刻，曩時所見，皆甚模糊，故各家釋文多就意義所屬揣度爲之。及前年得精拓本，有字甚明顯而不可識者，心甚惑焉。竊以此刻中鋒椎鑿，字體古拙可愛，惟文詞則朴野之至，殊覺費解。吾師既有藏本，必曾詳究其義。今以精拓之本并舊釋文呈請鑒定，伏求指示疑義，俾得釋然於心也。吾師書法，素所心折，每得寸紙，必什襲珍藏。嘗與友人私議，古來惟積學大儒之字最不可及，以全從書卷得來，不由外造也。今幸於吾師遇之，故昨以漢隸各種奉求署檢，庶古石刻益以生色。幸俯鑒積誠，不拘何體，隨意書之。

其二

承示劉侍御所考婁山石刻，未爲的當。侍御徒援五鳳石刻之例，故定爲趙王遂。夫摩崖鑿石，非若碑紀有一定體例，必執五鳳一石，遽定此刻在文帝無年號時，實難憑信。至謂後漢變篆爲隸，此石篆刻必在西漢，則所見後漢碑石篆刻者甚多，又何説歟？惟字體古樸，實爲漢篆，與晉人書迥别，斷非石趙時物。鏞擬續輯翁氏《兩漢石刻記》，若依劉説，此刻冠兩漢矣。幸爲鑒定，俾有所適從也。

其三

前日奉到漢刻雙鉤本，指正處感服之至。秦漢石刻自歐趙箸録後，前明又就湮没。至國朝諸先輩搜採摹拓，日出不窮，詳稽博考，於經學小學皆得貫通，其已經前人審訂各種，似搜括無遺議矣。然訛漏處亦尚時見，倘得吾師一一考定，不獨爲鏞一人啓發，其有功後學者亦甚巨也。連年南北奔走，所得墨本半就扃祕。日來雨窗無事，始得檢理。今呈上《武梁畫象題字册》，其中足爲經史佐證者甚多。黄烑盦司馬刻入《小蓬萊閣金石記》，所採各家考證之說，吾師或有正誤及補釋處，求即書入册中也。

喬鶴儕撫部書

前蒙賜題《含飴課讀圖》，感不去懷，曾作書布謝。嗣後西往秦中，無所施設，侘傺亡憀，遂未及脩候左右，罪甚罪甚。比惟横經函丈，多士景從，翰墨清娱，精神彊固，定符鄙祝。弟偶抱採薪，薄言求艾，願專一壑，譬鷩鳥之得枝；姑禦三冬，學蟄蟲之坯户。明歲或又爲饑驅而出，得無笑其高蹈之不終乎？昨得勒少仲兄書「睫巢齋」額八分，古渾而蕭散，弟極愛之。詢知爲閣下捉刀，敢祈再賜書楹帖一聯，弟雖不能書，而朝夕瞻玩妙墨，亦可稍滌塵俗矣。

杜小舫觀察書

承賜書堂額極佳，弟曾數四書之，總不得當。見椽筆，始知腕力自有真也。二「詒」字以口稍小者尤覺渾含。又承惠篆書司馬温公《逸箴》，銀鉤鐵畫中書味盎然，雖使錢先生爲之，未必有此神味。昨所呈之《官箴》拓本，固知非佳品也。

趙惠甫刺史書

昨奉復箋，欣悉道體清和，並荷爲舍親道地，惟不輕然諾者，斯一言而九鼎也。内典至多，管窺者至少，未敢率對，大抵性分不同。《摩訶衍起信論》所云有以繁稱多説而得悟者〔一〕，亦有衆生惡繁樂簡，以一言而得悟者，種種各别，難可概説。然亦微有門徑：喜文字者宜從教入，天台諸大部是也，《法華文句》《法華玄義》〔二〕、大小《止觀》等皆是；樂理味者宜從宗入，其書繁多，經則《楞伽》《金剛》《楞嚴》《圓覺》等皆是，論則《傳燈》《指月》等皆是。先宜劃清路數，揀别當機，庶涉獵不僅爲談資耳。愚見如此，尚乞印正。月杪即有黄山之游，惜不及與從者共登臨也。

〔一〕信，原訛「位」，據書名改。
〔二〕玄，原訛「立」，據書名改。

袖中書二

李筱荃制軍書

頃承手椾，敬承一一。大江南北自經兵燹，典籍散失，多士有志研稽，苦無善本。此閒七經刻竣，自宜旁及諸史。聞金陵所刻三史將次蕆事，鄙意擬會合蘇寧兩局分刊全史，以成大觀。唯浙中局面褊小，經費無多，而廿四史中繁簡不一，宜如何分派刊刻，應請閣下函商諸君子酌定。此不朽之業，想賢者亦樂爲左右也。

其二

昨家慈壽辰，蒙賜楹聯，語意周帀，隸法古勁，群推傑作，傳誦一時，感佩何極？公序一篇，命意遣詞迥絶恒徑，知亦係閣下手筆。弟等碌碌，何足超軼前賢，而姓氏從同不謀而合，一經揚厲，爲榮多矣。雨生中丞函告蘇局續刻《通鑑目録》並《通鑑外紀》及《明史》，弟致書雨生，商刻全史，合蘇、浙、寧、鄂各局爲之，未知雨生允否。相晤非遥，容當面議。

其三

昨檢舊篋，羊毫尚有所存，謹送呈十枝備用。又長頭羊毫二管，聞昔姚伯昂先生最喜此種，弟苦不能用，管城子歎失所久矣。公精篆隸，必能任意揮灑，爲此子一吐其氣也。

馬穀山制軍書

辱手教，知鴨波漲暖，鷁帆飛行，山色湖光早入春風坐上矣。承示寧、蘇、浙三局會刻全史，嘉惠士林，尊意與筱泉中丞脗合，並承詢及芻蕘，盛德謙光，可勝欽佩。此間見刻《史》《漢》，將次竣事，已續刻《三國志》，並擬帶刻晉宋及南北朝各書。蘇浙兩局如欲彙刊，請從新舊《唐書》入手，得有數年之功，總可告成。惟此間校刊俱照汲古閣本，蘇浙局中亦能仿照，則將來全史一律，庶成鉅觀，高明以爲何如？筱泉、雨生兩中丞處，並請就近商確爲幸。

其二

頃奉惠書，猥荷勗勉過情，慙感曷已。伏承湖山觴詠，津逮蓺林，仿曝書萬卷之亭，爲樹人百年之計，覺西河、抱經諸先生去人未遠也。四省分刊全史，前議粗有端倪，此間俟《三國志》告竣，接刻《晉書》，惟自晉至隋尚有八百餘卷，竊恐曠日持久，驟難早覩成編，擬與筱翁熟商，不拘蘇、浙、鄂三局，如殺青先竟，再分刻一二種，以期速成，非爲惜費計也。兩漢樣本尚在復校，俟印訂後如命寄達吴中。于文襄謂朱笥河辦書甚遲，但期日課無愆，則遲者或益精好，即此愈見成書之不易耳。簿書塵勞，展卷之時絶少，何當追陪裻屐，一質蓄疑也。

朱鎮甫孝廉書

壬戌之歲，避兵津沽，行船爲關吏所阻。其時正届盛夏，伸眉突黑，舉頭曦紅，幸先生言之榷使，拔老母於炎天瘴海之中，感激之私，銘肌刻腑。厥後隨軺皖水，昕夕奔馳，六載而來，音敬久闕，然巾山盛德，無日不在舉家夢寐閒也。敬惟道履康强，教思丕廣，回幼安渡遼之駕，築子雲問字之亭，東浙人文，想望同切。衍緒倖登鄉薦，春官被放，即日南旋，息影閉門，不問外事。所幸家君康健，飲啖如常，雖舊疾未除，而發不加劇。今歲仲冬初吉，適當七十生辰，里中戚好預戒稱觴。而製錦之文必得大君子操管，庶不爲尋常諛美之詞。念近日東南壇坫主之者實惟先生，溯自騰文綺歲，射策丁年，播傑作於風簷，蜚英聲于蓬觀。梁園乘傳，天邊之使節遄飛；玉局謫官，海外之文章愈壯。衍緒滬江摳謁，辱先生一日之知，伏求賜以鴻篇，彰兹耆德，得奉名山之巨製，即爲門庭之至榮。謹呈節略，無任翹企。

彭雪琴侍郎書

湖上一别，旋於舟次辱蒙過訪，悤悤判襼，君渡錢唐，我歸皖水。回憶湖樓聚首，明月清尊，旦夕聯吟，此情何限。今不可復得矣。從者山陰之行，蘭亭禹穴，雄詠必多。惜楚越天遥，無由捧讀也。際此十里荷香，一湖緑浄，披襟挹爽之餘，亦曾念及江上冒暑一葉舟中人否？離情别緒，江水悠悠，後會何時，莫能縣揣，奈何奈何。賤恙在金陵一番酬應，又復咯血。昨到皖江，以途次静養，血止而嗽猶甚，在此小住數日，即泝流上駛。風逆水溜，迨渡洞庭，則秋風起矣。兹有述懷留别詩呈政，餘二紙分貽周孟兩君一粲也。

其二

西湖聚首，快慰平生。别後流光，彈指三載，衹以退居鄉里，楚越天分，音敬久稽。職是之故，仲冬六日，接滁生師相金陵火票，五百里牌遞，初不識何事羽急，即啓封，得華翰一函、大作《五十初度》詩五首，不禁拍案叫絶。五雲一朵天外飛來〔一〕，七尺珊瑚不足爲寳矣。盥薇雒誦，想見海鶴風標，神空天馬。劉樊夫婦，荀薛兒孫，天上雙星，人間全福，視邯鄲道上人爲何如邪？經師人師，壽身壽世，富貴浮雲，宜乎一哂置之。我本無家，己巳乞退湖上養疴，原擬卜築結茅，得二三知己，陶情山水。乃以事不果，遂歸衡陽舊里，於江東岸得地半畝，建退省庵一楹。曾有句云「三間草蓋無梁殿，一箇雲游有髮僧」，真堪噱也。修理先塋事畢，原擬不問世事，閉户静養。而俗累雜來，偏多煩惱。明月清風，支撑不易，失血舊恙及受創宿傷當春舉發，年甚一年。老我積唐，意緒蕭索，有句云「欲殊煩惱須無我，歷盡艱難好作人」，又云「共我笑談

〔一〕外，原訛「來」，據《彭玉麟集》改。

書一卷，消他傀儡酒三杯」，近況如斯而已。回首精舍，曷勝神馳。每當簾風梁月，莫不嚮往左右，如在六橋三竺、孤山冷泉閒也。如明春病魔憐我，不纏雞肋，當於秋閒抵秦淮，至孤山處士花下度歲，但不知山水因緣何如耳。

曾滌生師相書

哲嗣至，接讀手書并大著《莊子平議》及《詩集》各一册，籍悉履蹈綏愉，纂述侈富，至爲跂羡。鄙人前在江南，閣下及二三君子時復見過，跌宕圖史，頗極文游之樂。北來以後，舊游睽隔，興趣爲之大減，復值歉歲，百爲不成，冬令雨雪稀少，二麥種不入土，畿南大、廣各屬至今未沛祥霙，來春偏野嗷鴻，未識撫綏何術。哲嗣係先儘班前，補官尚易。惟永定河歲久失修，處處危險，不欲驟以艱鉅相貽，且先於省城暫謀位置，決不令其久賦閒居，致進退艱窘也。賤體㸌適，惟眼蒙特甚，雖於老花之上又增加光，而看字尚如隔煙霧。衰年本無意於學術，每日公牘亦不能了，殊覺有玷斯位耳。

其二

頃接惠函，猥以鄙人六旬初度，祓飾逾恒，曷任紉戢。就諗暫離湖曲，小憩蘇門。憑戴席以談經，異義端推叔重；向玄亭而問字，同時亦有子雲。袖中新本，沾溉蓺林，吴越之閒，喁然嚮風矣。國藩春夏閒右目失明，又得眩暈之疾，請假兩月，期内遽有津民之事，力疾赴津辦理。既多棘手，措施未盡合宜，内疚神明，外慙清議。事畢，復奉重涖江南之命，疏辭未允，九月下旬入京陛見，十月出都，由陸路取道濟寧南下。以一目病廢而再涖劇任，夙夜兢兢，恐爲知己羞耳。

其三

昨復一箋，亮已照入。頃接惠翰，並頒到大著六種。偶展《經子平議》，原本故訓，曲證旁通，誠有類乎高郵王氏之所爲。及讀文集詩詞諸編，則又興往情來，波譎雲詭，乃復兼張茗柯、洪北江諸家之長。想見一鐙深坐，孤秀自馨，右江鮑而拍肩，左鄭何而把臂，罌無儲粟，篋有傳書，載粻則五鬼跳踉，握管則群神奔赴，人或疑其不偶，天乃畀以殊榮。諷繹再三，欽遲曷已。國藩重莅石城，眴經帀月，碎文叢牘，如理亂絲，一切江海操防，尚未一爲籌畫，精力疲薾，苦不足應繁劇。目疾日深，眩暈閒作，幸得大集，一開鬱抱，暫時展對，旋即棄去，譬如寒梅晴昊片刻周旋，而竟日繾綣於黄茅白葦之閒，其爲塵垢所攖，只自苦，亦自哂也。

其四

正月閒接到惠函，就諗履祺休暢，箸祉綏愉，無任抃慰。壽衡侍郎一疏，推轂賢俊若將不及。聞所舉十七人中率多高才秀士，束躬圭璧。方服其識拔之精，乃以此上干嚴譴，罣於吏議。渠於二月中旬到此，盤桓數日。比聞尚在揚州，即當首塗北上。若朝廷察其所薦之無私，鑒其存心之無他，或可湔祓咎責〔一〕，重履亨衢。至閣下閉門譔述，無求於時，碩學宏文，雁行服鄭，抗手潘張，自足照耀百世，豈與夫群碎争一日之短長乎？頃見大著《五十自壽》詩，清襟浩蕩，超然意遠，諒決不以此介懷。方今雅道陵遲，人物渺然，僕輩忝列穹官，便應博求英彦，薦

〔一〕　祓，原訛「祓」，據蔡啓盛《校勘記》改。

寘周行，冀以黼黻天維而彌縫蹇陋。自媿汲引無多，無解於竊位之譏；如閣下者，久思效北海一鶚之舉，而因循未發，坐損年華。東坡詩云「知命無憂子何病，見賢不薦誰當恥」，殆似爲鄙人言之。今徐君既遭譴絀，多此一重刻舟之痕，自未便再施斧鑿，徒血指汗顔，無益於隆棟而反害之，亦未敢貿貿然也。國藩重來江表，晌逾四月，暈眩之疾近尚未發，目光昏蒙日甚，無術挽回。頃又新添疝氣，腫痛異常，起居不便。眷累亦復多病，藥鐺滿室，用爲悶悶。惟正月閒大小兒及二小兒各舉一子，大小兒年逾三十，望之已久，今始得之，老懷差以自慰耳。

其五

四月閒，兩接惠函，并承代覓吳仲雲前輩詩集一部，拜登敬謝。又接七月廿五日手書，知從者避暑〔一〕蘇垣，履祺休鬯，無任馳企。國藩回任江表，精力日衰，前發疝氣雖已痊瘉，目光蒙霿無術挽回，近復兩脚浮腫，軍政吏治均未能悉心料理，殊以爲媿。擬於中秋前出省，補行大閱之典，先至淮徐，次赴蘇滬。雖無蒐乘補卒之實，亦聊循行舊典，使營伍稍知振作耳。抵蘇

〔一〕 暑，原訛「著」，據蔡啓盛《校勘記》改。

之期約在九月之季，屆時能把手𨗨敘，快慰何似。承屬署大著之檢，字固陋劣，近因目疾，往往束手。閣下年方五十，而著書已至百數十卷，多而且精，世人多稱。浙中朱、毛，蘭陵孫、洪，既富才藻，又達經訓。如君所詣，固當遠過前賢，禮堂寫定，百世以俟。會晤不遠，容當面交，惟鑒不具。

勒少仲觀察書

春仲奉寄宣州紙一卷求書，不審已曾作得一二否。兹從子赴吴門，復呈上長聯一丈二尺者一副、八尺者一副，求作隸書，字逾大愈雄快也，又八尺者一副或隸或篆均可。弟不自揣，頗以柳下惠爲我師，又生平光景略似汲長孺，位雖下，情則同也。兄如就「直」「戇」二字作一聯見贈，則尤感矣。曩在京師，見伊墨卿先生以六尺素紙作五言聯，氣魄高闊，可喜之至，惜未購得，至今思之。與兄忝在同年，平時欽佩出於肝鬲，若不能多得兄書，是謂甘心錯過，他日老去定以爲憾矣。承索詞本，謹鈔一册寄呈，此何足當一盼，且未嘗吹管度之，衹合唤作長短句耳。

其二

昨從退樓寄來手翰，情辭肫摯，有若面談。就諗清恙已痊，無任欣喜。更冀因時調攝，努力加餐。金風爽人，合用滋補，不審能服温劑否。人至五十以後，火氣漸差，藥性之涼而膩者總未宜輕進也。求書聯幅，幸勿罣心。原平時愛重之心，固期於多得；在遠道溯洄之意，還望於節勞。興到乃書，庶不爲所苦耳。

其三

秋杪在白門，承由退老寄來大著六種，略一展讀，神駭目迷，精深浩瀚，珠玉淵海，求之昔人尚少儔匹，何論近時也！又寄惠法書楹帖，魄力雄厚，格度整嚴，歡忭無似。因憶兄主吴門書院時，有以評文作隸書爲議者，弟甚訝之，徐察其意，蓋别有所在。及兄移帳武林，則求書者户外屨滿，此後恐欲作鐵門限矣。然他朋好雖以得兄書爲喜，未必若弟之貪；雖信能愛重兄書，未必如弟心之誠篤。蘇明允《上歐陽公書》云：「執事之文章，天下之人莫不知之。然竊自以爲洵之知之特深，愈於天下之人。」弟於兄書亦云爾也。願今後凡神怡務閒偶然欲書，輒爲弟留一二紙，弟或有所箋白，隨乞惠示數行，以小函寄之，弟將藏弆，裝背成册，異日居林下，道遠不得相晤，閒一披閱，如對兄也。

其四

七月十二日奉手教，敬審起居佳勝，甚慰。深兒幸獲一衿，過蒙奬掖，弟以來書令其捧讀，欲其媿而自勉，則受惠孔多也。弟先以右髀生瘡，暫旋白下，皮膚之患本不介懷，乃暑濕蘊蒸，忽然病痢，不食者兩三日，偃仰呻吟。心竊自思近日湯敏齋太常、胡霽林少宰、惲次山撫部、葉晉卿觀察先後辭世，豈欲招我同往芙蓉城邪？已而積滯漸通，胃氣徐復，旬日之後危疾竟瘳，則又自思如我凡骨，命屬勞人，固宜詰曲世閒，不足隨諸公巢神山也。今我兄亦有「甚矣吾衰」之歎，而又謂爲衣食所累，癡守皋比，信如斯言，是亦不過與弟同病。退之言「百年未滿不得死」，弟與兄殆皆不必抱戴高士之憂矣，政可相與一笑。弟今年春夏心緒極煩，日日思歸，而勢難自遂，浮湛仕路，蓋亦出於無可如何。都下親知屢以書促弟北行，弟默念既不得徑還林下，則此行亦事理之常。然計費不貲，祇可待來年理會耳。賜書聯幅當由夢九親領，惟望聚藏清閟，勿令他人攫之。

楊臥雲孝廉書

舊歲戴子高書來，言近爲樸學者當推閣下，已心儀之。今春文駕來榕城，希閔初不知也。迨託秦令親轉乞得尊箸，擬一二日間出城奉訪，則已由輪船返吴下。望塵不及，爲之悵然，豈一面之緣亦有定數邪？雖然，得讀所著書，具見賢者之用心，固不啻乎覿面矣。近世漢學實有光於前代，而高郵王氏父子尤爲精塙。尊著大都淵源王氏，益加縝密，將來師承記中高據一席無疑也。希閔學問淺薄，又無師法，曩在都中所劘切者，梅伯言、吴子序、何願船諸公均作古人。老伏海濱，漠然無所向，間有一知半解經史雜説，無力寫刊。前歲吴桐雲都轉屬作《李忠定公年譜》，渠爲刊行，謹以一本呈政。附去高麗紙、宣州紙各四幅，請爲作篆隸，隨意與爲之。西湖山水夢想久矣，游屐有緣，當圖良晤也。

彭麗崧孝廉書

前歲得奉光儀，并承賜佳句，歸裝得此，榮曜燭天。嗣以滌生相國賜譔先嚴墓表，因函請閣下賜篆碑額。冒昧之求，以爲必蒙允可，遂於濡須口强家雪芹侍郎書碑，即已謹書閣下銜名題篆。歸來兩載，礱石待鐫，而賜額尚未奉到，又不敢以他手代爲之，非徒贋鼎之不足珍，抑亦泉壤之所不許也。伏惟先生不棄老拙，折節下交，願始終大惠，銘感無既。江浙劫灰初息，得先生振興文教，傳經講藝，自有千秋。未知《諸子平議》已續付手民否。申甫去歲於先人墓廬課兒子讀書，自覺太勞，今年已令長男代之，縣志、省志亦以精力不及，勉爲辭卻矣。江雲春樹，無任依依，不盡萬一。

魏稼孫鹺尹書

杖履南來，獲承椉誨，竊慰十數年飢渴之念，彌以少日未嘗從游受業爲憾也。錫曾自癸亥以後，萬念都灰，顧以四十無聞之身，懷旦夕即死之懼，念先人支持之瘁、付託之重，自惟不肖，無以顯揚其親，必藉當世立言君子大文表彰〔一〕，褎裒冀幸，凡數年於兹矣。前者之請，懼涉冒昧，乃蒙大君子盛德闡幽，慨然見許，逾月之久，遂奉巨製。伏誦之次，于兩先母苦節實已標舉

〔一〕藉，原訛「籍」，據蔡啓盛《校勘記》改。下同。

大端，綜括逸事，而寒家儀法之肅、先叔父先兄友于敦本之誼亦籍考見，從此附大集以垂不朽。錫曾世世子孫感戴仁賜，豈有涯歟？法書淵古遒穆，在建武、永平閒，當代無二手。私心尚欲求隸古一通，爲勒石計，惜閩無佳紙，已命兒子本存從江浙閒購取，秋涼當盼就烏闌，敬求揮翰，惟矜許之。錫曾近將所著《金石萃編》校文先就王書周秦漢魏各卷、據所見搨本校正，粗爲條例，終未畫一，俟將東漢各碑校有眉目，即寫本求正也。江西楊卧雲舍人乞得《群經平議》，佩服贊歎，即欲走詣，適聞從者是日啓行，是以不果；周季貺太守書來，亦以未得一接眉宇爲憾。兩君皆欲求書，爲寄上直幅各一紙，祈賜書爲幸。大著字義載疑，如已有定本，可否寄賜一讀？此閒寫工頗能依樣，如由錫曾謄作宋體，付令依寫，可無大誤。錫曾籍得附名校字之列，實大幸也。

吴平齋觀察書

今年五月八日，爲家母朱太夫人八秩生辰，慈命以時事艱難，戒勿受賀。雲不敢違，惟念雲六歲遭先妣康太夫人之變，至十歲先資政君棄養，蒙太夫人守節撫育至于成立。太夫人無所出，待子女恩義周至，御婢僕務從寬厚，賙卹宗親始終無倦色，六十歲以前紡織不離手，今雖年登大耋，衣服仍安布素，子孫以輕暖進，輒藏之篋笥，曰「惜物力所以養福也」。雲薄植窳廢，無以副太夫人教養之恩，每生媿懼，届期除率子弟循常例稱觴外，恪遵慈命，不敢受賀。惟敬乞至好中有文行者賜序文數篇，冀附箸述，垂示方來。伏念執事今之韓歐也，畜道德而能文章，且以雲之無似又常辱摯愛，引爲交契之末，用敢瀝書大概，九頓首門下，伏求譔賜壽序一篇，藉椽筆闡揚，以增光寵，世世感激。

其二

承惠大著《群經平議》，適小極，未及即時裁謝，罪甚。今日體中小佳，亟取繙讀數葉。其釋「夕惕若厲」，謂當以「夕惕」二字自爲句，言君子終日乾乾、終夕惕惕也，語有繁簡耳；「若厲」二字自爲句，猶若濡、若號也。此四字先儒論釋頗多，未有如尊説之簡括明暢，足破千古之惑。又「巛」即川字，非古坤字，順從川聲，川乃順字之叚借，《説卦傳》：「乾，健也。坤，順也。」「天行健」即天行乾也，乾卦謂之健，故坤卦即謂之順。此説亦精塙不磨。雖未窺全豹，即此略見一斑，已決爲不朽之盛業矣。至志書，弟處善本有宋版《新定續志》四册，影宋本《臨安志》不全本數册，然止可作古法帖書畫賞鑒而已；近時郡縣志，嘉、湖、蘇、松均有成書，體例亦俱完備。如欲備閱，可飭紀綱來取也。

其三

《群經平議》前已讀過，《諸子平議》尚未卒讀。甫讀《管子》數則，已不勝傾倒，此必傳之書也。賤名得附卷端，何幸如之！執事清曠絶俗，抱負宏深，使得竟其所藴，則本經術以飾吏治，其措施必有大過人者，豈僅以文章表見已哉？可勝慨喟。卞中丞屬鈔補聚珍版闕葉，弟處閒有數種，如《元和郡縣志》第三十卷至十四葉便止，無二十七葉，《帝範》止四卷。此等書皆外省翻刻，與聚珍京版不符，因邀侯駝子來〔一〕，屬其訪覓。渠云有數種，侯送到再呈也。完白山人篆書《弟子職》八幀，附奉清賞。又另刻四幀，馮林一謂筆意散漫，不及《弟子職》結搆謹嚴；而鄧守之見之，則垂涕泣而求，以墨本不得收藏爲大憾。法眼觀之，究如何也？

〔一〕侯，原訛「尤」，據吴雲《雨罍軒尺牘》卷七改。葉昌熾《藏書紀事詩》卷七指侯駝子姓侯名念椿。

應敏齋廉訪書

滬城小叙，未得暢盡衷曲，官之累人如是。鄭志業已索來，即以奉寄，而劍人已作古人矣，生平著述有遺書致竇時，屬爲次弟，校刊記室。戴君則先劍人十日而殁，何文人之相繼棄我歟？胸中於邑累日。兼以蘇、松、常熟、嘉定各處教堂舊址西人紛紛來索，皆我朝全盛時所拆毁而作聖賢祠宇及常平倉者，又豈料有今日哉！聞見所及，能無氣沮？想吾兄亦爲眉結也。補翁書來，言浙事否？琴西想須回里度歲，近接來書，切中事機，惜無行之者耳。

其二

前月接奉教惠，備承誨益，因詣太倉劉河勘量河工，未及即復，罪甚。竇時月杪回滬，塵牘山積，清理亦無了時，總覺才具竭蹶，終難久於其任耳。朱子鹿洞遺規，士林無不知之，而行之者殊尠。此閒所擬章程，冀於蕞爾一隅，推行及遠，規模粗具，信從與否，正未可知。訪翁固不媿師資，而竇時則於執經請業之列尚無能爲役。來書許以樂育人材，借獎過情，令人汗下。承示師弟子立揖方位，據執典核，所以別嫌明微之意甚至。龍門書院限以地位，或義可從權歟？方今士習文風日趨浮薄，非得公與琴西、訪溪諸公提唱而振刷之，何以昌明正學？來教以八股務在通經，洵至當不易之論，即性理工夫亦須從通經入手，若空腹而談義理，亦復如瞽目循牆，一步不可行也。

其三

昨奉手復，并承賜方，尚未合用，因有童便，甚不欲製。近日嗽復如故，得暇即讀懲忿書，而肝火益熾，不貳過之神勇，非復聖其孰能之？大作高華無匹，讀之神王。如論實用，則車戰自是要著，微聞已有行之者；至以水禦火，恐遲速、遠近之勢均不能及。惟行文殊精采奪目耳。頃有人自粵東來，極言薌翁政聲之美，幾如大旱甘霖。潮事亦妥帖，紛紛謠傳，殊無足據。鮮荔枝新到，謹奉一簍，計八十枚，海南風味，幸試嘗之。

楊石泉撫部書

前奉手教，緣事忙，未及泐復。旋蒙枉顧，又以他出，不獲晤談，歉甚歉甚。惟敬祝道履優游，吟襟諧暢而已。大集已屬桐孫選匠開雕，未知日來已成幾許？校讎之役，恐須仍勞先生也。承屬序言，弟本不文，何敢序我公之詩？惟既奉大命，又未敢辭。昨擬一稿，是否可用，求指示之。

其二

昨奉手書并大著文集，名山壇席，箸述等身，南豐復起，敢不瓣香拜祝邪？龍湖一席，並奉先生，非弟阿其所好，亦以珂鄉多士群盼春風之吹拂耳。補翁在粵，方資整理，因水土不甚相宜，故有歸志，恐未必能如願也。

宗湘文太守書[一]

今日而有先生，猶禾中之有竹垞、天台之有息園也。兩次獲陪座末，得聆緒論，榮幸無似。

〔一〕文，原訛「又」，據蔡啓盛《校勘記》改。

遲日再當趨謁。兹奉上三老碑脱本又杭城坊巷圖，伏求詧入。尊著之已刻者，如蒙賜讀，則百朋之錫矣。佇望佇望，皇恐皇恐。

如冠九觀察書

别後兩奉手教，並敬讀大著，古秀在骨，寄託遥深，玩味無窮，不能釋手。《舟中三君子詩》尤爲絶唱，拜服拜服。禹寺往生碑已搨來，頗有鍾太傅遺意，謹以三紙奉寄。三老碑多細凹，搨工不善，難以著手。餘姚令極力蒐羅，僅得舊搨二本，願與老兄分藏之。

李眉生廉訪書

送上大宣紙四幅，敬乞賜書，篇幅過大，頗費筆墨，附呈大羊潁五枝、大墨二笏，聊供濡染之需。大箸古近體詩賜我一讀，《莊子平議》如已刻成，亦惠一册。八月還杭後何時復來？執事經師人師，純乎古誼，而不落近世學者窠臼，兩次接談，傾倒極矣。後當時時過從，故盼來蘇之速也。

其二

連朝因屏擋遠行，未獲趨奉清談，高軒臨況，又復失迓，悵惘之至。師相北行，執事赴白門祖送否？《諸子平議》貫弗六籍，而無鑿空之病，必傳之書，不刻可惜。弟屢與平齋言，欲合三四友朋之力以成之，請速召手民，俾成巨觀，勿以經費爲慮。詩二册并還，清俊如樊榭，而博大則踰之矣。

王補帆撫部書

讀平望舟中書，知台從來往姑蘇、武林之間，雲裝煙駕，令人望若神仙，如此清福，幾生脩到邪？弟於俗塵萬斛中展誦一過，雖未得追隨左右，亦覺清風習習從兩腋生，俯視案牘則甚囂且塵上矣。近況冗甚，無待再陳。兹因有解餉員便寄上《經解》一部，用樱箱裝貯，尚有隙地，以南華菇、午時茶兩種彌縫之，到時檢收爲幸。來示言文集用聚珍版刷印，究不如鐫版爲妙，可否將副本寄弟代刊？廣東刻字價廉而工速。石泉可以刻詩，補帆獨不可刻文乎？

其二

昨奉手示，并蒙賜譔先嚴家傳加以論贊，先人遺事得大著以垂不朽，感何有極！叩頭叩頭。謹遵命列入姚君傳後，已付梓人，大約月内均可刻竣，俟寄蘇後奉到校本，再行刷印。公事宂碌中偶披讀大著一二篇，頓豁心胸，皆發前人所未發，如廟廢而祭墓、尸廢而畫像，一經説破，即成鐵案，拜服實無地也；《治説》下篇尤不厭百回讀，但與時論冰炭耳。

其三

昨接唐西舟中書，知台從已至湖樓，凡百吉祥，定如所頌。奴子陸貴病於滬上，故前次惠書竟未收到。弟所寄《應元志略》曾否詧入？兹録寄楹聯數紙，聊助《湖樓筆談》。猶記往年在蘇營時，兄津門來書，言及欲編輯本朝名將爲一集。近來李次卿廉訪有《國朝先正事略》之刻，名臣、名儒分門别户，較《名臣傳》采録爲詳。如案頭未有此書，當奉寄一部。尊體已復元否？至以爲念。著述之暇，似宜珍衛起居。湘鄉師以吾兄爲「拚命著書」，究之著書則可，拌命則不必也。

其四

前奉惠函并《通志序》稿，當即復謝，想已達矣。弟近有一快事，足爲《春在堂隨筆》談資，謹布陳之：弟前年在廣東創設應元書院，其序文及楹帖曾寄奉青睞，在鄙意總望今科得大魁，乃其説果驗。應元書院今科成進士者九人，而狀元梁君耀樞即在其中。昨得粤中來信，神奇其事，以仰山閣楹聯云「嶽峙層霄，海内斯文尊北斗；雷鳴昨夜，天公有意屬南州」。梁君字斗南，「斗」「南」二字已於聯中點出，奇奇！又決科之前夕，雷雨大作，即「雷鳴昨夜」四字亦有著也。奎文閣聯云「三台奎耀臨南越，八座文星拱北辰」。「耀」字、「南」字均明見；「北辰」，北極，天之樞也，「樞」字亦暗藏。語雖附會，亦詞林一佳話矣。吾兄聞之，爲掀髯一笑否？

其五

昨由滋翁寄到復函，知中秋節後可抵湖上，想湖山大有維縶之誼，從者尚不忍遽拂其意，鄙人曾作湖山舊主人，不得不向東風饒舌也。至執事自云前生爲禰正平，弟却有一故事，至今疑團不解，附録以博一笑。弟於道光戊申、己酉閒館於山左藩署中，其時方伯爲王保珊前輩，最喜觀劇，除忌辰齋戒外無不管絃，至於無客可請，無人可陪，則主人獨坐聽之。凡伶人以戲目請點，主人必點《罵曹》，伶人請曰：「陽罵乎？陰罵乎？」則曰：「陽罵」。日日如此，月月如此，年年如此。署中人不解，通省僚友亦不解。有與保翁至熟者請其説，笑而不答。弟戲語幕中諸友曰：「王保翁前生殆是禰正平耳。」今閣下乃與魏武子孫有不解之緣，亦止可以前生一語不解解之，付之一笑而已。至讀大著總目，洋洋大觀，小儒咋舌，則又不得不歸功於魏武之子孫，不然恐無此閒工夫成此大著述也。湖上風景想較數年前更佳，有新莊否？理安之桂復茂否？雲棲有參天老桂兩株，杭城罕見，曾一探詢否？禪堂中縣楹帖二，一是薛慰農所譔，一則弟所書也。慰農句云「到此方知官是夢，前生安見我非僧」，弟句云「長此洗心歷江海山半有洗心亭，偶逢行脚問雲山」，兩人口吻即有入山、出山之分。附聞，以助《筆談》。

戴子高廣文書

湖干别後，越五日始達吴中，舟中無事，得絶句三十首，中有一首奉懷吾丈云：「譚經更得鄉前輩，戚長依依似友生。天遺名山終老去，著書盈篋勝公卿。」録呈以博一笑。望更取

《諸子平議》一部而去，因索觀者多，望止一部，不能偏借也。益甫雖有脾氣，而好人先施，其持郇子性惡之論，與尊見合，儻先下教，未必不水乳交融，其人終是奇士，浙中如此人正難覯也。

潘少梅明經書

湖樓握晤，以夕陽摧客，尚未罄譚。歸步湖隄，中心惓惓，若有不能釋然者。夫己氏云云，固屬不經，大賢何所不容，亦惟置之不論而已。所患者吾鄉士趨日下，風會使然，挽回不易，爲大局計，能無慨然？會試首題頗難搆局，文風似南北互易，小兒若不存得失心，竟作散行，攄其所見，或可望中，特恐無此膽識耳。燕雲遠睇，殊覺倚閭之念縈繞晨昏矣。交上檳榔扇一葉，已倩藍洲繪就，欲求大雅一題，留下半自題。尋閒之事，亦別寄幽情，有浼妙墨也。

吴清卿大史書

韵初來，出賜書，知起居萬福、著述自娱。吴越一航，往來容與，經史之味得湖山之助，彌復盎然。又承示去歲述懷之作，想見沖抱如白雲之在空，絜然無所累，當世塵容俗狀，詎足夢見萬一哉！長安人海中，寸心擾擾，愧無以爲壽。長夏務閒，試事已了，擬便從事文墨，他日當補作畫幅寄呈，以代鶴南飛之頌。吾師篆法得經籍氣爲多，渴想已久，往時總未得一墨寶，校經有暇，求爲書七言聯句，其紙託韵初購呈也。

附録二

慧福樓幸草

序

余次女繡孫生而明慧，余授以《毛詩·國風》，又於韋縠《才調集》中選唐詩數十首授之，未教以讀他書也。而女酷嗜詩，見人詩集輒取觀之，終日不釋。余曰：「汝解此乎？」曰：「不解也。」余笑曰：「汝無我誑，安有不解而終日觀之不厭者乎？」即以「詠月」爲題使賦之。女略一思索，即成七言絶句一首。詩雖不工，而末句有舉頭天外之意。余聳然異焉，曰：「此女慧矣，或非久於人閒者乎？」因題其所居曰「慧福樓」，冀其福與慧兼也。女自此遂致力於詩。及歸許氏，女壻子原孝廉好爲詞，女於是又致力於詞。久之而詞勝於詩，吐屬清新，用意微婉。使天假之年，殆可以入漱玉之室矣。許氏故武林大族，子原亦風流儒雅。然少孤，其家事日益落。子原始以入貲官刑曹，後舉京兆試。女從之居京師，艱難辛苦，怡然安之，惟相與倡和爲樂。及子原乞假歸，女從之俱南。時余已營曲園於吴下，自杭至蘇四百里而近。女每歲必至，春來秋去，率以爲常，嘗笑曰：「古有雁臣，我其燕乎？」及余門下諸君爲余築俞樓於孤山之陽，而余又於右台山中築右台仙館。每至西湖，或居湖樓，或居山館，女未嘗不至。余雖託山林之名，未絶人事之累。每當賓客諠闐，筆墨叢集，意亦甚苦之。聞女至，輒伸眉而一笑也。女素弱，而所産子甚多，存者丈夫子一、女子子六。去年十一月之望，又産一男。時余在吴下，子原書來，言産後甚健。余貽書誡之曰：「健則尤不可不慎，飲食、寒暖毋忽。」乃越十日而病，二十餘日而竟卒。其修短有數邪？抑誤於藥邪？余自戊寅歲先慈見背以後，踰年而内子姚夫人卒，又踰兩年長子隕焉，去年又遘此變。老境如斯，復何聊賴邪？人或言死者於地下仍相聚如生人，余聞之，欣然欲往矣。

女死後，余念其所作詩詞乃其一生心血，不可任其泯滅，議欲刻之。而子原書來，言其病前已盡付焚如矣。余不覺爽然若失。逝者已歸太虚，尚何心身後之名乎？及余所使者自杭州還，聞之許氏之僕媪言，焚詩實於九月。然則距其卒之日尚遠矣，豈逆知其數之將盡乎？余於十月至杭，十一月而還，與女相見者數矣，何無一言微示其意也？夫身已逝矣，於身外之物何有？刻其遺詩，亦生者之事耳。因檢余篋中，得舊藏女詩詞如干首，序而刻之。舊題《慧福樓詩草》，今改曰《慧福樓幸草》。《論衡》云：「火燔野草，其所不燔名曰幸草。」取此義耳。刻成即附吾《春在堂全書》以傳，聊以塞老父與夫壻之悲思。固知與女無益，且亦非女意也。女從前賦《落花詞》有云：「歎年華，我亦愁中老。」余謂少年人不宜作此悽惋語，爲和其詞，以廣其意。今女卒，年僅三十有四，是求其於愁中而老而不得也。悲夫！此詞今不可見，蓋亦在煨燼之中。所存者詩尚得七十五首，詞則僅得十五首，視易安居士《漱玉集》更少二首矣。余覽其遺稿，觸緒悲來，援筆作序，不自知其云云之多也。

光緒九年，歲在癸未春正月，曲園病叟書。

慧福樓幸草

德清俞繡孫絿裳

詩

寄呈家嚴慈

年來憔悴强爲歡，一寸愁腸欲寫難。料得高堂思女苦，數行聊以勸加餐。

有感示外子静壹齋主人

人世勞勞眼倦開，鏡中雙鬢漸相催。松筠總耐風霜苦，鴻鵠須防燕雀猜。憶母哀年空有淚，相夫壯歲愧無才。停鍼自惜窗前影，一寸輕移不再來。

靜壹主人自極樂寺折歸海棠數枝，對之有作

漏洩春光出梵宮，神仙忽降草堂中。何須錦帳重遮日，自有疏簾可護風。縱解多情嬌不語，還疑香夢悄能通。替他擔盡飄零怨，悔不相逢蕋未紅。

游天寧寺

東風吹絮暮春時，客到禪扉有鶴知。松樹兩行青嶂立，藤花一架紫雲垂。無緣佛地生歡喜，有額云：登歡喜地。但祝人間少別離。歸去也應更回首，暮鐘聲裏意遲遲。

聞松泉大兄應省試，歿於杭州寓次，哭之以詩

曉來聞訃淚千行，回首音容隔渺茫。太息功名今已矣，平生薄命誤文章。

未折蟾宮桂一枝，生憎天道太無知。最憐旅館燈殘夜，一縷愁魂欲斷時。

靜壹主人秋闈報罷，詩以慰之

得失君休問，舉杯聊自娱。怕聞人慰藉，愛聽鬼揶揄。傀儡胷中少，煙雲眼底殊。此身原是寓，何必歎窮途。

感懷四章示静壹主人

寂寥門巷雀張羅，搔首呼天可奈何？·夫壻青衫猶黯淡，老親白髮已婆娑。高山流水知音少，覆雨翻雲感慨多。惆悵不如歸去好，湖山舊約久蹉跎。

蕭蕭木葉下空庭，燭冷香殘掩畫屏。身世豈真關得失，天涯未免惜飄零。愁多轉覺愁無謂，夢好常嫌夢易醒。最是客中腸斷處，數聲歸雁不堪聽。

風塵擾擾竟何求，似水年華去不留。潦倒不堪重病酒，淒涼無那更悲秋。羊腸世路誰青眼，雞肋功名易白頭。自覺年來消瘦甚，此生禁得幾回愁。

重門寂寂掩斜暉，病裏頻驚減帶圍。菽水難供猶作客，蒓鱸雖好未能歸。滿懷情緒隨秋冷，一點愁心逐雁飛。落葉打窗蕭瑟甚，爲兒燈下補寒衣。

詠菊，次静壹主人韵

蕭瑟西風度短牆，竹籬深處最思量。移來老圃初經雨，占得秋光獨傲霜。自有高情全晚節，誰將冷眼惜孤芳。知君更比黄花澹，相對何辭共舉觴。

詠梅，次静壹主人韻

横斜孤影舊題詩，獨占東風第一枝。雪滿空山孤鶴守，香浮紙帳美人思。殷勤不厭冰容冷，珍重休教玉笛吹。淡月黄昏無限好，賞心偏愛未開時。

春日遊皋園

杜鵑聲裏叩荆扉，萬紫千紅伴落暉。喛水游魚能自樂，依人媚蝀總忘機。花間坐久陰成幄，月下歸來香滿衣。如此良宵如此景，惜無好句鬬芳菲。

静壹主人賦詩贈别，因次其韻

珍重輕帆返故鄉，莫教憔悴苦思量。無情流水傷南浦，回首慈雲痛北堂。怨别但憑書寄淚〔一〕，多愁拌得鬢成霜〔二〕。消魂不盡心中事，相對無言又夕陽。

〔一〕 憑，原作「頻」，據蔡啓盛《校勘記》改。

〔二〕 拌，原作「判」，據蔡啓盛《校勘記》改。

用家大人《吴中唱和集》韻，贈静壹主人

共領清貧味自腴，賞心樂事未應無。酒因量淺翻宜淡，花爲香濃轉覺麤。百結蠶絲空繾綣，半生婕夢笑癡迂。秋來怕聽蕭蕭雨，不種芭蕉種緑蒲。

獨坐

悄無人處掩重門，燭燼香殘易斷魂。細雨簾櫳秋寂寞，西風庭院月黄昏。情多贏得愁千斛，病久難消酒一樽。漸覺年來憔悴盡，傷心往事總休論。

入都叩别家大人

最是傷心處，牽衣欲别時。親年雖未老，兄病已成癡。寒暖宜珍重，晨昏善護持。雲山千里隔，何日是歸期？

秋夜不寐有懷家嚴慈

殘鐙無焰影依稀，淚點盈盈濕繡衣。寄語高堂休苦憶，今宵有夢入慈幃。

詠水仙花

細細幽香鼻觀通，珊珊瘦質玉玲瓏。半窗清影黄昏後，一點芳心冷淡中。但把因緣聯水

石，不將榮落託春風。莫嫌相對渾無語，花意詩情處處同。

憶舊述懷

幾回搔首憶從前，五柳園中嬉戲年。慣倚嬌癡偷出學，落花風裏弄榆錢。

紗厨冰簟日初長，風過紅蓮淡淡香。最愛晚涼明月好，滿庭花影捉迷藏。

一鉤新月透疏櫺，寶鼎香殘酒半醒。笑道今朝逢七夕，花陰乞巧拜雙星。

歲暮閨中樂事賒，雲鬟隨意挽雙丫。殷勤盛取梅梢雪，小閣圍鑪自煮茶。

淺碧深紅學翦裁，忽驚鼙鼓渡江來。可憐拋却園亭去，一樹桃花半未開。

連天烽火夢魂驚，一棹扁舟過越城。姊妹相逢無限意，聯牀情話望昇平。

盡室倉皇賦北征，津門小住歲三更。驪歌一曲于歸去，二月春光滿帝城。

夫壻温良弱冠時，畫眉窗下日遲遲。自憐少小嬌癡甚，家事艱難總不知。

扁舟一棹返吴門，膝下依依笑語温。水路相離三百里，一年一度伴晨昏。

越水吴山興未賒，一官重又入京華。浮生應被閒鷗笑，拋卻名山計已差。

名場擾擾未能逃，馬足車塵改鬢毛。得失榮枯身外事，且將杯酒讀《離騷》。

緑暗紅稀滿眼愁，故園回首枉凝眸。劇憐身世如萍梗，慚愧當年舊住樓。家大人名余所居曰慧福樓。

九日寄家大人書，因題紙尾

回思去歲重陽日，笑語相陪上小樓。今日客中顦顇甚，一庭風雨獨悲秋。

懷雲裳伯姊

幾番微雨釀春寒，惜別情懷欲遣難。盡日東風簾半捲，無言倚徧畫闌干。
別來病骨强支持，萬種離愁祇自知。空有夢魂飛不到，但憑鳳紙寄相思。
杜宇聲聲最怕聞，花陰徙倚又斜曛。年來多少閑愁恨，半爲憐春半憶君。
博山香燼篆煙消，寂寂紅窗玉漏遥。永夜思君眠未得，殘鐙幾度手頻挑。

春日寄侍蘐小姑

韶華屈指又經年，手把花枝倍悵然。冷冷清清寒食節，風風雨雨落花天。那堪客裏偏多病，況復懷人更可憐。回首故園雲水隔，何時同泛釣魚船？

憶西湖

腸斷江南二月天，波光如鏡草如煙。而今迢遞三千里，夢裏猶聞唤渡船。

最好湖山第一樓，宜晴宜雨水悠悠。漁歌聲裏歸鴉急，卧看雷峰夕照留。
早春天氣踏青時，折盡花枝與柳枝。總爲風流蘇小小，西泠橋畔每歸遲。
芳草如茵襯夕陽，東風無力柳絲長。年年天竺歸來路，拜罷空王拜岳王。

寄雲裳伯姊

聞説歸來慰老親，檀欒同樂故園春。別來消瘦原非病，夢裏相逢且當真。我自胷中無芥蔕，任他世上有荆榛。平生只覺分離苦，休説天涯若比鄰。

河干分手意如癡，正是楊花撲面時。無奈何天聊進酒，未忘情處且吟詩。風塵薄宦君休笑，門户艱難强自支。慚愧故鄉多好景，浮生碌碌誤歸期。

百歲光陰付逝川，□□□□□□□。難從世上諧流俗，且向閨中學坐禪。傀儡本無真面目，轆轤空費苦周旋。從今不作窮途感，始信壺中別有天。

□□□□□□□，五度春秋滯異鄉。乍聽新聲鶯出谷，待尋舊夢燕歸梁。飄零作客雖無味，貧賤驕人亦不妨。珍重紅閨休苦憶，他年風雨更聯牀。

此四詩長女錦孫處已失其稿，而長兒婦樊尚能記憶，然已忘其兩句，今亦不補，存其真也。曲園叟記。

戲題白香山集

老大何須歎白頭，黄金玉貌兩難留。楊花亂逐東風散，不入傷心燕子樓。

題仕女圖

五湖何處覓香魂，慚愧承恩卻負恩。莫向浣紗溪畔問，舊時女伴幾人存。一舸

一曲琴心寡鶴愁，相攜同上酒家樓。黄金莫買《長門賦》，但向君王歎白頭。當壚

銅駝荆棘歎興亡，贖得蛾眉返故鄉。他日西陵泉下路，相從只有蔡中郎。歸國

金谷繁華劇可憐，珠沈滄海玉生煙。他生願得長貧賤，相守蓬門到百年。墮樓

縹渺仙山隔玉京，不堪往事問華清。金釵鈿盒無勞寄，已負長生殿裏盟。驪宫[一]

十五盈盈掌上身，多情巨眼識風塵。楊公應悔聽奇計，未得成功失美人。奔拂

侯門如海路難通，一葉飛來叩玉櫳。卻笑崔郎非俊物，竟將兒女换英雄。盜綃

囊中寶劒識恩讎，夜半飛身慰主憂。妙手但將金盒去，田郎首領寄牀頭。取盒

烏絲空寫白頭吟，敲斷瑶簪怨恨深。歸到九原安樂甚，散灰扃户不關心。夢鞋

[一] 宫，原訛「官」，據蔡啓盛《校勘記》改。

西風吹盡柳絲絲，待到重來異昔時。縱使相逢無一語，不堪消瘦舊署支。蒲東

秋蘭，用漁洋山人秋柳韻

秋容寂寞易消魂，相對無言獨閉門。珠箔疏鐙憐瘦影，玉階涼露認啼痕。憂時賈傅悲同調，去國明妃尚有村。姹紫嬌紅何限好，《離騷》一卷共誰論？

含愁原不爲風霜，偶託靈根傍曲塘。晚節豈甘同腐草，遺芳猶幸入青箱。願隨貧女閨中老，羞作凡花隊裏王。卻笑垂楊摇落後，蕭疏還似永豐坊。

美人玉骨不勝衣，湘水無情事已非。入世徒傷青眼少，幽居殊覺素心稀。吟蛩切切三秋怨，瘦蝶依依幾度飛。吹盡西風簾半捲，共君朝夕莫相違。

丰神楚楚最堪憐，莫使愁魂竟化煙。九畹香幽宜結佩，五銖衣薄不禁䌷。茂陵詞客原多病，空谷佳人憶昔年。無限天涯零落感，抱琴彈向阿誰邊？

詠梅

暗香微度小池塘，絶世丰神絶世妝。赢得東皇偏著意，一枝先付與春光。

戊寅歲，静壹主人計偕入都，過吴下，同遊拙政園。今年春暮重遊，感賦二律寄之

客路三千里，名園兩度游。憶曾同倚檻，惜未共登樓。别意憐芳草，歸期説暮秋。相思不相見，黯黯獨成愁。

漸覺韶光暮，憑欄轉惘然。落花紅潤雨，垂柳緑拖煙。人爲傷春瘦，情因惜别牽。雲帆應可到，翹首望幽燕。

納涼

涼風如水撲簾櫳，消盡殘霞淡碧空。笑指一輪明月上，萬家都在玉壺中。

俞樓落成，兩大人同來湖上，賦此謹誌

高樓築向聖湖邊，一笑先登五百年。翰墨自能傳後世，風流應不讓前賢。偶來小住原非隱，修得閑身便是仙。指點跨虹橋畔路，波光如鏡柳如煙。俞樓之築，家大人有「且待五百年後」之説，故次句云然。

小築經營弟子才，詩囊茶鼎共攜來。映階草色因書潤，隔院鐘聲破夢回。四面青山圖畫裏，一湖春水鏡奩開。從今好與逋仙約，不讓先生獨種梅。

送別侍蘐妹

春風吹送木蘭舟，人自傷心水自流。極目雲山千里隔，相思空倚最高樓。

相思從此路漫漫，秋月春花兩地看。檢點平生知己淚，不將容易向人彈。

幾回惜別暗神傷，芳草天涯客路長。珍重加餐宜自愛，莫將家事苦思量。

陽關一曲餞離筵，幾度相看意黯然。欲舉金樽偏覺重，消魂還似十年前。

使女福兒從小隨余，頗慧，於其嫁也，口占絶句四首送之

五載萍居帝里時，艱難況味爾偏知。而今相贈無多物，一紙紅牋遺嫁詩。

添香煮茗伴黄昏，問字妝臺笑語温。此日臨歧何限意，縱無別淚也消魂。

咫尺相離是比鄰，良辰猶喜正逢春。將軍莫惜笄珈貴，蓮出淤泥不染塵。

髫齡嬉戲兩相憐，伴我于歸十二年。願汝無違勤夙夜，螽斯他日慶緜緜。

詞

解語花 詠牡丹

繁華獨佔，艷色無雙，桃李春光賤。玉人情倦。東風裏、錦幃半遮嬌面。紅深翠淺。似碎翦、斷霞千片。應算來、傾國傾城，會向瑶臺見。　不放蜂偷蝶戀。倚新妝無語，渾是嬌懶。惜春將半。消魂處、别有背人深願。華年似箭。但歲歲、花時常健。休負他、酒滿金樽，更畫屏深院。

高陽臺 詠水仙

衣鏤春冰，香含暖玉，珊珊影隔簾櫳。漫撫哀絃。芳心原自難同。淩波步韈空遺恨，伴梅魂、淡月朦朧。一憑他、穠李夭桃，占盡東風。　嬌多不奈春寒重，更温泉浴罷，嫩日微烘。清絶無塵，羞隨鄭婢泥中。多情莫解明珠佩，問仙蹤、何處相逢？賸當時、謝女前身，幽夢曾通。

齊天樂春雪

翠衾昨夜春寒重，朝來頓成淒冷。密護瓊窗，輕霏玉屑，疑把梨魂喚醒。瑶華糝徑。怕草色青青，惹人離恨。醉裏凝眸，莫教顔色上青鬢。　庭空風力似翦，玉梅休怨寂，飛去相趁。柳未三眠，春無一半，何事楊花成陣。飛霙弄暝。問誰向東皇，誤傳芳信？極目天涯，素娥羞避影。

江城子落梅

風流空想壽陽春。喚梨雲，夢難分。昨夜東風，庭院悄無人。倩影亭亭扶不起，珠委地，玉生塵。　檀心一點倩誰温？怨黄昏，拭啼痕。月地雲階，何處覓香魂？記否那回曾索笑，深雪裏，掩重門。

南樓令自題小影，兼懷侍蘐、仲蘐小姑。

前夢去匆匆，情懷誰與同？倚屏山、兩箇愁儂。何事近來消瘦甚，已非復，舊時容。　相對不言中，愁多意自慵。更休教、棄擲塵封。他日彩雲難覓處，好留與，識春風。

祝英臺近 静壹主人宴飲湖上，折梅花數枝而歸。憶季英仲嫂，瀕行時欲作湖上游，束裝不果，對花惜别，不禁黯然，倚此寄之。

惜悤悤，分手易，寂寞怨朝暮。幾日東風，春色頓如許。探芳舊約蹉跎，六橋煙柳，未識我、别時情緒。　淚如雨。一枝欲寄憑誰，相對更無語。水遠山長，空賦斷腸句。憐他一段幽香，繡幃今夜，能否伴、夢魂飛去？

如夢令

春色漸歸芳樹，愁思暗和疏雨。莫去倚闌干，簾外輕寒如許。無語，無語，誰識此時情緒？

摸魚兒 寄懷侍蘐小姑

憶當初、綺窗朱户，妝成青鏡同照。而今久作關山隔，空有夢魂飛繞。千里道。曾記得、梁園是我兒時到。風清月好。想酒滿金樽，香濃寶鼎，隨意寄吟嘯。　年來事，應愧浮生草草。新愁添得多少。良辰勝景偏惆悵，減卻舊時懷抱。還自笑。笑倚徧新聲，總是相思調。魚沈雁杳。已幾度春殘，幾番花落，幽恨有誰曉？

聲聲慢寄懷仲蘐小姑

聽殘梅雨，立盡桐陰，無聊静掩房櫳。倦倚屏山，釵横欲整還慵。消魂怕提前事，惱蘭舟、催發悤悤。從别後，任羅衣香退，寶鏡塵封。　腸斷吹簫院落，自伊人去也，煙鎖苔空。明月樽前，相思兩處應同。休教爲儂憔悴，勸加餐、錦字常通。空極目，渺天涯、雲水萬重。

虞美人又

當時玉笛紅窗裏，不識愁滋味。無端一别各西東，負了欄干幾度、月明中。　年來折盡離亭柳，羸得人消瘦。雲山總是萬重遮，昨夜相思、有夢到天涯。

長亭怨慢春暮，隨家大人返吴下。静壹主人坐小舟送至城外，賦《南浦》一闋見贈。别後舟窗無事，因倚此調寄之。

正三月、落花飛絮。歲歲魂消，緑波南浦。賸有紅箋，斷腸留得斷腸句。一江春水，量不盡、情如許。欲别更徘徊，但淚眼、盈盈相覷。　日暮。縱歸舟不遠，已抵萬重雲樹。無眠强睡，怕辜負、翠衾分與。想别後、獨自歸來，對羅帳、淒涼誰語？只兩地相思，挑盡一燈疏雨。

洞仙歌寄静壹主人

無端一别，隔雲山千里。錦字緘愁倩誰寄？算浮生、總是會少離多，拌負卻〔一〕、燈下花前月底。　記曾留後約，何事蹉跎，冷落銀屏舊時意。寄語遠遊人、知否閨中，空望斷、歸舟天際。更莫問、相思幾多深，也不説、相思者般滋味。

浪淘沙

記得昔同游，楊柳灣頭，落花流水兩悠悠。莫道春愁禁不起，還是春愁。　欸乃櫓聲柔〔二〕，夢也難留，輕寒翠被冷香篝。睡起斜陽明雉堞，錯認杭州。

又七夕

風緊暮雲浮，獨倚危樓，傷心轉自恨牽牛。何事聘錢償未得，歲歲離愁。　佳節喜逢秋，靈鵲橋頭，銀河風浪夜悠悠。莫道人間容易别，天上難留。

〔一〕拌，原作「判」，據蔡啓盛《校勘記》改。
〔二〕欸，原訛「款」，據文意改。

青玉案

一樽淺注菖蒲緑。漸醉倚、屏山曲。戲綰綵絲長命續。瑶階煙草，翠簾風竹，庭院清無俗。　輕衫乍换冰綃縠。也不學、新妝束。午睡醒來釵墜玉。聯吟人去，對花人獨，歸燕梁間宿。此與宜人端節同詠，嗣後不復作矣，思之泫然。祐身識。

附録女婿許子原孝廉來書

綵裳遺稿，揀諸篋中，竟無片紙。即平日寄祐身書札，向來别置一篋中。祐身去年讀書義莊，未曾攜往，今亦不復見，不知其何日取去，藏弆何所。急詢之魏媪，始知於産前將零星詩箋均付諸火。魏不識字，不知何物，不以爲意。而綵裳始終未向祐身言及，豈其自知數盡，不欲使生平筆墨流傳塵世邪？欲問無從，追恨莫及，真懊悶欲死矣。惟近年所與共唱和者尚記得十數首，當隨憶隨録，交使者帶呈。從前有《慧福樓詩草》一本，長者爲題籤，并有跋語。今此本亦不見，未知在蘇州否。又綵裳在京師時曾有詩寄吴中，想必尚存一二也。殘編零落，不復能成卷矣，傷哉！

又

絑裳遺稿皆焚，存者詩僅十餘首、詞十餘闋。大妹處聞尚有遺箋，明日遣人往索。《慧福樓詩草》一本，長者題簽跋語及所黏《遺嫁》詩一紙均在，詩則均被焚燬矣。或不欲存留筆墨使存者傷心乎？題簽跋語仍留祐身處，不敢寄呈，恐傷長者懷抱也。

附録曲園題詞二首

余議刻亡女絑裳遺詩，乃女婿許子原書來，言其病前已付焚如矣。爲之爽然自失，率成一律，焚寄絑裳

飄然已返太虚行，何有區區死後名？知汝已忘身外物，在余未免世間情。仍從遺篋搜殘稿，尚記新詞賦落英。女舊有《落花詞》，余和之。燈下編排還自笑，老夫大夢亦將醒。女詩詞之在余處者及子原所記憶者尚得數十首，仍爲刻之。

余所使者自杭州回，聞之許氏婢媪，知絥裳焚詩在九月中，豈逆知將死乎？余十月至十一月在杭州屢見，略無微言相示，何也？又賦一律

聞汝焚詩九月中，豈非預識數將終？如何十月來看汝，不以微言略示翁？泉路茫茫無可問，老懷鬱鬱想難通。惟思相見明年語，不久還應一笑同。余十一月初五日至女處，臨别女語余曰：「明年相見矣。」

附録女婿許子原題詞

阿翁兩度有書來，遺篋猶存未忍開。檢點鳳箋零落盡，傷心何日付殘灰。外舅書來，索其遺稿。及揀篋中，始知於病前焚去。今所默記者不及十之二三，亦可傷矣。

悲歡離合太悤悤，十九年來似夢中。一字一珠都化淚，可知手録付郵筒。

一編强半唱酬詩，惜别追歡總爲癡。君去黄泉甘獨守，幽明猶許託心知。

春花秋月惜流光，每到吟成必共商。今日題君遺集後，挑燈獨對倍神傷。

附録三

東海投桃集

序

光緒十六年嘉平二日，余七十生辰也。是日至象賓山，送王康侯女壻之葬，不觴一客，亦不受一詩一文之贈。雖親串中如許星叔尚書，交游中如汪柳門侍郎，門下士中往來至密如徐花農太史，皆謝不受，亦可謂絶人太甚矣。不圖日本有舊隸門下之井上陳子德，爲我偏徵詩文，余固不知也。至明年八月，由李伯行星使寄至姑蘇。余不禁啞然而笑曰：「在本國則卻之，在彼國則受之，其謂我何？」雖然，余七十生辰固在去年也，而東國詩文之來則在今年，是可例之尋常投贈，而不必以壽言論矣。自惟卅載虚名流布海外，承東瀛諸君子不我遐棄，雕鎪朽木，刻畫無鹽，其雅意亦何可負哉？因編次其詩文爲一卷，題曰《東海投桃集》，以識諸君愛我之情，亦見中外同文之盛。惟勝君海舟所作和歌，未經譯出，不能編入，未免遺珠；又中東詩律文律小異，不諧於中華之讀者，略易一二字。曩選東瀛詩即用此例，想不罪我專輒也。至名位崇卑、年齒長幼，概所未詳，隨取隨録，漫無次序，當更在所諒矣。光緒十七年九月曲園俞樾。

東海投桃集

文四首

島田重禮字敬甫

歲在著雍赤奮若，是爲大清光緒十六年十二月二日，乃曲園俞先生七十攬揆之辰。於是其門下士井上陳政子德索諸家壽言，而并及余焉。余夙耳先生名，嚮往甚切，安可以弇陋而默默無述耶？蓋嘗聞之，天地清淑和粹之氣，磅礴鬱積，待時而發。其鍾於人也，魁傑俊偉、非常之士彬彬輩出。或致君澤民，以經紀邦治；或著書立言，以扶植世教。若漢之元封、唐之貞觀、宋之慶曆、明之弘治、清之康熙乾隆，此皆際昌期之運、極人材之盛。而清朝所值其氣尤厚，故經咸豐、同治之亂，而流澤未竭。時則有若曾文正，懋德粹學，勳業冠世，其他材臣碩彥不勝僂指。而其存在今日，靈光巋然，爲一代標望者，以余所聞，勳臣則李少荃相國，師儒則俞曲園先生[一]，此其尤顯著者也。先生以精深博大之學，夙爲文正所識拔，成進士，入詞館，出任河南學政。中年罷官，僑寓吴下，歷主講席。所至宏獎才儁，孜孜不倦，著録數百人，其掇巍科、至大官者[二]，往往有之。平生鋭意撰述，所著四百餘卷，貫穿古今，兼綜百家，原原本本，實事求是，探兩漢經師之絶學，闡明微言奥旨於千載之下。其學術之淵懿、識見之超邁，在王懷祖父子伯仲之間。至其精詣處，則鄭康成、服子慎不能遠過。其所就雖與諸功臣不同，而其有洪造於世道則一也。夫先生之功如此，宜享盛福、食厚報，而胸次沖静，澹於勢利，故天不慁先生以富貴崇高之榮，而錫以清閑無事之福，使優游林下，以就千百年必傳之業。天之於先生可謂厚矣。自此以往，學德益劭，著述益富，其裨補世道不可涯量，則福祉之來源源無窮。鮐背鯢齒，耄而期頤，吾安得測其年壽所至哉！顧我之於禹域，壤地相鄰，又夙修盟好，世運之隆替、人材之消長，古今同符。今上以天縱之聖武，建中興之偉業，文武名臣，應運蔚興。此亦淑

[一] 園，原訛「國」，徑改。
[二] 官，原訛「宫」，据文意改。

氣所鍾，千載之嘉會。余以此時掌教成均，而學識謭陋，於世道人心不能少有所補益。每讀先生書，未嘗不發望洋之嘆也。若天假良緣，過姑蘇而登春在之堂，捧觴以祝眉壽，并舉平日所疑滯而就正焉。此余所切望，而今則未能也。乃録鄙言，聊致頌禱之意，且以爲他日之券。

鹽谷時敏字修卿

古之所謂三不朽者，立德、立功、立言是也。夫蘊之爲德行，發之爲事業、文章。事業、文章必須德行，而後足以行遠而垂後。若夫離德行而論事業、文章，固不足觀也。則謂之二不朽，又何不可？平大亂，清海寓，救生民於塗炭，係綱維於將絶，慶澤施於百世，此事業之不朽者也。講道考古，躬行實踐，闡明往聖之緒，以待後之學者，言論文章卓然爲一世宗師，令人人聞風而興起，此文章之不朽者也。大丈夫生世，有一於兹，足矣。

清國康熙、乾隆之治，比隆三代。名臣碩儒，相望於朝。至近時曾公文正稱中興名臣，而其門下乃出二傑，曰李公少荃，曰俞先生曲園。一以事業，一以文章，共著稱於當世。李公才兼文武，奮跡詞林，躬履戎行，東西馳騖，屢冒危難，終能削平大憝，蘇息生黎，身兼將相，係國家之輕重安危。而先生少小篤學，流離顛沛未嘗釋卷。早歲閒退，主講浙中，以教育群才爲己任，多士濟濟，皆出其門。所著之書，遠播海外。文正曾有言曰：「拌命作官者李少荃也，拌命著書者俞蔭甫也。」二公之爲人可以見矣。先生研求經史，泛覽九流百氏，鈎深抉祕，細大不捐，尤精于訓詁。博貫綜該，上窺許、鄭之室，下摩顧、閻之壘。著《群經平議》《諸子平議》等書數百卷，主講紫陽、詁經等書院，受業者數百人。浙東西固多山水之美，先生老而益健，幅巾杖屨，徜徉其間。登高而賦，臨流而詩，不復知有人事之擾。比之李公盡瘁在公，日昃不遑之勤，其得失果何如也？余夙獲《春在堂全書》讀之，稔聞先生之名。書中舉王父所著《宕陰存稿》而評騭之，又竊有海外知己之感。前數歲，井上子德自中土歸，首叩以先生安否。子德親炙有年，深受薰陶之益，爲誦其學行，津津不止，於是嚮慕之念加深。今兹庚寅，適丁其七十壽辰，乃因子德之請，而以斯言進。

小幡儼

當今中國有碩儒，曰俞先生焉。儼昔者欲航海，一執贄門下。而以山海懸隔，地之相距萬里，家又極貧，志未能遂。自夫東西洋通好來，經國脩身之學遂一大變。耶蘇之説，用欺中人以下；化學重學之論，用誘中人以上，而皆與吾名教相悖。竊惟中國之大，蒙先聖人之澤，尚且害於楊墨、困於釋老。豪傑之士盡死力而排之，僅乃得完。今西洋學之入於我也，是楊墨、釋老一時交起也，況於無先聖垂教之一島國哉？於是乎非泰西之書則弗敢讀，非泰西之道則弗敢講，甚有欲廢漢字而改從歐字者。吾道之絶不絶，間不容髮。噫！無豪傑焉，則亦已矣。頃同國井上子德惠然寄書，且示先生事略，曰先生碩學大德，玆值七十壽，期子可頌以一言。儼誦之，愕然自失。蓋先生非止世所謂儒者，而實可謂曠古不世出之豪傑也。夫所謂五百歲而出者，非先生而誰？雖萬里之外，絶域之人，其孰有不聞風而興起者哉！子德嘗遊門下數年，學問文章大有所進。我國亦以爲是有用材，此皆先生之貺也。嗚呼！先生積德育才之澤，不唯中國士大夫。涵沭之施及遐㠀異朝之國，其仁豈不大哉！《論語》云「仁者壽」，蓋先生之謂也。儼以㠀國一書生，何足爲中國大賢重？然喜名教之未滅乎吾東洋也，於是乎有言。

萩原裕字好問，號西疇

余聞俞曲園大史經術淵邃，古今淹通，九流百籍，無不貫弗，方今岱斗也。夫經術之衰，至今甚矣。天非假太史以年，則微言大義將遂散微。今大史齡值古希，而壽耇康强，身健神爽，著書至五百卷，世皆謂許、鄭復出，顧、閻再生。昔濟南伏生年過九十，口授《尚書》二十九篇，典謨之文因獲垂千載。齡壽之於斯文，關係何如哉！大史之壽，蓋得之天者也。爲太史壽，并爲及門井上君賀。

詩四十八首

岡本迪年八十一，號九九老人

曾讀先生自述篇，文章經術見雙全。論才我固避三舍，序齒君猶小十年。偃蓋喬松蟠大壑，將雛老鶴舞春天。稱觴遥祝古稀壽，美譽芳聲中外傳。

小野愿號湖山

吾七十吟曾賜和，公今七十可無詩？海山有夢空經歲，子弟稱觴恰此時。令聞廣譽誰可比？神仙儒雅總兼之。曲園花木俞樓月，想見安排盡得宜。

敢道良緣金石諧，喜公記憶及吾儕。優遊處世春常在，真率成詩句自佳。百戰勳名讓師友，千秋著述寄形骸。雖然不設生辰宴，盛事遥傳天一涯。

福井緐字學圃

躋壽古稀域，著書春在堂。佩衿推齒德，事業託文章。停筆雲横架，支琴月上牀。秀眉誇老健，不借玉函方。

五經藏腹笥，汲古綆何修。門秀三千士，名高四百州。清懷潭印月，老氣鶻横秋。安得陪函丈，雲濤萬里悠。

市邨謙字士牧，號水香漁隱

壽骨峥嶸雪滿頭，研精經義未曾休。學無黨派能平議，身在山林得自由。一代名聲驚四海，半生著述足千秋。更方我亦遥瞻仰，赫赫奎光射斗牛。

離亂當年避賊塵，安閒今日卜仙鄰。世間功業委儕輩，天下文章誰替人？樓對湖山無限好，園栽花木四時新。談經講道堪娱老，坐守書城七十春。

川口嚣字君濯

一代名流衆所師，東瀛我輩久宗之。古求仙藥事雖誕，今進壽言緣却奇。藹藹春風人在座，芬芬蘭臭客稱卮。本來七十已稀有，況復如君匹者誰？

小山朝宏字遠士

耳根久熟曲園名，萬里空馳仰慕情。學海經神超馬鄭，光風霽月繼周程。多年在野一身潔，七十著書雙眼明。真箇大家無不有，采風餘力及東瀛。

學派流傳漸欲微，忽看繼起有光輝。韶齡背諷一過目，白首手編三絶韋。載道文章仍富麗，傳經門户自崔巍。汗牛著述傳千載，豈止區區頌古稀？

杉浦誠號楳潭

壽域原知有等差，我生猶幸得同時。悤悤臺閣棋枰换，處處湖山步障移。尊顯幾人門下客，行藏一代卷中詩。遐齡七十優於陸，顔未曾衰鬢未絲。

玉堂春夢十年餘，早已歸田百事虚。林下舊居三畝宅，案頭新著幾編書。性耽詩酒將愁遣，身怯衣冠與俗疏。只是山林名太重，莫嫌門外客停車。

縹帙牙籤積滿牀，何人入室更升堂。幾行弟子眼前列，萬里江山胸次藏。帶艾梅花今日色，生苓松樹古時香。一齊來助先生笑，雙眼更青眉更黄。

牆是編茅籬是芭，山房容膝縮如蝸。長生海外不求藥，清課園中惟種花。自道病魔連歲擾，人傳逸興近時加。揮戈尚有魯陽手，不許桑榆暮日斜。用曲園《山居》韵。

□□[一]**忠廉**號董園

六旬過又十年差，將及期頤祝嘏時。宦海何嘗心暫繫，雲山早已志難移。龍蛇飛躍千箋字，金石鏗鏘幾卷詩。陶寫性情書史足，不須吹竹與彈絲。

等身著述富三餘，名下須知果不虛。靖節園中有松菊，鄴侯架上只圖書。横經客滿教無倦，投刺人多文不疏。閒澹寡營延壽訣，羨君高蹈早懸車。

碧山深處置書牀，世上俱瞻大雅堂。洋溢波瀾隨筆湧，斕斑錦繡儘胸藏。定知講坐占重席，終使時流拈瓣香。一代儒宗誰不仰，老詞伯亦乞雌黄。

小園林護竹籬笆，何事蟠龍學殼蝸。一室芝蘭皆展蕋，滿門桃李盡開花。名聲藉藉中朝重，文教洋洋異域加。占得山林閒日用，桑榆遮莫夕陽斜。用曲園《山居》詩韻。

關澤清修號霞庵

湘簾窣地影參差，庭院蕭條獨坐時。一縷茶煙穿竹出，數聲鶴唳帶雲移。岸容山意清如畫，草色花香澹入詩。此際道情都養活，不知兩鬢有新絲。

[一] □□，(日)成瀨哲生《關西大學藏〈徽典館學頭交替名前〉》作「小島」。

絳帷偷得授經餘，山館優游似太虛。采荔搴蓉左徒筆，跳龍卧鳳右軍書。花前喚酒歙烏帽，月下吹笙倚碧疏。欲到丹丘應不遠，神游何必用舟車？

清流一曲繞籬笆，看取功名等鬬蛙。箋注詩書閒隱几，按排泉石好栽花。青山經雨午炎退，紅葉經霜秋氣加。遥想吟笻追晚景，前溪認取屐痕斜。

宵來含笑倚匡牀，和氣常凝春在堂。雜纂叢書新著述，奇松怪石舊收藏。及門名士輶軒使，繼起文孫翰墨香。蓬島群仙遥上壽，菲才愧我口猶黄。用曲園《山居》詩韵。

山田尚備

娱老著書書滿家，此心豈止戀煙霞？人間最樂窮群籍，天下争傳詠落花。岱斗望高吾道重，衡茅卧穩聖恩加。春風和氣盈眉宇，始信蒼蒼降福遐。

楠本孚嘉字吉甫，號碩水

先生七十益康强，天爲斯文作棟梁。議必持平經與子，纂能合雜漢兼唐。書來海外皆争購，名在寰中已徧揚。但恨東西千里隔，末由堂上捧霞觴。

土屋宏字伯毅，號鳳洲

七旬矍鑠還如舊，天壽耆儒啓後生。物望都歸李元禮，儒林竊比鄭康成。寵榮當日隨人弋，道德千秋莫與争。自笑荒蕪心徑甚，從君且擬試鋤耕。

赤松渡號椋園

白髮蒼顔老益榮，餐霞鍊石結仙盟。温良恭儉存真性，經濟文章育俊英。四百州中皆仰德，三千里外亦知名。美人何處空遐想，北斗星高東海平。

向榮字欣南

聲名藉甚海西東，團扇家家欲畫翁。詩述生平皆信口，書含古意豈求工。長教鶴骨迎秋健，未肯童顔借酒紅。昨夜一星南極上，光芒萬丈吐晴虹。

谷鐵臣字百鍊，號如意山人

三復曲園自述詩，記真録實勝銘碑。知君德量過人處，句裏從無滿假詞。
造物生才自有鄰，湘鄉諧語尚如新。合肥勳業俞樓學，天下英雄此兩人。
高年仍守積書城，諸子群經兩議平。天遺斯人開絶學，千秋許鄭是前生。

詁經精舍細論文，想見從游士似雲。　一代聰明千載業，文宗皇帝夙知君。
老來戒飲十三年，愛惜分陰等古賢。　堅守君家新律令，津門不赴相公筵。
曲園雖小即儇寰，卷石盆池歲月閒。　滿腹經綸無所用，空營書冢右台山。
卌卷東瀛詩手編，遥遥載送采風船。　先生一夜吟窻夢，或到扶桑紅日邊。
滄波萬里思悠哉，夜夜丰容入夢來。　安得我身代櫻樹，春風吹到小蓬萊。
聞君杖履甚安詳，何日登堂勸一觴？　賴有及門陳子德，能從東海乞詩章。

柏原謙號松江

胸宇寬宏萬物含，奇珠明玉箇中探。　育才已可天心識，避難還將世味諳。　聖學真傳吾道一，壽章遥祝得朋三。　春花不落春長在，令聞洋洋徧斗南。

稻毛質字文中

萬里同文德有鄰，小詩聊祝古稀辰。　落花春在無雙句，北斗名高第一人。　入網珊瑚盡滄海，著書許鄭悟前身。　年來占盡湖山福，望若神仙竟是真。

又

萬里蓬瀛萬象涵，每披高著盛名探。西湖柳色簾前動，東海櫻花句裏諳。諸子群經平議兩，文章道德達尊三。何時得接春風坐，瞻望伊人北斗南。用柏原松江韵。

龜谷行

湖山秀氣萃斯人，古貌古心長葆真。絳帳摛文筆扛鼎，青燈注易思通神。關西夫子推楊震，天下儒宗屬賈循。早有白家傳樂府，蓬萊島裏聽韶鈞。

通德門高毓俊賢，茫茫洙泗有真傳。簪豪曾草金鑾賦，采藥將隨玉澗仙。自媿原非千里驥，長鳴空慕九方歅。感君珊網搜滄海，我亦微名列簡編。

江馬欽號天江老漁

泰斗聲華耳久聞，每於夢寐挹清芬。畢生心血藏山業，百代馨香載道文。交臂無緣思縮地，盍簪何日賦停雲？身兼齒德真人瑞，擬問前賢誰似君？

挂冠早作薜蘿身，隻手扶持大雅輪。樓外湖山助清興，門前桃李揖芳塵。撰詩堪備采風料，授業不辭踰海賓。今日短篇遥祝壽，雲天萬里總情親。

吉田賢輔

東方有一士，人謂之狂生。不爲折腰客，願爲矖背甿。孤憤抱書讀，經史常研精。誰當通儒目，求之胸怦怦。曲園俞太史，著述傳東瀛。我昔讀其書，西望心爲傾。太史年七十，髮白顏猶赬。井上陳子德，舊隸門生名。爲之徵壽言，徧告諸簪纓。我思壽無定，人力無從争。何能躋其域，幽贊有神明。太史昔多蹇，今日道已亨。年纔七十耳，過此不計程。南山常鬱葎，松柏長堅貞。想見其氣像，金純而玉清。齊遨拜小像，恍聞謦欬聲。安得化爲鶴，飛舞來軒楹。

蒲生重章

曲園先生天下傑，六歲授經在母膝。三十登朝入翰林，供職京師拜清秩。無何視學到中州，八百孤寒蒙識拔。請祀子産及孟皮，俎豆尊嚴到先哲。升沈轉轂夫何傷？拂袖歸來未爲失。匪兕匪虎走曠野，吾道從來不可屈。是時蟻賊滿東南，逆焰滔滔逞猖獗。先生坦然眉不顰，晨夕丹鉛仍兀兀。亂平僑寓闔閭城，坐擁皋比事著述。鉤玄闡幽晰經義，不許俗儒鼓臆説。門庭桃李已成蹊，公卿亦在弟子列。是謂花落春仍在，壺裏乾坤竟全别。經師自古多長壽，先生今歲方七秩。名聲久已播日東，昔讀其書心所折。吾友子德游其門，爲徵壽詞投簡札。蒲子平生不媚詩，强爲耆儒弄筆舌。

日下寬

詩書歲月足優游，清福如君莫與儔。春在堂中春不老，澹煙疏雨亦千秋。

坂田茂

扶桑久仰魯儒風，皓首蒼顔七十翁。願把南山比君子，山無今古壽無窮。

山田鈍字叔静

豈止長生享大齡？詞林學海姓名馨。前身應在九霄裏，不是文星即壽星。

附録徵詩啓及事略

井上陳政字子德

謹啓者：政嚮游禹域，師事俞曲園太史。今年值師七十壽期，竊擬徧請諸公，須賜嘉章，爲太史壽。幸憫微忱，惠以瑶辭，不勝抃躍屏營之至。敬附呈俞師事略：

俞太史名樾，字蔭甫，號曲園，清國浙江省湖州府德清縣人也。家世儒素，儲休既厚。考通奉君履道貞固，妣姚夫人令淑肅恭，實誕太史焉。太史稟靈毓粹，含章蘊秀，幼而岐嶷，夙表大成。六歲母氏授《論語》《孟子》及《禮記》《中庸》《大學》二篇，神識開悟。十五歲從通奉君讀書常州，鋒穎既高，光芒亦遠。明年，遂列縣庠。又明年，鄉試中副舉。越七年，領鄉薦。又越六年，成進士，入翰林，而年三十矣。供職京師，研精學藝。尋任河南學政，汲引士類，量器誨導，嘉猷懋播，令聞丕流。疏請以鄭子産從祀文廟，聖兄孟皮配享崇聖祠，皆從之。以忌者言罷職，南歸。時粵寇竊據金陵，凶焰猖獗，連陷東南各郡。避之紹興，又之天津。雖在間關亂離，不廢丹槧。既而難夷，乃歸蘇州，主講紫陽書院，尋改主浙之詁經書院焉。太史博貫群籍，窮覽衆流，茹古涵今，無有端涯。尤嗜經義，覃精竭慮，鉤深極奥；闡明訓詁，旁搜聲音；溯源沿流，綜賅本末。所著《春在堂全書》殆至五百卷，洵可謂襲軌許、鄭，齊驅顧、閻，上下千歲，高驤獨步者也。湘鄉曾文正公勳業葢世，綜攬群材，合肥相國李公亦出門下。太史以進士覆試保和殿，詩題「淡煙疏雨落花天」，首句云「花落春仍在」，文正公亟稱之，遂置第一。太史以「春在」名其所著，實始此。文正公嘗曰：「李少荃拚命作官，俞蔭甫拚命著書。」又題《群經平議》《諸子平議》後曰：「盡發高郵奥，擔囊破其鐍。」契誼甚密。李公與太史爲鄉薦同年，訂交稱善，親筆題所居曰「著書之廬」。二公推重之殷如此，可以概其餘也。太史雅性秉讓，愷悌寬裕，道識虛曠，表裏融和。其自處也，逸群超塵，不設範籬。而育才獎物，恂恂善誨，囊括川注，逢原委會，汪汪然，滔滔然，無能識其畔岸。故縉紳賢士、遐方後生，莫不熙怡悦懌，同情瞻仰，聆嘉聲而嚮赴，服高義而景從。吴清卿河帥、張幼樵學士、陸鳳石侍郎、徐花農編修等，皆出門下，群彦濟濟，顯揚于時。長君早逝，次君亦久病。而文孫陛雲，字階青，娶彭雪琴尚書孫女，已領鄉薦矣。政嚮者賦游禹域，委質門牆，傳經受業，沐仁涵德。旋歸之後，不勝鑽仰。今值太史七十壽期，敬述事略，伏懇海内大人賢者惠賜瑶詞，以遂政事師之微誠。幸甚！感甚！

附録四

《春在堂全書》校勘記

《春在堂全書》校勘記

蔡矅客茂才書

啓盛今年始得《春在堂全書》。先讀《詩編》，見「船篷」字作「蓬」，疑别有所據。後見「鳧」「島」諸文皆無四點，乃悟手民多誤。夫子事煩，不及再校，而弟子亦無任其勞者，故《全書》誤字正復不少。因隨讀隨記，固有本非誤字啓盛少見而多怪者，然亦有塙見爲誤者。不敢遽定，謹一并録呈。伏念《全書》皆夫子手訂，不同於門人故吏所蒐輯，它日展轉翻刻，後人見而有疑，必取此本校之。校之而同，又以夫子之淹博精貫非常人所能窺測，雖如啓盛之得附親炙之末，尚不敢遽定，則後世篤信好學者非但不敢謂其誤，甚且據爲典故而循用之矣。夫子實事求是，雅不如楊用修輩大言欺世，則念及貽誤後人，必有愀然不安者。況待校於後人，尤不若躬親之爲得也。合詳《全書》，談經者過半，疑似更難辨别，隨見隨記，再求諄誨。

余《全書》承臞客校正，因爲刻《校勘記》一卷，并刻其來書，以識緣始，即以代序。乙酉長夏，曲園叟記。

跋

昔司馬温公作《資治通鑑》，同時能讀一過者惟王勝之一人。余所著《春在堂全書》，何足比《通鑑》？然《通鑑》止二百九十四卷，而《春在堂書》已三百二十八卷矣。其書既無足觀，而卷帙又繇重，故雖流布人閒，旁及海外，能如王勝之之全讀一過者幾人哉？臞客乃能讀之，且爲校讐其誤，此又過王勝之遠矣。余爲刻附《全書》之後，非但正余書之誤，亦以酬其厚意也。惟《全書》中誤字似尚不止此，海内外諸君子有能繼臞客而作《校勘續記》者乎？是又余所深望者也。光緒十一年夏六月，曲園叟記。